WALTER HOTZ
PFALZEN UND BURGEN
DER STAUFERZEIT

WALTER HOTZ

PFALZEN UND BURGEN DER STAUFERZEIT

GESCHICHTE UND GESTALT

1981

WISSENSCHAFTLICHE BUCHGESELLSCHAFT
DARMSTADT

CIP-Kurztitelaufnahme der Deutschen Bibliothek

Hotz, Walter:
Pfalzen und Burgen der Stauferzeit: Geschichte
u. Gestalt / Walter Hotz. — Darmstadt:
Wissenschaftliche Buchgesellschaft, 1981.
   ISBN 3-534-08663-5

1 2 3 4 5

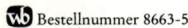 Bestellnummer 8663-5

© 1981 by Wissenschaftliche Buchgesellschaft, Darmstadt
Satz: Maschinensetzerei Janß, Pfungstadt
Druck und Einband: Wissenschaftliche Buchgesellschaft, Darmstadt
Printed in Germany
Schrift: Linotype Garamond, 10/12

ISBN 3-534-08663-5

INHALT

Einleitung 1
   Zum Stand der Forschung 7
   Zur Datierung 11
   Zum Begriff „Reichsburgen" 16
   Zu den Bauformen 20
   Grundrißformen 22

I. Die geschichtliche Lage zu Beginn der Stauferzeit . 25

II. Die Kaiserpfalzen 38
   a) Die karolingische Tradition 38
   b) Die Neubauten Barbarossas 43

III. Die Burgen des Reiches und der Ritter 109
   a) Burgen im Elsaß 109
   b) Burgen in der Pfalz 154
   c) Burgen in Schwaben 169
   d) Burgen in Franken und am Oberrhein . . . 175
   e) Burgen in Altbayern und Österreich 215
   f) Burgen in Böhmen 225
   g) Burgen in Sachsen und Thüringen 233
   h) Burgen in Niedersachsen, Westfalen und am Niederrhein 253
   i) Bischofspfalzen am Oberrhein 268
   k) Zähringer und Schweizer Burgen 272
   l) Burgen in Südtirol 278

IV. Staufische Burgen in Reichsitalien 285
   Kaiser Friedrich II. als Baumeister 329

Schrifttum 337

Register (Orte — Namen) 345

Abbildungsnachweis 359

Tafelteil 361

EINLEITUNG

Das SACRUM IMPERIUM ROMANUM erstreckte sich zur Zeit Kaiser Friedrich Barbarossas von der Nord- und Ostsee bis zum Patrimonium Petri im mittleren Italien; unter den Kaisern Heinrich VI. und Friedrich II. bis zum Mittelmeer in der Nord-Süd-Ausdehnung. Im Westen bildeten Rhone und Maas die Grenze, während es im Osten von den Karawanken über Karpaten und Sudeten hinweg bis Schlesien und Pommern reichte.

Z 1

Dieser vielgestaltige geographische Raum hatte die politische Lebensform des Reiches erhalten. Sie leitet sich her von der durch Kriege und Verträge errichteten, mit Waffengewalt geschützten, durch Recht und Verwaltung gehaltenen und ethisch-religiös überdachten Ordnung des „Imperium Romanum". Karl der Große hatte diese Eigenschaften und Aufgaben bei der Neubegründung des Reiches übernommen. Das kam im Symbolgehalt der Kaiserkrönung zu Rom am 1. Weihnachtstag des Jahres 800 zum Ausdruck.

Die deutschen Kaiser, von den Ottonen an, sind in Karls des Großen Fußstapfen getreten. Die Bestätigung ihres Herrscheramtes war die Kaiserkrönung. Die Krone des Reiches war darum ein Sinnzeichen besonderer Art. Der goldene Stirnreif wurde von einem Kreuz überragt. Seine Schmuckplatten brachten die Gottgebundenheit der irdischen Macht zum Ausdruck. Auch den übrigen Kleinodien, dem Reichskreuz und den Schwertern, der heiligen Lanze und dem Zepter, dem Reichsapfel und den Märtyrerzeugnissen des christlichen Glaubens wohnte solche Bedeutung inne.[1] Die von Barbarossa veranlaßte Heiligspre-

---

[1] Schriften über die Reichskleinodien: H. Kohlhaußen, Die Reichsklein-

Z 1 Das Heilige Römische Reich unter den Hohenstaufen (1137—1254/68).

Z 2 Kaiserbild aus dem ›Hortus deliciarum‹ der Herrad von Landsberg (als Illustration zu: Pharao im Gespräch mit Mose).

chung Karls des Großen gab diesen Vorstellungen ihre geschichtliche Anschaubarkeit und verpflichtete zur nacheifernden Verehrung.

In diesem Raum des Reiches entstanden auch die Amtsstätten und Wohnungen der Herrscher, eine Reihe von Palästen, die dem Kaiser und der Regierung als Aufenthaltsorte dienten, zahlreiche Residenzen der Landesherren — wie sie seit dem „Statutum in favorem principum" genannt werden — und eine Fülle von wehrhaften Wohnsitzen der Ritter.

Das vorliegende Buch will den überlieferten Bestand dieser Bauten aus der Stauferzeit nach kunstgeschichtlichen Kriterien sichten. Es soll ein beispielhafter Überblick staufischer Palast- und Burgenbaukunst gegeben werden, aus dem ihre geschichtliche Entwicklung und ihre formale Ausbreitung abzulesen ist. Der zeitliche Rahmen wird hierbei durch das erste politische Auftreten der Staufer in der Reichsgeschichte unter dem Salier Heinrich IV. und das Erlöschen des Geschlechtes mit den Königen Konrad IV. (†1254), Manfred (†1266), Konradin (†1268) und Enzio (†1272) gezogen.[2]

odien, in: Deutsche Kunst, Bremen, Bd. V/1939, 41—56, 4a, 5a. H. Fillitz, Die Insignien und Kleinodien des Heiligen Römischen Reiches, Wien 1954; H. M. Decker-Hauff u. P. E. Schramm, Herrschaftszeichen und Staatssymbolik, Bd. 2, Stuttgart 1955; P. E. Schramm u. F. Mütherich, Denkmale der deutschen Könige und Kaiser, München 1962; über ihre Aufbewahrungsorte: F. Sprater, Die Reichskleinodien in der Pfalz, Ludwigshafen u. Saarbrücken 1942; D. Leistikow, Aufbewahrungsorte der Reichskleinodien in staufischer Zeit, in: Burgen und Schlösser, 1974, II, 87.

[2] Zur Genealogie der Staufer: Hansmartin Decker-Hauff, Das staufische Haus, Katalog d. Stuttg. Staufer-Ausstellung 1977, III, 339—374. Als Urheimat der Staufer wird der unterste Neckar, die benachbarte Bergstraße und der Kraichgau angesehen. Von dort gelangten sie (Nibelungenzug!) während des 9. Jh. in den Raum um Wien, dann im 10. Jh. infolge der Ungarneinfälle ins bayrisch-österreichische Alpenvorland. Unter den Ottonen, im 10. Jh., begegnen Staufer mit den Vornamen Sieghard und Friedrich zu Melk und Salzburg. Durch Heirat und wohl über den Riesgau sind die Staufer nach Schwaben gekommen. 1079 wird Friedrich von Staufen von Kaiser Heinrich IV. mit dem Herzogtum

Die Aufnahme der Bauten in diese Darstellung erfolgt nicht nach dem Maß ihres mehr oder minder engen, auch manchem Wandel unterworfenen Verhältnisses zur Reichsgewalt, sondern entsprechend ihrer Zugehörigkeit zur Stauferzeit, der sie ohne Ausnahme monumentalen Ausdruck verliehen haben.

Die deutschen Kaiserpfalzen der Stauferzeit und überhaupt des Mittelalters sind sämtlich zerstört. Wir besitzen nur einen geringen Bestand an verfallenen Mauern und deren bauplastischer Gestaltung. Die ortsfeste Ausstattung ist mit Ausnahme einiger weniger Farbfenster aus den Kapellen[3] und bemalter Teile von Decken und Wänden zugrunde gegangen. Die künstlerische Leistung wird jedoch auch an den Fragmenten ersichtlich. Wie die einzelne Säule eines griechischen Tempels die Idee des Ganzen in sich trägt, so lebt in jedem geformten Bruchstück einer Kaiserpfalz der Gedanke des vollendeten Palastes. Zudem gestattet uns die Zusammenschau dessen, was blieb, eine Ergänzung dessen, was unterging. Aus dieser Synopse der Ruinen spricht der planende Geist des Bauherrn ebenso wie der gestaltende Geist des Künstlers.

Was von deutschen Kaiserpfalzen nördlich der Alpen noch vorhanden ist, soll mit einigen Sätzen charakterisiert werden:

Hagenau ist völlig verschwunden; nur einige Bruchstücke der Bauplastik, die größtenteils beim Abbruch von Festungswerken zum Vorschein kamen, sind im Museumshof gesammelt. Durch Grabungen wurden mehrere Mauerzüge gefunden, die in Auswertung von Plänen des 17. und 18. Jh. zu einem Gesamtbild ergänzt werden können.

Ähnliches läßt sich von *Kaiserslautern* sagen. Doch stehen hier noch Mauerstümpfe des Palas und der Kapelle. Die Funde an Bauplastik sind sehr gering.

Schwaben belehnt, gleichzeitig wird ihm die Hand der Kaisertochter Agnes versprochen, mit der er 1086/7 die Ehe eingeht.

[3] A. Jungjohann, Glasmalereien aus der Ingelheimer Pfalz Barbarossas?, in: Zschr. d. dt. V. f. Kunstwissensch. II, 1935, 253—259.

In *Kaiserswerth* ist nur das ernste Mauerwerk der rheinwärts gelegenen Reste der Pfalz zu sehen.

In *Nimwegen* steht außer der älteren Zentralkapelle noch die Apsis der dem Palas angegliederten staufischen Kapelle.

Auch in *Ingelheim* ist die von Barbarossa erneuerte Saalkirche erhalten. Glasmalereien aus der Pfalz befanden sich im Schloßmuseum zu Berlin, wo sie 1945 verlorengingen, andere besitzt das Museum zu Wiesbaden.

Die Kaiserpfalz *Wimpfen* prägt mit ihren zwei Bergfrieden auf eindrucksvolle Weise den Umriß des Stadtbildes. Übrig sind außer ihnen die Palasarkaden auf der Neckarseite, der daran anschließende Baukörper der Pfalzkapelle, das Steinhaus, dazu noch das Tor und weitere Gebäudeteile.

Am besten erhalten ist die Kaiserpfalz *Gelnhausen* mit Umfassungsmauer, Torhalle, Kapelle, Torturm und Palas.

Von der Kaiserpfalz *Frankfurt* sind einige Reste durch Grabungen ermittelt. Aufrecht steht dort — nach der Wiederherstellung — der „Saalhof" mit seiner Kapelle.

In *Eger* blieben der Bergfried und die Kapelle fast unversehrt, der Palas als Ruine erhalten.

Vom „Kaiserhaus" zu *Seligenstadt* blieb die Mainseite übrig.

Unter den Reichsburgen, die in ihrer Bedeutung den Kaiserpfalzen gleichzuordnen sind, ist zu *Nürnberg* die Kapelle als Ganzes auf uns gekommen. Der angrenzende Palas kann nur im Umriß als staufisch gelten.

Der *Trifels* besitzt noch einen bedeutenden Turm, der auch die Kapelle enthält, während die übrige Anlage neuerdings durch An- und Umbauten stark verändert wurde.

Neben diese Reichspfalzen treten ebenbürtig die Bischofshöfe, die dem Kaiser als Aufenthaltsorte zur Verfügung standen, so daß sich gerade in den Bischofsstädten die Anlage einer Kaiserpfalz erübrigte.[4] Viele Regierungshandlungen in Bischofsstäd-

---

[4] W. Schlesinger, Bischofssitze, Pfalzen u. Städte im dt. Itinerar Barbarossas,

ten, die z. T. auch den Status von Freien Reichsstädten hatten (Konstanz, Basel, Straßburg, Speyer, Worms, Metz, Regensburg, Augsburg u. a.) fanden in den Bischofspfalzen statt. Keine einzige davon steht noch. Nur auf wenigen älteren Ansichten sind staufische Bischofspfalzen überliefert, etwa in *Köln*, oder sie können durch die Wissenschaft erschlossen werden. Hier ist noch ein weites Arbeitsfeld offen. Z 143

Die Stauferpfalzen in Reichsitalien sind fast alle untergegangen. Eine Sonderstellung nehmen die unter Kaiser Friedrich II. erbauten Burgen ein. Von ihnen können jedoch nur *Foggia* und *Melfi*, allenfalls auch *Lucera* und *Lagopesole* den Rang von Pfalzen beanspruchen. In dem älteren normannischen Königspalast von *Palermo* hat Friedrich II. selten — in jungen Jahren — residiert. In Foggia erinnert an die Kaiserpfalz nur ein verstümmelter Torbogen mit Bauinschrift. Das „castellum seu palatium" von Lucera ragt noch mit seinem Sockelgeschoß über den Boden und fügt sich als mächtige Baumasse in den von Karl I. von Anjou aufgeführten Mauerring der Sarazenenkolonie ein. Dagegen ist der großartige Achteckbau des *Castel del Monte* völlig erhalten.

Zum Stand der Forschung

Die deutschen Kaiserpfalzen als Themen geschichtlicher und kunstgeschichtlicher Arbeiten sind seit Jahrzehnten im Gespräch. Zuerst nahm sich ihrer der Deutsche Verein für Kunstwissenschaft an. Paul Clemen schrieb 1911/14 mehrere Berichte.[5] Die monographische Behandlung wurde einzelnen Gelehrten zugeteilt. Veröffentlicht sind: die (salische) Kaiserpfalz *Gos-*

---

in: Aus Stadt- u. Wirtschaftsgesch. Südwest-Deutschlands, Festschr. f. Erich Maschke 1974.

[5] P. Clemen, Die Kaiserpfalzen, in: 1.—3. Bericht über Arbeiten an den Denkmälern deutscher Kunst, Berlin 1911, 1912, 1914.

lar von Uwo Hoelscher 1927[6], die (staufische) Kaiserpfalz *Eger* von Oskar Schürer 1934[7] und die Kaiserpfalz *Wimpfen* von Fritz Arens 1967.[8] Im Titel des letzteren Werkes wird die allgemein übliche Bezeichnung „Kaiserpfalz" in „Königspfalz" abgeändert — obwohl im Text selbst mehrfach von „Kaiserpfalz" die Rede ist. Nun ist das Wort „Pfalz" ja vom lateinischen „Palatium" abgeleitet, und dieses bezeichnete zuerst ein oder das Kaiserhaus auf dem römischen Hügel Palatin. Vom Staatsrecht her waren die zur Rede stehenden Kaiserpfalzen gewiß auch Pfalzen des deutschen Königs. Aber dieser von den deutschen Fürsten gewählte König war stets, auch vor seiner Krönung, der Imperator designatus. Imperium und Regnum meinen hier dasselbe. Der Begriff „Kaiserpfalz" trägt dem höchsten Rang des Inhabers der Reichsgewalt Rechnung. Daneben wird auch der Ausdruck „Königspfalz" verwendet. Aber wir sprechen nicht von den „staufischen Königen", obwohl sie das alle waren, sondern von den „staufischen Kaisern". Pfalzen- und Burgenstädte, die vom Kaiser gegründet waren, nennen sich nach ihm, z.B. Kaiserslautern, Kaiserswerth, Kaysersberg. Man könnte sogar von „Reichspfalzen" reden, wie von „Reichsstädten". Der zugeordnete Herrschaftsraum war immer das Reich — imperium —, dessen Gewalt der Kaiser — imperator — innehatte. Jedoch läßt sich auch das „regnum" mit „Reich" übersetzen.[9] Von der Geschichtsschreibung her, die dieses Buch zu seinem Teil betreibt, ist es geboten, von staufischen „Kaiserpfalzen" zu sprechen und sie von den „Königspfalzen", etwa der Przemysliden zu Prag oder der französischen Könige in Paris, zu unterscheiden.

[6] U. Hoelscher, Die Kaiserpfalz Goslar, Berlin 1927.

[7] O. Schürer, Die Kaiserpfalz Eger, Berlin 1934; P. Buberl, Die hohenstaufische Kaiserpfalz Eger, in: Dt. Kunst u. Denkmalpflege, 1942/43, S. 8.

[8] F. Arens, Die Königspfalz Wimpfen, Berlin 1967.

[9] R. M. Herkenrath, Regnum und Imperium in den Diplomen der ersten Regierungsjahre Friedrichs I., und G. Wolf, Imperator und Caesar — zu den Anfängen des staufischen Erbreichsgedankens, beide in: Friedrich Barbarossa hg. von G. Wolf, Darmstadt 1975.

Die Bearbeitung der (karolingischen) Pfalz zu *Ingelheim* war Christian Rauch übertragen worden. Doch hat er zunächst nur Vorberichte veröffentlicht, die die oft wiedergegebene Ideal-Rekonstruktion der Pfalz enthielten. Das aufschlußreiche Plan- und Bildmaterial wurde erst posthum 1976 durch Hans Jörg Jacobi vorgelegt.[10] Karl Nothnagel sollte *Gelnhausen* übernehmen. Diese Arbeit erschien überhaupt nicht. 1965 hat Günther Binding eine Monographie der Pfalz herausgebracht.[11] Binding hat auch über *Seligenstadt* 1961 einen grundlegenden Aufsatz geschrieben.[12]

Eine Gesamtdarstellung der deutschen Kaiserpfalzen hat Gottfried Schlag 1940 versucht.[13] Er hat weitere Studien besonders der Pfalz zu *Hagenau* gewidmet, von der 1940 während des Westfeldzugs wichtiges Planmaterial unter den Akten des fran-

---

[10] Diese Berichte finden sich in Röm.-Germ. Korrespondenzblatt III, 1910, in den Quartalblättern d. Hist. Vereins f. d. Großherzogtum Hessen NF 5, 1911/15 und in: Neue dt. Ausgrabungen 1930. Chr. Rauch hat auch das Inventar der Kunstdenkmäler des Kreises Bingen, Darmstadt 1934, bearbeitet, in dem Ingelheim ein breiter Raum gewidmet ist.

Die geplante Monographie der Kaiserpfalz wurde immer wieder verzögert, das schließlich erstellte Manuskript durch einen Fliegerangriff im Zweiten Weltkrieg vernichtet, so daß der betagte Autor die Herausgabe seiner Forschungsergebnisse an H.-J. Jacobi übertrug. Das Erscheinen der Schrift: Ausgrabungen in der Königspfalz Ingelheim 1909—14, Mainz 1976, erlebte Rauch nicht mehr. Er ist am 31. 1. 1976 im hohen Alter von 99 Jahren verstorben.

[11] G. Binding, Pfalz Gelnhausen, Bonn 1965; die Vorarbeiten von Nothnagel in dessen von F. Arens hg. Diss.: Staufische Architektur in Gelnhausen und Worms, Göppingen 1971; W. Einsingbach, Gelnhausen, Kaiserpfalz, Amtl. Führer, Bad Homburg 1975.

[12] G. Binding, Das Palatium in Seligenstadt, ein Bau Friedrichs II., in: Archiv f. hess. Gesch. u. Altertumskunde, NF 26/1961, 240—254.

[13] G. Schlag, Die deutschen Kaiserpfalzen, Frankfurt a. M., 1940. — Gottfried Schlag ist 1943 in Stalingrad gefallen. Aus persönlichen Gesprächen, die ich im Febr. 1941 in Paris mit ihm führte, in denen er mich als Mitarbeiter gewinnen wollte, wußte ich um seine Pläne, die Erforschung der deutschen Kaiserpfalzen weiterzuführen. Er hat sich besonders der Kaiserpfalz Hagenau gewidmet. Siehe auch die Schriften unter „Hagenau" und „Kaiserslautern".

zösischen Kriegsministeriums gefunden worden war. Die Arbeit über Hagenau hat Robert Will in mehreren Publikationen zum Abschluß gebracht.[14]

Eine Übersicht über staufische Burgen in Deutschland und Italien legte Leo Bruhns bereits 1937 in dem Bildband ›Hohenstaufenschlösser‹ vor.[15] Ich selbst habe 1965 in meiner ›Kleinen Kunstgeschichte der deutschen Burg‹ einen Abriß des staufischen Pfalzen- und Burgenbaus gegeben.[16] Fritz Arens schrieb 1977 im Katalog der Stuttgarter Ausstellung ›Zeit der Staufer‹ über ›Die staufischen Königspfalzen‹.[17] An gleicher Stelle entwarf Hans-Martin Maurer in seinem Beitrag ›Burgen‹ ein Bild der staufischen Burgenpolitik. Er sieht in der staufischen Burg die eigentümlichste unter allen architektonischen Schöpfungen der Stauferzeit. „Höfe, Dörfer, Städte, Kirchen, Klöster gab es zu allen Zeiten, die Ritterburg aber ist ein unverwechselbares Produkt des Mittelalters. Sie ist wie kein anderer Bautyp geeignet, Strukturen, Wesen und Geist staufischer Zeit zu repräsentieren."[18]

[14] R. Will, Le château dit «Burg» de Haguenau, in: Etudes Haguenauiennes, NS I, 1950/55, 41—125; ein ergänzender Beitrag erschien in der gleichen Zschr. NS 5, 1965/70, 79—99; A. M. Burg, Haguenau et la Dynastie des Hohenstaufen, in: Et. Hag. NS 5, 1965/70, 29—78; R. Will, Le palais de Haguenau et l'art de la cour de Barberousse, in: Archeologia, Paris, Nr. 75, Okt. 74, 10—18.

[15] L. Bruhns, Hohenstaufenschlösser, Königstein u. Leipzig, 1937, 51.—65. Tsd. 1965, neu bearb. v. O. Müller (dt. Denkm.) u. H. Schwarz u. C. A. Willemsen (it. Dkm.).

[16] W. Hotz, Kleine Kunstgeschichte der deutschen Burg, Darmstadt 1965 (⁴1979), 86—166. Weitere eigene Arbeiten zum Thema: Staufische Reichsburgen am Mittelrhein, Berlin 1937; Kaiserpfalzen und Ritterburgen in Franken und Thüringen, Berlin 1940; Pfalzen und Burgen der Hohenstaufenzeit im Elsaß, in: Jahrb. d. Stadt Freiburg i. Br., 4/1940; Burgen am Rhein und an der Mosel, München-Berlin, 1956.

[17] F. Arens, Die staufischen Königspfalzen, in: Kat. d. Stuttg. Staufer-Ausstellg. 1977, III, 129—142. Der gleiche Beitrag ist geringfügig verändert, nochmals abgedruckt in: Burgen und Schlösser, XIX/1978, 74 ff.

[18] Hans-Martin Maurer, Burgen, in: Kat. d. Stuttg. Staufer-Ausstellg. 1977, III, 119—128.

Auch das, was die Staufer, vor allem Kaiser Friedrich II., in Italien erbauten, wurde schon vor dem Ersten Weltkrieg durch die historische und kunsthistorische Forschung in Angriff genommen. Erschienen ist davon der von Arthur Haseloff bearbeitete 1. Band: ›Die Bauten der Hohenstaufen in Unteritalien‹ (1920), der durch Eduard Sthamer mit zwei Ergänzungsbänden, die bereits 1912 und 1914 herauskamen, vorbereitet und 1926 in einem 3. Band fortgesetzt worden war. Weitere Gesamtdarstellungen der italienischen Stauferbauten finden sich bei Hanno Hahn[19], bei Dankwart Leistikow und bei Carl Arnold Willemsen, zuletzt ebenfalls im Katalog der Stuttgarter Staufer-Ausstellung von 1977.[20]

Zur Datierung

Weil alles irdische Leben und Wirken in der Zeit geschieht, darum muß die Darstellung eines geschichtlichen Vorgangs und Ablaufs ständigen Bezug zur Zeit haben. Auch Kunstwerke begegnen uns als Zeugnisse ihrer Zeit und können also nur im Zusammenhang ihrer zeitlichen Einordnung recht beurteilt, gedeutet und verstanden werden. Das macht ihre Datierung so wichtig. Sie ist ein besonderes Anliegen der Kunstwissenschaft.

Es gibt mehrere Methoden zur Datierung: Am wenigsten widersprüchlich ist die Datierung von außen: wenn die Entstehung oder Erstellung eines Kunstwerks aus schriftlichen Zeugnissen, Urkunden, Akten, Chroniken, Berichten oder Inschriften ablesbar ist. Am zuverlässigsten ist die inschriftliche Datierung am Werk selbst. Durch Bauinschriften datiert sind die Pfalzen von

---

[19] H. Hahn, Hohenstaufenburgen in Süditalien, München 1961. — Zu den Veröffentlichungen v. Haseloff u. Sthamer siehe Anm. 271 u. 307.
[20] Kat. d. Stuttg. Staufer-Ausstellg. 1977, III, ›Die Bauten Kaiser Friedrichs II. in Süditalien‹, 143—163. — Die ›Burgen und Schlösser der Capitanata‹ werden von D. Leistikow übersichtlich dargestellt in: Bonner Jahrbücher, 171/1971, 416—441.

Nimwegen in das Jahr 1155 und von *Kaiserswerth* 1184, der Palast zu *Foggia* 1223 und das Kastell von *Trani* 1233 und 1249. Es ist anzunehmen, daß alle diese Staatsbauten in der Regel inschriftlich datiert waren; aber die Inschriften sind uns verlorengegangen.

Die Naturwissenschaft hat in den letzten Jahrzehnten eine weitere Methode der zuverlässigen Datierung erschlossen: die Dendrochronologie, die Zeitbestimmung nach Jahresringen der verwendeten Hölzer. Hier sind für die in Deutschland als Bauholz damals meist verwendete Eiche schon lange Reihen aufgestellt worden, ebenso, wenn auch noch nicht ganz so lang, für die Tanne.[21] Die Bäume kamen unmittelbar nach dem Schlagen in den Boden oder ins Gerüst. Wo sich die Waldkante eines Baumes erhalten hat, kann das Fällungsjahr genau ermittelt werden.

Die Kunstwissenschaft hat die Datierung von der Form her entwickelt, die Stilkritik. Das ist eine analytische Methode, die eine gründliche Beschäftigung mit dem Kunstwerk selbst verlangt, eine interessante und geistvolle, benachbarte Bereiche wie die Sprachwissenschaft oder bezüglich der Bildinhalte auch Theologie und Religionsgeschichte mit einbeziehende Methode — aber auch sie wird nicht im leeren Raum getrieben, sondern sie bedarf der Bezugspunkte sowohl in der Zeit wie im Raum. Da bei Anwendung dieser Methode die Beurteilung der Kunstform eine entscheidende Rolle spielt, ist die Möglichkeit von subjektiven Fehleinschätzungen größer als bei den anderen Arbeitsweisen. Die Stilkritik muß ein Kunstwerk in ein Koordinatensystem von zeitlichen und örtlichen Gegebenheiten einfügen. Je engmaschiger dieses Netz ist, desto genauer ist die Datierung. Sie nimmt aber auch gewisse immanente Gesetzmäßigkeiten an, so, daß einfache Formen älter und reiche Formen jünger seien, oder, daß Formen stets kausal übertragen und abgeleitet

---

[21] Kunstchronik 21, 1968, 141—198: Bericht über die vom 1./2. 3. 1968 in München gehaltene Arbeitstagung über Dendrochronologie mit Résumés der Vorträge, Übersicht über die Diskussionen und Literaturauswahl zum Thema.

würden. Die Ermittlung des Entstehungsortes und -zeitpunktes der ersten Gestalt sowie ihrer Merkmale erweist sich oft als schwierig und kann auch nur mit Bezug auf andere Geschehnisse durchgeführt werden. Ein Kausalitätsgesetz der Form ist nicht beweisbar.

Eine weitere Frage, mit der sich die Stilkritik befassen muß, ist die nach der Lebensdauer einzelner Formen. Beispielsweise begleitet die „attische Basis" ohne Unterbrechung die gesamte europäische Architektur von der Antike bis zur Gegenwart, was man von den gleichfalls in der Antike aufgekommenen Kapitellformen nicht sagen kann. Die meisten Formen haben doch einen recht organischen Lebensablauf und dauern im Wachsen, Blühen, Reifen und Vergehen ziemlich genau das Zeitmaß, das wir in der Menschengeschichte mit einer Generation, mit 33 Jahren umreißen. Nur durch die Zeitgebundenheit der Formen wird uns ja die Bestimmung von Stilen und die Unterscheidung ihrer Stufen möglich. Überschneidungen von „älteren" und „jüngeren" Formen kommen zwar vor, sind aber nicht die Regel. Der Generationenzirkel muß auch immer in der Mitte angelegt werden, z. B. wird eine ausgeprägte Form, die 1175 datiert ist und sich in ihrer besten Entfaltung zeigt, zwischen rd. 1160 und rd. 1190 angewendet (was in unserer Arbeit beinahe der gesamten Regierungszeit Barbarossas entspricht) und ist weder vor noch nach dieser Zeitspanne anzutreffen.

Die stilkritische Analyse kann sich mit ihrer Datierung nicht von den Ereignissen der jeweiligen Zeitgeschichte lösen. Im Gegenteil, sie hat in ihrem Hergang und ihren Ergebnissen unübersehbaren Anteil an dieser Geschichte, sie wird ihrerseits Interpretationsaussage von dokumentarischer Deutlichkeit. Alle Kunstwerke haben ihren bestimmten Ort in der Geschichte und tragen in sich ihr genaues Datum. Das Neue Testament unterscheidet beim Begriff „Zeit" zwischen χρόνος und καιρός. Ὁ χρόνος ist die Zeit, die uns begleitet, deren Gang wir auf der Uhr ablesen. Ὁ καιρός aber ist die erfüllte Zeit, die Heilszeit, τὸ πλήρωμα τοῦ χρόνου (Galater 4,4), die schließlich zu τὰ πληρώματα τῶν καιρῶν wird (Epheser 1.10). Es gehört zu den verheißungsvollen Aufgaben der stilkritischen Datierung, diese „erfüllte Zeit" des Kunstwerkes zu finden und zu erläutern.

Die Datierung des Pfalzen- und Burgenbaus liegt dort im argen, wo es nicht überzeugend gelingt, die Bauwerke aus ihrer eigenen Epoche zu erklären und sie in Wechselbeziehungen zu den Leitgedanken, Gestalten und Ereignissen ihrer Zeit zu setzen. Dabei muß die Architektur als Ganzes gesehen werden. „Profan"bau und „Sakral"bau sind zwei Seiten derselben Sache. Die Werkweisen stimmen überein, die Schmuckformen sind die gleichen, und auch die Werkleute waren ebenso an Domen wie an Pfalzen tätig. Alle stilkritischen Datierungen müssen im Blick auf alle in der gleichen Landschaft zur gleichen Zeit ausgeführten Bauten erfolgen. Es ist ausgeschlossen und widerspricht unserer Erkenntnis von der Geschichtlichkeit der Stile, daß an einer Pfalz oder Burg eine Form weitervegetiert, die im Kirchenbau schon lange nicht mehr gebräuchlich ist. Das gilt besonders für die Schmuckformen.

In der Datierung staufischer Bauwerke in Oberdeutschland, besonders am Mittel- und Oberrhein hat die seit Jahrzehnten von der Kunstwissenschaft vertretene falsche Datierung des bedeutendsten Bauwerks der Barbarossazeit, des Wormser Doms,[22] manche Verwirrung angerichtet. Obwohl die Domweihe von 1181 in Gegenwart des Kaisers mehrfach chronistisch überliefert ist, hat man dieses Datum höchstens für die Ostteile gelten lassen, das Langhaus und den Westbau jedoch später angesetzt — vor nicht allzulanger Zeit wurde der Westchor noch 1234 datiert. Meist wird er jetzt als gegen 1210/20 vollendet angesehen.[23] Aber dieser Ansatz ist historisch nicht begründet. Die

---

[22] Worms war die von den Staufern am häufigsten besuchte Stadt Deutschlands. E. Maschke, Die deutschen Städte in der Stauferzeit, in: Eberbacher Geschichtsbll. 1977, 17. 25.

[23] R. Kautzsch im Domwerk: Ostteile 1171—1181, Langhaus 1181—etwa

Folge dieser (Zu-)Spätdatierung war und ist, daß man die Pfalzen *Wimpfen* und *Gelnhausen* oder die Kapelle des *Trifels* — alles Bauten, die mit Worms eng zusammenhängen — um 1200 und danach, ja bis 1220 angesetzt hat.[24]

Für die richtige Datierung der Stauferbauten im Umkreis des Wormser Doms kommen uns zwei Beobachtungen zu Hilfe: erstens wurden 1977 im nördlichen Obergaden des Domlanghauses an verschiedenen Stellen drei Balkenstücke, eines aus Tanne und zwei aus Eiche gefunden, deren dendrochronologische Bestimmung die Jahreszahl 1162 ergab;[25] zweitens, die Gewölbe im Männerbau der Wormser Synagoge ruhten auf zwei Säulen, deren Kapitelle die entwickelte Form — nicht etwa eine „Erstformulierung" — der Blätter-Stengel-Kapitelle in zwei Varianten mit und ohne Band zeigen. Eines dieser Kapitelle ist durch eine hebräische Inschrift auf der Deckplatte auf 1174/75 datiert.[26]

Die Lebensdauer dieser Kapitellform, die seit Rudolf Kautzsch meist als „Straßburger Kapitell" bezeichnet wird, weil

---

1195, Westbau 1195—1210/20. Rud. Kautzsch in Verbindung mit G. Behrens, Ph. Brand, Gg. Haupt, F. M. Illert u. O. Schmidt, Der Dom zu Worms, 3 Bde., Berlin 1938. H. J. Krause, Bemerkungen zum staufischen Neubau des Wormser Doms, in: Wiss. Zschr. d. Univ. Leipzig, 12/1963, ges. u. sprachwiss. Reihe, H. 2, 445—462. Krause datiert: 1140/50—1181/92 in der Baufolge: Ostteile, Westtürme, Langhaus, Westchor.

Dem Sachbearbeiter der Neuausgabe des Dehio-Handbuches, Rheinland-Pfalz Saarland, München-Berlin 1972 (H. Caspary f. d. Reg.Bez. Rheinhessen-Pfalz) kamen Bedenken gegenüber der „älteren Forschung", von der er sich vorsichtig distanziert: „Eine Weihe 1181, von der älteren Forschung nur auf die Ostteile bezogen, wird heute von einigen für die Vollendung des Gesamtbaus in Anspruch genommen; diesem Schlußdatum entspräche ein Baubeginn um 1140/50."

[24] So noch bei Arens, Die stauf. Königspfalzen (Anm. 17) bei Erwähnung dieser Bauten.

[25] E. Hollstein, Dendrochronologische Datierung von Bauhölzern des Wormser Doms, in: Jahrbuch f. d. Bistum Mainz 1979, 45 ff.

[26] O. Böcher, Die alte Synagoge zu Worms, Worms 1960, 100—102.

es in der Andreaskapelle des Münsters vorkommt,[27] das uns aber häufiger in Worms (Dom, Synagoge, St. Andreas), Otterberg, Bronnbach, Altdorf i. E., Schlettstadt oder Fritzlar begegnet, läßt sich, wie oben dargelegt, auf den Zeitraum zwischen 1160 und 1190 begrenzen. Mehrere „Wormser Kapitelle" wurden auch auf dem Trifels gefunden, was beweist, daß zur Barbarossazeit dort gebaut wurde.

Z 32
T 38

Unsere Darstellung des staufischen Pfalzen- und Burgenbaus versteht sich historisch-formkritisch. Sie hält das Aufzeigen der geschichtlichen Situation, in der diese Werke entstanden sind, für unerläßlich. Insofern ist sie zu ihrem Teil Darstellung und Deutung von Geschichte. Sie versteht sich aber ebensosehr als Kunstwissenschaft, als Betrachtung und Erklärung der Formen und ihrer Zusammenhänge. Da Geschichte aber kein abstrakter und theoretischer Vorgang ist, sondern stets unter und durch Menschen Ereignis wurde, kommt in der Beschreibung den Menschen, die diese Geschichte mit ihren Absichten und Gedanken bestimmten oder in ihren Auswirkungen erlebten und erlitten, besondere Bedeutung zu.

Zum Begriff „Reichsburgen"

Der in dieser Gesamtschau und in früheren eigenen Arbeiten zum Thema öfter verwendete Begriff „Reichsburgen" bedarf der Erläuterung. Er ist weder besitzrechtlich noch vom Lehenswesen her, sondern historisch-politisch und ideologisch zu verstehen.[28] Besitzrechtlich gab es Burgen im Immediatbesitz des Rei-

---

[27] Begonnen nach 1176, vollendet in den 80er Jahren des 12. Jh. W. Hotz, Handbuch d. Kunstdenkmäler im Elsaß u. in Lothringen, München-Berlin ³1976, 257.

[28] G. Schlag, Kaiserpfalzen u. Reichsburgen, in: Forschungen u. Fortschritte 16, 1940, S. 208; Dankw. Leistikow, Burg Krautheim, in: Württemb. Franken 43/1959, 55—57, u. a. haben mich mißverstanden.

ches oder des Kaisers, die durch Beamte, Ministerialen, erbaut und verwaltet wurden. Andere Burgen waren als Lehen des Reiches im Besitz adliger Grundherrn. Das „ius munitionis", das Recht zum Bau von Wehranlagen, war bis 1231[29] ein Reichsrecht; es war allerdings schon vorher in vielen Fällen usurpiert oder verliehen worden. Diese Burgen möchte ich als „Reichsburgen erster Ordnung" bezeichnen.

Aber auch die Burgen, die auf allodialem oder erworbenem Eigenbesitz erbaut wurden, müssen hier mit einbezogen werden. Z.B. waren die Burgen *Münzenberg, Wildenberg* oder *Krautheim*, die ich „Reichsburgen" nenne, unter besitzrechtlich unterschiedlichen Verhältnissen entstanden. *Münzenberg* wurde auf einem Berge gegründet, den Kuno von Hagen im Tausch mit einem Hof vom Kloster Fulda erworben hatte, wobei dahingestellt bleibt, ob der Tausch nicht eine nachträgliche Legalisierung einer bereits getroffenen Entscheidung war. *Wildenberg* hatte Ruprecht von Durne auf Grund und Boden des Klosters Amorbach in seiner Eigenschaft als Vogt erbaut. Im Laufe des 13. Jh. brachte Ruprechts Enkel Konrad das Gelände de iure in seine Hände. Als Familienbesitz hat Ulrich III. von Durne die Burg 1271 an den Mainzer Erzbischof Werner von Eppstein verkauft. *Krautheim* scheint auf Eigenbesitz des Wolfrad von Krautheim erbaut worden zu sein. Gottfried von Hohenlohe, der die Burg 1239 erwarb, betrachtete sie als sein Eigentum.

Alle diese genannten Bauherren und Burgengründer zählten zu den Willensträgern des staufischen Reiches. Kuno von Münzenberg und Ruprecht von Durne waren Gefolgsleute der Kaiser Friedrich I. und Heinrich VI.; Gottfried von Hohenlohe war in verschiedenen Ämtern Vertreter der Politik Kaiser Friedrichs II. Die Reihe läßt sich beliebig weiterführen. Die Kaiserpfalz *Wimpfen* wurde auf Grund und Boden des Bischofs von Worms, die Kaiserpfalz *Gelnhausen* auf mainzischem Gebiet erbaut. *Ro-*

[29] Constitutio in favorem principum, Worms, 1231, Mai 1. bestätigt in Cividale 1232, Mai.

thenfels am Main gehörte dem Kloster Neustadt und *Landsberg im Elsaß* dem Kloster Niedermünster auf dem Odilienberg, als die Ritter, die dort Vögte waren, ihre Burgen zu bauen anfingen.

Diese Burgen dürfen wir auch in geopolitisch und strategisch begründete Systeme einordnen. Das geschieht im Versuch, das imperiale Raumdenken der staufischen Herrscher zu veranschaulichen. Zweifellos hatten die Kaiser von der Ausdehnung und geographischen Beschaffenheit ihres Reiches eine zutreffende Vorstellung, die zudem durch ihr ständiges Unterwegssein vervollständigt wurde. Doch sind auf die vorgeschlagenen Begriffe[30] wie „rhein-mainisches Norddreieck", „Flußviereck", „Kaiserslauterner Ring" oder „Elb-Saale-Linie" nicht die Defensiv-Vorstellungen neuzeitlicher Festungssysteme anwendbar. Die „Reichsburgen" waren planvoll angelegte Stützpunkte des Reiches, Mittelpunkte der Verwaltung und der Rechtsprechung, Orte, in deren Umfeld Streitkräfte versammelt und eingesetzt werden konnten, Pflegestätten ritterlicher Kultur. In diesem Sinne waren alle diese Burgen „Reichsburgen".

Man wird dem staufischen Burgenbau nicht gerecht, wenn man ihn nur unter militärischen Gesichtspunkten betrachtet. Die Burgen waren nicht ausschließlich Wehranlagen, sondern genauso Wohn- und Repräsentationsbauten. Sie wurden auch keineswegs immer an Orten gegründet, die eine strategische Bedeutung hatten. Viele Burgen liegen weder an wichtigen Straßen noch an Flußübergängen oder in der wirtschaftlichen Mitte von Territorien. Für eine ganze Reihe von Burgen war die Nachbarschaft des Waldes wichtiger als die des Verkehrs, das spiegelt sich sogar in ihren Namen. Aber auch in dieser Eigenschaft tragen sie zur Deutung der universalen Reichsidee bei.

Die ritterbürtige Äbtissin Herrad von Landsberg hat ihr Kloster Hohenburg auf dem heiligen Berg des Elsaß für eine Stätte gehalten, an der Weisheit und Erkenntnis gewonnen werden konnte.

---

[30] Dazu die Karten in meinen ›Staufischen Reichsburgen‹ und ›Kaiserpfalzen u. Ritterburgen in Franken u. Thüringen‹ (Anm. 16).

Z 3 Turmbau, aus dem ›Hortus deliciarum‹ der Herrad von Landsberg
(im Original waren die Steine als Buckelquader getönt).

Sie hat dem Ausdruck verliehen, indem sie dort ihren „Hortus deliciarum" — „Garten der Entzückungen" verfaßte und bebilderte. Ihm gab sie die Reimworte mit:

Hoc in monte/vivo fonte/potantur oviculae/
Esum vite/sine lite/congestant apiculae/
Nectar clarum/Scripturarum/potant liberaliter/
Bibant, bibant/vivant, vivant/omnes aeternaliter
(Auf diesem Berg werden die Lämmer aus frischem Quell getränkt;
die Bienen sammeln friedlich Speise des Lebens;
den klaren Nektar der Schriften trinken sie in freier Weise;
sie sollen trinken, sie sollen leben, alle ewiglich).

Dieser Wunsch der letzten Zeilen soll auch der Beschreibung unserer Burgen gelten.

Zu den Bauformen

Die Bauformen der Burg haben sich aus dem Zueinander ihrer Bestandteile entwickelt. Die ausgebildete Burg umfaßt an Wehrbauten: Turm, Ringmauer, Tor; an Wohnbauten den Palas und die Kemenate; an Wirtschaftsbauten Küche, Stallungen, Scheunen. Dazu tritt die Kapelle. Diese Teile können, der Entwicklungsgeschichte der Burgen entsprechend, in einem Turm zusammengefaßt sein, dem Wohnturm oder Donjon. Meist, zumal im deutschen Burgenbau, finden sie sich aber nebeneinander und gliedhaft miteinander verbunden. Die Pfalzen weichen von diesem Burgenschema nicht ab, obwohl sie auch das wehrhafte Gehöft, den Königshof, die „curia regis, curtis regia", zu ihren Vorfahren zählen. Die Pfalzen haben unter den Staufern vor allem den Turm übernommen. Die Burgen dagegen besitzen in der Regel einen Palas. Er ist der Repräsentationsbau, in dem sich das Selbstverständnis und Kulturbewußtsein der Ritter bekundet.

Die künstlerische Leistung umfaßt das Gesamtbauwesen „Pfalz" oder „Burg", wird aber besonders deutlich in den Bauwerken Turm, Palas und Kapelle. Die Beurteilung der Architektur gilt sowohl der Planung wie der Ausführung. Die Proportionierung der Baukörper, ihr Volumen als solches im Verhältnis zum Ganzen, die Beschaffenheit und Ausführung des Mauerwerks, die Anordnung und der Schmuck von Portalen, Toren und Fenstern, vornehmlich auch die Bauplastik geben Wertungsmaßstäbe an die Hand.

Der staufische Burgenbau war im wesentlichen Steinbau. Er kannte auch Holzteile, Fachwerkbauten, öfter Fachwerkaufbauten. Davon wissen wir aber meist nur aus schriftlicher Überlieferung oder aus rekonstruierbaren Befunden. Der Innenausbau geschah in der Regel in Holz. Die Palassäle waren oft zweischiffig und mit Balken gedeckt, seltener gewölbt.

Mit den staufischen Burgmauern tritt ein eigentümliches Stilelement in Erscheinung: der Buckelquader. Er ist zu einem charakteristischen Merkmal staufischer Burgen geworden. Über seine Entstehung gibt es eine Reihe von Hypothesen. Es soll hier keine neue hinzugefügt werden. Den besten Überblick über die Entwicklungsgeschichte der Buckelquader auf deutschem Boden hat Hans-Martin Maurer[31] gegeben, belegt mit zahlreichen Beispielen aus den schwäbischen, elsässischen und schweizerischen Landschaften. Darin wird zu Recht die Ansicht, die Verbreitung der Buckelquader im staufischen Burgenbau sei entweder auf die Römer oder die Kreuzzüge zurückzuführen, abgelehnt und den praktisch militärischen Gesichtspunkten der Arbeitsersparnis bei der Steinbearbeitung oder der Erschwerung von Angriffen gegen die Mauer nur eingeschränkte Gültigkeit zuerkannt. Maurer kommt zum Ergebnis, daß der Buckelquader „wie keine andere Steinbearbeitung... den Trotz und das Selbstbewußtsein der ritterlichen Burgherrn verkörperte. Der ursprünglich wohl vorhandene praktische Zweck trat hinter der psychischen Wirkung des Abschreckens und der ästhetischen der Repräsentation zurück". Die im Anschluß daran gestellte Frage, ob nicht der staufische Buckelquader sich in Deutschland selbst herausgebildet habe, sollte bejaht werden. In den Buckelquaderwänden hat die Stauferzeit einen Ausdruck ihrer vom Ritterethos des „Schildesamts" geforderten Haltung geschaffen.

Es müssen hier die sog. „Megalith"-Türme erwähnt werden, weil sie eine naturnahe Form der Buckelquader-Bergfriede darstellen.[32] Diese klobigen Bauten, von denen wir beispielhaft den Hatzenturm in *Wolpertswende* bringen, aus mächtigen, meist T 85 nur auf Ober- und Unterseite abgearbeiteten, bis zu 1 m hohen und 2 m langen Blöcken *(Gundelfingen),* gehören zeitlich fast

---

[31] H. M. Maurer, Bauformen der hochmittelalterlichen Adelsburg in Südwestdeutschland, in: Ztschr. f. d. Gesch. d. Oberrheins (ZGO), 115/1967, bes. 71—82.
[32] Bei Maurer zahlreiche Beispiele im Schwarzwald, in Oberschwaben, dem Bodenseegebiet und der Schweiz, d. h. hauptsächlich im alemannischen Stammesgebiet angeführt.

sämtlich ins 12. Jh. Sie zeigen, selbst wenn sie etwas älter sein sollten *(Habsburg?)* — aber keinesfalls karolingisch oder gar merowingisch —, die Entwicklung der Steinbehandlung bis zum staufischen Buckelquadergefüge an. Doch das scheinbar „Primitive" ist gewollt. Gerade das Felsblockaussehen betont die Sicherheit und Abwehrfähigkeit solcher Mauern. Sie gaben dem Burgbewohner die Gewißheit, daß sein Haus im wörtlichen und übertragenen Sinn — man denke an die Gleichnisreden der Bibel von der Unüberwindlichkeit des Felsens — auf Felsen gegründet war. Man hat gelegentlich auch einzelne rauhe Blöcke in Bruchsteinmauern eingelassen, wie auf *Pfäffingen* bei Basel, um ihnen eine sichtbare Verstärkung zu geben. Im Anblick solcher Felsbrocken sollte ein Belagerer die Vergeblichkeit seines Bemühens erkennen. So wurden auch Quaderbossen zu Trutzköpfen ausgebildet, wie etwa auf Burg *Kinzheim* im Elsaß.

T 54

Grundrißformen

Die Grundrißformen der staufischen Burgen sind recht mannigfaltig. In dieser Blütezeit des Burgenbaus sind sowohl von der Lage als auch von der Form her alle Anlagen vertreten.[33] Der ältere Typus der Turmhügelburg wird allerdings von der Wohnturm- und Turmpalasburg abgelöst. Viele Burgen haben eine polygonale Ringmauer und stellen sich als Randhausburgen, häufig mit Mittelturm, dar. Es gibt auch interessante Zentralanlagen, denen das Quadrat oder das Achteck zugrunde liegt. Die Rechteckburgen und die Burgen mit Frontturm oder Schildmauer heben sich als Gruppe heraus, ebenso wie die zweitürmigen Anlagen in Ovalform, deren Bauherren auch im politischen Gefüge des Reiches eine besondere Stelle einnehmen.

Die Burgen Friedrichs II. in Unteritalien und Sizilien sind

[33] Hierzu Hotz, Kleine Kunstgeschichte der dt. Burg (Anm. 16), 6—8 und folgende Seiten.

durchweg sehr regelmäßig beschaffen, quadratisch mit Ecktürmen, am Meeresufer oder auf Bergeshöhe. Sie gipfeln im Achteck des *Castel del Monte*. Auch die Keilform ist vertreten. In den Z 187
Burgen der Stauferzeit im übrigen Italien kommen die gleichen Grundsätze wie im deutschen Burgenbau zur Anwendung. Es entstanden auf der ganzen Apenninenhalbinsel zahlreiche gut ausgebaute Türme, öfter in Buckelquadern und auch in fünfeckiger oder „Bügeleisen"-Form *(Janula, Gavone)*.

Die staufischen Kaiserpaläste in den Städten sind sämtlich untergegangen. Doch lebt ihre Gestalt in manchen Bischofs- und Stadtpalästen weiter, soweit diese nicht überhaupt aus Umbauten von kaiserlichen Pfalzen entstanden sind. Im Bild der Städte treten die Burganlagen oft als Geschlechtertürme in Erscheinung. Auch deutsche Städte kannten diese festen Turmhäuser. Doch sind sie in größerer Zahl nur noch in Regensburg erhalten. Das Turmhaus der Stauferzeit in den von Stadtmauern geschützten Städten nimmt in Deutschland oft die Form des Turmpalas an (*Trier*, Dreikönigshaus; *Rosheim*, Steinhaus; *Würzburg*, T 155
Grafeneckart; *Saalfeld*, jetzige Apotheke; *Metz*, Hôtel St. Li- T 154
vier; *Aachen*, Grashaus). Z 109

I. DIE GESCHICHTLICHE LAGE ZU BEGINN DER STAUFERZEIT

Wie viele und welch große Taten, die der Beschreibung wert sind, der hochedle Herzog Friedrich von Schwaben damals vollbracht hat, ob der Kaiser anwesend war oder ob er sich in Italien aufhielt, wollen wir zusammenfassend berichten. Nachdem er nämlich den Rhein überschritten... machte er sich allmählich das ganze Gebiet von Basel bis Mainz, in dem bekanntlich die Hauptstärke des Reiches liegt, willfährig. Er folgte immer dem Rheinlauf und baute dann an geeigneter Stelle eine Burg, die das umliegende Land beherrschte. Dann ließ er sie, zog weiter und errichtete eine andere, so daß ein geflügeltes Wort von ihm sagte: „Herzog Friedrich zieht stets am Schweif seines Pferdes eine Burg mit sich." Der Herzog war tapfer im Kampf, klug in Verhandlungen, heiter von Angesicht und von Herzen, umgänglich im Gespräch und mit Geschenken freigiebig. Darum liefen ihm die Krieger in Scharen zu und boten ihm ihre Dienste an.

Otto von Freising, Gesta Friderici I, 13
(Frhr. v. Stein-Gedächtnisausgabe, S. 152)

Mit diesen oft angeführten Sätzen beginnt die Geschichte des staufischen Burgenbaus. Der ihn ins Werk setzte, war Herzog Friedrich II. von Schwaben,[34] genannt „Monoculus", „der Einäugige" (*1090, †1147), Sohn Herzog Friedrichs I., des ersten Herzogs von Schwaben (seit 1079) und seiner Gemahlin Agnes von Waiblingen, der Tochter Kaiser Heinrichs IV. und Schwester Kaiser Heinrichs V., der Enkel Friedrichs von Büren und seiner Gemahlin Hildegard von Bar-Mousson aus dem Hause Egisheim. Der Geschichtsschreiber Otto von Freising (um 1112—1158) war der Stiefbruder Herzog Friedrichs II. aus der zweiten Ehe seiner Mutter Agnes mit dem Markgrafen Leopold III. von Österreich.

Solche Angaben über die familiären Verbindungen der Staufer

[34] Alle genealog. Angaben nach H. M. Decker-Hauff im Kat. d. Stuttg. Staufer-Ausstellg. 1977 (Anm. 2).

sind deswegen wichtig, weil sie uns erkennen lassen, welchen Ländereien sie ihr besonderes Augenmerk schenkten. Die erwähnte „maxima vis regni" gewinnt hier Anschauung und Gestalt. Mit der Nennung des staufischen Geschlechtes und der dem Herzog Friedrich zuströmenden Ritter lernen wir die Führungsschicht kennen, die zum Auftraggeber der Burgen wurde.

Herzog Friedrich Monoculus, der Burgenbauer, begegnet uns als Willensträger kaiserlicher Politik, wie sie von den letzten Salierkaisern betrieben wurde. Die Staufer waren seit der Belehnung Friedrichs I. mit dem Herzogtum Schwaben und Elsaß 1079 zu Regensburg aufs engste mit den Saliern verbunden. Herzog Friedrich II. handelte im Rheintal zwischen Basel und Mainz im Namen seines Onkels, des Kaisers Heinrich V. Der Zeitpunkt, an dem diese Burgenpolitik begann, läßt sich etwa auf die Jahre 1116/18 und den Rheinfeldzug des Herzogs eingrenzen.[35]

Um welche Burgen handelt es sich? Darüber gibt es mehrere Hypothesen. Hans Zumstein[36] hat sich nur zögernd geäußert und am Schluß seiner Untersuchung der elsässischen Burgen *Hohkönigsburg, Hohbarr, Greifenstein, Rappoltstein (Ulrichsburg)* und *Hohegisheim* geschrieben, daß er den Satz Ottos von Freising über den Herzog, der stets am Schweif seines Rosses eine Burg mitschleife, von der Archäologie her weder bestätigen noch erschüttern könne. Es dürfte aber die *Hohkönigsburg*, die mit ihren beiden Türmen 1147 im Besitz der Staufer, König Konrads III. und Herzog Friedrichs III. (Barbarossa), war, mit Sicherheit dazu zu rechnen sein.

Hans-Martin Maurer[37] denkt an südpfälzische Burgen: *Neu-*

---

[35] Dazu mehrere Aufsätze von F. K. Becker: Zur Geschichte der Alzeyer Ministerialität, in: Geschichtl. Landeskunde, 17/1978, 38—55, bes. 47; Alzey, die Geburtsstätte der Kurpfalz, in: Alzeyer Geschichtsblätter, 10/1974, bes. 46; Das Weistum des pfalzgräflichen Hofes zu Alzey, in: Geschichtl. Landeskunde 10/1974, 22—71, bes. Anm. z. Überschrift S. 22.

[36] H. Zumstein, Châteaux forts du XIIe siècle en Alsace, in: Cahiers Alsaciens d'Archéologie, d'Art et d'Histoire (CAAAH), Straßburg 1967, 375—384.

[37] H. M. Maurer in: ZGO 1967 (Anm. 31), 67.

I. Die geschichtliche Lage zu Beginn der Stauferzeit

kastel, Guttenberg, Berwartstein, Scharfenberg, Ramberg. Es sind sämtlich Burgen in Berglage, z. T. ausgesprochene Felsenburgen. Die Angabe des Historikers, Herzog Friedrich sei „rheinabwärts" gezogen, darf man sicher nicht so wörtlich nehmen, daß nur Tiefburgen in Betracht kommen.

Es gibt noch eine weitere pfälzische (heute teilweise „rheinhessische") Burgengruppe, die mit Herzog Friedrich II. in Verbindung zu bringen ist.[38] Das sind die Burgen *Schwabsburg, Oppenheim, Alzey, Stromberg* und *Bacharach.*

Zunächst *Schwabsburg.* Sie wird zwar erst 1257 in einer Urkunde König Richards von Cornwall genannt. Aber der heute allein noch aufrecht stehende viereckige Bergfried mit schönem Kalkstein-Buckelquadermauerwerk weist die Burg dem 12. Jh. zu. Burg und Dorf heißen „Schwabsburg" — sollte das nicht auch ein Hinweis auf ihren Gründer, den Dux Sueviae, den Schwabenherzog Friedrich sein? Ob allerdings das Mauerwerk des Turms in seine Zeit zurückreicht, läßt sich schwerlich sagen. Es könnte auch einer jüngeren Befestigung des Burghügels angehören, in jedem Fall aber noch dem 12. Jh. und nicht erst der ausgehenden Stauferzeit.[39] Die nach 1799 verschwundene Burganlage läßt sich noch im Umriß erkennen. Sie war etwa quadratisch angelegt.

T 3

Die *Oppenheimer* Burg, seit dem 15. Jh. „Landskron" genannt — hier starb 1410 König Ruprecht von der Pfalz —, wurde während der Kämpfe Herzog Friedrichs II. mit Erzbischof Adalbert von Mainz 1118 zerstört, ist jedoch spätestens 1147 durch König Konrad III. wiederaufgebaut worden. Sie wurde im Zusammenhang mit der Stadtbefestigung um 1226, als Kaiser Friedrich II. Oppenheim zur Reichsstadt erhob, erneuert. Der

---

[38] F. K. Becker (Anm. 35), bes. Alzeyer Ministerialität.
[39] K. Bronner, Bergfriede im Volksstaat Hessen I, in: Volk u. Scholle, Darmstadt, 8/1930, 130 f. Darin Merianstich von Schwabsburg. Dehio, Handbuch der Deutschen Kunstdenkmäler, Rheinland-Pfalz Saarland, Neubearb. 1972, 650 gibt „Ende 12. Jh." an.

I. Die geschichtliche Lage zu Beginn der Stauferzeit

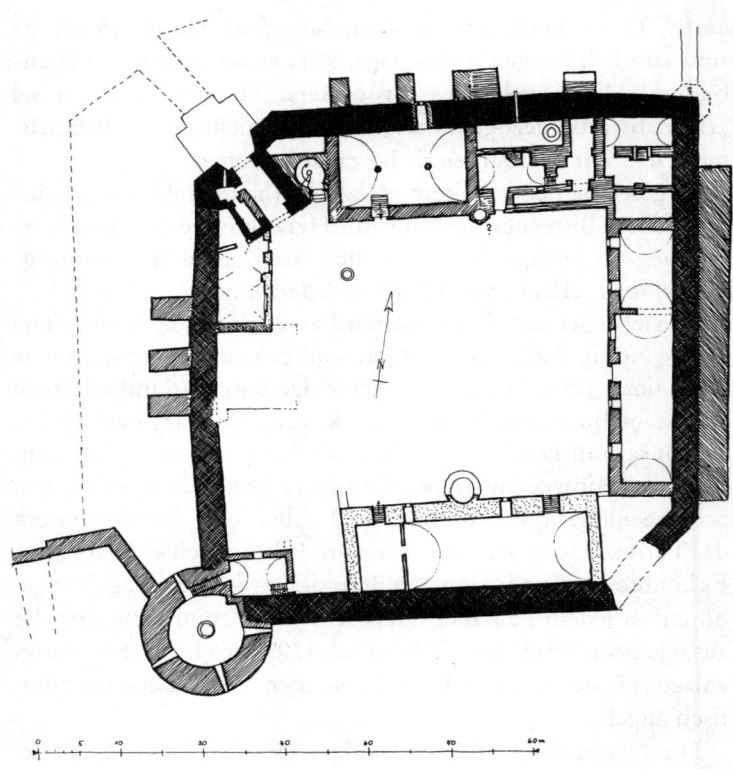

Z 4 Alzey, Grundriß der Burg, nach Stephan, Schloß in Alzey.

engen Bindung an die Staufer verleiht auch das Stadtsiegel mit dem Kopf des Kaisers Ausdruck. Der runde Bergfried der Burg lag im obersten Winkel der Mauer, ähnlich dem zu Kaysersberg i. E. Von den staufischen Bauten sind seit der Zerstörung im Jahre 1689 nur noch wenige Reste übrig.

Eine interessante Anlage ist *Alzey*. Herzog Friedrich hat die
Z 4 Burg um 1126 auf quadratischem Grundriß von rd. 62 m Seitenlänge (= 210 röm. Fuß) erbaut. Er ist hier am 4. oder 6. April 1147 verstorben und zu St. Walburg im Hagenauer Forst begra-

I. Die geschichtliche Lage zu Beginn der Stauferzeit

ben worden. Die Burg wurde mehrfach ausgebaut und zerstört, am nachhaltigsten 1689. Zwei Flügel wurden 1902/03 in historistischen Formen wiederhergestellt.[40] Alzey hat auch auf die Entstehung der rheinischen Pfalzgrafschaft unter dem Stiefbruder Barbarossas, Konrad, 1156 eingewirkt.[41] Er war im Besitz der Burg. Seine Tochter aus 2. Ehe, Agnes, heiratete 1193 auf Burg *Stahleck* bei Bacharach den Sohn Heinrichs des Löwen, den Welfen Heinrich. Die beiden Töchter dieser Ehe sind die Ahnfrauen der Markgrafen von Baden und des Gesamthauses Wittelsbach[42].

Burg *Winzingen*, oberhalb von Neustadt an der Haardt gelegen, war wohl zunächst in den Händen des Bischofs von Speyer.

---

[40] E. Stephan, Das Schloß in Alzey, in: Alzeyer Geschichtsblätter 4/1967, 3—43. K. Krauß, Das Alzeyer Schloß, in: Volk u. Scholle, Darmstadt, 5/1927, 161 ff. Stephan vertrat noch die Ansicht, daß Herzog Friedrich nicht der Bauherr der Burg Alzey gewesen sei, sondern im Salhof (am heutigen Obermarkt) residiert habe. Dort sei er auch verstorben. Die Burg Alzey, das heutige Schloß, sei erst nach einer Zerstörung 1260 völlig neu erbaut worden. — Sowohl der archäologische Befund wie die geschichtliche Situation sprechen jedoch für eine Gründung der Burg durch Herzog Friedrich.

Die Grablege Herzog Friedrichs, die ehem. Benediktinerabteikirche St. Walburg, besitzt in ihren beiden Außenmauern noch Teile ihrer staufischen Bausubstanz. Das südliche Langhausportal war mit Figuren geschmückt. Während das linke Gewände Figurenpaare unter Rundbogen übereinander angeordnet zeigt, ist im rechten Gewände eine Ganzfigur in einer Nische als Relief dargestellt. In den Händen hält sie einen Stab, der in Zweige ausläuft. Bekleidet ist sie mit einem langen hemdartigen Gewand; die Beine sind nackt. Der Ausdruck des Gesichts mit den geschlossenen Augen ist der eines Toten. Ob es sich hier um eine Darstellung des Herzogs handelt? In dem darüber befindlichen Türsturzbruchstück ist ein Dedikationsvorgang an den inschriftlich genannten Abt Benedictus zu erkennen.

T 2

[41] Konrad lebte von etwa 1134/6 bis 1195. Er wurde 1156 Pfalzgraf. Begraben wurde er im Kloster Schönau. Hierzu auch F. K. Becker, Alzey, die Geburtsstätte der Kurpfalz (Anm. 35) und ders. Alzey, Bacharach und Heidelberg, Zur Residenzfrage der rheinischen Pfalzgrafschaft, in: Jahrb. z. Geschichte von Stadt u. Landkreis Kaiserslautern, 12/13, 1974/75, 69—83.

[42] Decker-Hauff (Anm. 2), 357.

I. Die geschichtliche Lage zu Beginn der Stauferzeit

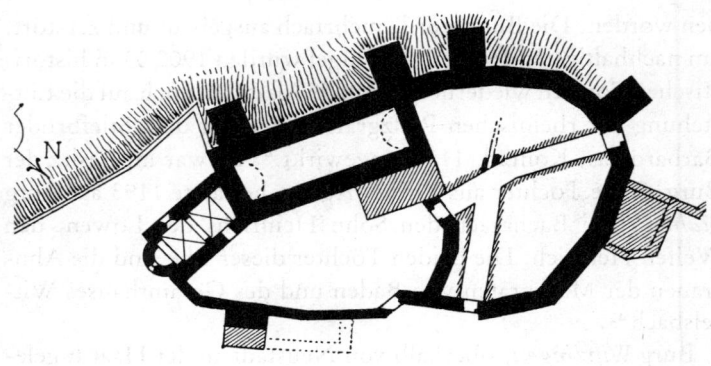

Z 5 Winzingen, Grundriß, nach Inv. Neustadt, 170.

Um 1155 scheint sie an den Pfalzgrafen Konrad gelangt zu sein. Sie blieb pfalzgräflich bis zur Franzosenzeit. Die Anlage ist noch in ihren Grundzügen erhalten. Eine zweijochige gewölbte Kapelle mit halbrunder Apsis schloß sich an ein rechteckiges Palasgebäude an. Die Bauformen der Kapelle, namentlich die Blendbogengliederung der Apsis, zeigen sich deutlich vom Speyerer Dom beeinflußt. Die Kapelle darf noch in salische Zeit — um 1100 — datiert werden. Vom Palas blieb nur ein gewölbter Keller übrig, aus dessen Abmessungen die Größe des Gebäudes hervorgeht. Man darf ein Saalobergeschoß mit südwärts geöffneten Arkaden annehmen, zu dem einige erhaltene Säulenstümpfe gehört haben können. Die Lösungen etwa der Wimpfener Pfalz oder der Nürnberger Kaiserburg mit der Axialanordnung Palas-Kapelle war zu Winzingen bereits getroffen worden.

1156 erhielt Pfalzgraf Konrad *Lindenfels* im Odenwald und errichtete dort eine Burg. Es ist eine polygonale Randhausburg mit Mittelturm. Sie blieb vom Grundriß her klar zu erfassen. Ihre Aufbauten, die die großen Heimsuchungen der Landschaft: Bauernkrieg, 30jährigen Krieg, heil überstanden hatten, sind erst zu Ende des 18. Jh. durch die kurpfälzische Regierung bis auf die heute noch stehenden Reste abgebrochen worden. Der Merian-

I. Die geschichtliche Lage zu Beginn der Stauferzeit

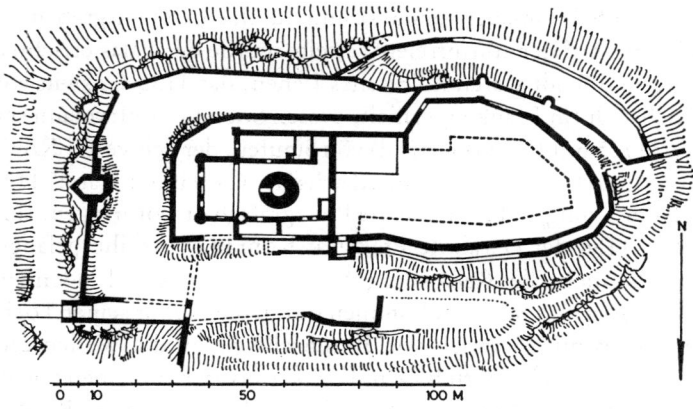

Z 6 Stromberg, Grundriß der Fustenburg, nach Dehio, Rheinland-Pfalz, 853.

stich von 1645 zeigt uns eine Burg, deren hohe Bauten sich um einen beherrschenden Rundturm drängen.[43]

Die beiden Burgen *Stromberg* im Hunsrück und *Stahleck* über Bacharach, deren Ausbau mit der Burgenpolitik des Schwabenherzogs in Zusammenhang gebracht werden kann, besitzen wie Alzey regelmäßige rechteckige Grundrisse mit einem Rundturm inmitten.[44] Die nach den vom 14. bis zum 17. Jh. dort ansässigen Burgmannen Fust von Stromberg genannte *Fustenburg* liegt auf einem Bergsporn, doch nimmt die Kernburg nur einen Teil des Burgberings ein. Der Bergfried aus Bruchsteinmauerwerk steht frei im Hof. — Auf der Stahleck ist die Ringmauer auf der Berg-

Z 6

---

[43] W. Hotz, Burgen der Hohenstaufenzeit im Odenwaldraum, in: Beiträge zur Erforschung des Odenwaldes u. seiner Randlandschaften II, Breuberg-Neustadt 1977, 155—168, bes. 156f.

[44] Die 1689 stark zerstörte Burg Stahleck wurde seit 1925 zur Jugendherberge ausgebaut, wobei auf den alten Grundmauern neue Gebäude errichtet wurden, zuletzt 1965 der Bergfried (mit schwächeren Mauern). Die untersten Steinlagen sind noch romanisch.

seite zur Schildmauer verstärkt und durch einen Halsgraben geschützt. Auf der sturmfreien Talseite wurde der Palas errichtet. Burg und Stadt waren kölnisches Lehen, das 1135 Goswin von Höchstädt (in Franken) erhielt, dessen Sohn Graf Hermann seit etwa 1125 mit Fides (Gertrud) von Staufen, der Schwester König Konrads III. und Herzog Friedrichs II., verheiratet war.[45] 1142 gab der König an Hermann die Pfalzgrafschaft Lothringen. Ihm folgte 1156 der erwähnte Pfalzgraf Konrad.[46] An ihn gelangte damals auch die Reichsburg Stromberg. Alzey, Lindenfels, Stromberg und Stahleck kommen durch die Heirat seiner Tochter Agnes mit Heinrich von Braunschweig an die Welfen und 1214 an Otto von Wittelsbach. Die Wittelsbacher bleiben von da an im Besitz der Pfalzgrafschaft bis zum Ende des Alten Reiches 1806.

Unter den genannten südpfälzischen Burgen, deren Bau von Herzog Friedrich II. gefördert worden sein soll, steht an erster Stelle *Neukastel*. 1123 wird ein Heinrich von Nichastel als Burgmann genannt.[47] Die Burg ist bis auf geringe Mauerreste und eine Felsenkammer verschwunden, in ihrer Form darum nur noch in Umrissen bestimmbar. Auf der Höhe eines steil aufragenden Felsens standen rechteckige Gebäude, wohl auch ein quadratischer Bergfried.

Von der im unteren Mundatwald gelegenen Burg *Guttenberg* ist bekannt, daß sie eine Reichsburg war. 1150 wird ein Landolf von Guttenberg als Burgmann genannt. Nach 1317 war sie im Lehensbesitz der Leininger, später kam sie an Pfalz-Zweibrücken.[48] Auch hier trug ein Felsriff mehrere Aufbauten. Beherrschend war ein quadratischer Turm, dessen Mantel mit Buckel-

---

[45] Decker-Hauff (Anm. 2), 351.
[46] K.; F. Becker, Alzey, Bacharach u. Heidelberg (Anm. 41), 72.
[47] Die Kunstdenkmäler von Rheinland-Pfalz, Stadt und Bezirksamt Landau, 1928 (Nachdruck 1974), München-Berlin, 285.
[48] Die Kunstdenkmäler von Rheinland-Pfalz, Bez.Amt Bergzabern 1935 (Nachdruck), 226. (Zitiert als „Inventar" mit Kreisbezeichnung.)

I. Die geschichtliche Lage zu Beginn der Stauferzeit

quadern verkleidet war. Ein Stumpf dieses Turmes und einige Quaderlagen sind noch vorhanden. Ob sie aus der um 1150 anzusetzenden Gründungsbauzeit stammen, läßt sich nicht mehr sagen.

Im Jahre 1152 schenkte Kaiser Friedrich I. die Burg *Berwartstein* dem Hochstift Speyer.[49] Die Burg, gleichfalls eine Reichsburg, könnte im Zuge der Burgenpolitik seines Vaters entstanden sein. Auch sie war auf Felsen gegründet. Die längliche Oberburg scheint einen Turm besessen zu haben. Die Burg wurde nach mehrfachem Besitzerwechsel 1511 durch einen Brand zerstört. 1893/95 hat man sie auf- und ausgebaut. Aus staufischer Zeit sind noch Teile der Buckelquadermauern und des sog. „Rittersaals" erhalten. Doch wurde mindestens der letztere erst im 13. Jh. erbaut.

Die Hohenstaufen sind bereits in der ersten Hälfte des 12. Jh. auf der *Hohkönigsburg* im Elsaß nachweisbar. 1147, im Todesjahre Herzog Friedrichs des Einäugigen, bittet Otto von Deuil während des 2. Kreuzzugs den französischen König Ludwig VII., beim deutschen König Konrad III. vorstellig zu werden, daß die Rechte des Abtes von St. Denis an der Burg „Estufin" gewahrt blieben. Von dieser Burg befand sich damals ein Turm in Händen König Konrads, den anderen besaß sein Bruder oder dessen Sohn und Erbe, Herzog Friedrich III., der nachmalige Kaiser Friedrich I. Barbarossa.[50] Von diesen Türmen ist der eine mit dem noch bestehenden (wiederhergestellten) Bergfried gleichzusetzen, während der andere sich am Platze des Westbollwerks befand, wo staufisches Mauerwerk zutage getreten

---

[49] Inv. Pirmasens (Anm. 48).
[50] H. Zumstein, CAAAH 1967 (Anm. 36), 375; derselbe: Die Hohkönigsburg im Lichte neuerer archäologischer Betrachtung, in: Burgen u. Schlösser (BuS) 1974, 3—10; Th. Biller, Bemerkungen zu Bestand u. Entwicklung der Hohkönigsburg im 12. u. 13. Jh., in: BuS 1979/I, 2—10; D. Leistikow, Die romanischen Architekturteile der Hohkönigsburg, in: BuS 1977/II, 121 bis 128.

ist.[51] Aus diesen quadratischen Türmen haben sich die beiden Teile der oberen Hohkönigsburg, die durch einen Einschnitt im Fels voneinander getrennt sind, entwickelt. Beide besaßen Palatien. Sowohl auf der Ostburg wie auf der Westburg sind noch vermauerte Säulen und Bogen von Fensterarkaturen erhalten. Sie gehören einer späteren Epoche des Burgausbaus, sicher aber noch dem 12. Jh. an.[52] Die Betrachtung des Grundrisses ergibt regelmäßige, durch die Felsbildung begünstigte Recketckform. Die Gebäude sind entlang der Mauern angeordnet. Beherrschend waren[53] die Türme. Wir haben es auf der Hohkönigsburg jedenfalls mit Bauwerken zu tun, die in staufischem Besitz waren und deren Gestalt auch von Staufern bestimmt wurde.

Die Burg *Hagenau,* die Herzog Friedrich der Einäugige um 1115 auf einer Moderinsel im heiligen Forst erbaute — ein ausgesprochenes „Jagd- und Weiherhaus" — läßt sich in ihrem Aussehen nicht mehr erschließen. Auch die an ihrer Stelle von Friedrich Barbarossa errichtete Pfalz konnte erst nach langen wissenschaftlichen Bemühungen in ihrem Gebäudebestand und ihrem Umriß einigermaßen gesichert werden.[54] Sie folgte dem Typ der polygonalen Randhausanlage. Einen Turm als Mitte hat sie nicht besessen, doch nahm der voluminöse Kapellenturm offenbar dessen Stelle ein, wie auch aus alten Stadtansichten hervorgeht.[55]

Die Burg, welche die Stadt *Nürnberg* auf einem langgestreckten Felsenriff überragt, geht in ihren Anfängen auf die Salier zurück. Unter Kaiser Heinrich III. wird Nürnberg 1050 erstmals erwähnt. Die damals wohl schon vorhandene, aber nicht lange

---

[51] Th. Biller schlägt dagegen vor (Anm. 50), in zwei Gebäuderesten an der Nordmauer die Überbleibsel dieser Türme zu erblicken.

[52] Abb. bei Zumstein (Anm. 50) BuS 6 u. 7.

[53] Selbst, wenn man Billers Hypothese zustimmt.

[54] Literatur bei R. Will (Anm. 14). Das ältere Schrifttum ist nur in seinen historischen Belegen noch zu verwenden.

[55] P. Schmitt, R. Will, J. Wirth, Ch.-L. Salch, Châteaux et guerriers de l'Alsace Médiévale, Straßburg 1975 (zit. als „Châteaux"), bes. 107—112.

I. Die geschichtliche Lage zu Beginn der Stauferzeit

vorher gegründete Burg des Königs[56] lag jedoch auf dem östlichen Burgfelsen. Der düstere Fünfeckturm steht auf ihrem Gelände. Die Burg wurde von Kaiser Lothar 1127 und 1130 belagert, das erste Mal vergeblich, dann mit Erfolg. Lothar gab sie, obwohl sie von den Staufern als Hausgut in Anspruch genommen wurde, als Reichslehen an den Welfen Herzog Heinrich den Stolzen von Bayern. Doch kam sie 1138 wieder an König Konrad III. und blieb fortan in den Händen der Staufer. Offensichtlich ließ Konrad III. alsbald eine neue Burg auf dem westlichen Burgfelsen errichten. Dieser Bau erfolgte im Zuge der staufischen Ostpolitik auf fränkischem Boden. König Konrad hielt sich elfmal in Nürnberg auf. Neben Regensburg, wo er zwölfmal bezeugt ist, und Würzburg, wo siebzehn Aufenthalte bekannt sind, gehört Nürnberg zu den ausgesprochenen „Pfalzstädten" des Reiches. Konrad wies Nürnberg auch seinem Sohne Heinrich als Residenz zu. Doch verstarb dieser noch unmündig bereits 1150. Die Burg, inzwischen ausgebaut, wurde 1225 für einen anderen staufischen Königssohn dieses Namens die Stätte seiner Hochzeit und eines Hoftages, auf dem er die Schwertleite empfing und Gericht über die Mörder des Reichsverwesers Engelbert hielt.[57] Der eigentliche Ausbau der staufischen Kaiserburg — 1183 unterwarf sich die Gesandtschaft der neu gegründeten piemontesischen Stadt Caesarea-Alessandria „in palacio Nurenberc" dem Kaiser — erfolgte erst unter Barbarossa. Art und Umfang dieser Erweiterung entsprachen einer Kaiserpfalz, deren Gedanken jedoch schon Konrad III. konzipiert hatte.

In der staufischen Politik spielte *Ulm* eine wichtige Rolle. Dort befand sich schon ein alemannischer Herrenhof, der an die Franken überging und unter König Ludwig dem Deutschen 854 „palatium regium" hieß. Er hat Gestalt und Umfang der großen

---

[56] G. F. Fehring, Zur älteren Geschichte von Burg und Pfalz zu Nürnberg, BuS 1972/10 ff.

[57] W. Hotz, König und Verschwörer, Männer und Mächte um Heinrich (VII.) von Hohenstaufen, Bremen 1940, 115—117.

ländlichen Königspfalzen besessen. Die Salier haben dort Reichs- und Hoftage abgehalten. Unter Kaiser Heinrich IV. wurde die Pfalz Ulm Sammelpunkt der Gegner des Kaisers, die in Rudolf von Rheinfelden einen Gegenkönig gefunden hatten. 1079 wurde der Staufer Friedrich von Büren mit dem Herzogtum Schwaben belehnt. Damit gewann auch Ulm für ihn erhöhte Bedeutung. Nach Heinrichs V. Tode 1125 suchten sich die staufischen Brüder Konrad und Friedrich in Ulm zu behaupten. Die Pfalz wurde jedoch von ihrem welfischen Gegner, Herzog Heinrich dem Stolzen, eingenommen und 1134 zerstört. König Konrad III. hat sie wiederaufgebaut und dabei auch die zugehörige Siedlung vergrößert, die durch Kaiser Friedrich Barbarossa um 1164 Stadtrechte erhielt und 1181 erstmals als „civitas" begegnet. Der Pfalzbezirk zeichnet sich noch deutlich im Stadtplan ab; von den Gebäuden sind jedoch nur ein geringer Mauerrest und zwei Löwen vom Löwentor auf uns gekommen. Bei Grabungen wurden die Fundamente der karolingischen Pfalzkapelle und eines Nachfolgebaus gefunden.[58]

Hier darf auch die auf den letzten Ottonen, Kaiser Heinrich II., zurückgehende Pfalz zu *Bamberg* eingereiht werden. Diese an das Nordquerhaus des Doms anschließende Bischofspfalz entfaltete sich dreigliedrig mit einem Palas, dem „Heinrichsgebäu", inmitten der südlich anstoßenden achteckigen und doppelgeschossigen Andreaskapelle und der nördlich gelegenen Thomaskapelle, in der vielleicht der ursprüngliche spätottonische Saal, die „aula regia", enthalten ist. Die heute noch in ihren unteren Geschossen als Katharinenkapelle vorhandene Thomaskapelle von 1185 war spätmittelalterlich als „Hohe Warte" ausgebaut worden und ist uns zusammen mit der übrigen Pfalz auf mehreren spätgotischen Zeichnungen überliefert.[59]

Die Bamberger Anordnung gibt eine Bauten- und Raumfolge

---

[58] A. Rieber u. Reutter, Die Pfalzkapelle in Ulm, Weißenhorn 1974.
[59] Etwa von Wolfg. Katzheimer (?) um 1480 im Kupferstichkabinett Berlin, abgeb. in Hotz, Kleine Kunstgeschichte d. dt. Burg, Tf. 8a.

I. Die geschichtliche Lage zu Beginn der Stauferzeit

wieder, die wir auch in Worms auf der Nordseite des Doms, vermutlich ebenso in Speyer und etwas abgewandelt in *Mainz* finden. Im ersten Drittel des 12. Jh. wurde dort unter Erzbischof Adalbert die Bischofspfalz erneuert. Davon übriggeblieben ist die 1137 geweihte doppelgeschossige Gotthardkapelle. Sie stand im Scheitel zweier Gebäudetrakte, die sich zeichnerisch rekonstruieren lassen.[60] Der repräsentative Palas lag demnach parallel zur Domachse nördlich vom Westchor des Doms. Die Gesamtanlage kann noch als vorstaufisch gelten, wie auch die Architektur der Gotthardkapelle salisch geprägt ist.

Es war in der Zeit vom Tode Kaiser Heinrichs V. 1125 bis zum Regierungsantritt Kaiser Friedrichs I. 1152 alles im Fluß. Der staufische Pfalzen- und Burgenbau tritt nicht plötzlich auf den Plan. Er bereitete sich vor, aus inneren Kräften genährt. Er hat seine Vorstufen, vor allem im Palastbau. Als er aber mit Friedrich Barbarossa allgemein in Erscheinung trat, war er zu reifer Form gediehen. Die Staufer haben nicht nur die Voraussetzungen hierfür geschaffen, sie bauten ihre Pfalzen und Burgen aus der Notwendigkeit ihres politischen Handelns und schufen so in ihnen mannigfache Verkörperungen der sie beherrschenden Reichsidee. Das gilt im gleichen Maße von den großen Schöpfungen kirchlicher Baukunst, die gerade im Lande der „maxima vis regni" den staufischen Stil zu formulieren halfen: vom Basler Münster, von den Abteikirchen zu Murbach und zu Maursmünster oder der staufischen Ahnenkirche St. Fides zu Schlettstadt, von den Ostteilen des Straßburger Münsters und den großen Domen zu Worms und zu Mainz.

---

[60] Die Bischofspfalz zu Mainz wurde zeichnerisch und im Modell rekonstruiert. Sie erstreckte sich, abweichend von der Anordnung Bamberg, Worms, wahrscheinlich auch Speyer und Basel, in zwei Flügeln, an deren Scheitel die Gotthardkapelle stand. Der repräsentative Palas wäre demnach, parallel zur Domachse, nördlich vom Westchor des Doms zu suchen. G. Bittens, Der Dom von Mainz u. seine Umgebung im Lauf der Jahrhunderte, Diss. Darmstadt 1937. V. Geißler, Die Mainzer Domplätze, in: Das Münster 28/1975, 32.

Z 152

II. DIE KAISERPFALZEN

a) Die karolingische Tradition

Die Paläste bei Nimwegen und neben dem Dorfe Ingelheim, die einst Karl der Große aufs Schönste erbaut hatte, und die Königshallen, die kunstvoll ausgeschmückt waren, stellte Friedrich in gebührender Weise wieder her. Denn diese Bauten waren trotz vorzüglicher Ausführung infolge mangelnder Unterhaltung und Alter schon hinfällig geworden. Hier bewies Friedrich die außerordentliche angeborene Größe seines Geistes.

Otto von Freising-Rahewin, Gesta Friderici, IV, 86

Diese Sätze Rahewins, der die Chronik des 1158 verstorbenen Bischofs Otto von Freising bis zum Jahre 1160 fortgesetzt hat, stellen den Pfalzenbau Friedrich Barbarossas in den Zusammenhang seines politischen Programms der „Renovatio Imperii", der erneuernden Wiederherstellung des Reiches.[61] Barbarossa machte sich für seine Absichten auch das römische Recht dienstbar. Er griff in seinen sichtbaren Staatshandlungen auf das Imperium Romanum zurück. Seine goldenen Kaisersiegel tragen auf der Vorderseite das Herrscherbild und auf der Rückseite das von einem gewaltigen Rundbau überlagerte Bild der Roma aurea. Barbarossa hat aber nicht nur an das alte Rom mit seiner Rechts- und Reichstradition angeknüpft, sondern sich auch auf seine Vorgänger im kaiserlichen Amt, auf Karl den Großen, auf Otto I. und auf die Salier, bezogen. Sie alle vertraten den „Honor Imperii", die Ehre und das Ansehen des Reiches. Dessen monu-

---

[61] P. Rassow, Honor Imperii, Die neue Politik Friedrich Barbarossas 1152—1159, München-Berlin 1940; H. Heimpel, Kaiser Friedrich Barbarossa u. die Wende der staufischen Zeit, Straßburger Universitätsreden, H. 3, 1942; Friedrich Barbarossa (Wege der Forschung Bd. 390) hg. v. G. Wolf, Darmstadt 1975.

a) Die karolingische Tradition 39

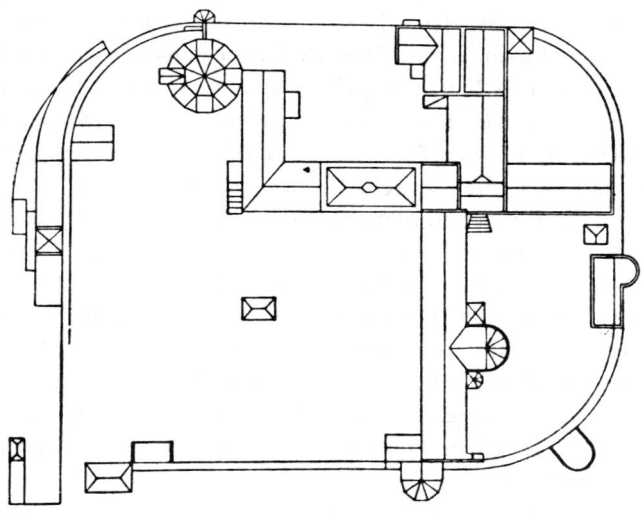

Z 7   Nimwegen, Dächerplan der Kaiserpfalz aus dem Jahre 1725,
nach Plath aus Ebhardt I, 515.

mentale Darstellung begann mit der Erneuerung karolingischer Pfalzen.

Zu *Nimwegen* bestand auf dem Hügel über dem Waal bereits T 1
eine Pfalz, in der Karl der Große 777, 804, 805 und 808 weilte.[62]
Sie erlitt durch die Normannen 880 und nochmals 1047 größere
Zerstörungen. Kaiser Friedrich Barbarossa hat diese Pfalz nicht
nur wiederhergestellt, sondern auch mit Neubauten versehen.
Dazu zählten drei Hauptgebäude: der Turm, der Palas und die Z 7
an den Palas angebaute Martinskapelle.[63] Sie dürfte, wie das Pa-

[62] D. Weirich, Zur Baugeschichte der Zentralkirche auf dem Valkhof von Nijmegen, in: Das Münster 8/1955, 178, wo auch auf Weve Bezug genommen wird.
[63] D. Weirich, Die Palastkapelle Barbarossas auf dem Valkhof in Nijmegen, in: Das Münster 7/1954, 1. Die Anm. 62 gen. Zentralkapelle war dem hl. Nikolaus geweiht.

trozinium erweist, den Platz der karolingischen Pfalzkapelle einnehmen. Es sind in ihr Mauerwerk auch karolingische Spolien eingelassen. Die Martinskapelle war eine Doppelkapelle von zweieinhalb Jochen Tiefe mit halbrundem, etwas eingezogenem Apsidenschluß. Zwei Säulen tragen den Chorbogen, ihre Schäfte sind römischer, die Kapitelle karolingischer Herkunft. Die auf den Palas zuführenden Mauern weisen im Obergeschoß Blendarkaden auf, die als solche den Wandgliederungen des sog. „Theoderichpalastes" zu Ravenna sehr ähnlich sind. Die Doppelgeschossigkeit zeichnet sich auch im Außenbau ab. Die von Rundfenstern durchbrochene Wand ist über einem Sockel im Untergeschoß durch breite Blendbogen über Lisenen geführt, während das Obergeschoß fünf Bogenfenster mit gegliederten Gewänden zwischen Halbsäulen und unter einem kräftigen Bogenfries besitzt.

Diese Kapelle schloß an den Palas, einen langgestreckten Bau, ostwärts an. Im Winkel dazu stand der Bergfried. Ältere Ansichten zeigen noch die mächtige Gebäudegruppe des „Valkhofs" oder der „Valkhofburcht". Aus einer Hofansicht von Palas und Bergfried im 18. Jh. ergibt sich, daß mindestens die Hofwand des Palas später verändert und mit spätgotischen Fenstern versehen wurde. Der Turm dagegen, ein gewaltiger Bau aus querrechteckigem Grundriß, weist romanische gekuppelte Säulenfenster auf. Auch der westlich an den Turm anschließende Bau scheint noch romanische Substanz besessen zu haben. Wieweit ein in der Wandfläche des Turms sich abzeichnender Bogen als Entlastungsbogen oder auf ein hier einstmals angrenzendes Gebäude gedeutet werden kann, steht dahin. Die Gestalt des Valkhofs war jedenfalls von der Barbarossazeit geprägt. Zu Nimwegen wurde 1165 der nachmalige Kaiser Heinrich VI. geboren. Noch 1190 wird er von seinem Vater mit der Aufsicht über die dort im Gang befindlichen Arbeiten betraut. Der Valkhof wurde bis auf die jetzt noch stehenden beiden Kapellen 1796/7 durch Abbruch zerstört.

a) Die karolingische Tradition

Die erhaltene Bauinschrift entspricht der Charakteristik des Historikers Rahewin. Sie lautet:

ANNO MILENO POSTQUAM SALVS EST DATA SECLO
  CENTENO JVNCTO QUINQUAGENO QUOQUE QUINTO
CAESAR IN ORBE SITVS FRIDERICVS PACIS AMICVS
LAPSVM CONFRACTVM
  VETVS IN NIHIL ANTE REDACTVM
ARTE NITORE PARI REPARAVIT OPVS NOVIMAGI
IVLIVS IN PRIMO TAMEN EXTITIT EIVS ORIGO
IMPAR PACIFICO REPARATORI FRIDERICO

(Im Jahre 1155, nachdem der Welt das Heil zuteil wurde,
hat der Kaiser des Erdkreises, Friedrich, der Freund des Friedens,
dieses Werk zu Nimwegen, das vernachlässigt, zerbrochen und alt, fast ausgelöscht war,
gleich kunstvoll und herrlich wiederherstellen lassen.
Julius (Cäsar) hat es einst begonnen.
Ungleich war er dem friedfertigen Erneuerer Friedrich.)

Aus der Inschrift geht das geschichtliche Selbstbewußtsein des Kaisers hervor, der seine Absicht, den Frieden zu gewährleisten,

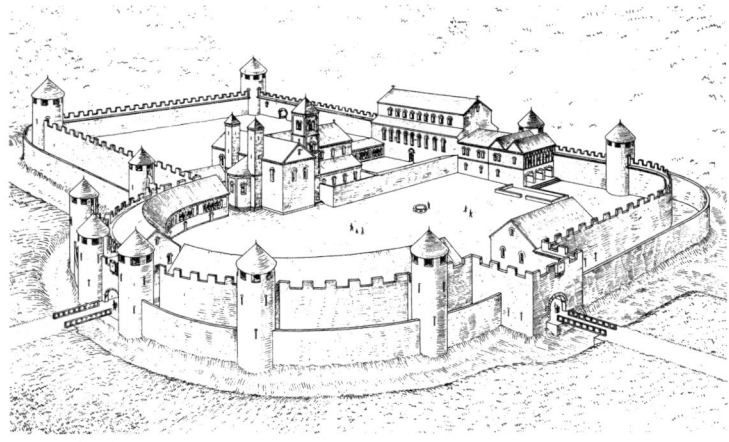

Z 8   Ingelheim, Kaiserpfalz in staufischer Zeit, Rekonstruktion nach Rauch, Ausgrabungen, Tf. 33.

aus seinem Namen ableitet. Er nennt sich „Caesar in orbe", „Kaiser des Erdkreises". Er führt Caesars Werk fort, ist aber dessen unvergleichlicher Nachfolger. Die Wiederherstellung des „opus Novimagi" erfolgte „arte nitore pari", „gleich kunstvoll und glänzend". Die Kunst steht im Dienste der Reichstradition.

Rahewin nennt als nächste karolingische Pfalz, die von Barbarossa wiederhergestellt wurde, *Ingelheim*. Das dortige Palatium, 774 erstmals genannt, nimmt vermutlich den Platz einer römischen Villa suburbana ein und geht auf Karl den Großen und Ludwig den Frommen zurück. Sie war unter den Ottonen und Saliern Ort wichtiger Ereignisse. Vor 1160 hat Barbarossa die vernachlässigte Pfalz wiederhergestellt und mit einem Mauerring umgeben. Davon sind Teile erhalten geblieben. Noch mehr ist von der „Saalkirche" aus staufischer Zeit auf uns gekommen. Ihre durch Lisenen mit Kopfkonsolen und Rundbogenfries gegliederte halbrunde Apsis gehört ganz dieser Erneuerung an. Aus der Saalkirche oder aus dem untergegangenen Palast stammten auch die 1945 zerstörten Ingelheimer Scheiben[64] in Berlin und die beiden noch erhaltenen in Wiesbaden. Bemerkenswert ist der Architekturhintergrund der „Austreibung aus dem Tempel", der ein langgestrecktes Gebäude mit halbrunder überhöhter Mittelapsis zeigt. Die Fenster sind an dieser Apsis als Doppelfenster behandelt, die Hochwand des übrigen Gebäudes zeigt lange rundbogige Fensterreihen oder Zwerggalerien. Obwohl das Thema des Bildfensters ein Sakralgebäude nahelegt, kann es sich auch um einen Palast mit angebauter Kapelle handeln. So war Nimwegen disponiert, und auch in Ingelheim führte die Achse der Saalkirche auf die Palasmitte zu.[65]

Erneuerungsarbeiten staufischer Zeit an der Kaiserpfalz *Aachen* sind nicht überliefert. Doch ließ Barbarossa zwischen 1171/74 die innere Stadtmauer aufführen. Teile davon sind erhal-

---

[64] H. Wentzel, Meisterwerke der Glasmalerei, Berlin 1954, 18, 86, Abb. 16, 17. A. Jungjohann (Anm. 3).
[65] Vgl. Anm. 10.

ten. Für das Aachener Münster, seit Otto I. Krönungsstätte der deutschen Könige, stiftete Friedrich Barbarossa mit seiner Gemahlin Beatrix, wohl aus Anlaß der 1165 erfolgten Heiligsprechung Karls des Großen, einen Radleuchter. Seine architektonische Gestaltung folgt der oktogonalen Grundfigur der Pfalzkapelle und ist mit 16 Türmen besetzt. Ein Armreliquiar Karls des Großen in Hausform, das Friedrich Barbarossa in Auftrag gegeben haben dürfte — heute im Louvre —, trägt die Reliefbilder Kaiser Friedrichs I. und seiner Gemahlin, König Konrads III. und des Herzogs Friedrich II. von Schwaben. Sie „entstammen der gleichen politisch-religiösen Konzeption, die am Hofe des Kaisers, stark beeinflußt durch den Erzkanzler Rainald von Dassel, als Ausdrucksform für den politischen Karlsmythos erdacht wurde. Der Arm, der einst die Insignie der kaiserlichen Macht hielt, dürfte eine besonders ‚redende' Reliquie gewesen sein" (Ernst Günther Grimme).[66] Die Herrscherfiguren des am 27. Juli 1215 von Friedrich II., der hier zwei Tage zuvor zum König gekrönt wurde, persönlich verschlossenen Karlsschreins veranschaulichen den gleichen Zusammenhang.

b) Die Neubauten Barbarossas

Die Pfalzbauten Kaiser Friedrichs I. zu Nimwegen und Ingelheim waren Erneuerungen und Instandsetzungen. Er nahm die Tradition auf, wie er das auch in seiner Politik der Erneuerung des Reiches tat. Dem „Honor Imperii" gaben die Burgen und Paläste am Platze der Pfalzen Karls des Großen ebenso wie die Zimelien im Aachener Münster, wo der Thron des Kaisers stand, sinnfälligen Ausdruck.

Aber Barbarossa ließ auch Neubauten errichten. Als ersten

---

[66] E. G. Grimme, Der Aachener Domschatz, Düsseldorf 1972, 64; P. E. Schramm, Denkmale (Anm. 1), 181.

wahrscheinlich die von Rahewin genannte und ob ihrer Lage besonders gerühmte Pfalz von *Kaiserslautern*.[67] Seine Sätze lauten:

> Bei Lautern errichtete er mit viel Aufwand eine Pfalz aus rotem Sandstein. Auf der einen Seite begrenzte er sie mit einer gewaltigen Mauer, während sich auf der anderen ein Fischweiher wie ein See herumzog, dessen Reichtum an Fischen und Wasservögeln für Augen und Gaumen ein Genuß war. Auch besitzt die Pfalz unmittelbar anstoßend einen Tiergarten mit allerlei Hirschen und Rehen. Die königliche Pracht dieser Dinge entzückt jeden Besucher (Gesta Friderici IV, 86).

Die Gründung der Pfalz erfolgte vor 1158, wahrscheinlich schon bald nach Barbarossas Regierungsantritt 1152. Der Kaiser verweilt hier mit Familie und Gefolge nach dem Osterfest 1158.[68] Rahewin beschreibt sie 1160 als vollendete Anlage. Eine Bauzeit von 5—8 Jahren muß man, wie noch ausgeführt werden wird, für eine Pfalz von der Größe der Kaiserslauterner rechnen. Leider wurde auf einem Teil des Pfalzgeländes in den 60er Jahren des 20. Jh. der monströse Rathausturm errichtet, so daß die Pfalz in ihrem Gesamtumfang nicht mehr erforscht werden kann. Da die Bauten schon im 16. Jh. unter Pfalzgraf Johann Kasimir größere Veränderungen erfuhren, 1689 und 1703 weitgehend zerstört und im 19. Jh. fast gänzlich abgebrochen wurden, sind wir auf die Ausdeutung erhaltener Zeichnungen und Pläne sowie die wenigen Mauerreste und Funde angewiesen.[69]

Die „Barbarossaburg", wie sie heute gern genannt wird, lag an der Nordwestecke der befestigten Stadt etwas erhöht auf felsigem Baugrund. Sie hatte eine polygonale Grundgestalt, die sie auch beibehielt; nur erfuhr sie nach 1576 durch den Bau eines Renaissanceschlosses eine Erweiterung. So ist sie im Merianstich

---

[67] Es dürfte feststehen, daß Kaiserslautern vor Hagenau entstanden ist, obwohl sich im Heiligen Forst bereits eine Burg des Herzogs Friedrich von Schwaben befand. Das Zeugnis Rahewins, der 1160 seine Chronik abschloß, und der die Pfalz Hagenau darin nicht erwähnt, spricht für Kaiserslautern.
[68] Gesta Friderici Ottonis Episcopi Frisingensis et Rahewini (Frh. v. Stein Gedächtnis-Ausg. Bd. 17), Darmstadt 1965, 712 f.
[69] Inv. Kaiserslautern 1942, 104—113.

b) Die Neubauten Barbarossas 45

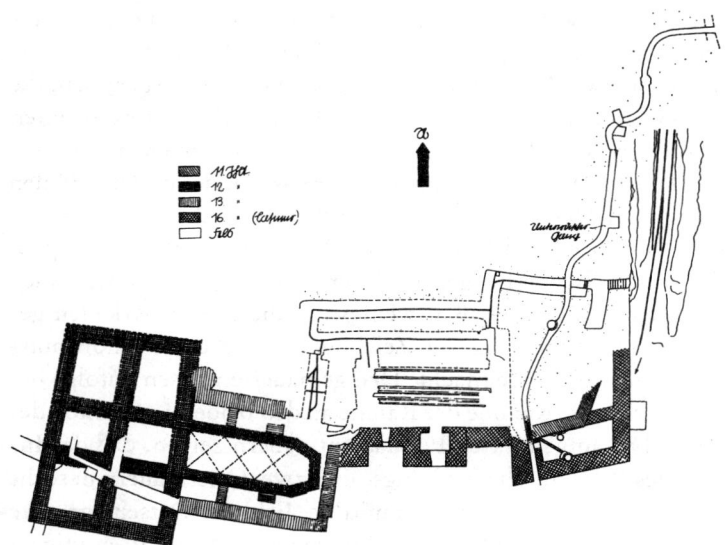

Z 9 Kaiserslautern, Kaiserpfalz, Grabungsgrundriß von Palas und Kapelle mit anschließenden Bauten, von Bremer, aus dem Inv., 106.

von 1645 wiedergegeben. Pläne aus dem 18. Jh.[70] im französischen Kriegsministerium halten die Anordnung der älteren Baulichkeiten und der jüngeren Umwallungen fest. Die Grabungen 1934/38 und 1959/64 haben einen gewundenen unterirdischen Gang unter dem Kasimirschloß, wo Fundamente des 10. Jh. zutage traten, erschlossen (jetzt teilweise wieder zugeschüttet und überbaut). Er war sorgfältig in die Felsen gehauen und besaß mehrere Einsteigschächte. Freigelegt wurden die Grundmauern Z 9 des Palas und der anstoßenden Kapelle. Zu diesem Komplex gehören auch die heute noch stehende geböschte Mauer aus Buckelquadern. Sie bildete die Südostecke des Palas. Sein Aufbau

---

[70] Inv. Kaiserslautern, 103, 105. G. Schlag, Die Kaiserpfalz Kaiserslautern, in: Westmärk. Abhandlungen z. Landes- u. Volksforschung 1940, 282.

T 5b wird durch zwei Handzeichnungen von 1740 und 1760[71] erläutert. Dargestellt ist jedes Mal die südliche Schmalseite des Palas. Sie besaß zwei Geschosse mit rundbogigen Fenstergruppen, die beiderseits eines weit vorspringenden rechteckigen Erkers unten in Zweier- und oben in Dreiergruppen zusammengefaßt waren. Die Fenster waren als Doppelfenster ausgebildet und mit Säulen gekuppelt. Daraus ergab sich im Obergeschoß eine ausdrucksvolle Bogenreihe, die bereits das Motiv der Dreifenstergruppe, die im staufischen Burgenbau öfter begegnet, verwendet. Nach den Zeichnungen besaßen wenigstens die oberen Arkaden gerade Stürze, doch hat der Zeichner Kisling diese Anordnung möglicherweise vereinfacht. Den gemauerten Essen zufolge befanden sich die Kamine der Räume an den beiden Langseiten des Palas. Die aufgedeckten Fundamentmauern zeigen, daß das Innere des Palas durch eine Längs- und zwei Quermauern in sechs Felder aufgeteilt war. An das mittlere Feld der Ostseite grenzte eine mehrjochige und zweigeschossige Kapelle mit dreiseitigem Chorschluß an.[72] Diese Kapelle der Barbarossazeit erfuhr unter Friedrich II. eine rechteckige Ummantelung. Durch drei hohe rundbogige Arkaden fiel der Blick auf den Baukörper der Kapelle. Um das Obergeschoß, dessen Niveau wohl über dem 2. Palasgeschoß und auch über dem Gewölbe der Kapelle lag, lief eine spitzbogige Galerie, deren Pfeiler durch Säulenvorlagen verstärkt waren. Reste dieser Bogenstellung wurden im Schutt

T 6b gefunden. Mehrere Knospenkapitelle lassen sich auf 1220/30 datieren. Hier war also zu spätstaufischer Zeit ein geräumiger Saal geschaffen worden.

Mehrere Fundstücke, die auf dem Pfalzgelände geborgen

T 5a wurden, gehören der Barbarossazeit an. Etwa der Torso eines

T 4 gekrönten Löwen und das Bruchstück einer Schmuckplatte mit ineinandergeflochtenen Ringen, wie sie auch eine der Kamin-

---

[71] Von F. J. Kisling.

[72] Zeichnung von J. Ruland im Hist. Museum d. Pfalz zu Speyer. Abb. Inv. Kaiserslautern, 113.

b) Die Neubauten Barbarossas

platten im Palas zu Gelnhausen trägt. Eine kräftige Säule im T 6a Burgmuseum, das in den Resten des Kasimirbaus eingerichtet wurde, besitzt ein Kapitell mit acht fleischigen, in der Mitte geteilten Blättern, deren Spitzen knollenförmig überhängen. Darüber sitzt ein steiler Kämpfer mit doppeltem Wulstprofil. Ein verwandtes, von vier Blättern umhülltes Kapitell mit entsprechendem Kämpfer befindet sich in Nimwegen.[73]

Die Frage nach Gemeinsamkeiten in der Grundrißgestalt beider Pfalzen läßt sich nicht schlüssig beantworten. Es hat indes den Anschein, daß auch zu Kaiserslautern die Gebäude in großen rechten Winkeln den etwa quadratischen Burghof — mit abgerundeten Ecken — unterteilten. Palas und Kapelle sind in Nimwegen und Kaiserslautern organisch miteinander verbunden, jedoch in Kaiserslautern an die Ringmauer herangeschoben und sogar über sie hinausgerückt. Sie bildeten hier über dem Schloßwoog eine schöne Baugruppe, deren Anblick ja auch den Chronisten Rahewin begeistert hat.

Die erste urkundliche Erwähnung der Pfalz ist für 1172 gesichert. Da ist von einem „apud Luthram castrum domini Imperatoris"[74] die Rede. Burgmannen, die zugleich Inhaber der umliegenden Burgen des Kaiserslauterner Rings waren, begegnen 1183. Barbarossas Anwesenheit in Kaiserslautern ist für 1158 und 1184 bezeugt. Heinrich VI. hält hier 1193 und zweimal 1195 Einkehr, Friedrich II. 1214, 1215, 1217. 1237 wird erstmals von „Lutra imperialis" gesprochen; 1322 verwendet eine Urkunde Ludwigs des Bayern das deutsche Wort „Keyserslutern"[75].

Die staufischen Arbeiten an der karolingischen Kaiserpfalz zu *Frankfurt* am Main erstecken sich auf mehrere Bauabschnitte. Das ausgedehnte Areal umfaßte ursprünglich die Salvatorkirche

---

[73] Abb. bei Weirich (Anm. 63).
[74] Inv. Kaiserslautern, 104, wo Neubauers Regesten des Klosters Werschweiler zitiert werden. — Zur Pfalz auch L. Eckrich in: Nordpfälzer Geschichtsverein 1960, 453; 1963, 49 u. 1965, 12.
[75] Inv. Kaiserslautern, 46.

— den Vorgängerbau des „Doms" — und westlich wie südwestlich davon gelegene Bauten. Der Saal war mit der Kirche durch einen Gang verbunden. Diese in großen Umrissen gesicherte Pfalzanlage geht auf Kaiser Ludwig den Frommen und die Jahre 817/23 zurück. Sie ist im 10. und 11. Jh. zugrunde gegangen.

Der erste Stauferkönig, Konrad III., erbaute eine neue Pfalz, jedoch nicht an der alten Stelle, sondern etwas westlich davon. Konrad III. weilt zwischen 1140 und 1152 achtmal in Frankfurt (1140, 1141, 1142, 1146, 1147 zweimal, 1149, 1152). Hier läßt er auch seinen kleinen Sohn Heinrich zum König krönen. Frankfurt hat im Leben und in der Politik Konrads III. eine wichtige Rolle gespielt. Seine Pläne hat Friedrich I. Barbarossa weitergeführt. Am 4. März 1152 wurde er in Frankfurt zum König gewählt, wenige Tage später, am 9. März, in Aachen gekrönt. Barbarossa hielt sich noch sechsmal in Frankfurt auf (1158, 1163, 1166 zweimal, 1170, 1173). Die staufische Pfalz erstreckte sich südwestwärts der Karolingerbauten gegen den Main und das Fahrtor zu und kam so an die Ecke der Stadt zu liegen. Auf dem Römerberg fand man die untersten Steinschichten eines gewaltigen Turms von 21,75 m Durchmesser bei einer Mauerstärke von 6,20 m. Wenn dieser Turm ausgeführt worden ist, müßte er eine Höhe von 40 bis 45 m gehabt haben. Er wäre demnach eines der stärksten Bollwerke dieser Art auf deutschem Boden gewesen. Wahrscheinlich blieb er, wie der zu Gelnhausen, unvollendet.[76]

Z 11 Der Turm lag der Stadt zugekehrt, der heutige Saalhof dagegen dem Fluß. Das würde der Anordnung eines Palas entsprechen, zumal er auch noch mit Turm und Kapelle ausgestattet ist. Nur erscheint der eigentliche Saal in diesem Gebäude etwas klein. Man muß daher annehmen, daß dieser Saalbau ursprünglich eine größere Ausdehnung hatte.

Arens sieht in der jetzigen Nikolaikirche am Römerberg den

[76] Zum Vergleich die Türme von Coucy-le-château: 30 m Dm, 60 m Höhe, Mauerstärke 7 m; Aigues Mortes, Tour de Constance: 24 m Dm, 36 m Höhe, 6—7 m Mauerstärke.

b) Die Neubauten Barbarossas

Nachfolgebau der Pfalzkapelle,⁷⁷ deren Patrozinium übernommen worden sei, und vermutet den Palas zwischen dieser Kirche und dem Saalhofgebäude. Das kann, aber muß nicht so gewesen sein. Die an den Turm halbrund angebaute Kapelle, deren eigentliche Apsis noch in einem korbartigen Erker vorkragt, ist das Ergebnis mehrerer Bauvorgänge. Sie besteht nämlich in ihren Wandgliederungen — das haben alle Forscher festgestellt — aus Architekturteilen: Säulen und Kapitellen, die nicht von Anfang an für diesen Bau bestimmt waren. Ob sie nun in der Bauhütte lagerten oder aus einem bestehenden Bau ausgebrochen und hier zum zweiten Mal verwendet wurden, steht dahin. Es hat jedenfalls ein improvisierter Kapellenbau stattgefunden. Der Grund dieser Improvisation war der Hoftag des Jahres 1208, den Kaiser Otto IV. einberufen hatte, und auf dem der Mörder Philipps von Schwaben verurteilt wurde. Damals waren auch die Reichsinsignien dem Welfen übergeben worden. Sie brauchten einen sakralen Platz zur Aufbewahrung. Man schuf ihn, indem man unter Verwendung vorhandener Säulen in aller Eile eine Kapelle baute. Das ist die jetzt noch bestehende Saalhofkapelle. Die Richtigkeit dieser Hypothese wurde auch durch die Dendrochronologie bestätigt. Ein Eichenbalken, den man in der Obermauer der Kapelle fand und bestimmte, ergab genau das Jahr 1208!

Z 10, 11
T 8

Nur — und hier ist Arens zu widersprechen — eine solch wichtige Kapelle baute man nicht an das Haus eines Burgmannen an, sondern an den für den Kaiser und die Repräsentation des Reiches bestimmten Palas!⁷⁸ Man wird also den Frankfurter Saalhof so datieren dürfen, daß die Anlage der Pfalz unter Konrad III. begonnen wurde. Bauteile aus seiner Zeit sind nicht mehr vorhanden, wenn man nicht die Rundturmfundamente mit ihren hammerrechten Quadern auf ihn zurückführen will. Bar-

---

⁷⁷ F. Arens, Der Saalhof zu Frankfurt u. die Burg zu Babenhausen, in: Mainzer Zschr. 71/72, 1976/77.
⁷⁸ So auch in Nimwegen und Kaiserslautern!

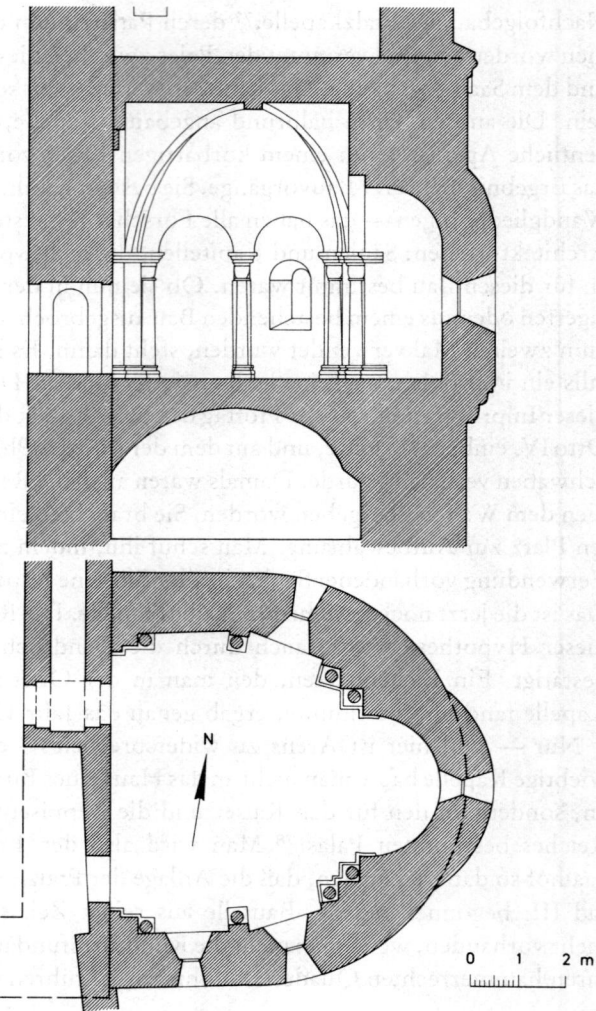

Z 10 Frankfurt, Saalhof, Grundriß und Schnitt der Kapelle, nach Arens, Saalhof, 13.

b) Die Neubauten Barbarossas

barossa hat den Saalhof, die „Aula regia" [79] dann in den 70er Jahren vollendet. Unter Otto IV. wurde 1208 die Kapelle hinzugefügt. Ob auch unter Friedrich II., der siebenmal, oder dessen Sohn Heinrich (VII.), der dreizehnmal in Frankfurt nachgewiesen ist, noch am Saalhof gebaut wurde, ist ungewiß. Die (erneuerten) Fenster des kleinen Saals [80] lassen es als möglich erscheinen.

Die Schmuckteile der Saalhofkapelle, ihre Säulen mit Kapitellen und Basen, ihre Wandgliederungen und ihre Gewölbe lassen sich stilkritisch näher bestimmen. Die Kapelle ist, wie durch Bauuntersuchungen neuester Zeit bestätigt wurde, [81] nicht mit dem Mauerwerk des Turmes verbunden, sondern an ihn angelehnt. Im Grundriß bildet sie ein „Schiff" mit nach innen gewinkelten, in der Mitte unterteilten Wänden, an das sich mit einem zweifach abgetreppten Chorbogen eine halbrunde Apsis schließt. Sie greift mit ihrem Scheitel rund über die halbrunde Apsismauer hinaus. An die Wände sind acht Säulen gestellt, die durch Blend-, Schild- und Gurtbogen miteinander verbunden werden. Die Gewölberippen haben rechteckigen Querschnitt. Sämtliche Kapitelle zeigen einfache Blatt- und Stengelformen, drei unter ihnen (1, 2, 7) haben die übereinstimmende Gestalt von je zwei sich überkreuzenden Streifen, die an den Ecken zusammengebundene Knoten bilden. [82] Dieses Bandknollenkapitell ist in der staufischen Architektur am meisten auf Burg Münzenberg vertreten (neunmal); wir wollen es darum „Münzenberger Kapitell" nennen. Es ist, wie bei Münzenberg und Wildenberg noch zu zeigen sein wird, um 1170 zu datieren. Die anderen Kapitellformen des Saalhofs haben keine derart genauen

T 7

Z 10, 11

T 8

T 118
T 119

---

[79] Arens (Anm. 77), Anm. 3. — H. Bingemer, Die Erbauungszeit des Saalhofs in Frankfurt und der Burgen zu Gelnhausen und Münzenberg, Frankfurt a. M. 1937.

[80] Abb. bei Arens (Anm. 77) Zeichnung S. 21.

[81] Arens (Anm. 77).

[82] Zwei weitere Kapitelle dieser Art mit Achtecksäule, von einem Kamin herrührend, im Museum.

Z 11   Frankfurt, Saalhof, Ansicht von Osten, nach Arens, Saalhof, 16.

Parallelen. Sie gehören wie die durchweg profilierten Kämpfer in die Reihe verbreiteter elsässisch-wormser Schmuckformen, die uns noch öfter beschäftigen werden. Zwei Doppelfenster im Obergeschoß der Saalhofkapelle sind abweichend behandelt: je eine schlanke Mittelsäule trägt ein üppiger gehaltenes Blattkapitell.[83] Die Fensterrahmen zeigen kräftige umlaufende Profile —

[83] Heute durch Kopie ersetzt. Arens (Anm. 77) 11.

b) Die Neubauten Barbarossas

Karnies und Hohlkehle — und betonte Abläufe. Die beiden Fenster verleihen der dem Main zugekehrten Südseite des Kapellenturms ein palastartiges Gepräge.[84]

Die Salierpfalz zu *Goslar*, eine großzügige, den Dom einschließende Anlage Heinrichs III.[85], ist nach dem Einsturz des Saals 1132 unter Kaiser Lothar von den Staufern wohl nur wiederhergestellt worden. Ein eigener Bau war die noch vorhandene Domvorhalle, die auf 1160/80 in die Barbarossazeit zu datieren ist. In den Bauformen und -gedanken ist sie mehr nach Königslutter, der Stiftung und Grabeskirche Lothars von Supplinburg (†1137) ausgerichtet. Die reich ornamentierte Mittelsäule ihres Portals ist von dem Bildhauer Hartmann inschriftlich bezeichnet. Das Goslarer Kaiserhaus erhielt seine staufische Gestalt durch Kaiser Heinrich VI. Er wurde für die salische Pfalz ebenso tätig wie das sein Vater für die karolingischen von Ingelheim und Nimwegen war. Als Baumeister beauftragte er einen Geistlichen Philipp mit dem Umbau des Palatiums, der die charakteristische Fensteranordnung der Ostfront durch Einfügung der großen Bogen schuf, und die Mitte dieser Wand durch ein Riesenfenster unter einem Giebel querschiffartig öffnete. Dieses Motiv der Blendbogenarkaden, die mit Dreierfenstern ausgestellt sind, hat den salischen Bau staufisch geprägt. Auch der Treppenaufgang an der Südwestecke mit seinen hübschen, säulengekuppelten Dreierfenstern ist staufisch. Heinrich VI. und sicher auch noch Philipp von Schwaben, Otto IV. und Friedrich II., die sämtlich in Goslar Hoftage gehalten haben, haben in diesem salischstaufischen Palast einen Repräsentationsbau des Reiches gesehen. So wollten ihn auch die Restauratoren des 19. Jh. als Zeugnis für die Kontinuität des Reiches verstanden wissen. Die zeit-

---

[84] Eine Turmkapelle staufischer Zeit befand sich auf dem im vorigen Jahrhundert abgebrochenen Rieder Hof vor den Toren der Stadt, den Kaiser Heinrich VI. dem Schultheiß geschenkt hatte.

[85] Erster Pfalzbau unter Heinrich II. Konrad II. erbaute die Liebfrauenkapelle am Nordflügel, Lothar (?) die Ulrichskapelle am Südflügel.

II. Die Kaiserpfalzen

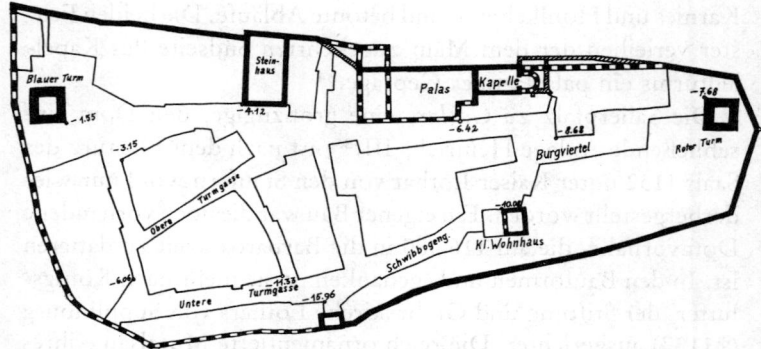

Z 12 Wimpfen, Kaiserpfalz, Grundriß, nach Arens, Wimpfen, Tf. 1.

weise vom Abbruch bedrohte Pfalz wurde 1868/79 wiederhergestellt. Der Kaisersaal erhielt bis 1897 seine Wandbilder. Vor dem Kaiserhaus aber wurden 1900 die bronzenen Reiterstandbilder Friedrich Barbarossas und Wilhelms I. aufgerichtet.

Unter Kaiser Friedrich Barbarossa ist die größte Stauferpfalz auf deutschem Boden entstanden, die zu *Wimpfen*.[86] Die zweitürmige Anlage wurde oberhalb des Neckars auf dem Rücken des Eulenbergs erbaut. Ihre größte Länge beträgt etwa 215 m, der eine größte Breite von etwa 88 m entspricht.[87] Erhalten sind Teile der Ringmauer, die beiden Bergfriede, die Neckarseite des Palas, die Kapelle, das „Steinhaus", das Burgtor und Reste eines Burgmannenhauses.

T 9
Z 12

Z 16

Die Bauten Palas–Kapelle liegen in einer Achse an der Neckarfront, an die auch das Steinhaus angrenzt. Die beiden Türme mit

[86] Literatur zur Wimpfener Kaiserpfalz: R. Kautzsch, Die Kunstdenkmäler in Wimpfen am Neckar, Wimpfen 1920, 72—84; W. Hotz, Staufische Reichsburgen am Mittelrhein, Berlin 1937, u. Kl. Kunstgeschichte der dt. Burg, 94—98; F. Arens, Die Königspfalz Wimpfen, Berlin 1967. F. Arens u. R. Bührlen, Wimpfen, Geschichte u. Kunstdenkmäler, Bad Wimpfen, ⁵1980.

[87] Die Entfernung der Außenkanten der beiden Türme beträgt etwa 206 m oder 700 röm. Fuß zu 29,64 cm = 207,48 m. Die Entfernung Außenkante Burgtor–Neckarmauer beim Steinhaus beträgt rd. 88 m oder 300 röm. Fuß = 88,92 m.

den Namen „roter" und „blauer" Turm auf quadratischen Grundrissen haben Buckelquadermäntel. Ihre Bekrönungen sind nicht mehr ursprünglich. Der Rote Turm erhielt um 1500 eine Geschützplattform mit abgeschrägten Ecken, der Blaue Turm in der Barockzeit einen gestuften Helm, der 1848 abbrannte und durch den jetzigen historistischen Aufbau mit vier Ecktürmchen ersetzt wurde. Das staufische Mauerwerk des Roten Turms zeigt zwei Schichten: unten Sandsteine, darüber Tuffquadern. Das Mauerwerk des Blauen Turms besteht aus

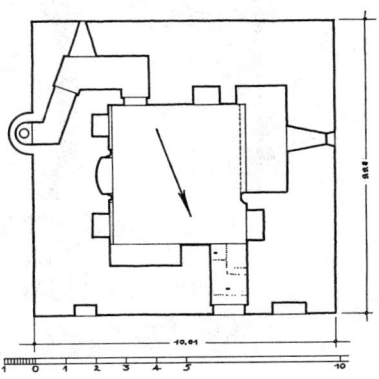

Z 13 Wimpfen, Kaiserpfalz, Gemach im Roten Turm, nach Arens, Wimpfen, 105.

Kalkstein. Beide Türme waren einst nur durch hochgelegene rundbogige Pforten zugänglich. Am Roten Turm verlief auf dieser Seite eine neuerdings wiederhergestellte Galerie, in deren Länge die Quadern glatt abgearbeitet sind. Man gelangte von dort in ein sorgfältig gearbeitetes, mit Kamin und Wandnischen für Bett und Schrank versehenes Wohngemach, das auch einen über einen gewinkelten Gang erreichbaren Aborterker besaß. Der Kaminmantel ruht auf Säulchen mit Würfelkapitellen. Die Sinterung der Steine am Spitzbogen der größeren Nische und im

Z 13

Z 14

Z 14 Wimpfen, Kaiserpfalz, Kamin im Roten Turm, nach Inv., 155.

oberen Teil des Raums beweist, daß die Ausstattung aus Holz bestand und durch Feuer zerstört wurde.

T 10   Vom Palas ist noch die mit Fensterarkaden versehene Längsmauer der Neckarseite vollständig erhalten. Die Ausdehnung
Z 15 des Gebäudes der Stadt zu ist teils durch aufgehendes Mauerwerk, teils durch Grabungen nachgewiesen. Der Palas war zweigeschossig und besaß eine einspringende Ecke im Südosten sowie einen Altan im Nordwesten. Ein Eingang zum Erdgeschoß lag außerhalb der Längsseitenmitte. Dahinter gab es wohl ein inneres Treppenhaus. Eine einhüftige Freitreppe dürfte vor der

b) Die Neubauten Barbarossas 57

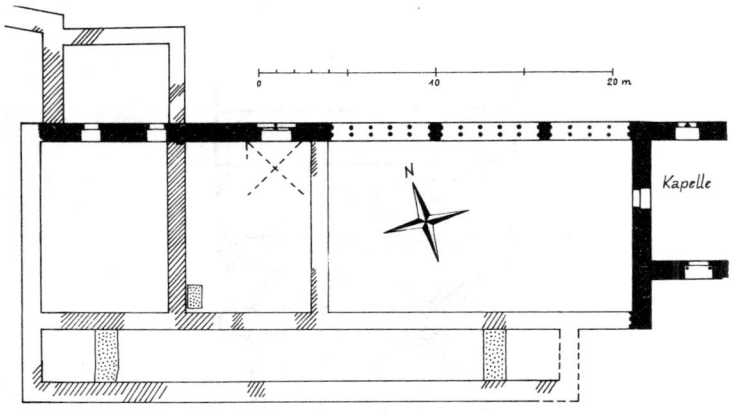

Z 15 Wimpfen, Kaiserpfalz, Grundriß des Palas,
nach Arens, Palas, 7.

Osthälfte der Wand in das Obergeschoß geführt haben, wo sich der Saal befand.[88] Die Fensterarkaden sind in drei Gruppen zu zweimal fünf und einmal vier Bogen auf Doppelsäulen angeordnet. Die Säulen stehen nicht wie in Gelnhausen dicht beisammen, sondern sind durch einen in den Kämpfer eingearbeiteten Bogen voneinander getrennt. Auch die jeweiligen Stirnseiten dieses Sattelsteins sind bogenförmig mit einer betonten Hohlkehle zwischen zwei Rundwulsten profiliert. Die Säulenschäfte, durchweg verjüngt, haben mancherlei Gestalt: es gibt Bündelsäulen mit Knoten oder mit vier gedrehten Schäften und Säulen mit geschmückter Oberfläche. Entsprechend mannigfaltig sind die Kapitelle beschaffen, in der Mehrzahl unter Beibehaltung der Grundform des Würfelkapitells, während die Basen attisches Profil aufweisen, wobei die Eckblätter oder -knollen und die untere Wulstdecke unterschiedlich behandelt sind. Die Spie-

T 11
T 12

[88] Modell im Wimpfener Heimatmuseum, Abb. bei Arens, Taf. 47. F. Arens, Der Palas der Wimpfener Königspfalz, in: Zschr. d. Dt. Vereins f. Kunstwissenschaft (ZDVKw) 24/1970, 3—12.

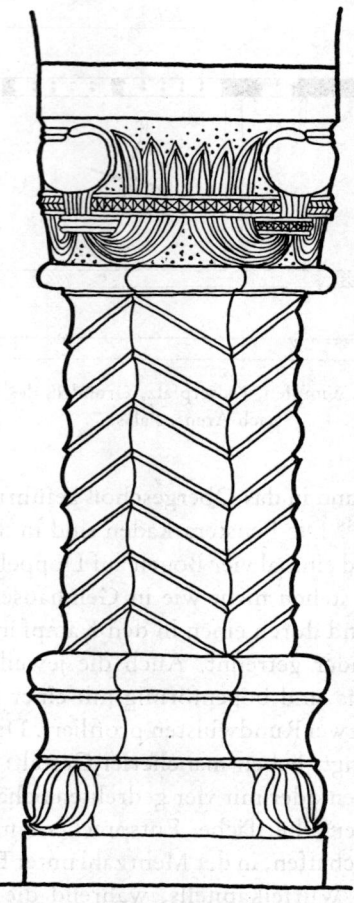

Z 16 Wimpfen, Kaiserpfalz, Säule im Doppelfenster des kleinen Burgmannenhauses, gez. von Ehlers, aus Arens, Wimpfen, 101.

gelflächen der Kapitelle sind häufig linear verziert. Beim Zusammentreffen der Rillen ergeben sich öfter kleine Kopfmasken. Auch Flechtknoten und Polygone mit aufgesetzten Kreisen oder Fächern kommen vor. Im ganzen wird dieser Aussichtsgalerie des Saals ein anregender Formenreichtum zuteil.

Das Gebäude, das an den Palas anstieß und in seiner Westwand mit ihm verzahnt war, die Nikolauskapelle, war ein einschiffiger Bau mit halbrunder Apsis, die in gotischer Zeit zu einem rechteckigen Altarraum erweitert wurde.[89] Auf der Palasseite besaß sie eine von dort zu betretende Herrenempore. Der Stadt zu präsentiert sich die Kapelle als schöner Quaderbau. Die Wand wird über einem in ganzer Länge herumgekröpften Profil durch Lisenen mit Bogenfries und doppeltem Zahnschnittgesims gegliedert. Das Portal ist abgetreppt und von einem kräftigen Rundwulst gerahmt. Darüber sitzt ein säulengekuppeltes Bogenfenster, das wie ein ähnliches auf der Neckarseite zur Beleuchtung der Empore diente. Drei einfache Rundbogenfenster mit abgeschrägtem Gewände, ebenfalls mit entsprechenden Fenstern dem Neckar zu, gaben dem Kirchenraum Licht.

Die Bauformen der Kapelle gleichen denen des benachbarten Palas, dessen Stadtseite wohl auch gegliedert war. Die Art des Aufbaus und die Bauplastik ist mit elsässischen Bauten der frühen Barbarossazeit und dem Dom zu Worms mit seinen Nachfolgebauten, vor allem mit Rosheim, dem Odilienberg und Seebach zu vergleichen. In Seebach ist ein Portal erhalten, das ein genaues Seitenstück zum Wimpfener Kapellenportal darstellt.[90]

Zur Datierung: Die Neckararkade des Palas zeigt eine Anord-

---

[89] Durch Wiederherstellung 1907/9 von ihrer Profanierung befreit. Jahresbericht d. hess. Denkmalpflege 3/1914, 248—253.
[90] Arens, Königspfalz (Anm. 86), 137—149, wo zahlreiche Parallelen aufgeführt werden. Eine lehrreiche Reihe, nur sind die auf die Datierung gezogenen Schlüsse nicht zutreffend, weil auch die Vergleichsbeispiele, besonders der Wormser Dom, wie oben schon behandelt, nicht richtig datiert sind.

nung, wie sie etwas archaischer noch in den Bogenstellungen des Kreuzgangs von Eschau [91] begegnet. Dieser wird schon 1130 datiert, man kann ihn aber auch noch gegen die Jahrhundertmitte ansetzen. 1143 gestattet der Straßburger Bischof Burchard der Eschauer Äbtissin Kunigunde den Bau eines Hospitals. Auch damit könnte der Kreuzgangbau zusammenhängen.[92] Ebenso dürfen die Ornamente der Eschauer Würfelkapitelle zu den Ausgangsformen der Wimpfener Kapitelle gerechnet werden. Die Quaderwände von St. Peter und Paul in Rosheim, die der Wimpfener Nikolauskapelle verwandt sind, entstanden in dem Jahrzehnt zwischen 1150 und 1160. Die Kreuzkapelle des Odilienbergs ist unter der Äbtissin Relindis zwischen 1155 und 1165 errichtet worden. Barbarossa hatte die Bauarbeiten besonders gefördert. Für das Kloster Seebach, 1136 von Siegfried von Seebach gegründet, fehlen Baunachrichten. Doch kommen wir hier auf Grund von Vergleichen mit dem Wormser Dom auf die Zeit um 1160. Die Wimpfener Kaiserpfalz mit ihren Frühformen wird in das Jahrzehnt zwischen 1160 und 1170 zu datieren sein. Ein besonderes geschichtliches Ereignis, das mit ihrer „Einweihung" in Verbindung zu bringen wäre, ist nicht überliefert. Als Kaiser Friedrich Barbarossa dort im Februar 1182 Hof hielt, war sie sicher längst vollendet. Aufenthalte Kaiser Heinrichs VI. in Wimpfen sind für 1190 zweimal und für 1193 bezeugt.

Diese Datierung steht im Gegensatz zu der von Arens vorgeschlagenen in das erste Drittel des 13. Jh. und die Zeit Königs Heinrichs (VII.).[93] Der 1211 geborene Heinrich kam 1216 nach Deutschland, wurde 1217 Herzog von Schwaben, 1219 Rector Burgundiae und 1220 in Frankfurt zum König gewählt (gekrönt in Aachen 1222). Er verheiratete sich 1225 zu Nürnberg mit Margarete von Österreich, erhielt 1226 Herzog Ludwig von

---

[91] Heute im Museum Straßburg (Œuvre Notre-Dame/Frauenhaus). R. Will, Alsace Romane, Zodiaque 1965, 63 ff., Tff. 20—28.
[92] Alsace Romane (Anm. 91), 65.
[93] W. Hotz, König u. Verschwörer (Anm. 57), bes. 222.

b) Die Neubauten Barbarossas

Bayern zum Vormund, mit dem er sich 1228 überwarf. 1232 traf sich Heinrich mit seinem Vater in Cividale, 1234 empörte er sich in Boppard gegen ihn, verbündete sich mit den Lombarden, unternahm 1235 einen mißglückten Handstreich gegen Worms, hielt sich in Oppenheim, in Frankfurt und auf dem Trifels auf und warf sich am 2. Juli 1235, nachdem der einzige bewaffnete Zusammenstoß seiner Anhänger mit kaiserlichen Truppen verlorengegangen war, in der Pfalz zu Wimpfen seinem Vater zu Füßen. Der ließ ihn gefangennehmen und nach Worms führen. Dort feierte Friedrich II. seine Hochzeit mit Isabella von England. Heinrich wurde über Cividale nach Apulien gebracht. 1242 stürzte er sich, als er von Nicastro nach Martirano in Kalabrien verlegt werden sollte, unterwegs vom Pferd und starb am 10. oder 12. Februar an den erlittenen Wunden. Beigesetzt wurde er im Dom zu Cosenza. Die von Arens vertretene Datierung der Pfalz Wimpfen zwischen 1215 und 1220[94] „auf das Drängen des jugendlichen Königs in aller Eile gebaut" — läßt außer acht, daß Heinrich damals erst zwischen 4 und 9 Jahren alt war. Und gerade dieser in seinem späteren politischen Handeln sehr unstete kindliche Staufer soll die größte Stauferpfalz Deutschlands haben errichten lassen! Auch das hätte nur eine wohlorganisierte kaiserliche Pfalzenbauhütte ausführen können.

Kaiser Friedrich Barbarossa setzt auch das Werk seines burgenbauenden Vaters fort, und zwar an dessen bevorzugtem Aufenthaltsort im „heiligen Forst", zu *Hagenau* im Elsaß. Eine gute Wegstunde davon, im Kloster St. Walburg, war Herzog Friedrich II. in der von ihm gestifteten Kirche begraben worden. Die Burg Hagenau lag auf einer Insel. Sie wurde von der aus den Vogesen kommenden Moder, die ostwärts Hagenau in den Rhein mündet, gebildet. Der Hagenauer Wald, heute noch der größte Staatsforst des Elsaß, spielte auch für die Erwerbspolitik Barba-

---

[94] Arens, Königspfalz (Anm. 86), 137, Anm. 1a. Die dendrochronologische Bestimmung eines Balkens vom Balkon des Roten Turms auf 1204 (Arens-Bührlen, Anm. 86, 36) besagt nichts über die Bauzeit des Turms.

rossas eine große Rolle. Er hat alles getan, um diesen Forst in seinen alleinigen Besitz zu bringen. Dem Zisterzienserinnenkloster Königsbrück, ebenfalls einer Stiftung seines Vaters, hat er Teile des Waldes, mit denen es dotiert war, weggenommen und es anderweitig entschädigt. Das Zisterzienserkloster Neuburg am Rande des Forstes hat er auf jede Weise gefördert. An seiner Kirche stand zu lesen, daß sie „sub glorioso Friderico imperatore" 1158 geweiht wurde. Auch die Benediktinerabtei Walburg nahm er 1159 unter seinen besonderen Schutz. Friedrich Barbarossa hat diese Generosität auch anderen Kirchen, die mit seiner Familie Verbindung hatten, erwiesen. Mit dieser Übernahme von Schutzbefugnissen waren stets Stiftungen und Bauaufträge verbunden. Von Wichtigkeit für die Kunstgeschichte des Landes ist es, daß er 1153 die Benediktinerpropstei St. Fides in Schlettstadt in seinen und des Reiches Schutz nahm. St. Fides war eine Stiftung der Hildegard von Egisheim, seiner Urgroßmutter, die dort auch beigesetzt ist.[95] Die Kirche, im Laufe der Jahrhunderte etwas verändert, aber 1875/93 gründlich restauriert, veranschaulicht nicht nur die damals üblichen Kunst- und Schmuckformen, sondern gibt uns auch eine exakte Datierung an die Hand. Daß die jetzige St. Fideskirche der zweite Bau an dieser Stelle ist, haben die Arbeiten des ausgehenden 19. Jh. erwiesen. Diese zweite Kirche wurde bald nach der 1153 erfolgten Inschutznahme durch Barbarossa begonnen. Als der Kaiser 1162 nach der Eroberung Mailands wieder in Schlettstadt einkehrte, war der Bau der Kirche bis auf einige Ausstattungsstücke vollendet. Friedrich I. stiftete der Kirche darum farbige Fenster. Sie trugen die von Beatus Rhenanus mitgeteilte Beschriftung: „Tempore quo rediit superatis Mediolanis/nos Rex Romanus fieri iussit Fridericus".[96]

---

[95] Ihre Totenmaske ist dank des Umstandes, daß die Leiche mit Kalk übergossen worden war, erhalten geblieben. W. Hotz, Handbuch der Kunstdenkmäler im Elsaß u. in Lothringen, München-Berlin ³1976, 239.
[96] Kunstdenkmäler Elsaß u. Lothringen (Anm. 95) 239.

b) Die Neubauten Barbarossas

Wir erhalten damit die genaue Zeitspanne, in der St. Fides erbaut wurde: 1153—1162.[97]

Die Anfänge der Wasserburg Hagenau reichen in die Zeit um 1115 zurück. 1123 empfing Herzog Friedrich den Kaiser Heinrich V. in seiner Burg Hagenau. Ein Pfahl der Ringmauer ergab dendrochronologisch die Jahreszahl 1130.[98] Kaiser Friedrich I. begann die Pfalz nicht vor 1160. Wieweit er sich an vorhandene Mauern hielt, läßt sich nicht sagen. Seine Anwesenheit in Hagenau ist bezeugt für die Jahre 1158, 1166, 1174, 1179 und 1189, jedesmal mit großem Gefolge. Das letzte Osterfest vor dem Aufbruch zum Kreuzzug beging er 1189 in Hagenau zusammen mit seinen Söhnen Friedrich, Heinrich, Otto und Konrad, dem Erzbischof von Bisanz, neun Bischöfen, dem Herzog von Meran, neun Grafen und vielen Edelleuten.[99] Über zwanzigmal weilte Kaiser Heinrich VI. zwischen 1186 und 1196 in Hagenau.

Wahrscheinlich ist die Kaiserpfalz eine völlige Neuanlage gewesen. Das Gelände ist heute gänzlich überbaut und auch in seiner Abgrenzung verändert. Die Moderarme, welche die Insel umflossen, sind zugeschüttet. Es hat langer Forschungsarbeit sowohl im Pfalzbereich als auch in den Akten und Plänen bedurft, um wenigstens in großen Zügen die Gestalt der Pfalz zu klären. Schon lange war vermutet worden, daß sich von der 1675 durch Marschall Crequi zerstörten, danach abgerissenen Pfalz,

Z 17

---

[97] Um das Datum 1162 für die Fenster ist bisher kein Bearbeiter der Baugeschichte von St. Fides herumgekommen. Nur haben sich die Verfechter von Spätdatierungen darauf hinausgeredet, daß 1162 den Anfang dieser Baufürsorge Friedrich Barbarossas darstelle. Aber, das müßte doch seltsam verdreht zugehen, wenn einer für einen noch zu errichtenden Neubau erst die Fenster anfertigen ließe, auf deren Maße hin dann die Fenster des Planes berechnet werden müßten! Die Fenster wurden damals wie heute erst in ein mindestens im Rohbau fertiges Gebäude eingesetzt.

[98] 1123 empfing Herzog Friedrich Kaiser Heinrich V. in seiner Burg Hagenau. A. M. Burg, Haguenau et la Dynastie des Hohenstaufen (Anm. 14), 65 mit Literatur.

[99] Burg, Haguenau et la Dynastie... (Anm. 14), 71, Nr. 33.

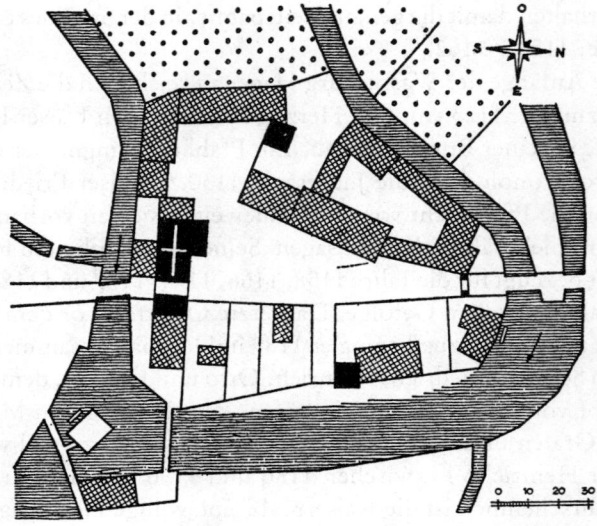

Z 17   Hagenau, Lageplan der Kaiserpfalz, nach Will, Pal. de Haguenau, 12.

deren Steine für den Aufbau der Rheinfestung Fort Louis verwendet wurden, Pläne im Kriegsministerium zu Paris befänden.[100] Das wurde dort immer bestritten, bis 1940 in Charité sur Loire Eisenbahnwagen mit Akten des französischen Kriegsministeriums der deutschen Wehrmacht in die Hände fielen. Nicht nur Hagenau, sondern auch andere elsässische, pfälzische, lothringische und luxemburgische Burgen waren in zahlreichen Plänen vertreten. Sie wurden zuerst durch Gottfried Schlag[101] bearbeitet. Nach dem Krieg kamen noch weitere Pläne zum Vorschein, die in Verbindung mit Erdarbeiten und Grabungen an Ort und Stelle vor allem Robert Will auswerten konnte, so daß

[100] Dehio, Handbuch der deutschen Kunstdenkmäler, IVb Elsaß und Lothringen, Berlin ⁴1942, 21; Hotz, Handbuch Elsaß u. Lothringen (Anm. 95), 74 f.
[101] G. Schlag ist 1943 gefallen (s. Anm. 13). Ein Teil des Beutematerials, das ins Reichsarchiv nach Potsdam verbracht wurde, ist dort 1945 zugrunde gegangen.

b) Die Neubauten Barbarossas

wir jetzt ein einigermaßen zutreffendes Bild vom Aufbau der Pfalz zu Hagenau besitzen.[102] Es wurden außerdem seit Jahrzehnten durch den verstorbenen Altbürgermeister Nessel Bruchstücke der Bauplastik, die bei Schleifung von Fort Louis geborgen wurden, gesammelt. Sie befinden sich heute — nicht ganz glücklich aufgebaut — im Steinlager des städtischen Museums und gestatten die Aufhellung der künstlerischen Herkunft der Bauleute und die Zeitbestimmung der an der Pfalz verwendeten Schmuckformen. Für die kunstgeschichtliche Aussage zum Pfalzenbau Barbarossas sind die Hagenauer Fragmente von unschätzbarem Wert.

Die Anlage der Pfalz steht in organischem Verhältnis zur Gründung der Stadt, die am 15. Juni 1164 erfolgte. Aus der erhaltenen Gründungsurkunde[103] ist allerdings über die Burg nichts zu entnehmen. Seit 1134 wird Hagenau „castellum" genannt. Die erste Stadtmauer ist im Zusammenhang mit der Stadterhebung erbaut worden. Unter Heinrich (VII.) wurde nördlich der Burg die Vorstadt Königsau angelegt, deren Befestigung der Reichsschultheiß Wölflin zwischen 1218 und 1235 ausführte.[104]

Es gibt nur eine alte Beschreibung der Kaiserpfalz Hagenau. Sie stammt von Hieronymus Gebwiler, dem Leiter der Hagenauer Pfarrschule, und steht in einem Brief, den er 1528 an den Rat der Stadt richtete. Diese Beschreibung benützen alle folgenden Historiographen: Sebastian Münster, Crusius, Bernhard Hertzog, Merian und nach der Zerstörung der Pfalz abschließend auch Schoepflin.[105] Dort heißt es über das „Palatium imperiale":

---

[102] R. Will, Versch. Veröffentlichungen, die bereits Anm. 14 genannt sind.

[103] J. P. Grasser, La charte de l'empereur Frédéric Ier Barberousse, in: Etud. Haguenov. NS IV/1964, 1—25.

[104] G. Cromer, Über die Entwicklung des engeren Stadtgebietes der ehem. Reichsstadt Hagenau, in: Oberrheinische Kunst 10/1942, 86—94.

[105] Schoepflin, Alsatia illustrata Germanica Gallica, Colmariae 1761, 355 ff.

„Das auf einer Moderinsel gelegene und von Herzog Friedrich begonnene Herzogsschloß wandelte dessen Sohn Friedrich, nachdem er Kaiser geworden, in eine Reichsburg um. Er vergrößerte sie und stattete sie mit viereckigen Türmen aus. In seiner Mitte zeigte ein weiterer Turm den Reichsadler (andere halten ihn für eine Taube). Seine Gestalt ist aus alten Hagenauer Siegeln ersichtlich. Über der Torfahrt befand sich die Kirche, in drei Kapellen unterschieden; die „Kaiserkapelle" nannte sie Karl IV. im Jahre 1360. Hieronymus Gebwiler beschreibt sie als Augenzeuge folgendermaßen: wir wollen kurz erwähnen, daß zu dieser Zierde Friedrich Barbarossa die Burg Hagenau, damals fast die ganze Stadt einnehmend, heute in ihrer Mitte gelegen, hinzufügte. Denn kaum trug er die Insignien des römischen Königs, als wir ihn schon zur Errichtung der Kaiserkapelle besagter Burg eilen sehen. Diese wurde von Grund auf in gewachsenem Marmor und in drei Kapellen unter einem Dach mit Backsteinzwischendecken unterteilt. Er vollendete den Bau mit prachtvollem Aufwand noch vor der Stadt. Im obersten Stockwerk dieses königlichen Heiligtums durch Verschluß und Bauart gegen Diebstahl und Brand gesichert, legte er die Reichsinsignien: Krone, Schwert usw. nieder."

„Die Reichsinsignien, die unter den Kaisern Friedrich I., Heinrich VI. und Philipp von Schwaben rund 50 Jahre lang in diesem Palast aufbewahrt wurden, ließ der Bischof von Speyer (= Konrad von Scharfenberg) nach dem Tode Philipps auf die Burg Trifels bringen, wo sie während des Zwischenreichs blieben... Die Bewachung der Pfalz (Hagenau) wurde einigen elsässischen Adligen anvertraut, die zu diesem Zweck... Burglehen erhielten. Diese Burgmänner erwähnt Kaiser Friedrich I. schon 1164. Unter ihnen erscheinen in den Listen während der folgenden Jahre die Dynasten von Lichtenberg und Fleckenstein, die Dürkheimer, Berstetter, Wickersheimer, Niedheimer, Gottesheimer, Wangener aus dem Ritterstande. Einige von ihnen wohnten auf der Pfalzinsel selbst."

In den letzten Absätzen ist auch von den Reichsinsignien die Rede. Die weit verbreitete Meinung, daß diese 1153—1208 ununterbrochen zu Hagenau aufbewahrt worden seien, bedarf insofern der Berichtigung, als der Reichsschatz des öfteren mit den Kaisern unterwegs war, vor allem in Italien.[106] Doch dürfte während der genannten Zeit die Hagenauer Pfalzkapelle ihr „Heimatstandort" gewesen sein. Offensichtlich ist deren Baugestalt, besonders die „Dreskammer" (= Tresor-, Schatzkammer)

---

[106] D. Leistikow, Aufbewahrungsorte der Reichskleinodien in staufischer Zeit, in: BuS 1974 (Anm. 1) 88.

b) Die Neubauten Barbarossas

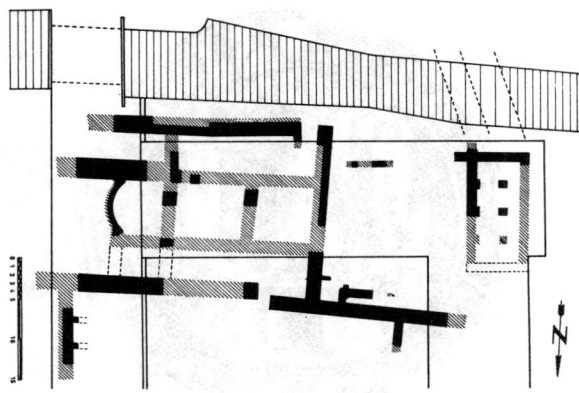

Z 18   Hagenau, Grabungsplan der Pfalzkapelle, nach Will,
Palais de Haguenau, 14.

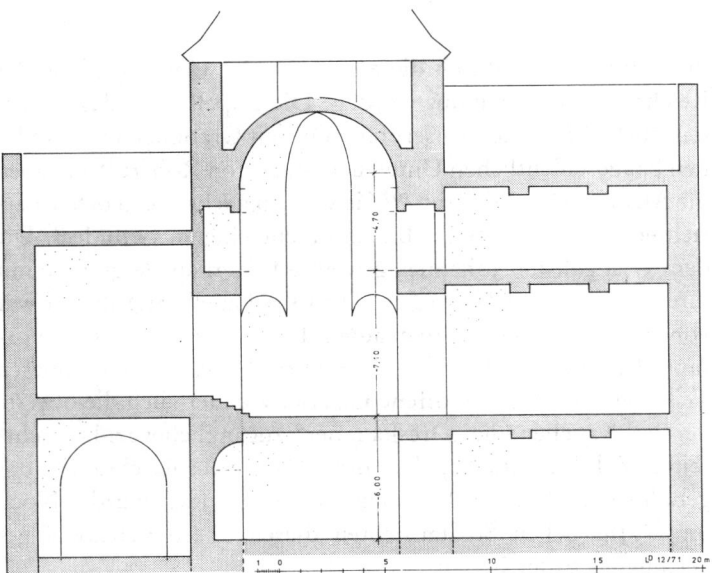

Z 19   Hagenau, Schnitt durch die rekonstruierte Pfalzkapelle, nach Will,
aus Leistikow, Reichskleinodien, 90.

Z 20   Hagenau, Stadtsiegel, nach Will, Le palais de Haguenau, 14.

im dritten Stock, durch diesen Zweck der Unterbringung des Reichsschatzes bestimmt worden. Die Kapelle war das bedeutendste Gebäude der Kaiserpfalz. Die mit Grabungen verbundenen baugeschichtlichen Untersuchungen von Robert Will haben ihr Aussehen verdeutlicht.[107] Sie war ein nächst der Torfahrt errichteter dreigeschossiger Bau auf rechteckigem Grundriß. Die dem Evangelisten Johannes geweihte Unterkapelle grenzte mit ihrer Apsis an den Torweg an. Die Oberkapelle St. Salvator war von einem achteckig aufgebauten Turm überhöht. Ihr Chorraum lag über der Torfahrt. Der Turm besaß in seinen oberen Teilen eine nach innen offene Galerie, von der auch die oberste der drei Kapellen, die „Dreskammer" zugänglich war. Das achtseitige Zeltdach des Kapellenturms krönte ein Reichsadler, der geradezu als Wahrzeichen Hagenaus verstanden wurde. Noch im 17. Jh. heben Stadtansichten diesen überdimensional gezeichneten Adler hervor.

[107] R. Will, Le château, dit «Burg» de Haguenau (Anm. 14).

b) Die Neubauten Barbarossas

Bildliche Darstellungen, aus denen Aufschlüsse über das Aussehen der Pfalz gewonnen werden könnten, sind nicht überliefert. Die Ausdeutung des Stadtsiegels auf einen Zentralbau hin [108] erwies sich als verfehlt. Dagegen hat eine Zeichnung viel von sich reden gemacht. Sie war beschriftet: „Genauer Abriß von Hohenstauffer-Burgschloß zu Hagenau auch Hagenaw, wie solches vom St. Georgen Kirchthurm zu schauen ist." Sie tauchte anonym gegen Ende des 19. Jh. auf, heute weiß man, daß der aus Hagenau stammende Konservator Charles Winkler ihr Urheber war. Bei allen auffallenden Unrichtigkeiten ist doch zu fragen, ob Winkler nicht eine Ansicht der Pfalz vorlag, die jetzt verschollen ist, und die er auf seine Weise phantasievoll interpretierte? [109]

Z 20

Von den Hagenauer Fragmenten lassen sich zwei mit Sicherheit der Kapelle zuweisen: Das Bruchstück der Widmungsinschrift, die sich über dem Portal befand. Es enthält nur einige Wortteile. Da aber die ganze Inschrift bekannt ist, läßt es sich folgendermaßen ergänzen: „haec capella IN HONorem salvatoRIS DEDIcata". Das andere Bruchstück ist eine Platte mit drei Relieffiguren: neben einem sitzenden Herrscher stehen zwei Männer (Geistliche?). Die Platte ist unterhalb des Herrschers schräg durchgebrochen. Sie setzte sich wahrscheinlich mit einem weiteren Sitzbild und noch anderen stehenden Figuren fort, so daß etwa die Hälfte der Darstellung erhalten geblieben ist. Der sitzende Herrscher hält in seiner Rechten ein Kreuz, in seiner Linken ein Buch; auf dem Haupt trägt er einen vorne und hinten etwas erhöhten Kronreif. Dort an den Gewandsäumen und auf

T 14b

T 16

---

[108] Hanauer, La Burg impériale de Haguenau, in: Revue d'Alsace 1905, 113 ff. — Gg. Dehio, Zwei romanische Zentralbauten, in: Zschr. f. Geschichte d. Architektur, Heidelberg 1908, H. 10, 250 ff.

[109] Zuletzt noch — ohne Hinweis auf die Fälschung — veröffentlicht in: Burgen und Schlösser im Elsaß, Frankfurt a. M. 1968, 175. — O. Piper, Burgenkunde, München ³1912 (Nachdruck 1967), 544 f. Dort ist bereits die Fälschung gekennzeichnet, die als erster wohl Clauß in seinem Histor.-topograph. Wörterbuch des Elsaß, 1898, erkannt hatte.

dem Buch eingeschlagene Löcher deuten an, daß hier Perlen oder Edelsteine angebracht waren oder zu denken sind. Das bärtige Antlitz ist bestoßen, aber noch ausdrucksvoll. Der stehende Mann links vom Herrscher hält einen verehrungswürdigen Gegenstand — er trägt ihn mit tuchbedeckter Hand. Der Umriß dieses Teils läßt es als Sockel eines Ostensoriums oder eines Reliquiars erscheinen. Auch der zweite bartlose jüngere Mann deutet mit seiner Rechten darauf. Beide tragen eine ähnliche Gewandung, die Brust und Oberarme glatt umschließt, unterhalb des Gürtels aber wie auch bei der sitzenden Herrscherfigur bauschige Falten schlägt. Der Herrscher thront auf einem Stuhl, dessen eine Seite mit Kugelfuß und Drachenkopf an der Sitzfläche noch zu sehen ist. Die einer Mitra gleichende Kopfbedeckung und die Attribute Kreuz und Buch lassen zunächst an einen Bischof denken, dagegen sprechen Tracht und Habitus sowie der Ort der Anbringung — die Pfalzkapelle — für das Dedikationsbild eines Kaisers (oder Kaiserpaars). Nun sind die Attribute Kreuz und Buch in der abendländischen Kaiserikonographie ungewöhnlich, wenn auch das Kreuz öfter vorkommt, teils allein, teils in Verbindung mit dem Zepter oder dem Reichsapfel. Doch gibt es auch einen Kaiser mit dem Kreuz als kennzeichnender Beigabe, nämlich Konstantin. Gerade in der staufischen Reichstheologie haben Konstantin und die „Translatio Imperii" auf Karl den Großen einen wichtigen Platz inne. Unter den Reichskleinodien waren Partikel des heiligen Kreuzes im Reichskreuz enthalten.[110] In Hagenau war die mittlere Kapelle dem Erlöser geweiht (später traten noch andere Altarpatrozinien hinzu).[111] 1354 wurde ein Fest der heiligen Lanze als „Kron- und Speertag" eingeführt. Ablässe gab es für die Tage der Kreuzfindung und -erhöhung und des heiligen Kreuzes. Hage-

---

[110] Fillitz, Reichskleinodien (Anm. 1) 54.

[111] M. Barth, Handbuch der elsässischen Kirchen im Mittelalter, Straßburg 1960, 481. — R. Will, Notes complémentaires sur le château impérial disparu de Haguenau, in: Etud. Haguenov. NS 5/1965—70, 97 ff.

b) Die Neubauten Barbarossas 71

nau muß eine Passionsreliquie besessen haben, denn die Errichtung des genannten „Kron- und Speertages" besagt, daß nach dem Gottesdienst das „Heylthum zu küssen" gereicht werde. Ob nicht diese Handlung auf dem Relief dargestellt ist? Das Buch als Attribut eines Kaisers könnte als Gesetzbuch gedeutet werden. Die „Lex" war im politischen Programm Barbarossas von großer Bedeutung. Zu verweisen wäre auch auf die Kaisergestalt in spätgotischer Fassung auf dem Deckel des Reichsevangeliars aus Aachen und Wien;[112] sie wird auch als Dreifaltigkeitsbild interpretiert, dürfte aber den christlichen Kaiser als solchen meinen. Es fehlen alle Anzeichen, die auf die Trinität hinweisen.

Noch in einer weiteren Reichsstadt des Elsaß, deren Gründung auf den Staufer Friedrich II. zurückgeht, spielt Konstantin eine Rolle: in Kaysersberg. Vor dem Kirchenportal steht auf dem Marktbrunnen die Statue des Kaisers mit dem Kreuz in der Hand. Der Werkvertrag von 1521 mit dem Bildhauer Hans Bongart aus Colmar nennt ausdrücklich den Kaiser Konstantin.[113]

Stilistisch gehört das Hagenauer Figurenrelief in die Nähe der staufischen Tympana des Wormser Doms am Südportal und am Nikolauspförtchen. Die Gewänder sind in Hagenau weicher und fülliger gefaltet. Im weiteren Umkreis wäre auch die Galluspforte des Basler Münsters zu nennen, doch ist dort die Formgebung fortgeschrittener und detailreicher, wenn auch etwa die Köpfchen am Sesselbezug Christi mit dem zu Hagenau fast wörtlich übereinstimmen. Ferner dürften noch die Plastiken

---

[112] Fillitz, Reichskleinodien (Anm. 1) Abb. 52, Text S. 10, wo der dargestellte Herrscher als Gottvater in kaiserlicher Gewandung mit der „Privatkrone" Kaiser Maximilians oder Friedrichs III. angesprochen wird. E. G. Grimme, Der Aachener Domschatz (Anm. 66), 121 sieht in dem Kaiserbild des Buchdeckels „die in *einer* Gestalt wiedergegebene Trinität", was jedoch nur zutreffend wäre, wenn irgendwelche Zeichen oder Symbole der beiden anderen Personen vorhanden wären. In Aachen befindet sich eine um 1500 angefertigte Nachbildung des Wiener Originals.

[113] Hotz, Kunstdenkmäler Elsaß u. Lothringen (Anm. 95), 103.

aus dem Mittelschiff von Alspach im Colmarer Museum und das Bogenfeld von Sigolsheim erwähnt werden. Man kann aber nicht sagen: hier ist der gleiche Bildhauer am Werk, sondern es ist nur die Hagenau nahestehende Formensprache der 70er Jahre des 12. Jh.

Das gilt auch von der übrigen Hagenauer Bauplastik. Erhalten sind mehrere figürlich gefüllte Bogenfriese, eine Anzahl ornamentierter Gesimsstücke, Bogenfriese ohne Füllung, die Basis und das Kapitell einer Ecksäule, ein Stein mit dem Relief eines Tierschwanzes und ein eigenartiger Deckstein, wohl von einem Erker herrührend, mit drei Masken. Diese Stücke stammen entweder von der Kapelle oder vom Palas. Sie wurden, so wie sie waren, in Fort Louis vermauert, manche hat man auch durch Abspitzen für den neuen Verwendungszweck zurechtgehauen. Weitere Fragmente wurden aus den Wassergräben bei der Pfalz geborgen, wohin sie beim Abbruch gefallen waren. Unter den Friesfüllungen begegnet zweimal eine doppelschwänzige Sirene, dann ein Männerkopf mit zweigeteiltem strähligem Bart und zwei miteinander kämpfende Tiere. Der Bogenfries dahinter ist mit einer Hohlkehle zwischen zwei schmalen Wulsten profiliert. Über die ornamentalen und figürlichen Motive wird im Zusammenhang mit Gelnhausen noch zu reden sein. Die Datierung der Hagenauer Pfalz zwischen 1170/80 läßt sich sowohl von den geschichtlichen Fakten als auch von der Stilkritik her behaupten. Das wird durch die Dendrochronologie bestätigt. Ein Fundamentpfahl unter der Apsis der Kapelle ergab als Fälljahr 1172 (± 6).[114]

Grundsätzliche bauliche Veränderungen hat die Kaiserpfalz Hagenau nach ihrer Vollendung um 1180 wohl nicht mehr erfahren. Der Chor über der Kapelle wurde gotisch hochgemauert. Daher spricht Merian von der „alten Pfalz, sehr eng und alt, auf welche hart zu steigen ist". Das Pfalzgelände, das außer vom

[114] R. Will, Notes complémentaires (Anm. 111), 92 ff. Ders., Le palais de Haguenau (Anm. 14), 15.

b) Die Neubauten Barbarossas

achteckigen Turm der Kapelle von zwei weiteren quadratischen Türmen der Stauferzeit, aber keinem ausgesprochenen Bergfried beherrscht war, beherbergte noch die Ansitze der Burgmannen, die dem elsässischen Adel angehörten. Auch die 1574 neu erbaute „Landvogtei" nahm einen eigenen Gebäudekomplex ein. Sein Hauptgebäude, etwas erhöht gelegen, scheint die Qualitäten eines Palas besessen zu haben. Die Pfalz hat den 30jährigen Krieg in ihrem Bauzustand überdauert. Ihre Zerstörung erfolgte 1677 nach Niederbrennung der Stadt, die als Reichsstadt, wie die übrige Dekapolis, der Annexion durch Frankreich Widerstand geleistet hatte.

Am 25. Juli 1170 gründete Kaiser Friedrich I. bei der Burg die Stadt *Gelnhausen* — im Wortlaut der Gründungsurkunde heißt es: „quod nos apud castrum Geylnhusen novam villam fundantes".[115] Die Burg war zuerst da, dann folgte die Stadt. Die Zwischenstufe einer Burgmannensiedlung dörflichen Charakters darf angenommen werden. Das sind ganz ähnliche Verhältnisse wie zu Hagenau. Die Anwesenheit Barbarossas in Gelnhausen ist für 1180, 1182, 1186, 1188 bezeugt.

Die Burg lag auf einer Insel der Kinzig, die hier eine breite Talebene durchfloß. Das Burggelände war dreigeteilt: über die Hälfte nahmen Wiesen ein, auf denen bei Hoftagen Zelte aufgeschlagen werden konnten. Dann folgte eine Siedlung, die bis ins 19. Jh. ein selbständiges Gemeinwesen unter dem Namen „Burg Gelnhausen" bildete. Neben dieser „Burg" und mit ihr organisch verbunden erhob sich die Pfalz, später (1398) als „des Riches Thurn und Hus der Bürge Geilnhusen" oder (1431) als „des Kaisers und des Reiches Saal" bezeichnet. Wahrscheinlich gehörte der Grund und Boden, auf dem die Pfalz erbaut wurde, dem Erzbischof von Mainz, denn noch 1180 ist eine dort ausgestellte Urkunde „in territorio Maguntino" (was man mit „Mainzer Land" übersetzen kann) datiert. Aber, das war weitgehend

Z 21

---

[115] W. Hotz, Gelnhausen, Amorbach (1951), 7 u. 19—34.

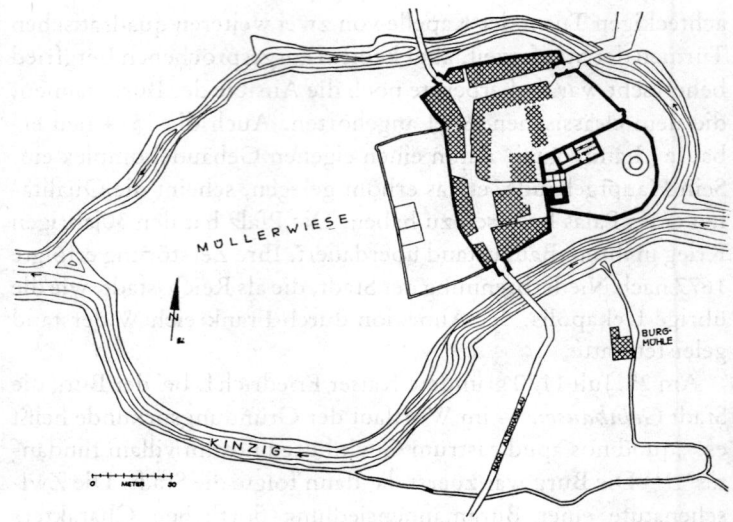

Z 21   Gelnhausen, Lageplan der Burg, nach Binding, Amtl. Führer, 6.

üblich, daß die Inhaber der Vogteigewalt auf geistlichem Boden ihre Burgen errichteten.[116]

T 17   Die Pfalz Gelnhausen ist mit ihren Hauptbauten als Ruine auf uns gekommen. Es stehen noch die Ringmauer, der Torturm mit der gewölbten Torhalle und den Resten der Kapelle im Obergeschoß, Teile des Palas und die Fundamente eines mächtigen Rundturms. Die Burg ist aus roten Sandsteinen erbaut und aufs schönste mit Säulen und Fensterarkaden in formenreicher Bauplastik geschmückt. Ihr Grundriß hat die polygonale Gestalt einer Randhausburg. Die Eingangsseite wird von der Torhalle und dem bergfriedartigen Torturm beherrscht. Daran schließt sich im stumpfen Winkel nach Norden hin der Palas an. Er war durch ein kleineres Nebengebäude, dem Zug der Ringmauer folgend, verlängert. Davor liegen, frei im Hof, die Fundamente eines

[116] Arens, Wimpfen (Anm. 8), 18, Anm. 11.

b) Die Neubauten Barbarossas

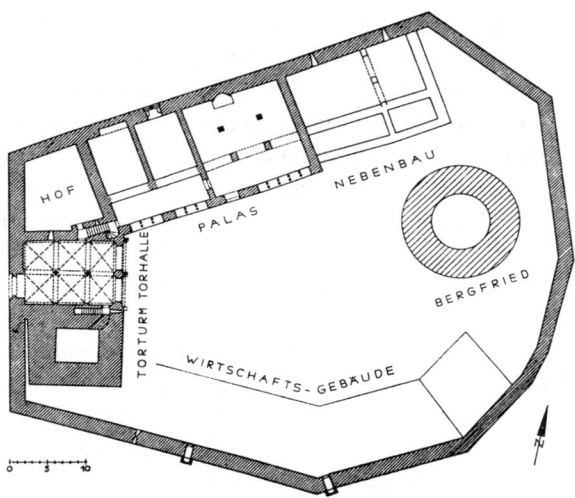

Z 22 Gelnhausen, Grundriß der Kaiserpfalz, nach Binding, Amtl. Führer, 7.

Rundturmes, während an die südliche Ringmauer Wirtschaftsgebäude und Stallungen angelehnt waren, die gänzlich verschwunden sind.

Das Bauwesen begann auch in Gelnhausen mit der Erstellung eines Bauplans; dann mußte der Baugrund hergerichtet werden. Zu diesem Zweck wurden in die Wiesen der Kinziginsel Tausende von Eichenpfählen eingetrieben, auf denen tragfähige Fundamente gelegt werden konnten: die dichtstehenden Pfahlköpfe wurden durch Bretter miteinander verschalt. Darauf gründete man die Mauern. Der Hochbau erstreckte sich, wie üblich, zunächst auf die Wehranlagen: Torturm (Bergfried) und Ringmauer. Auch die Torhalle wurde sogleich in Angriff genommen. Bei Bergburgen war der Torbau in der Regel der jüngste Bau, weil man eine breite Einfahrt in den Hof für den Transport von Baumaterial brauchte. In Gelnhausen wird man eine Seite der Ringmauer, etwa die Südflanke nächst dem Turm, die

Z 22

auch das Heranbringen von Hölzern und Steinen auf dem Wasserwege gestattet, offen gelassen haben. Die Mauern wurden in Quaderverband aufgeführt. Außen kamen Buckelquader, innen glatte Quader zur Verwendung, dazwischen saß eine Schicht mörtelreiches Bruchstein-Füllmauerwerk. Der Turm wies auf seinen freiliegenden Seiten Buckelquadern auf. Er besaß einen hochgelegenen Zugang auf der Hofseite. In seiner an die Torhalle angrenzenden Nordmauer war außerdem eine Treppe zur Kapelle hochgeführt, von der man ebenfalls in das Innere des Turms gelangen konnte.

Das Eingangstor zur Pfalz ist rundbogig und einmal abgetreppt. Es führt in eine zweischiffige gewölbte Torhalle, deren drei Joche auf zwei Mittelsäulen ruhen. Ihre sich verjüngenden Schäfte sitzen auf kräftigen attisch profilierten Basen mit Eckzehen und tragen Würfelkapitelle mit doppelten vertieften Schilden, die durch Tauornamente voneinander getrennt werden. Auf einfachen Wulstkämpfern ruhen rechteckige Gurtbogen, zwischen denen ursprünglich für den gesamten Raum einheitlich gratige Kreuzgewölbe angeordnet waren (im südlichen Schiff wurden später gekehlte Rippengewölbe mit Schlußringen angebracht). Die Gurtbogen sitzen beiderseits auf rechteckigen

T 18 Wandvorlagen. Dem Hofe zu öffnete sich die Torhalle über einem kreuzförmigen Pfeiler in abgetreppten Bogen. Hier wurde noch eine auf zwei Säulen und einer Konsole ruhende, rechteckig gerahmte Stichbogenstellung vorgeblendet. Ihre Mittelsäule

T 19 trägt ein ausdrucksvolles Adlerkapitell.

Das Obergeschoß der Torhalle hat die gleiche Raumeinteilung und diente — wohl von Anfang an[117] — als Pfalzkapelle. Ihr zweischiffiger Innenraum ist allerdings ungewöhnlich, die Lage über der Torfahrt dagegen auf vielen staufischen Burgen nachzuweisen. Die Formen sind insgesamt verfeinert. Die Architektur ist in den Wandvorlagen und den Mittelpfeilern stärker ge-

[117] Daran wurden Zweifel laut; doch befand sich hier bis ins 19. Jh. die Kirche der Gemeinde „Burg Gelnhausen".

b) Die Neubauten Barbarossas 77

gliedert, der Kapitellschmuck stammt von anderen Steinmetzen als im Erdgeschoß. Die Hofwand der Kapelle war, wie aus Resten zu schließen ist, mit einer Arkatur in Bodenhöhe und vielleicht darüber liegenden Rundfenstern versehen.

Der bedeutendste Bau der Pfalz war der Palas. Vom Raumprogramm her war ihm ja die repräsentative Aufgabe einer Kaiserpfalz zugedacht. Der Gelnhäuser Palas ist, obwohl nur mit zwei Längswänden des Untergeschosses und Ansätzen des Obergeschosses auf uns gekommen, das besterhaltene unter allen staufischen Palastgebäuden der Stauferzeit. Er baut sich auf über einem Kellergeschoß, das unter dem heutigen Hofniveau liegt. Seine Beleuchtung geschah durch schartenförmige Rundbogenfenster. Es war zugänglich durch ein Rundbogentor über eine breite, abwärts führende Rampe. Darüber erhob sich eine zweiläufige Freitreppe zu einem Podest und dem Portal zum Palas. Es sitzt nicht in der Wandmitte, sondern ist etwas nach Osten verschoben. Die Portalgewände bestehen aus je drei zierlichen Ecksäulchen, die von einer Kapitell-Kämpferzone abgeschlossen werden. Darüber ist ein großer Rundbogen geschlagen mit prachtvollem kleeblattförmigem Sturz. Seine runde Laibung

Z 23
T 21

Z 23 Gelnhausen, Kaiserpfalz, Hofwand des Palas (ergänzt), nach Binding, Architekton. Formenlehre, 199, fig. 537.

T 23 a, b ist mit Rankenwerk dekoriert, in das bukolische Figuren: Säemann, Jäger, Winzer, Ackersmann einbeschrieben sind. Im vorigen Jahrhundert wurde über diesem Portal die Kopfkonsole eines bärtigen Mannes mit geteiltem Bart eingemauert, die seit-
T 25 a dem — zu Unrecht — als „Barbarossakopf" gilt.

Die durch das Portal in ungleiche Abschnitte unterteilte Hofwand wird noch einmal durch drei Fenstergruppen gegliedert: links vom Portal zwei Dreierarkaden, rechts eine Fünferarkade. Die eleganten, mit Rundstäben profilierten Bogenstellungen sind durch Doppelsäulen gekuppelt. Ihre Basen haben attisches Profil und Eckblätter, ihre Schäfte verjüngen sich. Die über kantigen Ringen ansetzenden Kapitelle zeigen durchweg die Kelchblockform. Die Kämpfer sind fast ausnahmslos ornamentierte halbe Wülste; die meist ringförmig gerahmten Blätter- und Pal-
T 25 b mettengebilde, die noch Masken und Tierköpfe einschließen, kontrastieren an einer Stelle mit einem schlichten Karniesprofil. Auch die Kapitelle tragen mit erlesenen Schmuckformen zur Beseelung des architektonischen Gerüstes bei. Eine große Mannigfaltigkeit macht sich bemerkbar bis hin zu Gestalten, die in die Ranken einbeschrieben sind oder zu kerbschnittartigen, mit diamantierten Streifen gebundenen und in Knoten auslaufenden Blättern, die anmuten, als seien sie aus Holz geschnitzt. Trotzdem ist der Stil einheitlich und der gleichen Konzeption verpflichtet.

T 26 Die Bauplastik erstreckt sich auch auf den Kamin, der an der Außenwand emporgeführt war. Zwei zickzackgemusterte Achtecksäulen tragen weit ausladende, bogenförmig unterteilte Wangen. Zu beiden Seiten des Kamins sind unter Boden — einer davon wieder mit Zickzack — Schmuckplatten eingelassen, deren Flächen reich mit Flechtwerk verschiedener Zeichnung bedeckt sind. Man darf vor diesen Zierplatten vielleicht die erhöhten Sitze des Kaiserpaares vermuten.[118] Das Obergeschoß des

---

[118] Das Kaiserpaar spielt im Unterschied zu anderen Pfalzen auch im Stadtsiegel von Gelnhausen eine Rolle: Kaiser Friedrich und Kaiserin Beatrix sind über

b) Die Neubauten Barbarossas

Palas wies die gleiche Fenstereinteilung wie das Erdgeschoß auf, doch waren die Arkaden etwas niedriger. Ihre Maße kann man noch an dem Lisenenpfeiler neben der Kapelle ablesen. Die Wandmitte über dem Portal nahm wahrscheinlich ein Verkündbalkon ein, zu dessen Doppeltür die beiden in der Torhalle aufbewahrten figürlichen Bogenfelder: stehender Herrscher mit Schwert und Buch zwischen zwei knienden Gestalten und Löwe, der ein Lamm schlägt, gehört haben können. Alle Arkaden führten auf Gänge vor den Sälen oder Gemächern und waren unverglast. Die Hofwand war durch diese 22 Mehrfachfenster und drei Türen geradezu durchsichtig geworden. Die insgesamt vierunddreißig Säulen, als Doppelsäulen angebracht, gaben mit der Fülle ihres Kapitellschmucks diesem Palas ein festliches Gepräge. Die durch Arkaturen aufgelichtete Wand wird Ausdruck des Lebensgefühls ihrer Zeit und seiner Weltoffenheit. Es wurde mit dem Lichte für das Licht gebaut. T 24a

Die Bauplastik von Gelnhausen läßt eine kunstgeschichtliche Beurteilung der Pfalz und ihre Datierung zu. Da muß gleich festgestellt werden: wir treffen in Gelnhausen wieder auf die Bauleute von Hagenau und von Kaiserslautern. Eine Reihe von Werkstücken stimmen so sehr überein, daß sie nur von den gleichen Händen gefertigt sein können: die rechte Kaminschmuckplatte von Gelnhausen mit dem Bruchstück aus der Pfalz Kaiserslautern; der „Barbarossakopf" von Gelnhausen mit einem Kopf im Bogenfries von Hagenau; der Kapitellschmuck einiger Palaskapitelle von Gelnhausen mit dem Eckkapitell in Hagenau; Gesims- und Kämpferstücke von Hagenau finden sich gleichartig in Gelnhausen wieder. Auch das „Wormser Kapitell" ist in Gelnhausen vertreten. T 4, T 25a, T 15a, 15b

Aber nicht nur einzelne Bildhauer und Steinmetze waren die gleichen. Offensichtlich hat die gesamte Hagenauer Bauhütte in

einer gezinnten Brüstung unter Baldachinbogen dargestellt. Umschrift: „Sigillum Sculteti et Civium de Geilenhusen". Dazu auch: Kat. d. Stuttgarter Staufer-Ausstell. 1977, I, Nr. 145, Abb. 74.

Gelnhausen ihre Tätigkeit fortgesetzt. Doch müssen wir, ehe wir aus diesen Beobachtungen unsere Schlüsse ziehen, noch etwas über die mutmaßliche Organisation des staufischen Baubetriebs sagen.[119] Die genossenschaftliche Form, in der unter Beachtung der Zunftgesetze ein mittelalterlicher Bau größeren Ausmaßes ausgeführt wurde, war die Bauhütte. Über solche Bauhütten wissen wir erst vom Spätmittelalter an einiges. Über Bauhütten der Stauferzeit ist uns sowohl im Sakral- wie im Profanbau nichts bekannt. Doch kann als sicher gelten, daß es schon im frühen und hohen Mittelalter solche Bauhütten gab und daß sie sich in ihrer Verfassung und Arbeitsweise nicht wesentlich von den spätmittelalterlichen unterschieden. Eine Bauhütte setzte sich zusammen aus Bauhandwerkern verschiedener Ausbildung als Maurer, Steinmetze, Bildhauer, Zimmerleute, Dachdecker, Glaser, Maler (Weißbinder), Schreiner, Schlosser, Schmiede, die wiederum als Meister, Gesellen oder Lehrlinge tätig waren. Hinzu kamen noch Handlanger und Gehilfen, Fuhrleute, die Gespanndienste leisteten, und Fröner, die mit Erd- und Zubringerarbeiten beschäftigt wurden[120]. Vorgesetzter der Bauleute war ein fachkundiger Meister, in der Regel der Polier, der der Maurer- oder Steinmetzenzunft angehörte; die rechtliche und wirtschaftliche Aufsicht hatte ein Beauftragter des Bauherrn, in unserem Falle ein Ministeriale des Kaisers. Bei Burgen wird in vielen Fällen der Bauherr selbst dieses Amt wahrgenommen haben. Ein Neubau wurde damals wie heute, wenn der Bauplatz und das Raumprogramm feststanden, zuerst in Plänen auf Papier oder Pergament entworfen. Dann mußte das Gelände vermessen und gesäubert, „baureif" gemacht werden. Es waren Gräben zu ziehen, Bäume zu fällen, Gebüsch zu roden, im Berggelände Felsen zu räumen, Steinbrüche, Kalkgruben, Zufahrtswege anzule-

[119] Hotz, Kl. Kunstgesch. d. dt. Burg (Anm. 16) 146—151.
[120] Den weit verbreiteten Irrtum, daß Dome und Burgen in „Fronarbeit" errichtet wurden, sollte man endlich aufgeben.

b) Die Neubauten Barbarossas

gen. Der Umfang der Burg mußte abgepflockt und markiert und, wo es der Untergrund erforderte, mußten Fundamentpfähle eingerammt werden.

Für alle diese Arbeiten gab es einen Zeitplan. Es ist eine völlig abwegige Meinung, die Burgen und Pfalzen seien gewissermaßen aufs Geratewohl begonnen und ad Kalendas graecas terminiert worden. Wenn behauptet wurde, für Gelnhausen habe allein das Einrammen des Fundamentrostes 10—15 Jahre in Anspruch genommen, so bleibt die geschichtliche Realität gänzlich außer acht. Welcher Bauherr trägt sich mit dem Gedanken, einen Bau, den er benützen will, erst 10 oder 15 Jahre nach dem ersten Spatenstich beginnen zu lassen? Kaiser Friedrich I. hat 38 Jahre regiert — länger als die Mehrzahl der übrigen deutschen Kaiser —, aber das wußte er nicht von Anfang an. Es sind in diesen 38 Jahren unter seiner unmittelbaren Mitwirkung allein in deutschen Landen mindestens die Pfalzen und Reichsburgen Kaiserslautern, Hagenau, Wimpfen, Gelnhausen, Eger, Kaiserswerth, Nürnberg, Trifels gebaut worden, von den Erneuerungen älterer Pfalzen und seiner Einflußnahme auf den Burgenbau, auf die wir noch zu sprechen kommen, ganz zu schweigen. Er ist außerdem als Stifter, Förderer und Bauherr größerer kirchlicher Bauten in Erscheinung getreten. Wie hätte das bei solch langfristig anberaumten Bauvorhaben geschehen können? Es mußte auch zügig gebaut werden. Eine Burg war erst dann benützbar, wenn sie vollendet war, d. h. wenn die Kamine rauchten und die Tore sich in den Angeln drehten. Längere Bauunterbrechungen, wie beim Kirchenbau, gab es nicht. Gewiß blieb auch ein Burgbau einmal unvollendet liegen — die Burg Schloßeck in den Haardtwaldungen westlich von Bad Dürkheim dürfte ein solches Beispiel sein —, aber dann trat die Burg nie in Funktion. Es wurde auch an der Ausstattung gearbeitet, Neubauten und Veränderungen wurden durchgeführt — aber stets innerhalb eines voll wehrfähigen Baukörpers. Wenn Friedrich Barbarossa 1189 aus Philippopel an seinen Sohn Heinrich VI. schreibt, daß er das Inselhaus Kaiserswerth und die Pfalz[121] Nimwegen vollenden soll, so handelt es sich dabei um Aus- oder Umbauten. Daraus kann nicht geschlossen werden, daß die Bauzeit des staufischen Valkhofs von Nimwegen von 1155—1189 gewährt habe.

Die benötigte Zeit für die Errichtung einer Pfalz oder einer Burg mittlerer Größe läßt sich ungefähr berechnen.[122] Alexander Antonow stellt als „Kalkulation" für eine Burg des 12./13. Jh. eine Bauzeit von etwa 5 Jahren bei 76 andauernd oder nur kurzfristig auf der Baustelle beschäftigten Arbeitern auf. Im einzelnen sind folgende Posten von Bedeutung:

für das Freimachen des Baufeldes	6 300 Stdn.
für Steinebrechen	10 000 Stdn.
für Steinmetzarbeiten	150 000 Stdn.
für Transport, Verladen und Hochheben der Steine	11 600 Stdn.
	+ 3 300 Stdn.
für Versetzen der Quader	5 000 Stdn.
für Einbringen und Vermauern der Füllung	3 300 Stdn.

Er nimmt eine Tätigkeit von 21 Steinmetzen einschließlich des Poliers und von 6 Maurern an.

Die Maurer und die Steinmetze waren öfter identisch. Ihre Tätigkeit setzte eine fachliche Ausbildung voraus, die sie zum Führen von Steinmetzzeichen berechtigte und verpflichtete. Sie haben sicher nicht immer den Rang von Meisterzeichen oder Qualitätsmarken. Sie gaben dem Polier Kontrollmöglichkeiten und dienten wohl auch zur Berechnung des Stücklohns. Die an staufischen Burgen festgestellte Zahl der Steinmetzzeichen ist verschieden groß. Günther Binding[123] hat eine Reihe solcher

[121] Ebh. Otto, Friedrich Barbarossa, Potsdam o. J., 154.
[122] A. Antonow, Die mittelalterliche Burg in Südwestdeutschland im 13. Jahrhundert, Aufbau u. Funktion, o. O. 1974; bes. S. 15.
[123] G. Binding, Frühe staufische Steinmetzzeichen, in: BuS 1966/II, 44 ff. Auf S. 45 sind Steinmetzzeichen folgender Burgen zusammengestellt: Frankenburg, Münzenberg, Gelnhausen, Hagenau, Büdingen, Ortenberg, Wildenberg. Eine große Tabelle mit Steinmetzzeichen staufischer Burgen in Deutschland bringt

b) Die Neubauten Barbarossas

Steinmetzzeichen aus der Zeit Friedrich Barbarossas aufgenommen. Er stellt fest, daß die Steinmetzzeichen, vom Dom zu Speyer abgesehen, erst um 1155 aufkommen. „Auch bei der Anwendung von Steinmetzzeichen scheint sich die Einwirkung Friedrich Barbarossas abzuzeichnen, wie sie für Grundriß und Baustil nachweisbar ist."

Damit sind wir bei der entscheidenden Hypothese: die staufischen Palastbauten sind Werke einer eigenen Pfalzenbauhütte. „Sie bearbeitete die Pläne, sie entsandte die Poliere zu den einzelnen Baustellen, damit sie dort wieder Bauhütten gründeten und leiteten, sie bildete auch die Werkleute aus und machte sie mit einem bestimmten Formengut vertraut."[124] Diese Werkleute waren nicht nur einheimische Fachkräfte. Bei dem großen Bedarf mußten viele auswärtige Bauhandwerker angeworben werden, nicht nur zur Ausführung vorhandener Pläne, sondern auch als Meister, die ihre eigenen Gedanken und Werkweisen anwenden konnten. Wir dürfen sicher eine größere Beteiligung von Steinmetzen aus den volkreichen Städten der Lombardei annehmen. Auch die Heranziehung von Werkleuten aus Burgund und aus Lothringen ist erwiesen. Die geistigen Anregungen dieser „Pfalzenbauschule" gingen vom Kaiser selbst aus. Hier ist keiner der staufischen Herrscher auszunehmen. Die Verwirklichung der Pläne und Gedanken aber war einem Arbeitsstab übertragen, dem auch die technische und organisatorische Bewältigung des Programms oblag. Ohne eine solche Organisation wäre es nicht zur Blüte des Burgenbaus unter den Hohenstaufen gekommen.

Wir sagten: die Pfalzenbauhütte, die zu Hagenau tätig geworden war, begegnet uns auch in Gelnhausen. Binding nimmt nun in Gelnhausen für den Ornamentschmuck der Pfalz drei

---

H. Gf. Waldburg-Wolfegg, Vom Nordreich der Hohenstaufen, München–Zürich 1961, 14/15. Sie ist leider bei den einzelnen Objekten unvollständig und ungenau.

[124] Hotz, Kl. Kunstgesch. d. dt. Burg (Anm. 16) 150. Verbindliches Werkmaß war der röm. Fuß zu 29,64 cm.

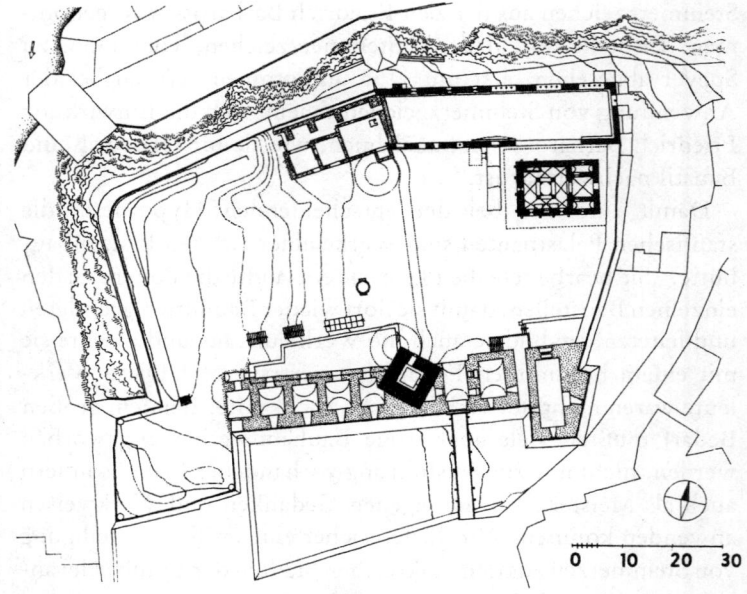

Z 24   Eger, Grundriß der Kaiserpfalz, nach Menclová, 88.

Hauptmeister an, die er nach charakteristischen Werkstücken als „Meister des Blattmäanders und der Akanthusblätter", als „Rankenmann" und als „Meister des östlichen Kapitells der Palastostarkade" beschreibt. Er sieht in ihnen Wanderhandwerker und versucht mit ihrer Hilfe zu einer genauen Datierung der Pfalz zu gelangen.[125] Ohne daß wir uns die Wanderer-Hypothese zu eigen machen, müssen wir dazu feststellen, daß die Pfalzenbauleute über ein ganz bestimmtes eigenes Formen- und Schmuckgut verfügten. Was von der Bauplastik gilt, trifft auch auf die Architektur zu. Die ähnliche Geländesituation hat zu Hagenau und zu Gelnhausen ähnliche Lösungen zustande gebracht.

[125] G. Binding, Die Pfalz Kaiser Friedrich Barbarossas in Gelnhausen, in: Hess. Heimat, Marburg, 11/1961, 2—10; ders. Pfalz Gelnhausen, Bonn 1965.

b) Die Neubauten Barbarossas

Die Datierung von Gelnhausen setzt Binding zwischen 1160/70 an. Man darf wohl noch die 70er Jahre in Betracht ziehen. Ein Pfahl, der vor dem Tor gefunden wurde, und der am ehesten zur Brücke gehörte, ergibt die Jahrringzählung 1182.[126] Man kann unter Zuhilfenahme der geschichtlichen Fakten annehmen, daß der große Reichstag von 1180, auf dem Heinrich der Löwe geächtet wurde, bereits in der Pfalz stattfand, die 1170, bei der offiziellen Stadtgründung, mindestens im Bau war. Ausbauten unter Kaiser Heinrich VI., der sich zu Gelnhausen besonders hingezogen fühlte,[127] sind nicht auszuschließen. Sie können aber nur einzelne Bauteile betroffen haben. Seine auf die Jahre 1190, 1192, 1193, 1195, 1196 verteilten Aufenthalte in Gelnhausen galten nicht den Besuchen einer Baustelle, sondern bezeugen durch die zahlreichen dort ausgestellten Urkunden eine lebhafte diplomatische Tätigkeit, die nur in einer vollendeten Pfalzanlage denkbar ist.

Im mittleren Osten des Reiches ließ Kaiser Friedrich I., der 1167 das Egerland erworben hatte, die Pfalz zu *Eger* erbauen. Geeignet dafür war ein Felshügel über der Stadt, die sich in einen großen Bogen des gleichnamigen Flusses schmiegt. Die erste Siedlung war eng mit der Burg verbunden. Die kaiserliche Pfalz war als Randhausburg angelegt, auf einem im Großen rechteckigen Grundplan von rd. 97 : 63 m,[128] mit Palas und Kapelle in der

T 27

Z 24

---

[126] W. Nieß, Jahresringchronologie hessischer Eichen, in: Büdinger Geschichtsbll. 6/1966, 52. „Die bisherigen Hölzer, die datiert wurden, stammen aus dem Brücken-Graben-Bereich und geben damit kein Datum, zumal es sicher ist, daß die Brücke vor dem Tor erst nach Abschluß der Bauarbeiten gebaut worden ist, denn die schweren Steinkarren wurden über einen Erddamm gezogen", briefl. Mitt. v. Prof. Dr. Dr. G. Binding, Köln v. 29. 4. 1980.

[127] Diplom von 1190 „singulari ipsius loci amore inducti".

[128] Alle Angaben nach der Monographie von Oskar Schürer, Kaiserpfalz Eger (Anm. 7). — Für eine Bearbeitung der Pfalz zu Eger hatte ich im Frühjahr 1939 durch Karl Christian Raulfs eine größere Anzahl von Neuaufnahmen anfertigen lassen. Das Stadtarchiv Eger erhielt davon Belegabzüge. Diese sind offensichtlich bei der Besetzung Egers durch die Tschechen 1945 diesen in die Hände gefallen,

II. Die Kaiserpfalzen

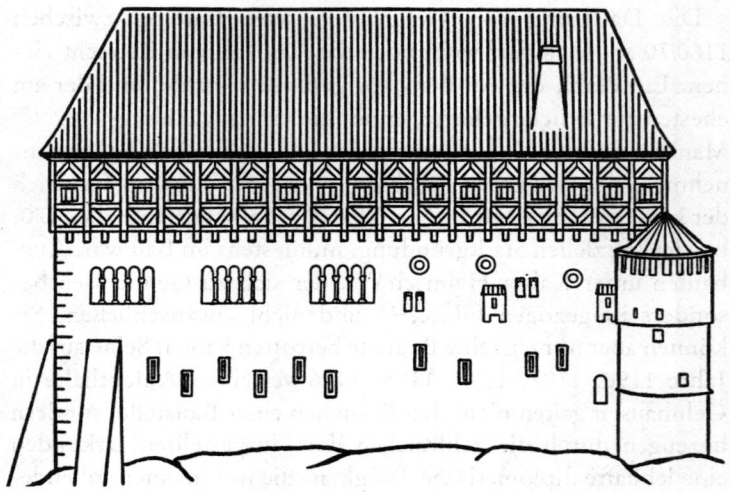

Z 25 Eger, Kaiserpfalz, Ansicht des Palas mit Fachwerkobergeschoß, aus Hotz, Franken u. Thüringen, 38.

Nordflanke, während die Südflanke durch eine — später durch Kasematten ersetzte — Schildmauer mit einem übereck gestellten, in sie eingreifenden Bergfried geschützt war. Das staufische Tor ist nicht erhalten, dürfte aber an der gleichen Stelle gelegen haben wie der heutige Torbau. Die Nebengebäude sind untergegangen. Der Palas ist als Ruine auf uns gekommen. Völlig intakt ist die Kapelle, die einen selbständigen Baukörper wie auf vielen benachbarten Burgen in Sachsen und Thüringen bildet.

Der älteste Bauteil ist auch zu Eger gewiß der nach seinem düsteren Aussehen „schwarzer Turm" genannte quadratische Bergfried, ein Bauwerk ganz in Buckelquader größeren Formats gehüllt, mit einer im 16. Jh. aus Backsteinen aufgemauerten

denn D. Menclová veröffentlicht in ihrem Buch: České hrady, Prag 1972, von Eger fast ausnahmslos unsere Aufnahmen, aber ohne Quellenangabe. — Vgl. auch Hotz, Franken u. Thüringen (Anm. 16) Taf. 94—103, S. 38 f. u. Kl. Kunstgesch. d. dt. Burg (Anm. 16), Taf. 65—70, S. 104 f.

b) Die Neubauten Barbarossas

Plattform für Artillerieverteidigung. Der Eingang liegt in halber Höhe auf der Nordostseite. Der in die Nordostecke des Burggevierts vorgeschobene zweigeschossige Palas hat eine beherrschende Lage über dem Flußtal. Ihm kehrt er seine Arkaden zu. Es sind drei säulengekuppelte Fünffenstergruppen und ein ebensolches Doppelfenster. Hier lag der zweischiffige Saal. Die anschließenden, durch Querwände unterteilten Nebenräume besitzen verschiedene untergeordnete Fenster. Ihre Außenfront wird durch drei Oculusfenster mit breiten Sandsteinrahmen ausgezeichnet. Wahrscheinlich besaß der Palas schon in staufischer Zeit ein drittes Geschoß in mächtigem Fachwerk. So wird er auf älteren Ansichten des 16. und 17. Jh. abgebildet. Z 25

Eine besondere architektonische Kostbarkeit der Egerpfalz ist ihre Kapelle. Sie ist als Doppelkapelle angelegt. Der Baukörper besteht aus Bruchstein mit Lisenengliederung in Haustein. Fenster und Türen haben Rundbogenstäbe, ein Oculus ist achtpassig geformt. Im Grundriß beider Stockwerke ist das quadratische Z 26
Schiff vom Chorraum mit Seitengelassen durch eine starke Chorbogenwand getrennt. Alle Räume sind gewölbt, im Unter- Z 27
geschoß ruhen gratige Kreuzgewölbe auf Säulen, im Obergeschoß tragen eine Achteck- und drei Rundsäulen ein Rippengewölbe. Dort ist auch der Zugang zum erhöhten Chor von Säulen gerahmt, und im Chor steht in der Kaiserloge eine Marmorsäule mit zickzackgemustertem Schaft, eines der schönsten Werk- T 30
stücke staufischer Steinmetze.

Die Säulen der Palasfenster sind schlank, besitzen kräftige, meist attisch profilierte Basen und tragen über Würfelkapitellen weit ausladende Sattelsteine. Je fünf Fenster der Nordwand sind in einer Nische zusammengefaßt. Um das Doppelfenster der Ostwand ist ein Rundbogen geschlagen. Der Saal war flachgedeckt. Der mittlere Unterzug ruhte auf drei Pfeilern, die schon vom Keller her unterstützt waren. In seiner Gesamterscheinung wirkte der Palas schlicht und vornehmlich durch seine Proportionen.

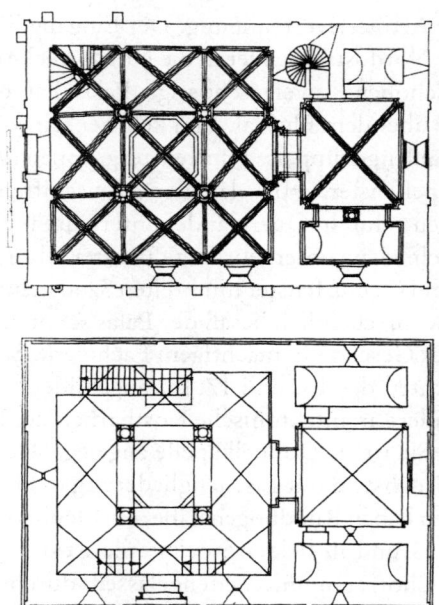

Z 26   Eger, Pfalzkapelle, Geschoßgrundrisse, nach Menclová, 89.

Die Kapelle dagegen ist bauplastisch reich ausgestattet. Das verwendete Formengut läßt auch die künstlerische Herkunft der
T 29 Werkleute erkennen. Die stämmigen Säulen der Unterkapelle haben attische Basen mit Eckzehen oder Blättern. Unter ihren Kapitellen sind eines als Würfel und drei als Polsterkapitelle gebildet. Diese tragen ornamentalen Schmuck mit Masken an den Ecken. Es ist beinahe wörtlich die gleiche Ornamentik wie in der Kreuzkapelle des Odilienbergs. Nur die auffallend hohen, mit Einkerbungen versehenen Kämpfer von Eger begegnen dort nicht. Die Kopfmasken treffen wir wieder an den Emporenkapitellen des staufischen Münsters zu Basel.

Anders die Formen der Oberkapelle. Zwar zeigen die Kapitelle der Wandvorlagen oder der Pfeiler am Choraufgang mit ih-

b) Die Neubauten Barbarossas

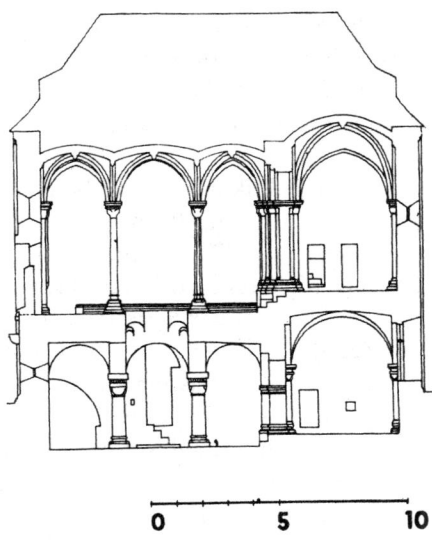

Z 27 Eger, Pfalzkapelle, Schnitt, nach Menclová, 89.

ren derben Kopfmasken, daß die gleiche Bildhauerwerkstatt hier tätig war, doch führt sie mit den vier Mittelsäulen und der Säule in der Kaiserloge — sämtlich in Marmor gearbeitet — eine ausdrucksvolle Vielfalt an Blattmotiven und Figuren, zum Teil in gewagten Positionen, vor Augen. Auch ist die oberrheinische Schulung der Steinmetze unverkennbar.[129]

Im Zeitansatz kommen wir unter Bezugnahme auf den Odilienberg und auf Rosheim in die späten 60er Jahre des 12. Jh. Das würde besagen, daß Barbarossa sogleich nach Erwerbung des Egerlandes den Auftrag zum Bau der Pfalz erteilt hätte. Vor 1183 war sie vollendet, denn damals empfing Bischof Konrad von Lübeck im „Castrum Eger" die Investitur. Friedrich Barbarossa weilte dreimal in Eger, von Heinrich VI. sind zwei, von Philipp

[129] Die Gewölberippen der Oberkapelle entstammen einer im 13. Jh. vorgenommenen Erneuerung.

vier Aufenthalte bekannt. Kaiser Friedrich II. hat 1213 zu Eger ("in capella in castro Egra") geurkundet. Er war viermal in Eger und hielt dort einen Hoftag ab. Heinrich (VII.) wird siebenmal in Eger genannt, auch Konrad IV. und Konradin besuchten die Pfalz.

Für die innere Reichspolitik der Staufer besaß der fränkische Raum eine besondere Bedeutung. Ihr monumentaler Ausdruck waren die Bischofspfalzen von Würzburg, Bamberg und die Kaiserburg Nürnberg. König Konrad III. war 1152 in *Bamberg* gestorben und dort im Dom an der Seite Heinrichs II. begraben worden. Aus der Zeit dieses letzten Ottonen gab es in Bamberg noch eine Pfalzanlage, deren Palas man „das Heinrichsgebäu" nannte. Sein Bild ist uns in spätgotischen Ansichten überliefert. Er besaß die charakteristische Gestalt solcher Fürstenpfalzen.[130] Die staufischen Veränderungen oder Zubauten erstreckten sich vor allem auf die zweite Kapelle im Norden des Palastes, deren Mauerwerk heute noch erhalten ist.

In *Nürnberg* hatte, wie wir bereits vernahmen, Konrad III. mit dem Aufbau der „Kaiserburg" begonnen und sie auch soweit fertiggestellt, daß sie seinem Sohn Heinrich († 1150) als Residenz dienen konnte. Die axial dem Felsen angepaßte Bautengruppe wurde jedoch erst, wie aus den Bauformen zu ersehen ist, von Barbarossa in ihre neue, in der Kapelle bis heute erhaltenen Gestalt gebracht. Ein bestimmtes geschichtliches Ereignis läßt sich mit dem Baubeginn nicht in Verbindung bringen. Es muß gegen Ende der 60er Jahre gewesen sein, als man die Gerüste aufschlug. Die Datierung kann hier nur formkritisch erfolgen. Es stehen von den staufischen Anlagen nach all den Zerstörungen und Veränderungen, denen die Nürnberger Burg bis in die jüngste Zeit

---

[130] H. Mayer, Die Bamberger Residenzen, München 1951; F. Hübner, Der Domberg zu Bamberg in s. Baugeschichte v. d. Anfängen bis zum 16. Jh. dargestellt. Erlangen (Diss.) 1935. Die neueren Arbeiten: W. Sage, Der Bamberger Dom — Ergebnisse der Ausgrabungen 1969—1972, in: Zschr. f. Kunstgeschichte 39/1976, 89—104.

ausgesetzt war, noch der buckelquaderne Unterbau des Bergfrieds, des „Vestnerturms", die Ostwand und die Fundamente der stadtseitigen Südwand des Palas und der vollständige Baukörper der Kapelle. Sie wurde als Doppelkapelle im geländebedingt etwas winkligen und durch eine Empore überbrückten Anschluß an den Palas errichtet. Ihr in beiden Geschossen gewölbtes Schiff mündet in einen Turm, der trotz seiner betont sakralen Funktion „Heidenturm" genannt wird. Der Kapellenbau ist in T 32
schönem Quaderverband aufgeführt und auch an seinen Außenwänden durch Lisenen und Bogenfriese sowie durch profilierte Tür- und Fensterrahmen gegliedert. Die Ostwand des Heidenturms trägt außerdem auf mehreren Konsolen romanische Plastiken.

Die Kapelle, die für beide Geschosse das gleiche Margaretenpatrozinium besitzt, war zunächst nur eingeschossig geplant. Man sieht das noch an dem ursprünglichen Rundbogenfries, der um den Chorturm in halber Höhe umlief. Doch muß der Plan noch während der Ausführung geändert worden sein. Der Rundbogenfries wurde abgeschlagen und als solcher nach oben versetzt. Der Fries selbst hat eine einfache, einmal gestufte Linienführung. Seine Füße sitzen auf Blattkonsolen, die ähnlich geformt sind wie die Konsolen für die Plastiken an der Turmwand. Der Fries war ursprünglich ornamental gefüllt. Den oberen Abschluß bildet ein deutsches Band mit Blättergesims.

Die Innenräume der beiden Kapellen sind aus einem trapezoid Z 28
verzogenen Quadrat mit gewinkeltem, von der Empore und ih- Z 29
rem Unterbau ausgefüllten Anschlußstück an den Palas und den Chorraum im Turm gebildet. Die Decken beider Geschosse bestehen aus gratigen Kreuzgewölben. Als Mittelstützen sind jeweils vier Säulen verwendet, unten in kräftiger, oben in schlan- T 34
ker Gestalt und aus Marmor. Sie haben attische Basen mit Eckblättern und verzierter Plinthe, die Kapitelle zeigen unterschiedliche Blattgebilde, in der Unterkapelle auch Eckmasken und Ad- T 33
ler. Auch die Emporenanlagen mit ornamental abgefaßten Kan-

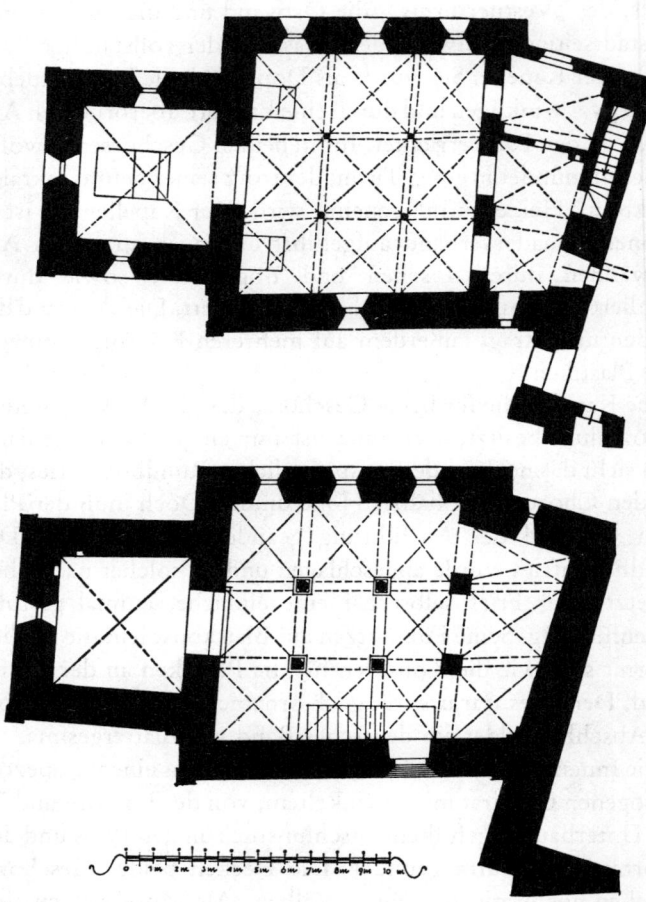

Z 28 Nürnberg, Kapelle der Kaiserburg, Geschoßgrundrisse,
nach Bachmann, 14. 15.

b) Die Neubauten Barbarossas

Z 29 Nürnberg, Kaiserburg, Schnitt durch die Doppelkapelle, nach Bachmann, 16.

ten ruhen auf gedrungenen Säulen. Eines der Kapitelle ist mit Eckmasken besetzt. Der Chorbogen der Kaiserkapelle ist abgetreppt und durch einen herumgeführten Rundstab betont. Der Schmuck der Kämpfer ist in beiden Geschossen sehr ähnlich. Es werden geflochtene Bänder und Ringe bevorzugt, während die Marmorkapitelle verschiedene Spielarten des mehrreihigen Blätterkapitells bringen. Auffallend ist, daß mehrere Werkstücke in der Unterkapelle unvollendet blieben.

T 35

Die Nürnberger Bauhütte war offenbar aus Werkleuten des schwäbisch-oberrheinischen Raumes zusammengesetzt. Das Schmuckgut ist in seiner Herkunft von dort bestimmt. Man findet Parallelen in Weinsberg, Denkendorf, Faurndau, aber auch am Münster zu Basel.

Eine weitere staufische Palastanlage auf Felsengrund im Gebirge, die in den landläufigen Sprachgebrauch als „Reichsburg" (was die beschriebenen Pfalzen alle waren) eingegangen ist, ist der *Trifels* in der Rheinpfalz.[131] Dieser schon in der Salierzeit befestigte Platz, 1081 erstmals genannt, spielte in der Politik Kaiser Heinrichs V. als Haftort prominenter Gefangener wie des Mainzer Erzbischofs Adalbert und des sächsischen Grafen Wiprecht von Groitzsch 1113/15 eine Rolle, was mit seiner Lage und Sicherheit zusammenhängt. Diese Umstände bestimmten auch die Bedeutung der Burg für die Staufer. Wahrscheinlich gelangte sie schon zwischen 1116 und 1118 an Herzog Friedrich II. von Schwaben, als dieser das Dorf Annweiler zu Füßen der Burg vom Bischof von Straßburg gegen das unterelsässische Morsbronn eintauschte. Auch die Reichskleinodien sind anscheinend schon beim Tode Heinrichs V. durch Herzog Friedrich Monoculus erstmals auf den Trifels gebracht worden,[132] bevor sie an den neuen Herrscher, Kaiser Lothar I., gelangten. Erst 1138 kamen sie zu Regensburg mit ihrer Übergabe an König Konrad III. wieder in staufische Hände. Aber auch während der Regierung des ersten Staufers waren die Reichsinsignien — es geht hier mehr um die ausgesprochenen Herrscherzeichen als um die Gesamtheit des Reichsschatzes — ebenso unterwegs wie der König selber. Es gehörte zu den staatsrechtlichen Besonderheiten mittelalterlicher Monarchie, daß sie sich auch sinnfällig darstellen und somit der König sich im Schmuck seiner Insignien dem Volke zeigen mußte. Aus diesem Grunde gab es mehrere Kronen, Zepter und wohl auch zugehörige Würdezeichen und Kleidungsstücke. Doch ist das Bestreben unverkennbar, einen verläßlichen Platz zur Aufbewahrung der ersten Garnitur, der eigentlichen Reichskleinodien, zu besitzen. Es war selbstverständlich, daß diesem Ort auch die entsprechende Ausstattung und Befestigung zuteil wurde. Der Trifels wurde hierfür bereits unter Herzog Friedrich II. von Schwaben ausersehen.

[131] F. Sprater u. G. Stein, Der Trifels, Speyer ¹¹1976, 14 ff.
[132] D. Leistikow, Aufbewahrungsorte der Reichskleinodien (Anm. 1) BuS 1974.

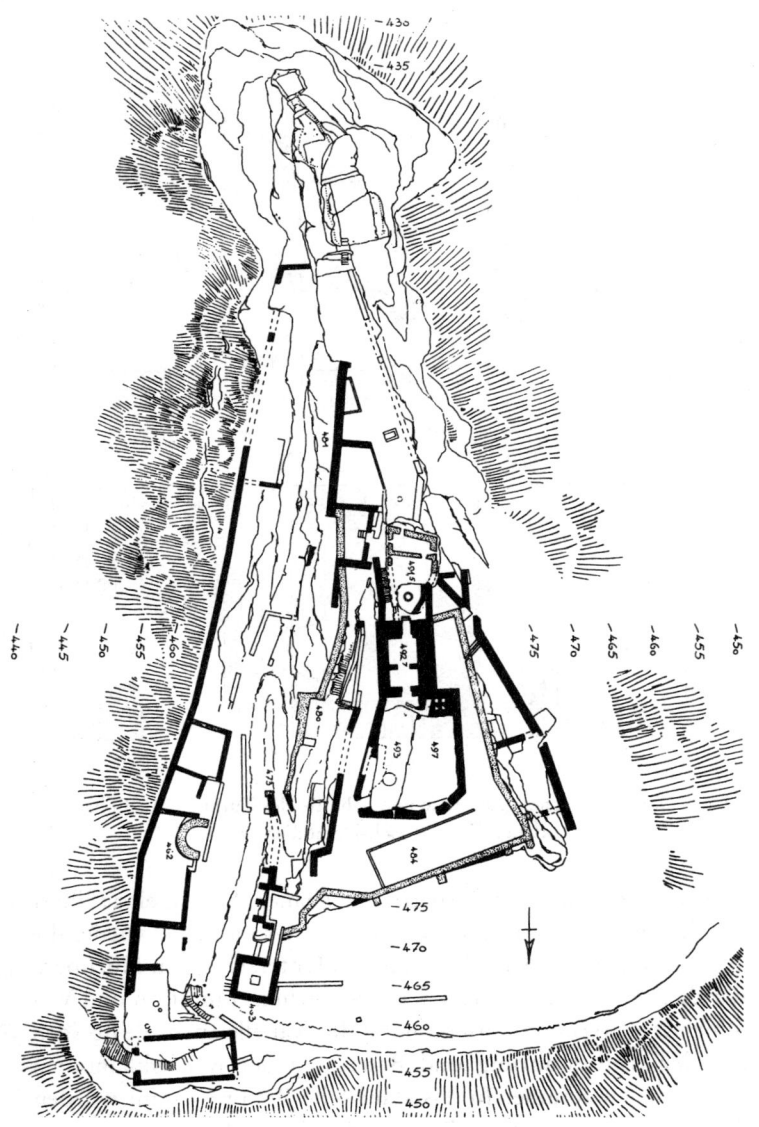

Z 30 Trifels, Grundriß, nach Ebhardt, Trifels, Taf. 7.

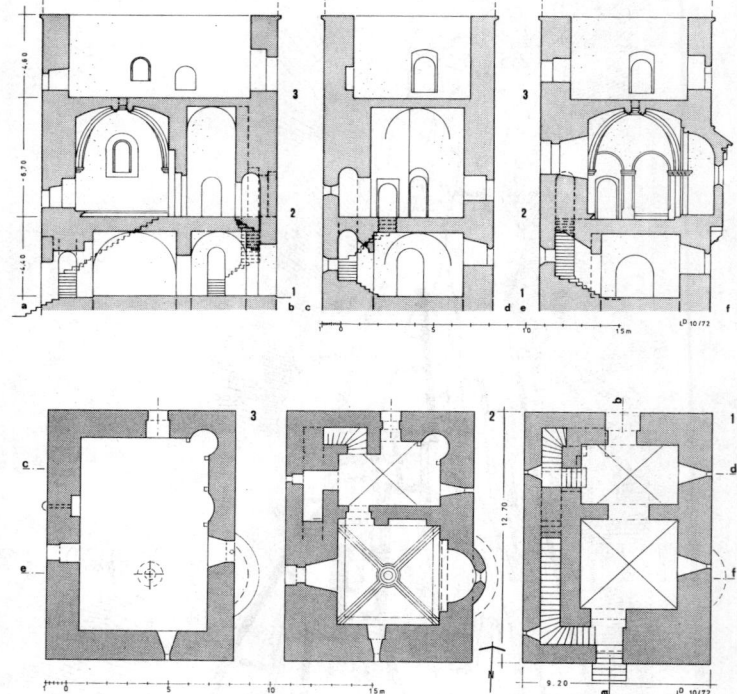

Z 31 Trifels, Geschoßgrundrisse und Schnitte des Turms, nach Ebhardt, aus Leistikow, Reichskleinodien, 91.

Auch diese Burg ließ Barbarossa ausbauen. Sie erhielt auf ihrer durch den tragenden Felsen begrenzten Grundfläche wieder die axiale Anordnung Kapelle–Palas. Im Unterschied zu Nürnberg wurde aber auf dem Trifels der Chorturm in Funktion und Volumen erweitert und umschloß mit der Kapelle auch alle übrigen mit der Aufbewahrung und Betreuung der Reichskleinodien verbundenen Räume. In das staufische Bauprogramm wurden dann noch Ringmauern, Tore und Wirtschaftsgebäude, unter ihnen der monumental ausgebildete Brunnenturm, aufgenom-

b) Die Neubauten Barbarossas   97

men.¹³³ Alle staufischen Mauern sind von Buckelquadern ummantelt. An Turm und Palas waren die Bossen kissenartig geglättet.

Der Turm bis zur Firsthöhe des heutigen Palas und die Kapelle im Turm sind die bau- und kunstgeschichtlich wichtigsten Überreste der staufischen Anlage. Die Turmkapelle wurde auf quadratischem Grundriß mit anschließender halbrunder Apsis im Südteil des Turms eingerichtet. Der Raum ist mit rundbogigen Wandgliederungen versehen, besitzt ein Rippengewölbe mit in der Mitte offenem Schlußsteinring und eine gewölbte Apsis, die die Mauerstärke durchbricht und segmentförmig auf der Ostseite vorkragt. Der so geschaffene Erker wird durch drei Kopfkonsolen (z. T. ergänzt) getragen. Seine Wand schließt ein Rundbogenfries mit Zahnschnitt, gewundenem Tau und einer Gesimsleiste aus Blatt- und Schlingenornament ab. An der Spitze des aus Steinplatten bestehenden Erkerdaches ist ein ver-

Z 31

T 36

T 39

 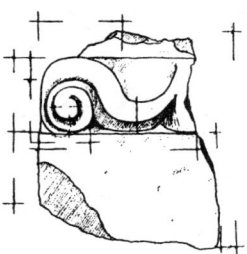

Z 32   Trifels, „Wormser" Kapitell und Basis aus dem Barbarossabau, nach Ebhardt, Trifels, Taf. 1.

wittertes Bildwerk in Gestalt eines Löwen, der ein anderes Lebewesen (Hase, Waldesel?) in den Pranken hält, angebracht. Der Schmuck des Kapelleninneren ist durch Steinraub und Zerfall stark gemindert, doch ist noch so viel zu ersehen, daß die Kämp-

---

¹³³ Eine Zisterne befand sich außerdem in dem sog. „Wachtbau" südlich des Hauptturms.

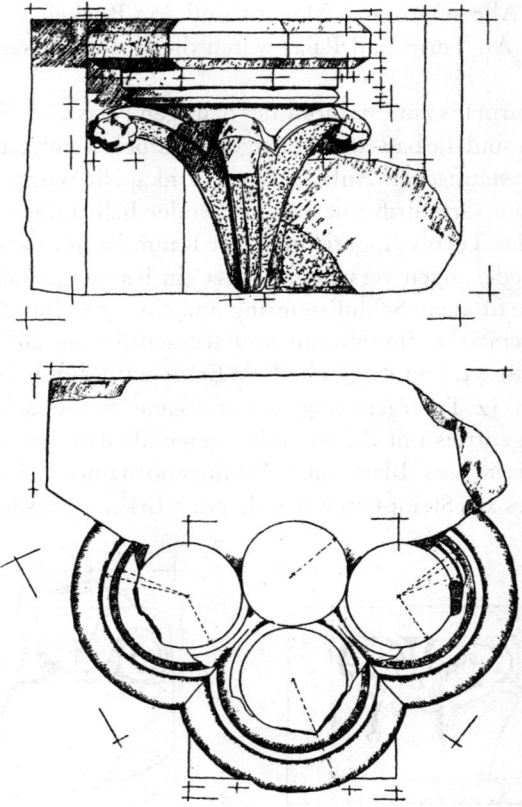

Z 33 Trifels, Wandkonsole und Viersäulenbasis aus dem spätstaufischen Palas, nach Ebhardt, Trifels, Taf. 4.5.

fer streckenweise Ringornament trugen. Eine Säule, die auf einem Aquarell des Jahres 1865 [134] noch wohlerhalten ist, scheint ein Kapitell von der Art der „Wormser" Blatt-Stengelkapitelle besessen zu haben. Solche wurden auch im Schutt gefunden. Die

[134] Sprater-Stein, Der Trifels (Anm. 131), 44, Fig. 18. Das Aquarell stammt von Fritz Bamberger und befindet sich im Hist. Museum der Pfalz zu Speyer.

b) Die Neubauten Barbarossas 99

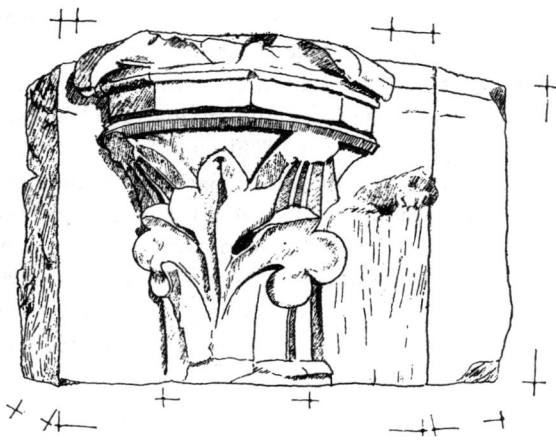

Z 34 Trifels, Kapitell, Fundstück aus dem Palasobergeschoß, nach Ebhardt, Trifels, Taf. 4.

Säule selbst ist wie zu Nürnberg als Rundwulst um den etwas gestreckten Apsisbogen geführt. Das Rippengewölbe zeigt kräftige Profilierung. Die wenigen Reste der Bauplastik aus der älteren staufischen Bauzeit des Trifels verweisen auf die Nordwand des Münsterlanghauses von Basel und den Wormser Andreaskreuzgang.[135]

Z 32
T 38

Der Palas ist durch den 1938 begonnenen Ausbau nach den Plänen von Rudolf Esterer nicht nur historisch entwertet, sondern auch im Äußeren und Inneren völlig verändert worden.[136] Dem Befund vor Beginn der Ausbauarbeiten, wie er auf Lichtbildern und Planzeichnungen festgehalten ist, war zu entneh-

---

[135] In Basel ist es der mit „Hedevigis-Godefridus" beschriftete Kämpfer, der um 1185/90 datiert wird. In Worms sind die Säulen des Andreaskreuzgangs mit ihren Kapitellen ebenso wie das nördl. Hauptportal der Andreaskirche dem Umkreis des 1175 datierten Synagogenkapitells (vgl. Anm. 26) zuzurechnen.

[136] Die Arkaden der inneren Saalgalerien lassen als Vorbilder Kapitelle in Wimpfen und in Bari erkennen.

men, daß der Palas in mehrere Stockwerke eingeteilt war, in denen sich mindestens zwei Säle befanden. Der obere von ihnen war zweischiffig und gewölbt. Für seine Säulen, Fenster und Wandvorlagen waren in größerem Umfang auch Werkstücke aus Marmor verwendet worden.[137] Während der untere Saal zu dem Bauwesen gehörte, das Friedrich Barbarossa ausführen ließ, wurde der obere Saal unter Friedrich II. geschaffen. Das beweisen gefundene Kapitelle in Knospenform und Bündelsäulenbasen. Die Säle zu Kaiserslautern oder auf Wildenberg sind zur selben Zeit entstanden. Ihrer überlieferten oder erhaltenen Struktur entsprach der jüngere Trifelssaal. Der staufische Palas der Burg war reich an Fenstern, die ähnlich denen zu Wildenberg in Gruppen zusammengefaßt waren. Insgesamt war das Bild des Trifels viel weniger blockhaft, als es sich heute darbietet.

Z 33
T 6c

Z 34

Der Trifels, auf dem Friedrich Barbarossa 1155 und 1174 bezeugt ist, tritt unter Heinrich VI. ins Licht großer geschichtlicher Ereignisse. Sie setzen seine Fertigstellung voraus. 1193 wurde König Richard Löwenherz von England, den der Herzog Leopold von Babenberg gefangengenommen hatte, als er vom Kreuzzug heimkehrte, auf Befehl Heinrichs VI. zum Trifels gebracht. 1194 wurde er nach Zahlung der ersten Rate des zu Hagenau vereinbarten Lösegeldes freigelassen. Heinrich VI. versammelte damals sein Heer im Raum um den Trifels und residierte selber auf der Burg. Aus ihrer Nachbarschaft stammt auch Markward von Annweiler, der die kaiserlichen Truppen in Sizilien befehligte und nach des Kaisers frühem Tode 1197 als Reichsstatthalter zu Palermo amtierte. Der Sizilienfeldzug 1194/95 endete mit der Niederwerfung der Aufständischen. Einige Gefangene und der erbeutete normannische Kronschatz wurden auf den Trifels gebracht. Heinrich VI. hat aus dessen Be-

---

[137] Zwischen 1660 und 1670 ließen die Herzöge Friedrich u. Friedrich Ludwig von Zweibrücken eine Reihe von Wagenladungen mit Marmorplatten, eine noch erhaltene Marmorsäule und 40 Sandsteinsäulen auf dem Trifels ausbrechen und nach Annweiler bringen. Sprater-Stein, Trifels (Anm. 131) 26.

ständen den Krönungsmantel, die Alba und die Dalmatica den Reichskleinodien zugefügt.[138] Ob sie sich damals schon auf dem Trifels befanden, ist nicht sicher, wenn auch möglich. Dagegen steht die Überlieferung von ihrer Unterbringung in Hagenau. Jedenfalls hat der Bruder Heinrichs VI., König Philipp von Schwaben, als er 1198 zum König erwählt wurde, die Reichskleinodien besessen. Als er 1208 — aus Privatrache — zu Bamberg ermordet wurde, hat sein Kanzler, der von der Nachbarburg des Trifels stammende Konrad von Scharfenberg, Bischof von Speyer und Metz, die Reichskleinodien auf den Trifels bringen lassen. Er händigte sie dann zu Frankfurt an König Otto IV. aus. Dieser ließ sie auf die Harzburg schaffen, wo sie sich bis 1218 befanden.[139] Friedrich II. erhielt die Insignien 1219 zu Goslar und nahm sie zu seiner Krönung nach Italien mit. Diese fand am 22. November 1220 zu Rom statt. Unter der Obhut des Truchsessen Eberhard von Tanne gelangten die Insignien dann auf die oberschwäbische Waldburg. Dort müssen sie längere Zeit, jedoch mit Unterbrechungen, verblieben sein.[140] Es ist anzunehmen, daß sie in der Zwischenzeit regelmäßig auf den Trifels zurückgebracht wurden. Bei der Kapitulation Heinrichs (VII.) vor seinem Vater in der Wimpfener Pfalz 1235 war die Übergabe des Trifels eine der Hauptforderungen des Kaisers.

Friedrich II. hatte dem Trifels seine Fürsorge bereits in anderer Weise zugewendet: 1219 verlieh er Annweiler das Stadtrecht und bestimmte den Erlös einer dort zu eröffnenden Münzstätte für den Trifels. Das bedeutet, daß er auf dem Trifels bauen ließ, und zwar den oberen Saal, wie sich an den Fundstücken nachweisen läßt. Erst 1246 erhalten wir sichere Kunde von der Anwe-

---

[138] Hierzu die Anm. 1 aufgeführte Literatur über die Reichskleinodien. Fillitz, 25, vermutet, daß für Friedrich II. der jüngste Teil des Kronschatzes angefertigt wurde (Zeremonienschwert; Handschuhe).
[139] Leistikow, Aufbewahrungsorte (Anm. 1), 89.
[140] Leistikow, Aufbewahrungsorte (Anm. 1) 90: noch 1240 wird die Waldburg als „tenens insignia imperialia" genannt.

senheit der Reichskleinodien auf dem Trifels. Damals übergibt die Burgkastellanin Isengard von Falkenstein dem Sohn Friedrichs II., König Konrad IV., die Insignien mit einem Inventarverzeichnis.

Alle diese Ereignisse der Reichsgeschichte von Heinrich VI. bis zu Konrad IV. setzen ein intaktes Bauwerk voraus. Man bringt weder Kleinodien noch Staatsgefangene auf Baustellen unter, und schon gar nicht erwägt man ihren Transport an Plätze, die man erst künftig für diesen Zweck auszubauen gedenkt. Das hätte aber der Fall sein müssen, wenn die in neuerer Zeit vorgebrachten Datierungen „nach 1200"[141] oder – „zwischen 1200 und 1208"[142] zutreffend wären. Nicht nur die stilkritische Analyse der Bau- und Schmuckformen, sondern auch die Interpretation der geschichtlichen Fakten sprechen für eine Bauzeit gegen Ende der Regierung Friedrich Barbarossas, also für die 80er Jahre des 12. Jh.

Im Jahre 1184 begann Kaiser Friedrich I. auch eine niederrheinische Inselburg, die Pfalz von *Kaiserswerth.* Darüber geben folgende erhaltenen Bauinschriften Auskunft:

ANNO AB INCARNATIONE
 DOMINI NOSTRI IESV CHRISTI MCLXXXIIII
HOC DECVS IMPERIO CESAR FRIDERICVS ADAVXIT
IVSTICIAM STABILIRE VOLENS
 ET VT VNDIQVE PAX SIT
(Im Jahre der Menschwerdung unseres Herrn Jesus Christus 1184
hat Kaiser Friedrich das Reich mit dieser Zierde vermehrt,
gewillt, die Gerechtigkeit zu festigen,
und daß überall Friede herrsche).

Die zweite Inschrift lautet:

AB ANNO DOMINICE INCARNATIONIS MCLXXXIIII
IVSTICIE CVLTOR MALEFACTI PROVIDVS VLTOR
CESAR ADORNANDAM FRIDERICVS CONDIDIT AVLAM

---

[141] F. Arens, Die stauf. Königspfalzen (Anm. 17), 136.
[142] Sprater-Stein, Trifels (Anm. 131), 38.

b) Die Neubauten Barbarossas

(Im Jahre der Menschwerdung des Herrn 1184
hat Kaiser Friedrich, Hüter des Rechtes und weiser Rächer der Übeltat
diesen Saal als weiteren Schmuck [der Burg] erbaut).

Als der Kaiser 1189 ins Morgenland aufbrach, hat man an der Pfalz noch gearbeitet. Einen Brief, der aus Philippopel an Heinrich VI. gesandt wurde, hat er mit dem persönlichen Zusatz versehen: „das Inselhaus in Kaiserswerth und Nimwegen sollst du vollenden und aufs beste bewachen lassen, weil wir das für sehr nützlich halten".[143]

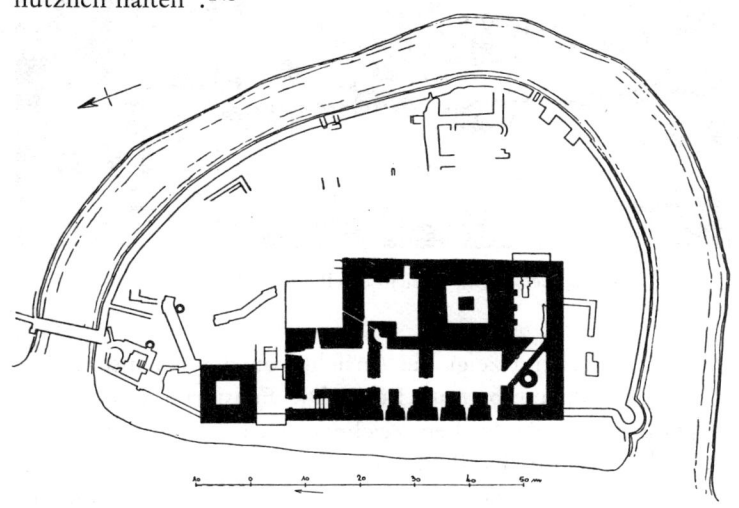

Z 35   Kaiserswerth, Grundriß der Pfalz, nach Ebhardt, I, 627.

Das Aussehen der Pfalz ist uns in mehreren Zeichnungen seit dem 16. Jh. überliefert. Die Anlage selbst wurde 1702 im Spanischen Erbfolgekrieg zerstört. Die noch vorhandenen Trümmer besitzen keine Schmuckformen mehr. Im Grundriß ergibt sich ein um einen wuchtigen quadratischen Bergfried zusammengedrängter Baukomplex mit einem weiteren, flankierenden Turm.

[143] E. Otto, Friedrich Barbarossa (Anm. 121) 154.

Z 36   Kaiserswerth, Ansicht der Pfalz, nach Merian 1675.

Z 36 Dem entsprechend zeigt die Ansicht von der Rheinseite eine hochragende mauerbetonte Burg. Die Fensterreihe im Obergeschoß des Gebäudes kennzeichnet den Palas, der an diesem Aussicht gewährenden Platz seine künstlerische Repräsentation entfalten konnte, gleichsam als steinerne Übersetzung von „iustitiam stabilire volens et ut undique pax sit" des kaiserlichen Bauherrn. Die Anlage war von einer oval geführten Ringmauer umgürtet. Es wäre denkbar, daß sich innerhalb dieser Mauer und an sie angelehnt noch weitere Bauten befanden, vielleicht war auch der in der zweiten Inschrift als „Aula" bezeichnete Saal ein besonderes Gebäude von architektonischem Eigenwert.

Der Pfalzenbau Barbarossas griff nicht nur in Eger nach dem Osten aus. Im benachbarten Sachsen war bereits durch die Ottonen — 976 unter Otto II. erstmalig erwähnt — an der Pleiße die Pfalz *Altenburg* errichtet worden. In salischer Zeit wird sie 1065

b) Die Neubauten Barbarossas

als „Curia regalis" genannt, seit 1157 ist sie Sitz der kaiserlichen Verwaltung im Pleißengau und erlebt mehrere Kaiserbesuche und Hoftage. Barbarossa war fünfmal dort, Heinrich VI. dreimal. Noch 1203 heißt sie „castrum Imperatoris" (Kaiserpfalz). Drei Aufenthalte Friedrichs II. sind bekannt. Doch wird die Burg schon 1248 verpfändet und damit dem Reich entfremdet. Seit 1516 ist sie Residenzschloß der Herzöge von Sachsen-Altenburg. Die staufische Anlage folgte dem Schema einer Ringhausburg. Neben einem mittleren, auf eine Turmhügelburg zurückgehenden Rundturm, dem „Hausmannsturm", der in seinem heutigen Bestand stark erneuert ist, wurde ein weiterer staufischer Rundturm, der „Mantelturm" — seines Helms wegen auch „Flasche" genannt — errichtet. Er ist im Mauerwerk erhalten. Sonst sind von der staufischen Anlage nur die Grundzüge feststellbar; auch einige Säulchen und Kapitelle bezeugen die Bautätigkeit des 12. Jh.

Von den älteren Sachsen- und Salierpfalzen im Raum von Ostfalen und Thüringen wurden einige auch in staufischer Zeit noch genützt. Größere Neubauten erfolgten nicht, doch wurden mehrere bedeutende Fürsten- und Ministerialenburgen angelegt.

Die große Zeit des deutschen Pfalzenbaus endet mit Kaiser Friedrich I. Heinrich IV. hat *Goslar* umgebaut und andere Bauten vollendet. Von Philipp von Schwaben wird die 1206 begonnene Erbauung der Burg *Landskron* über dem Ahrtal berichtet. Sie wurde von Otto IV. übernommen, 1214 von Friedrich II. belagert und erst 1215 übergeben. Nach vielen Umbauten und Zerstörungen ist aus der Stauferzeit kaum etwas übriggeblieben. Die Bezeichnung einer „Kaiserpfalz" verdient sie nicht.

Dagegen hat Friedrich II. außer den bereits erwähnten Saalbauten in Kaiserslautern und auf dem Trifels eine „Pfalz" aufführen lassen, die im ursprünglichen Wortsinne ein Palast, ein „Kaiserhaus"[144] war: zu *Seligenstadt* am Main. Seligenstadt war

---

[144] Die Bezeichnung „palatium" ist nicht überliefert. 1266 wird ein „castrum" genannt, 1391 heißt der Bau „Keysirhus". G. Binding, Seligenstadt (Anm. 12).

Z 37 Seligenstadt, Rekonstruktionszeichnung des Palastes, nach Binding, Seligenstadt, 243.

durch seine Abtei ausgezeichnet, Gründung und Grabesstätte von Einhard, dem Vertrauten Karls des Großen und Ludwigs des Frommen. Diese karolingischen Erinnerungen dürften dem Staufer bekannt gewesen sein. Wahrscheinlich haben sie seine Aufmerksamkeit auf diesen gut erreichbaren Platz am Main, in günstiger klimatischer Lage, im Angesicht der wildreichen Jagdgebiete des Spessarts, gelenkt. Der Palast in den stattlichen Abmessungen von 46:13,6 m [145] wurde unweit der Abtei auf dem Hochufer des Mains erbaut. Außer einer Umfassungsmauer besaß er keine Befestigungen. Der Stadt zu, wo die Häusergrundstücke bis an die rückwärtige Längswand heranreichen, ist noch ein abgegrenzter Hofraum mit vielleicht axial auf den Palast zugeführter Toranlage zu vermuten. Der Bau ist mit Keller und Obergeschoß erhalten. Er ist ganz in Sandsteinquadern gebaut.[146] Die östliche Längswand ist mit ihrem auf zwei vorgezogenen

Z 37

---

[145] Wahrscheinlich lag auch hier das römische Fußmaß zugrunde. 155 Fuß = 45,942 m, 45 Fuß = 13,338 m.
[146] Daher der volkstümliche Name „Rotes Schloß".

b) Die Neubauten Barbarossas

Kellereingängen ruhenden Altan symmetrisch aufgebaut. Drei doppelte, in die glatte Wand eingetiefte runde Blendbogen und zwei Portale gliedern die Front. Unter den Bogen sind je zwei Doppelfenster und zwei Dreierfenster eingelassen. Die Portalgewände und Bogenfelder sind verschieden behandelt, das südliche Portal besitzt abgetrepptes mit Säulen ausgesetztes Gewände; das nördliche einen kleeblattbogenförmigen Sturz.[147] Die ornamentalen Schmuckformen beschränken sich auf die (z. T. sehr verwitterten) Kapitelle der beiden Dreierarkaden, der Säulenportale und die Lilien, mit denen die Bogenspitzen im nördlichen Portal zusammenstoßen. Zu beachten sind dort auch die gewirtelten Säulen.

T 42

Parallelen zu den Schmuckformen sind vor allem in der Zisterzienserbaukunst und hier im Kloster Maulbronn anzutreffen.[148] Mit ihrer Hilfe hat Binding eine Datierung des Baus unternommen. Er zieht zu Vergleichen apulische Jagdschlösser Friedrichs II. heran und denkt sogar an eine persönliche Urheberschaft des Kaisers.[149] Diese ist nicht ganz von der Hand zu weisen. Der Plan und die Bauformen sind in ihrer überlegenen Einfachheit als das Werk eines selbstbewußten Meisters zu begreifen. Die durchgehende Anwendung des Rundbogens verleiht dem Bauwerk eine konservative Note und eine aristokratische Würde.

Zur Datierung muß man nicht bis zum Jahr 1237 gehen, als Friedrich II. Deutschland für immer verließ, sondern kann bereits auf 1235 den Beginn, die Ausführung bis 1236 ansetzen, so daß der Kaiser dieses „Jagdhaus" auch selbst noch benützt hätte. Urkundlich braucht ein solcher Aufenthalt nicht nachgewiesen zu werden. Der Palast von Seligenstadt war ein Haus der Erho-

---

[147] Einige Erneuerungen wurden anläßlich der Restaurierung 1938 vorgenommen. Das z. T. heruntergebrochene Mauerwerk wurde bis zum heutigen Gesims hochgeführt. Vgl. die Abb. in meinen Staufischen Reichsburgen (Anm. 16) Taf. 8 und bei Bruhns, Hohenstaufenschlösser (Anm. 15) 1. Aufl., S. 47.
[148] Hinweise von Binding, Seligenstadt (Anm. 12) 244—248.
[149] Binding, Seligenstadt (Anm. 12) 249.

lung und der Feste und nicht der Staatsgeschäfte. Zwischen 1235 und 1237 hält sich Friedrich II. vorwiegend in der Landschaft auf, in der Seligenstadt liegt.[150] 1237 läßt sich der Kaiser durch den Erzbischof von Mainz mit Seligenstadt belehnen. Rückschlüsse auf die Bauzeit lassen sich aus diesem Datum höchstens dahingehend ziehen, daß der Palas damals schon als fertige Anlage bestanden haben muß. Für die Durchführung eines Bauwesens von der Planung an war der vorherige Erwerb des dafür ins Auge gefaßten Grundstücks keine Voraussetzung.[151]

Das Palatium von Seligenstadt ist der letzte staufische Pfalzenbau auf deutschem Boden. Er vertritt hier als einziger eine Bauform, die im südlichen Reich durch Friedrich II. in einer Reihe von Beispielen verwirklicht wurde.

---

[150] 1235 Wimpfen, Worms, Mainz, Marburg, Hagenau; 1236 vorwiegend Hagenau.

[151] Die „Confoederatio cum principibus ecclesiasticis" vom April 1220 bestimmt, daß keine Burgen auf kirchlichem Grund und Boden errichtet werden dürfen, woraus man schließen darf, daß das bisher üblich war. Zum Inhalt der Urkunde, die 1977 in Stuttgart ausgestellt war (Exemplar des Bischofs von Eichstätt, das einzig erhaltene): Kat. d. Staufer-Ausstell. 1977, I, S. 8 f., Nr. 14 mit Literatur.

III. DIE BURGEN DES REICHES UND DER RITTER

a) Burgen im Elsaß

Der Pfalzenbau der Barbarossazeit war die Entfaltung der Burgenstrategie des Herzogs Friedrich Monoculus. Für seine künstlerische Aussage entscheidend waren jedoch nicht politische und militärische Gründe, sondern das neue Bewußtsein vom Rittertum. Das Ethos des „Schildesamtes", die dem Herkommen verpflichtete Reichsgesinnung, der „Honor Imperii" fanden ihren Ausdruck in der Dichtung ebenso wie in der Kunst. „Minnesangs Frühling" und die großen Heldenepen haben dieses gewandelte Verständnis der Welt und des eigenen Weges, der einzuschlagen war, ebenso formuliert wie die Figurenwelt der Domportale oder die Buckelquadermauern und Fensterarkaden der Burgen.

So konnte die neugewonnene Bauform nicht auf die eigentlichen Pfalzen beschränkt bleiben, sondern mußte sich als Gestaltungsgesetz all den Bauten mitteilen, die in diesem ritterlichen Kraftfeld gediehen. Am deutlichsten wird das am Palas, der nun zum wesentlichen Bestandteil jeder Burg wird.

Auch die Ritter, die das Reich nicht nur als Gefolgschaft der Kaiser, sondern kraft ihres Standes trugen, bauten neue Burgen. Aus Notwendigkeit: weil es dieser Stützpunkte der Macht, dieser Mittelpunkte der Verwaltung bedurfte, und weil sie mit diesen Burgen und Palästen sich selbst darstellen wollten.

Wir haben es eingangs unternommen, dem staufischen Burgenbau und seinen Anfängen dort nachzugehen, wo die „maxima vis regni" lebte, nämlich im Rheintal zwischen Basel und Mainz. Es sind dabei schon einige Anlagen zur Sprache gekom-

III. Die Burgen des Reiches und der Ritter

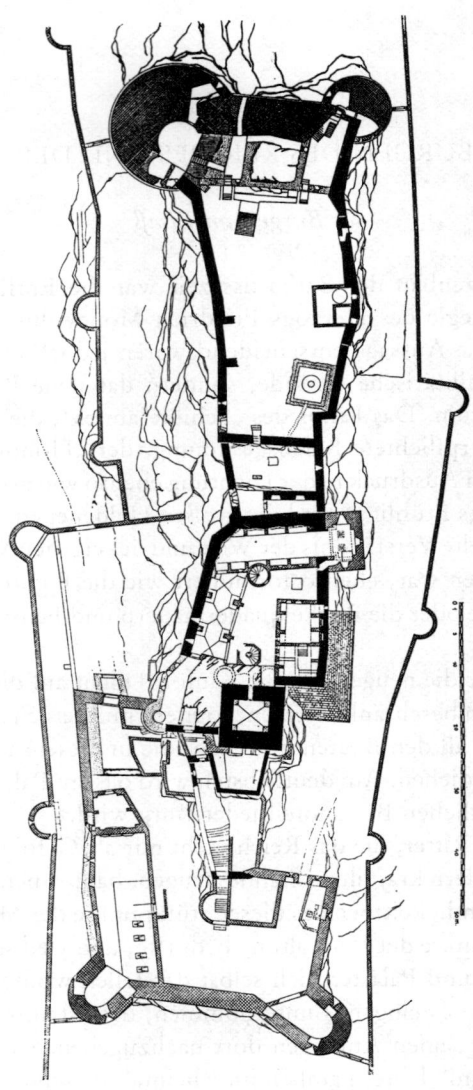

Z 38 Hohkönigsburg, Grundriß, nach Ebhardt, Hohkönigsburg.

a) Burgen im Elsaß 111

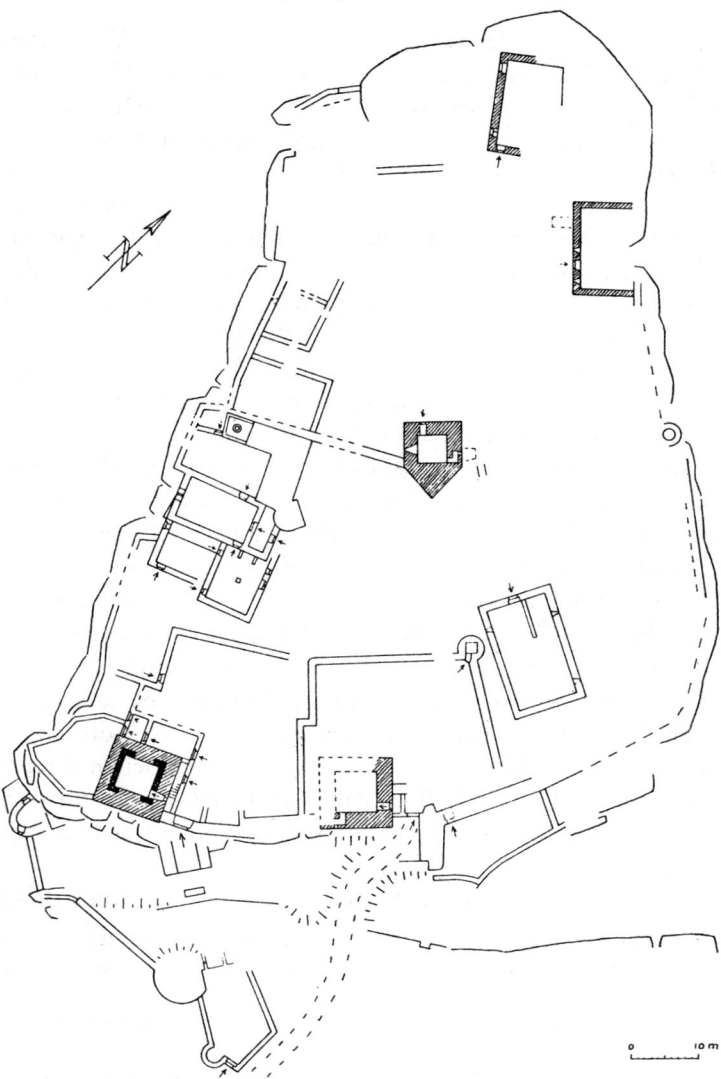

Z 39 Lützelburg, Grundriß, aufgen. v. H. Zumstein, G. Bronner, J. Wirth,
aus Zumstein, Lützelburg.

III. Die Burgen des Reiches und der Ritter

men, die die Spur des staufischen Herzogs belegen. Wir dürfen von der beherrschenden Burg an der Grenze von Unter- und Oberelsaß ausgehen, der stolzen *Hohkönigsburg*. Die den beiden 1147 genannten[152] Türmen zugeordneten Palatien besaßen bereits jene Fensterarkaturen, die für diesen Bautyp kennzeichnend sind. Was man vermißt, ist die Kapelle. Sie war bestimmt vorhanden, ihr Ort läßt sich aber nicht mehr angeben. Die spätsalische Burg Winzingen besaß ja schon diese Achse Palas–Kapelle, nur daß wir dort vom Aussehen des Palas lediglich aus seinen Grundmauern eine Vorstellung erhalten.

Kaiser Friedrich I. hat 1168 die Burg *Hohbarr* bei Zabern aufgesucht und ihren Besitzer, den Straßburger Bischof Rudolf von Rottweil, aufgefordert, auch den südlich angrenzenden „Markfelsen" zu erwerben und zu befestigen. Das ist in den Jahren zwischen 1168 und 1171 geschehen. Aus diesem Bericht wird die persönliche Einflußnahme des Kaisers auf den Burgenbau ersichtlich. Sie ist noch von einer weiteren Vogesenburg überliefert. 1163 veranlaßt Barbarossa den Metzer Bischof Stephan von Bar, die *Lützelburg* über dem Zorntal neu zu befestigen. 1175 wird dann schon der heute noch stehende fünfeckige Turm inmitten der Burg erwähnt.[153] Die Lützelburg ist eine ausgesprochene Randhausburg mit Mittelturm. Sie war wohl schon damals an mehrere Familien verlehnt, was das Vorhandensein mehrerer Türme und der dazugehörigen Palatien erklärt. Das Datum 1175 bildet einen guten Anhaltspunkt für die Datierung ähnlicher Buckelquadertürme.

Auch auf dem *Hohbarr*[154] wurde ein fünfeckiger Aufbau über

---

[152] Otto von Deuil spricht davon: „ipse imperator (= Konrad III.) in castro turrem unam habebat et dux Fridericus (= Friedrich Barbarossa) aliam". Vgl. auch Anm. 50.

[153] H. Zumstein, Die Lützelburg bei Pfalzburg in romanischer Zeit, in: Les Vosges, hg. v. Vogesen-Club, Straßburg 1969, 9—12.

[154] Canton Saverne, in: Inventaire général des Monuments et des Richesses artistiques de la France-Commission Régionale d'Alsace — Bas-Rhin, Paris 1978 (zit. als „Inventar Zabern"), Pläne u. Ansichten S. 484—488, Fig. 575—584.

a) Burgen im Elsaß 113

dem Markfelsen errichtet. Seine unteren Buckelquaderlagen sind noch erhalten. Die langgestreckte Felsenburg besaß in ihrem Mittelteil einen polygonalen Wohnturm, ebenfalls mit Buckelquadermantel. Seine Fensterstellungen wurden später verändert. In der ursprünglichen Anordnung ist jedoch noch eine mehr- Z 40 gliedrige Arkatur auf der Nordwestseite erhalten. Sie zeigt bei-

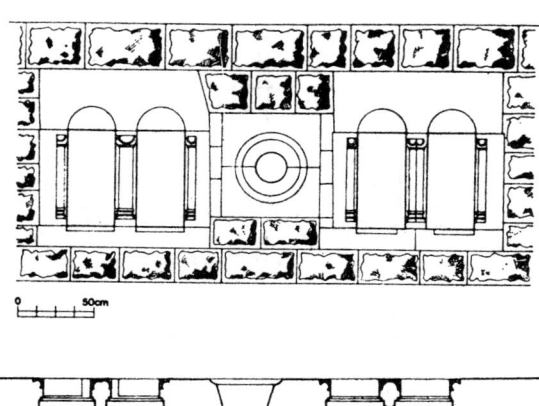

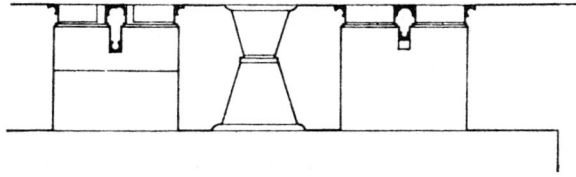

Z 40 Hohbarr, Fenstergruppe im Palas, nach Inv. Zabern, 488.

derseits eines aus großen Steinplatten herausgemeißelten Oculus zwei Doppelfenster mit seitlich und in der Mitte eingestellten Säulen. Die monolithen Stürze haben vertiefte Rundbogenfelder, die Säulen sind mit attischen Basen und Würfelkapitellen versehen. Ihre Entstehung ist vor 1168 anzusetzen.

Der Hohbarr besitzt auch noch eine in gotischer Zeit dem hl. T 44 Nikolaus, doch ursprünglich, wie die gesamte Burg, der Got-

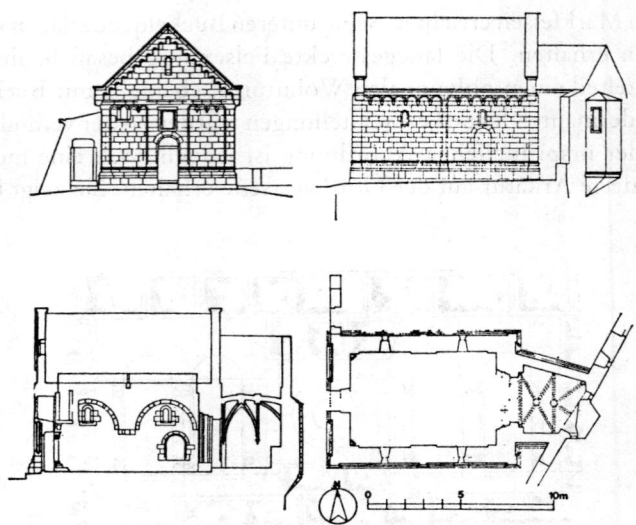

Z 41 Hohbarr, Burgkapelle, Ansichten, Grundriß und Schnitt, nach Will,
La chapelle castrale du Ht-Barr, 22.

tesmutter Maria geweihte Kapelle als eigenen Baukörper.[155] Ein
Z 41 einschiffiger, in zwei Jochen gewölbter Quaderbau ist im Äußeren durch Lisenen und Bogenfries über ornamentierten Konsolen geschmückt. Zwei Portale (eines davon vermauert), mit Rundstäben abgefast, führen ins Innere. Der Chorbogen in die im 14. Jh. erneuerte und erweiterte Apsis ist umlaufend profiliert. Die Kapitelle der Wandvorlagen und des Weihwasserbeckens weisen ornamentalen oder figürlichen Schmuck auf.
Z 42 Südlich vom Chorerker ist noch ein verwitterter bärtiger Kopf mit strähnigen Haaren, wie sie die Köpfe von Hagenau und Gelnhausen besitzen, auf der Nordseite eine weitere figürliche Konsole eingelassen.

[155] Inventar Zabern (Anm. 154), S. 363 f. (Fig. 591—596); R. Will, La chapelle castrale du Haut-Barr, in: Pays d'Alsace (Zschr. d. Zaberner Geschichtsvereins) 1979/II—III, 21 ff.

Z 42 Hohbarr, Maskenkopf an der Kapellenwand, Zeichnung von F. Rexer,
aus Le château de Ht-Barr, 24.

In Sichtweite des Hohbarr liegt jenseits des Zorntals die Doppelburg *Groß-* und *Klein-Greifenstein*. Sie war im Lehensbesitz staufischer Ritter, die 1156 mit einem Meribodo de Grifenstein urkundlich genannt werden. 1217 teilt Otto von Ochsenstein die Burg zwischen seinem Sohn und den Greifensteinern. Von der Westburg (Groß-Greifenstein) stehen noch die Überreste des Bergfrieds und daran anstoßende Reste der Umfassungsmauern.

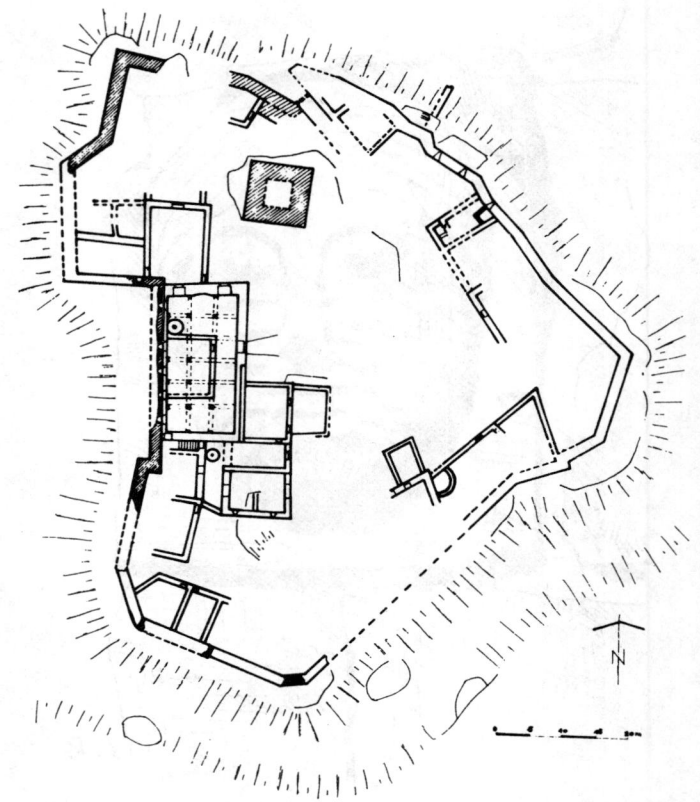

Z 43   Groß-Geroldseck, Grundriß, aufgen. von Zumstein, Bronner und Wirth, aus Châteaux de l'Alsace médiévale, 114.

Der Turm mit Buckelquadermantel war mit 13 m (44 Fuß = 1304,16 cm) Seitenlänge der gewaltigste staufische Bergfried im Elsaß. — In der Ostburg (Klein-Greifenstein) steht ein jüngerer Bergfried auf einem Felsenriff. Sein Buckelquadermantel ist im oberen Teil weggebrochen, im unteren Teil bis drei Lagen über der spitzbogigen Eingangstür erhalten, was dem Turm ein bizarres Aussehen verleiht, aber auch die Qualität des Füllmauerwerks erkennen läßt.

Auch südlich vom Hohbarr befindet sich eine ansehnliche staufische Burganlage: *Groß-Geroldseck*. Sie ist als Randhausburg durch die dem Bistum Metz lehenspflichtigen Herren von Geroldseck (am Wasichen) auf einem im Großen dreiseitigen Grundriß erbaut. Er paßt sich dem Umriß des Felsplateaus an. Der quadratische Bergfried steht vereinzelt auf der höchsten Erhebung. Sein Mantel besteht aus Buckelquadern. Der Blick ins Innere des seit 1718 durch Blitzschlag aufgerissenen Turms zeigt rundbogige Mauereröffnungen und einen Teil der Schildbogen mit Rippenansatz des gewölbten Obergeschosses. Aus gleicher Zeit stammt der rechteckige Palas, dessen dreischiffiger Keller noch in seinen Umfassungsmauern erhalten ist. Seine gratigen Kreuzgewölbe ruhten auf breiten Gurtbogen, die mit originellen Steinmetzzeichen versehen sind: Schwerter, Pfeile, Bogen. Die verwendeten Bilder machen deutlich, daß hier Handwerker gearbeitet haben, die im Wehrbau tätig waren.

Zum Kreis der staufischen Burgen bei Zabern zählt ferner die Felsenburg *Ochsenstein*. Sie baut sich in Nord-Süd-Richtung auf mehreren steil aufragenden Felsenriffen unter den Namen Groß-Ochsenstein, Klein-Ochsenstein und Wachelheim auf. Der Edelherr Burkard von Ochsenstein wird 1187 erstmals genannt. Auf Groß-Ochsenstein nimmt der polygonale Palas mit einer Zisterne den Platz auf dem Südfelsen ein. Es folgt eine Kapelle mit mehrseitigem gewölbtem Chor. Ein Türsturz — jetzt in eine aufgeschichtete Böschung eingelassen — zeigt ein eingemeißeltes Gemmenkreuz und war wohl an der Kapelle angebracht. Den nördlichen Abschluß der Anlage bildet ein sechseckiger Bergfried.

Die *Frankenburg*, auf einem Bergkegel an der Gabelung von Weiler- und Lebertal gelegen, war die Stammburg der angesehenen und einflußreichen Grafen von Werd. Sie wird in ihrem Besitz erstmals 1123 genannt. 1232 trägt sie Heinrich von Werd,

III. Die Burgen des Reiches und der Ritter

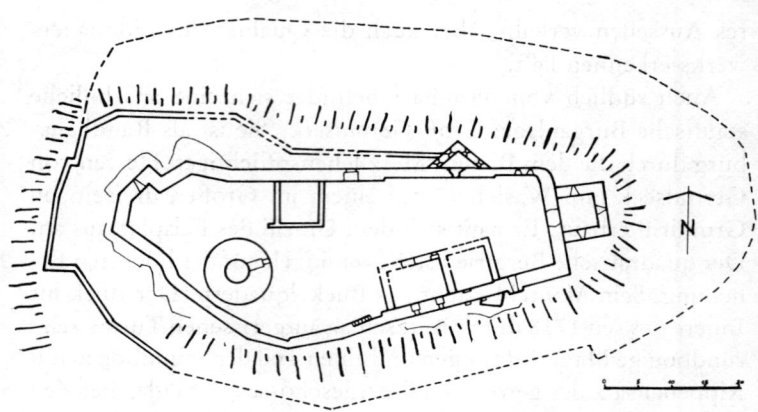

Z 44   Frankenburg, Grundriß, nach Centre d'Archéol.
Médiévale de Strasbourg, aus Châteaux, 113.

Landgraf des Unterelsaß, der Straßburger Kirche zu Lehen auf. Die Burg gehört in ihren Grundzügen der 2. Hälfte des 12. Jh. an. Sie umschließt eine ovale, von zwei Türmen beherrschte Ringmauer. Der runde Bergfried ist mit Buckelquadern ummantelt und dicht an die südwestliche Umfassungsmauer herangerückt, während sich der fast quadratische Ostturm außen an die Mauer anlehnt. Der Palas stand auf der Südseite zwischen beiden Türmen. Ein gebündelter romanischer Fensterpfeiler und das Bruchstück eines Rundfensters mit Zickzackumrandung machen eine Datierung des Palas bald nach 1150 wahrscheinlich. Die Burg wurde noch in der Renaissancezeit ausgebaut, wovon einige Schießscharten übrig sind. Im 30jährigen Krieg beherbergte sie zeitweilig das Archiv des Straßburger Domkapitels.

Die bischöfliche Burg oberhalb von Rufach, die *Isenburg*, war Verwaltungssitz des oberen Mundats. Ihre Geschichte reicht in die fränkische Zeit zurück. Unter den Saliern und bis zu Philipp von Schwaben spielte sie auch eine politische Rolle. Im 16. Jh. wurde sie unter Bischof Wilhelm von Hohenstein zu einem

a) Burgen im Elsaß

festen Schloß umgebaut, dessen Aussehen auf mehreren Bildern überliefert ist. Nach dem zu Beginn des 19. Jh. erfolgten Abbruch ist von der staufischen Anlage kein aufgehendes Mauerwerk mehr erhalten. Der große gewölbte Keller ist vielleicht noch dem mittelalterlichen Palas zuzurechnen.

Nördlich von Rufach, auf das Gregoriental zu, ragen weithin sichtbar die drei Türme von *Hohegisheim* auf, die „drei Exen" („Egse" ist mundartliche Bezeichnung von „Egisheim"). Sie bewahren mit ihrem Namen das Andenken an eines der ältesten und bedeutendsten Geschlechter des Elsaß, die Grafen Egisheim, aus deren Haus ja auch die Urgroßmutter Friedrich Barbarossas, die Stifterin von St. Fides in Schlettstadt, Gräfin Hildegard von Bar-Mousson, stammte. Auf einer langgestreckten, nach Süden zugespitzten Felsplatte, deren Befestigung schon zur Römerzeit erfolgte,[156] wurde, angeblich schon im 11. Jh. durch Hugo IV. von Egisheim, eine Burg angelegt. Ihr Bergfried, der Turm der mittleren *„Wahlenburg"*, ist nach seiner Beschaffenheit ein Bau um 1150. Sein Bauherr könnte Ulrich von Egisheim gewesen sein, der ihn auf quadratischem Grundriß in Buckelquadern aufführte. Dicht daneben entstand ein turmartiger Palas mit anstoßender Kapelle.

Z 45

Um die Jahrhundertwende wurde vom Burgengelände die Nordhälfte abgetrennt, um darauf in Randhauslage eine selbständige Burg *(„Dagsburg")* zu errichten. Sie erhielt eine Schildmauer, deren mittlerer Knick deutlich Bezug auf den vorhandenen Bergfried der Wahlenburg nimmt. Der neue, ebenfalls quadratische Bergfried hat nur einen Sockel und Eckkanten aus Buckelquadern, die Wände bestehen aus glatten hammerrechten Steinen. Sehr hoch ist der rundbogige Eingang angebracht. Der Palas der Dagsburg besaß einen gewinkelten Grundriß und schmiegte sich auf Nord- und Ostseite an die Ringmauer an.

Z 45

---

[156] H. Zumstein, Châteaux forts du XIIe siècle en Alsace (Anm. 36). W. Hotz, Neues Schrifttum über Burgen u. Schlösser im Elsaß u. in Lothringen, in: Blätter f. dt. Landesgeschichte, 106/1970, 528 m. Grundriß.

Zwei Säulchen eines Wandkamins mit attischen Basen und Würfelkapitellen lassen auf eine Bauzeit in den 60er Jahren schließen. Auch einige Fundstücke von Bauplastik auf der Wahlenburg, darunter ein mit einem Rundstab abgefastes und von einer Kopfmaske bekröntes Gewändefragment, das den entsprechenden Bauteilen an der Hohbarr-Kapelle ähnlich ist, gehören in die gleiche Zeit.

Z 45   Der quadratische Turm der Burg *„Weckmund"*, die auf der Südseite, durch einen Halsgraben getrennt, errichtet wurde, besitzt einen nicht sehr sorgfältig gearbeiteten Buckelquadermantel. Seine Bauherren waren wohl die Grafen Pfirt, die 1144 in den Besitz des Vaudémont-Anteils gekommen waren. Doch stammt der Turm erst aus der Zeit um die Jahrhundertwende.

Das unterhalb der Drei Exen gelegene Städtchen *Egisheim* wurde in staufischer Zeit planmäßig rings um die Burg angelegt. Die Burg selbst ist bis auf Reste der Ringmauer zerstört, oder mit jüngeren Häusern und der im 19. Jh. erbauten Leokapelle (zum Andenken an Papst Leo IX., den Grafen Bruno von Egisheim) versehen. Ihr Grundriß hebt sich jedoch noch klar vom Stadt-
Z 46   plan ab. Er umschloß ein regelmäßiges Achteck von je 12 m (40 Fuß = 1185,6 cm) Seitenlänge. In ihrer Mitte stand ein achteckiger Turm.[157] Die Burg ist auf Zeichnungen aus dem 18. Jh. in ihrem letzten Zustand festgehalten. Sie besaß demnach ein abgetrepptes Portal mit zugespitztem Bogen. Die Ringmauer hatte einen noch teilweise erhaltenen Buckelquadermantel.

Im Elsaß können noch zwei weitere achteckige Burgen der Stauferzeit nachgewiesen werden: der „Burgstall" zu *Gebweiler*
Z 48   und die Burg von *Wangen*. Beide sind nur aus Grabungen oder Plänen in ihren Ausmaßen zu ermitteln. Gebweiler besaß einen quadratischen Bergfried,[158] Wangen eine mit halbrunden Tür-

[157] Walter-Grandidier, Vues pittoresques de l'Alsace, 1785, Blatt „Exem".
[158] Canton Guebwiller, in: Inventaire général des Monuments et des Richesses artistiques de la France — Comm. rég. d'Alsace–Haut Rhin, Paris 1972 (zit. als „Inventar Gebweiler") Bd. 1, 70, Bd. 2, Fig. 403.

a) Burgen im Elsaß

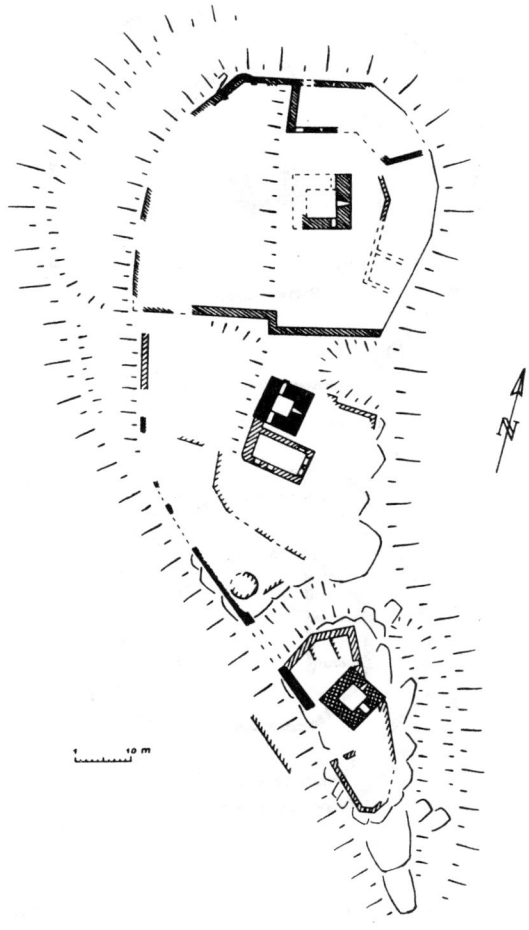

Z 45 Hohegisheim, Grundriß der drei Burgen Dagsburg, Wahlenburg, Weckmund, nach Zumstein, Châteaux forts du XII. siècle, 383.

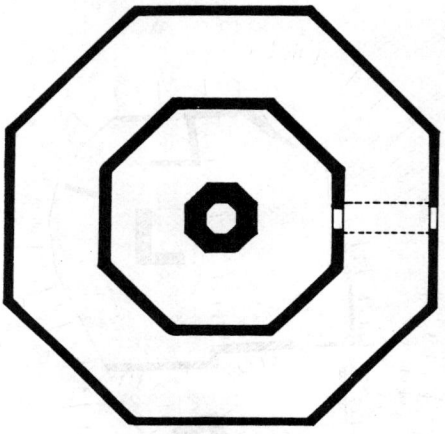

Z 46   Egisheim, Grundriß, nach Merkelbach, Abb. 87.

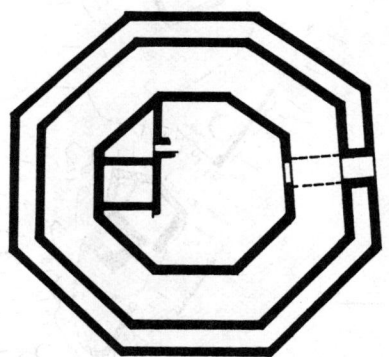

Z 47   Kilchberg, Grundriß, nach Merkelbach, Abb. 87.

men vor jeder Seitenmitte versehene Mauer. Lothar Merkelbach hat an diese elsässischen Oktogonburgen noch Kilchberg in Württemberg angeschlossen.[159] Alle diese Anlagen vertreten eine Zentralbautendenz, die schließlich ihre vollendete Gestalt

---

[159] L. Merkelbach, Burg u. Schloß Kilchberg, Stuttgart 1965.

a) Burgen im Elsaß

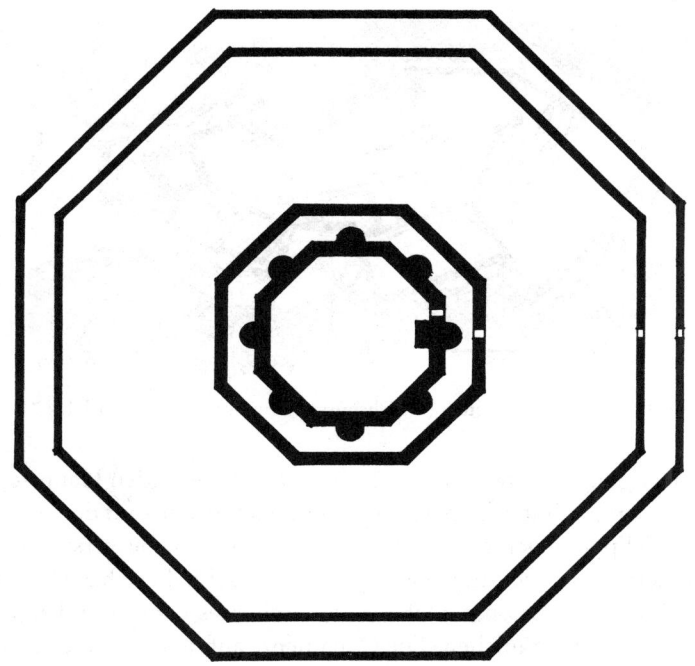

Z 48 Wangen, Grundriß nach Plänen von 1749, aus Merkelbach, Abb. 87.

im Castel del Monte Kaiser Friedrichs II. gefunden hat. Darüber wird noch zu reden sein.

Die eindrucksvollste unter den erhaltenen Burgen der Stauferzeit im Oberelsaß ist die — seit 1435 so genannte — *Ulrichsburg bei Rappoltsweiler*. Ihr alter Name ist *Rappoltstein* oder *Großrappoltstein*. Die Herren von Rappoltstein waren Lehensleute des Reiches und besaßen bis ins 16. Jh. die Reichsstandschaft. Nach ihrem Aussterben gelangten Titel und Erbe an die Wittelsbacher der Birkenfelder Linie.

Obwohl der Grundriß der Burg durch das felsige Gelände bestimmt ist, läßt er doch eine durchdachte Planung erkennen. Die

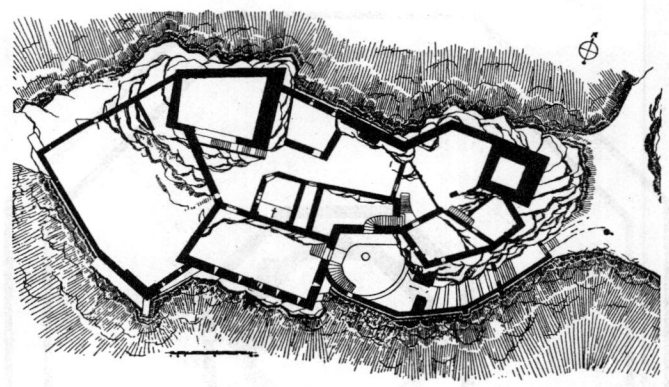

Z 49 Groß-Rappoltstein (Ulrichsburg), Grundriß nach Ebhardt I, 67.

Befestigung stützte sich von Anfang an auf die beiden Hauptfelsen. Der quadratische Bergfried, in Buckelquadern auf der höchsten Klippe errichtet, kehrt seine Spitze und seine verstärkten Mauern gegen die Angriffsseite. Im Osten schließt sich ein hoher Wohnbau an. Er zeigt noch ein geschmücktes Fenster und einen Eckkamin mit Säulchen. Die Ornamente auf den beiden Bogensteinen des Fensters und den Würfelkapitellen am Kamin sind einfach gehalten. Sie können um 1150/60 gearbeitet sein. Im Laufe der 2. Hälfte des 12. Jh. wird die Burg erweitert und umgebaut. Sie erhält einen neuen Bergfried, einen zweiten Wohnturm auf dem Südfelsen und einen großen Palas. Dieser zählt zu

Z 50 Ulrichsburg, Palasfenster, nach Hotz,
Pfalzen u. Burgen im Elsaß, 92.

a) Burgen im Elsaß 125

Z 51 Ulrichsburg von Süden, Ausschnitt aus dem Steindruck
von Rothmüller, um 1830.

III. Die Burgen des Reiches und der Ritter

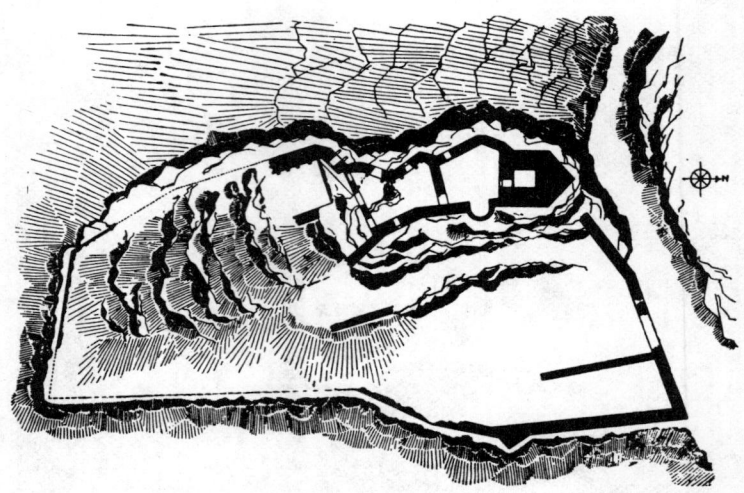

Z 52   Girsberg, Grundriß, nach Ebhardt I, 67.

den Glanzstücken staufischer Burgenarchitektur. Sein Saal besaß
T 52 neun rundbogige Doppelfenster, von denen sich sieben in einer
Arkadenreihe der Rheinebene zu öffneten. Die äußeren Bogen
Z 50 und die Fenster sind mit Rundstäben abgefast. Die Bogenfelder
besitzen verschieden konturierte Paßöffnungen, die inneren Bogen sind an der Kante ganz mit Kugeln besetzt. Alle Fensternischen sind mit seitlichen Sitzbänken ausgestattet.

Über diesem Geschoß wurde in spätstaufischer Zeit ein weite-
Z 51 rer Saal errichtet. Er besaß dreiteilige Arkaden mit spitzbogigen
Kleeblattbogenfenstern. Gleichzeitig wurde in Höhe dieses Saals
vor der Hofwand eine Kapelle erbaut, die dem hl. Ulrich, dem
Bischof von Augsburg, geweiht war.

T 51 Nahe bei der Ulrichsburg ragt auf einem Felsen die Burg *Girs-*
Z 52 *berg* auf. Sie wird zwar erst 1288 als „der Stein" erwähnt, ist aber
mit ihrem Megalithturm auf fünfeckigem Grundriß noch der
staufischen Epoche zuzurechnen. Um die sprichwörtliche Dreizahl der „Burgen auf einem Berg" vollzumachen, trägt die höch-

ste Erhebung oberhalb von Ulrichsburg und Girsberg noch die Burg *Hoh-Rappoltstein*, früher auch „Altenkastel" genannt (was „Alte Burg" heißt, doch scheint hier nicht die älteste unter den drei Burgen gestanden zu haben). Die Grundfläche dieser Anlage ist weiträumiger. Der runde Bergfried hat Felsengrund, lehnt sich auch an den Felsen an, der einen Wohnbau trägt. Das äußere Mauerwerk besteht aus Buckelquadern. Erhalten ist auf Hohrappoltstein noch eine gewölbte Zisterne des 13. Jh.[160]

Die bereits genannte Burg auf dem Staufenberg, der sich von Schlettstadt her gesehen als ebenmäßiger Kegel zeigt, die *Hohkönigsburg*, schon 1147 als „Estufin" in staufischem Besitz, 1192 „Kunegesburc" geheißen, ist unter Barbarossa ausgebaut worden. Davon sind auch heute noch Reste sichtbar.[161] Die Burg des 12. Jh. bestand aus zwei durch einen Graben voneinander getrennten Hälften. Jede von ihnen besaß einen Turm (Bergfried) und einen Palas oder Wohnbau. Von der Turmarchitektur ist der untere Teil des Ostbergfrieds im heutigen wiederhergestellten Turm noch erhalten. Sein Mantel besteht aus Buckelquadern. Ebenso ist vom Ostpalas eine vermauerte dreiteilige Arkade geblieben. Jede ihrer Säulen ruht auf attischer Basis und trägt ein Würfelkapitell, ein Schaft ist achteckig. Auch der Westpalas wird durch ein romanisches Doppelfenster mit säulenbereichertem Außengewände bezeichnet. Eine Weiterführung dieser Fensteranordnung in der Art der Doppelfenster am Palas von Hohbarr wäre denkbar. Zum Westpalas kann auch ein 1559 wiederverwendetes und damals mit Jahreszahl versehenes Bruchstück einer Achtecksäule mit geripptem Schaft, Würfelkapitell und kleinen Eckmasken gehört haben.[162]

Z 38

T 43

[160] W. Hartung, Zisternen auf Burgen, in: BuS 1970/I, 6—8; 1972/I, 27. Th. Biller-F. Apel, Zisternen auf Burgen, in: BuS 1972/II u. 1980/I m. Abb. von Hohrappoltstein, Lützelstein, Bilstein i. E., Girbaden, Veste Coburg. R. Will, Puits et monte-charge, m. Abb. v. Bernstein, Hohrappoltstein, Ochsenstein, Lichtenberg, Fleckenstein u. Frönsburg, in: Châteaux (Anm. 55), 200/8.
[161] Vgl. Anm. 50.
[162] Th. Biller (Anm. 50) sieht die baugeschichtliche Entwicklung der Hohkö-

III. Die Burgen des Reiches und der Ritter

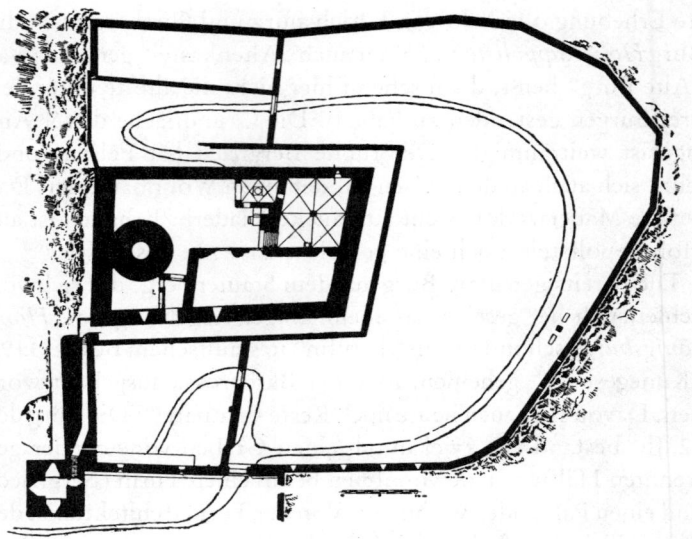

Z 53   Kinzheim, Grundriß, nach Ebhardt I, 329.

Den Zugang zum Hochschloß gewährt heute das rundbogige „Löwentor". Der Name rührt von dem reliefierten Türsturz her, den zwei offensichtlich romanische Löwen schmücken. Auf dem vertieften Feld dazwischen ist ein (unerklärtes) Wappen ausgehauen. Der Türsturz ist sicher zum zweiten Mal verwendet. Sein ursprünglicher Platz ist nicht mehr festzustellen. Alle Schmuckformen der Hohkönigsburg sprechen ebenso wie die Art des Buckelquadermauerwerks für eine Bauzeit in den 60er oder 70er Jahren des 12. Jh.

Auf dem langgestreckten Bergrücken westlich der Hohkönigsburg liegt eine weitere Burg, die *Ödenburg*. Sie war Lehensbesitz der Herren von Rathsamhausen. Die kleine Anlage war

nigsburg etwas anders. Doch setzt seine Hypothese einen völligen strukturellen Umbau der Burg in der 2. Hälfte des 12. Jh. voraus, der aus der Lage der Bauten und den noch erhaltenen Bauteilen nicht bewiesen werden kann.

a) Burgen im Elsaß

gen Osten durch einen Turm geschützt. Der Palas erstreckte sich auf einem etwas verschobenen Rechteck westwärts. Bruchstücke gotischer Fenster lassen auf eine Entstehung in der 1. Hälfte des 13. Jh. schließen.

Zu Füßen der Hohkönigsburg besaß ein Geschlecht „von Kunigsheim" zwischen 1192 und 1227 die gleichnamige Burg *Kinzheim*. Sie ist wohl erst nach 1227, vielleicht unter Mitwirkung des Reichsschultheißen Wölflin, als eine regelmäßige Rechteckanlage mit Schildmauer auf der Westseite entstanden. An diese Schildmauer lehnt sich ein runder Bergfried an. Dadurch, daß das Berührungsstück beider Baukörper bis zur Plattform des Turms hochgeführt wurde, ist eine eindrucksvolle blockartige Verstärkung geschaffen worden. Der Palas und ein mit ihm verbundener größerer Wohnbau nahmen im Burggeviert die Ost- und Südseite ein, die Aussicht über die Rheinebene gewährt. Die Kapelle in ihrer heutigen Gestalt ist spätgotisch. Die zahlreichen Doppelfenster zeigen bereits gotische Merkmale. Die Mauern bestehen meist aus glatten Quadern, nur die Ecken sind gebukkelt. An einer Stelle wurde ein Trutzkopf gemeißelt, gewissermaßen eine Personifizierung der Abwehrfunktion solcher Steine.

Z 53
T 53
T 54

Der unterelsässische *Bernstein* (Bärenstein), oberhalb des Städtchens Dambach, wird 1179 als egisheim-dagsburgisches Eigentum erwähnt. 1227 gelangt er im Zuge des Streites um das Dagsburger Erbe an den Bischof von Straßburg, der hier 1236 ein bischöfliches Amt einrichtet. Wir haben es mit einer höher gelegenen Hauptburg und einer tieferen Vorburg zu tun. Beide folgen mit ihrem langgestreckten Ost-West-Grundriß dem felsigen Baugrund. Der fünfeckige Bergfried bildet zugleich die Westspitze. Ein zweiter quadratischer Turm deckt das Tor. Der Palas nimmt fast die gesamte Grundfläche zwischen den Türmen ein. So wundert es nicht, wenn Richer de Senones den Bernstein als „castrum fortissimum" nennt.[163] Das Obergeschoß des Palas

---

[163] Richer de Senones, Mon. Germ. Hist., Scriptores XXV, 289.

III. Die Burgen des Reiches und der Ritter

T 55 zeigt nach drei kleinen Rundbogenfenstern eine Reihe von vier rundbogig geschlossenen Doppelfenstern mit abgefasten Kanten, die ähnlich wie bei Groß-Rappoltstein als Arkaden wirken. Sie heben sich klar aus dem Buckelquaderwerk der Wände heraus.[164] Die gesamte Außenhaut der Bauten mitsamt dem fünfeckigen Bergfried besteht ja einheitlich aus Buckelquadern. Die Bauzeit ist nicht lange vor der ersten Erwähnung 1179 anzusetzen. Bauherren waren die Grafen Egisheim-Dagsburg.[165]

Der heilige Berg des Elsaß, der *Odilienberg*, im Mittelalter „Hohenburg" genannt, trug nicht nur Klöster, sondern auch Burgen. In seinem Bereich lagen auch die Reichsstädte Rosheim und Oberehnheim. Besonders Rosheim hat an der Ausformung des frühstaufischen Stils mit seiner Peter-und-Paulskirche bedeutsamen Anteil. Ebenso wurden unter Friedrich Barbarossa die berühmten Stiftungen der hl. Odilia: die Klöster Hohenburg und Niedermünster grundlegend erneuert. Den dort tätigen Werkleuten begegnen wir in der kaiserlichen Pfalzenbauhütte, wie am Beispiel von Eger aufgezeigt wurde. Die staufische Wohnarchitektur ist in Rosheim etwa durch das vermutlich schon 1178 vorhandene Turmhaus[166] und in Oberehnheim durch das um 1220 zu datierende stattliche Haus in der Pilgergasse vertreten.

Auf dem Südostausläufer des Odilienbergs liegt die Burg *Landsberg*. Sie wird 1144 im Besitz der Brüder Egelolf und Konrad von Landsberg genannt, die damals als Vögte von Niedermünster auf Klosterboden eine Burg zu bauen sich anschickten. Das war noch nicht die heutige Burg, aber ihr unmittelbarer

[164] Die Buckelquader tragen durchweg Zangenlöcher auf den Bossen, die hier sehr früh vorkommen.

[165] Die Burg war nach dem Tode der letzten Egisheimerin, der Gräfin Gertrud († 1225) zwischen ihrem dritten Gemahl Sigmund von Leiningen und dem Bischof von Straßburg umstritten. Sie kam 1236 durch Kaiser Friedrich II. an Straßburg, das dort ein Amt einrichtete.

[166] Hotz, Elsaß u. Lothringen (Anm. 95) 217, 184. R. Stahl u. H. Zumstein, Maisons médiévales... à Rosheim, in: Saisons d'Alsace 66/1978, 52—60.

a) Burgen im Elsaß

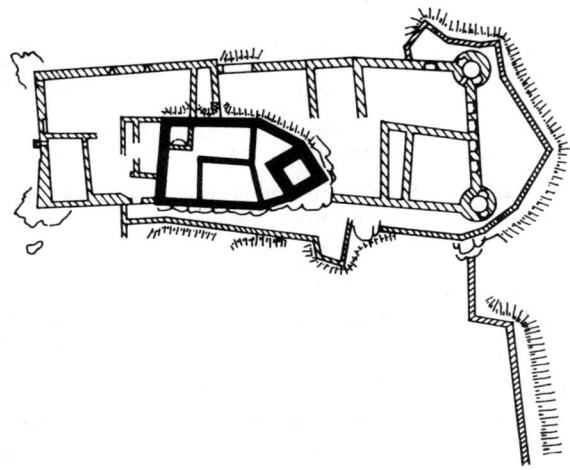

Z 54 Landsberg im Elsaß, Grundriß, nach Will, Bronner u. Zumstein, aus Châteaux, 132.

Z 55 Landsberg, Fenstergruppe im Wohnbau, nach Hotz, Pfalzen u. Burgen im Elsaß, 93.

Vorgänger. Diese mag etwa 1160 begonnen sein. Sie ist äußerst regelmäßig angelegt: ein Rechteck wird gen Norden von einem übereck gestellten Bergfried begrenzt und überhöht. Auf der südlichen Schmalseite erstreckt sich der Palas. Auch der übrige Raum war weitgehend bebaut. Auf der aussichtsreichen Ostseite schließt sich an den Bergfried ein Wohnbau mit schönen Arkaden an. Am Palas kragt in der Wandmitte ein halbrunder, mit

Z 54

T 56

LANDSBERG   RATHSAMHAUSEN   STE ODILE

Z 56 Kapitelle auf Landsberg, Rathsamhausen und Odilienberg, nach Zumstein, Châteaux forts de l'époque romane tardive, 99.

Lisenen und Bogenfries besetzter Kapellenerker vor. Der dort befindliche Saal besitzt auf der Südseite vier Doppelfenster, denen nach dem Inneren zu vier große von Säulen getragene Nischen entsprechen. Leider sind die Schmuckformen durch den Brand, der 1634 die Burg zerstörte, größtenteils abgesplittert, doch lassen gerade die teilweise erhaltenen Kapitelle erkennen, daß hier die gleichen Motive wie auf dem Odilienberg Anwendung fanden. Die Fensteranordnung des ostwärtigen Wohnbaus ist wiederum mit der auf dem Bernstein und der Ulrichsburg verwandt. Das rechtfertigt die vorgeschlagene Datierung auf die 60er Jahre. Die Burg Landsberg war die Heimat einer der geistvollsten Frauen der Stauferzeit, der Äbtissin Herrad von Landsberg, die dem Kloster Hohenburg von 1167—1195 vorstand und dort eine Enzyklopädie höfischer Kultur und theologisch-philosophischer Weltschau verfaßte, den ›Hortus deliciarum‹.[167] Der Geist, der den Hortus beseelt, hat auch die Burg Landsberg geschaffen.

Im Jahre 1200 übereignete die Äbtissin Edelinde von Niedermünster Konrad II. von Landsberg den Grund und Boden, auf dem er Erweiterungen seiner Burg vornehmen konnte. Das ist der Beginn der zweiten staufischen Bauperiode auf Landsberg, die sich vor allem auf die mit zwei Rundtürmen bewehrte nördliche Unterburg erstreckte. Dort entstanden, angelehnt an die

---

[167] Die von den Blättern des ›Hortus‹ angefertigten Nachzeichnungen wurden mehrfach herausgegeben, zuletzt von O. Gillen, Herrad von Landsberg „Hortus deliciarum", Neustadt a. d. W. (siehe auch „Schrifttum").

Ringmauer, weitere Wohnbauten, von denen sich noch vermauerte Fenster und Kaminsäulen mit Knospenkapitellen erhalten haben.[168] Die beiden großen architektonisch so fruchtbaren Epochen der Stauferzeit, die durch die Kaiser Friedrich I. und Friedrich II. heraufgeführt wurden, haben sich auch auf Landsberg bekundet.

Im Nordosten des Odilienberges übernahmen die sog. „Ottrotter Schlösser", Lützelburg und Rathsamhausen, ähnliche Aufgaben wie Landsberg auf der Südostseite. Beide Burgen sind zwar nur rund 100 m voneinander entfernt und durch einen tiefen, aus dem Felsen herausgeschlagenen Graben getrennt. Sie sind aber nach Entstehung und Anlage aufeinander bezogen, obwohl sie in den Händen unterschiedlicher Besitzer waren.[169]

Das Gelände auf der verhältnismäßig breiten Bergkuppe trug bereits vorromanische Anlagen, die durch Feuer zerstört wurden.[170] Hier hat die Familie der Herren von Lützelburg beide Burgen auf eigens dafür vorbereiteten Felssockeln erbaut. Die ältere davon ist *Rathsamhausen*. Ihr Hauptbau, der mächtige rechteckige Turmpalas,[171] erreicht eine Höhe von fast 20 m bei einer Grundfläche von 12,8 : 8,6 m. Dieser dreigeschossige Turm enthält nicht nur Wohn-, sondern auch Repräsentationsräume und den Saal mit einem reichgegliederten Kamin. Er besaß beiderseits drei Säulen auf abgetrepptem Gewände. Ihre Kapi-

---

[168] R. Will, Les châteaux de Plan carré de la plaine du Rhin et le rayonnement de l'architecture militaire royale de France au XIIIe siècle, in: CAAAH 21/1978, 76.

[169] Früher nannte man sie „Vorder-" und „Hinter-Lützelburg". Der Name „Rathsamhausen" kam erst 1557 auf.

[170] Th. Biller, Die „Ottrotter Schlösser" 1. Lützelburg, 2. Rathsamhausen, in: BuS 1973/II u. 1975/II.

[171] Man unterscheidet zwischen Wohnturm, Turmpalas und Bergfried (im Französischen heißt alles „Donjon"). Bergfried ist der unbewohnte oder nur zeitweilig bewohnbare Wartturm; Wohnturm der bewohnte Turm; Turmpalas der Turm, der auch Repräsentationsräume enthält. Die Übergänge sind manchmal fließend.

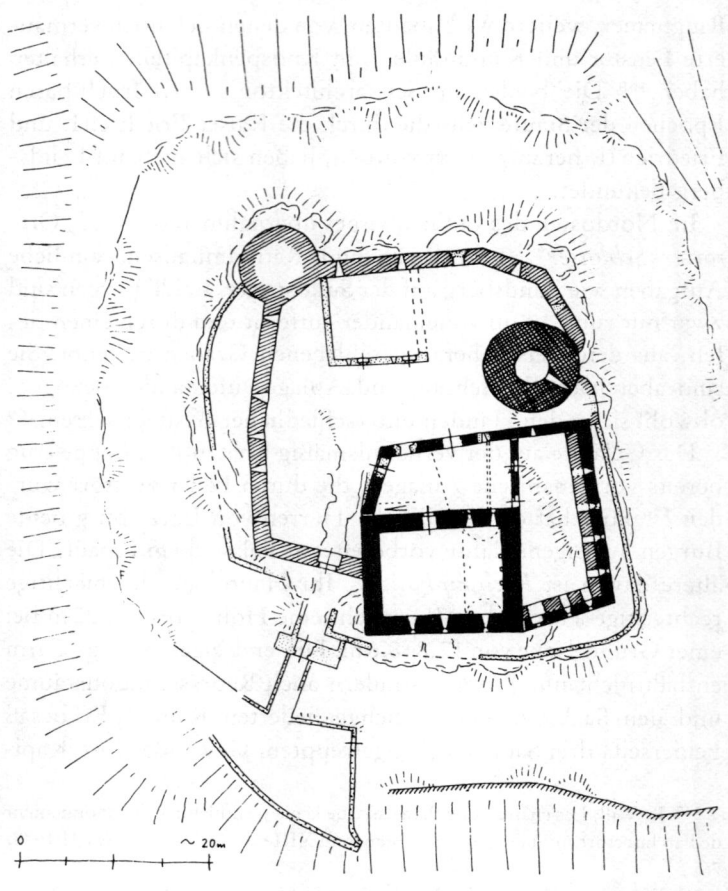

Z 57 Rathsamhausen, Grundriß, nach Thom. Biller,
Ottrotter Schlösser, II, 69.

Z 56 telle sind mit denen auf Landsberg und am Tor von Wildenberg
verwandt, ihre Basen finden sich auch im Straßburger Münster.
Der Wohnturm ist auf drei Seiten in hammerrechten Quadern
erbaut, die Ecken und die fensterlose Westwand haben Buckel-

a) Burgen im Elsaß

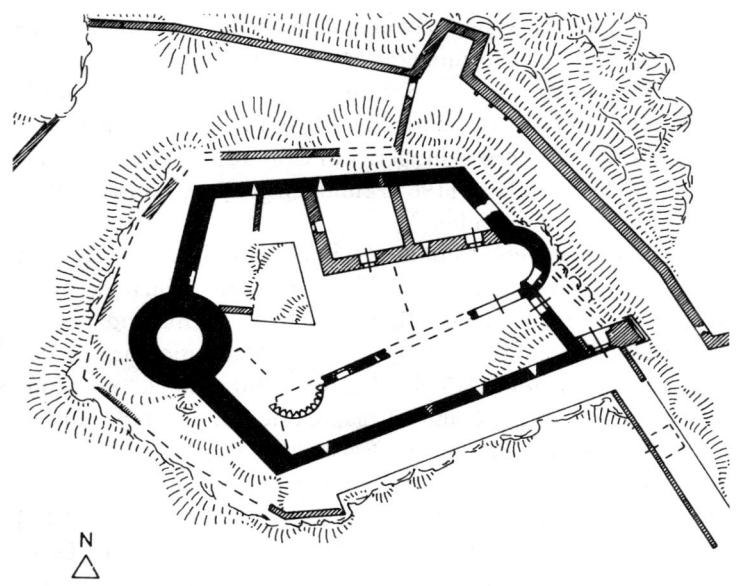

Z 58 Lützelburg, Grundriß, nach Biller, Ottrotter Schlösser, I, 5.

quadern. An den Turmpalas ist auf der Ostseite ein Wohnbau angeschlossen, während sich nach Norden hin ein später durch Einbauten verengter Hof erstreckt. Vor diese fast quadratische Anlage wurde im Nordosten ein runder Bergfried, gleichfalls in Buckelquadern, gesetzt. Die Ringmauer läuft im Anschluß an den Bergfried bis zu einem Eckturm an der Nordwestecke und kehrt von dort zum Turmpalas zurück. Das Tor liegt im Südwesten und ist durch eine dreieckige Barbakane gedeckt.

Die *Lützelburg,* ein ansehnlicher Buckelquaderbau auf etwas verschobenem Fünfeckgrundriß, besitzt eine starke gewinkelte Schildmauer der Nachbarburg zu, in deren Mitte ein runder Bergfried eingreift. Ihm entspricht ein Schalenturm zum Schutz des Tors auf der Ostseite. Die Wohnbauten lehnten sich an die

Ringmauer an, doch sind davon aus staufischer Zeit nur geringe Reste erhalten oder in jüngeres Mauerwerk verbaut.

Die Schmuckformen am Kamin von Rathsamhausen und die Bogenfenster machen eine Entstehung um 1170 wahrscheinlich. Die Lützelburg ist etwas jünger. Ein Conradus de Lizelenburg, genannt Schezelin, wird 1196 urkundlich genannt. Er ist ein Vertreter der Gründerfamilie.[172]

Das mächtige Geschlecht der Grafen von Egisheim-Dagsburg war auch nordwestlich des Odilienbergs im Gebiet zwischen Magel und Rothau begütert. Inmitten dieses alten Allodialbesitzes errichtete es auf einem Bergsporn der Magel die Burg *Girbaden*. Sie wird schon 1049 als „Castrum Burckberck" erwähnt. Unter ihrem heutigen Namen begegnet sie erstmals 1192. In den Auseinandersetzungen um die Egisheimer Erbschaft nach dem Tode der Gräfin Gertrud, der letzten ihres Hauses, im Jahre 1225 kam die Burg an die Hohenstaufen. König Heinrich (VII.) gab sie 1226 dem Straßburger Bischof Berthold von Teck. Damals ist von einem „Castrum novum ante Girbaden noviter constructum" die Rede.[173]

Die bedeutende Burg ist in drei Abschnitte gegliedert: auf dem höchsten Felsen liegt die Oberburg. Sie besitzt polygonalen Grundriß und einen (jüngeren) Bergfried an der Südwestecke. Davor erstreckt sich die im Großen rechteckig angelegte Unter-

---

[172] Ob die schon 1166 vorkommenden Thimo, Albertus und Humfridus de Lutzelnburg mit dieser oder der über dem Zorntal zu tun haben, ist ungewiß.

[173] Der letzte Gemahl der Gräfin Gertrud, Sigmund von Leiningen, starb eines gewaltsamen Todes (A. Kieffer, Ruine Guirbaden, Straßburg/Andlau [Umdruck] 1968, 38). Offensichtlich waren aber Burg und Erbe noch länger strittig (vgl. Anm. 165). Es gibt auch eine Version, wonach die Templer („die roten Ritter von Dorlisheim") bis zur Auflösung ihres Ordens 1312 im Besitz der Burg gewesen seien. Girbaden erlebte als bischöflicher Amtssitz noch manchen Strauß, bis sie am 14. 9. 1633 auf Befehl ihres letzten Kommandanten, des Grafen Adolf von Salm, niedergebrannt wurde, um sie nicht in die Hände der Schweden fallen zu lassen.

a) Burgen im Elsaß 137

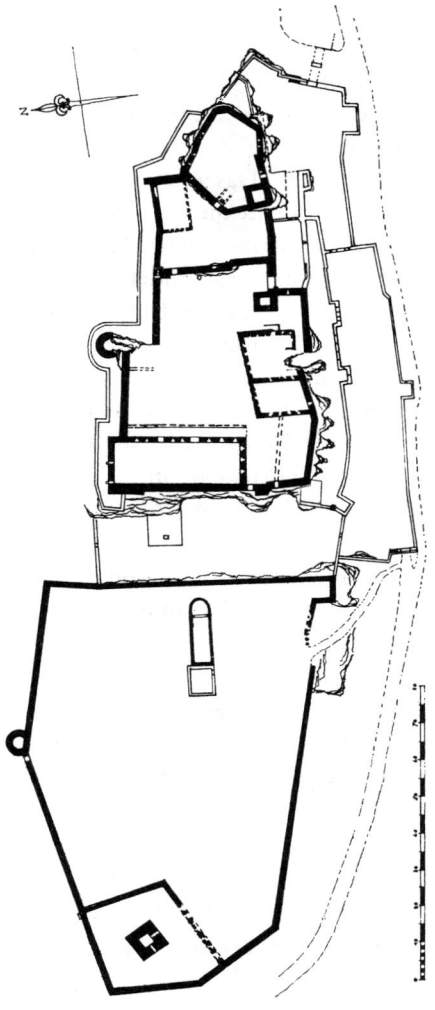

Z 59 Girbaden, Grundriß, nach Kieffer, aus Hotz, Handbuch Elsaß u. Lothringen, 67.

burg, die im ersten Drittel noch durch eine Sperrmauer geteilt wird. Zwei größere Gebäude lehnen sich an die Ringmauer an: der Palas auf der Westseite und ein Wohnbau an der Südmauer. Sie war auch mit zwei Toren versehen. Ein Torweg führte unterhalb der Hochburg entlang und bog nach einem Mauervorsprung in den Burghof ein. Das zweite Tor lag neben dem Palas in der Schildmauer und stellte die Verbindung zur Vorburg her. Diese Vorburg war durch einen tiefen Halsgraben von der Unterburg getrennt. Im Grundriß bildet sie ein unregelmäßiges Sechseck mit geraden Mauerzügen. In der Westecke steht innerhalb eines abgetrennten Bezirks ein quadratischer Bergfried. Ein halbrunder Turm springt flankierend auf der Nordseite vor. Der Torbau ist zerstört, er lag in der Südostecke. Im Gelände der Vorburg steht auch die Burgkapelle, die dem hl. Valentin geweiht war, weswegen Girbaden oft „Veltenschloß" genannt wurde. Ihr teilweise noch romanisches Mauerwerk läßt erkennen, daß der Bau mindestens in seinen Ostteilen mehrgliedrig war. Alle Außenmauern mit Ausnahme des Turmaufsatzes in der Oberburg und ein Teil der Innenmauern haben Buckelquaderverband.

Besondere Gestaltung hat der Palas erfahren. Er war zweigeschossig auf rechteckigem Grundriß und lehnte sich in der Nordwestecke der Burg an die Schildmauer an. Das Erdgeschoß besaß auf der hofseitigen Längswand eine Bogenstellung, die

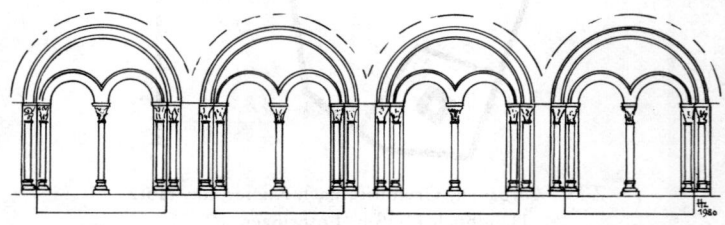

Z 60 Girbaden, Vierfenstergruppe in der Südwand des Palas, Rekonstruktion.

a) Burgen im Elsaß

Z 61 Girbaden, Kapitelle aus der Vierfenstergruppe des Palas (zerstört), gezeichnet von A. Kieffer.

einen Altan trug. Das Obergeschoß enthielt den Saal und war weitgehend in Fensterarkaturen aufgelöst. Davon ist ein Fenster neben der Schildmauer in seinem Gewände und mit Ansätzen der inneren Einteilung erhalten. Doch zeigt ein Bild aus dem frühen 19. Jh. noch eine Vierfenstergruppe in ganzer Breite der Südwand. Die Sohlbänke der Fenster befinden sich noch an Ort und Stelle. Es waren rundbogige, in der Mitte unterteilte Fenster, deren abgetreppte Gewände innen und außen mit je zwei Säulen besetzt waren, die als Rundstäbe in der äußeren Laibung oder um die Doppelfenster weiterliefen. Es ist daher anzunehmen, daß auch in der Fenstermitte eine Säule stand. Die Basen sind attisch profiliert, die Kapitelle weisen verschiedene längliche oder gerollte Blattformen, z. T. in Verbindung mit diamantierten oder gezackten Stäben, auf. Vor wenigen Jahren waren auch noch figürliche Darstellungen (bogenschießender Wassernix; Mann, der ein Tier erwürgt) vorhanden.[174] Die Konzeption

---

[174] Auf älteren Aufnahmen noch zu erkennen. In der Ausführung etwa wie

scheint burgundisch beeinflußt und von der Art der Fensterarkaden im Obergeschoß des Hauses Aubriot zu Dijon.

Eine Reihe von Säulen mit geschmückten Kapitellen und mehrere Rundbogenfenster wurden im 19. Jh. ausgebrochen und zur Dekoration einer künstlichen Ruine im Park von Ottrott verwendet, wo sie sich heute noch befinden.[175] Zwei Säulen mit kräftigen Basen von Rosheimer Art hat man zum ehemaligen Forsthaus unterhalb der Burg gebracht. Eine andere freistehende Säule besaß ein Würfelkapitell. Skulptierte Werkstücke von Girbaden gibt es mehrerenorts, teils in Privatbesitz, teils in öffentlichen Sammlungen.[176] Aus all dieser Bauplastik ist eine reiche und qualitätvolle Ausstattung der Burg und ihrer Repräsentationsbauten ersichtlich. Die Schmuckformen sind verwandt mit den schon genannten Bauten in Schlettstadt, Rosheim und dem Münster zu Basel, bei einigen von ihnen ist die burgundische Provenienz sehr deutlich.

Das dem Halsgraben zugekehrte Portal neben dem Palas besitzt eine profilierte rechteckige Umrahmung seines Bogens, ein Motiv, das sehr ähnlich am Portal zum Männerbau der Wormser Synagoge begegnet. Ein erhabener Profilrahmen ist auch über das Seitenportal der Abteikirche von Altdorf gezogen, der die Grafen von Egisheim-Dagsburg ihre abschließende romanische Form gegeben haben. Die erwähnten Bauten lassen sich in der Mehrzahl genauer datieren: St. Fides in Schlettstadt 1162, Rosheim 1150/60, Synagoge Worms 1174/75, Basel 1185, Altdorf gegen 1192. Das ist der späteste Zeitpunkt für die Schmuckformen der Unterburg Girbaden, so daß wir eine Bautätigkeit dort zwi-

am Chor von St. Fides in Schlettstadt. Unsere Abbildungen nach Zeichnungen von A. Kieffer (Anm. 173).

[175] Abb. bei Kieffer, Guirbaden (Anm. 173).

[176] Ein besonders schönes romanisches Kapitell wurde, um es vor gänzlicher Zerstörung zu bewahren, ins Frauenhaus-Museum nach Straßburg verbracht. Abb. bei G. Trendel u. H. Ulrich, Châteaux des Vosges et du Jura alsacien, Straßburg 1969, 27.

a) Burgen im Elsaß

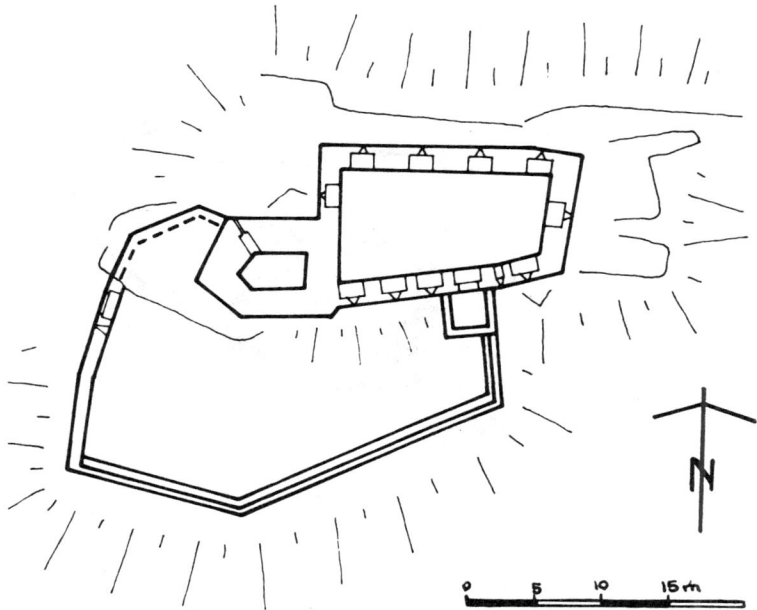

Z 62   Birkenfels, Grundriß, nach Châteaux de l'Alsace médiévale, 328.

schen 1170 und 1180 annehmen können. Die Vorburg hingegen dürfte kurz vor 1226 vollendet worden sein. Die Burg wurde ihren Abschnitten entsprechend in drei Bauzeiten errichtet. Hier entfaltete sich eine bedeutsame Planung in großartigen Wohn- und Wehrbauten. Die künstlerische Aussage der Palasarchitektur und der ihr zugehörigen Bauplastik etnspricht dem staufischen Selbstbewußtsein. Es hat sich hier in einem Meisterwerk verwirklicht.

Die weiteren Burgen um den Odilienberg sind durchweg jüngere und kleinere Anlagen. Von den drei Burgen des *Dreistein* sind zwei eng zusammengebaut, die dritte liegt einen Pfeilschuß entfernt. Historische Daten sind erst vom 15. Jh. an bekannt. Auch dann fließen die Nachrichten noch spärlich. Ein Teil der

III. Die Burgen des Reiches und der Ritter

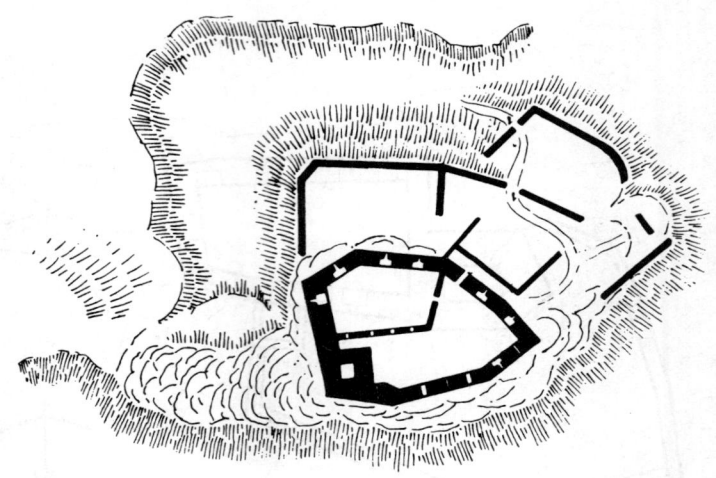

Z 63   Spesburg, Grundriß, nach Will,
aus Châteaux, 127.

Mauern wird wohl noch dem 13. Jh. zuzurechnen sein. Die Bukkelquader wurden allgemein durch glatte Quadern abgelöst.

Burg *Birkenfels* ist ein Wohnturm auf oblongem Grundriß, der an der Westseite durch einen fünfeckigen Bergfried verstärkt ist. Um 1250 wurde der Bau, der teilweise schönes Buckelquadermauerwerk aufweist, von Burkhard Beger aus Oberehnheim, Lehensmann des Bischofs von Straßburg, gegründet.

Ebenfalls auf einen bischöflichen Lehensmann, Albert von Kage und das Jahr 1262, geht die Burg *Kagenfels* zurück, von der nur noch Turmreste und ein großer Bogen zwischen zwei Felsen übrig sind. — Reichslehen dagegen war Burg *Hagelschloß,* wo wiederum ein Abgrund zwischen zwei Felsen von einem Bogen überbrückt wird.

Bedeutender war der polygonale und von einem Bergfried überragte Turmpalas der *Spesburg,* ein Buckelquaderbau, den der Vogt der Abtei Andlau, Alexander von der Dicke, zwischen

a) Burgen im Elsaß   143

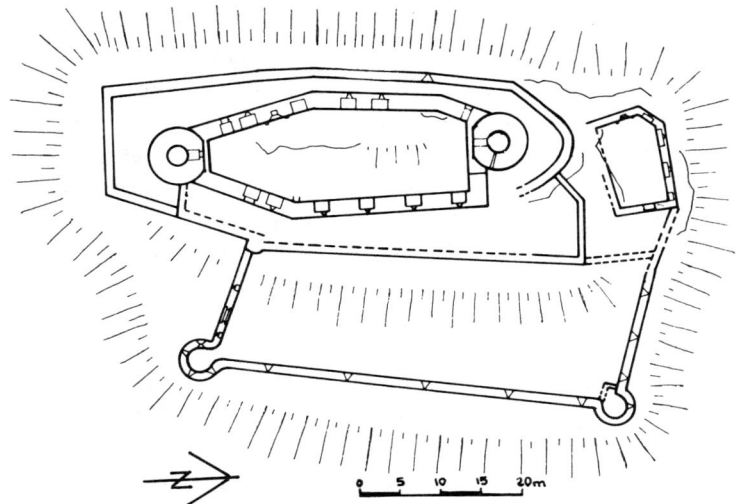

Z 64 Hohandlau, Grundriß, nach Centre d'Archéologie médiévale, aus Châteaux, 335.

1246 und 1250 errichten ließ. Er vertritt schon einen Typus, wie er in der 2. Hälfte des 13. Jh. vor allem auf Burg Ortenberg seine eindrucksvolle Verkörperung fand. Die zwei Reihen gotischer Maßwerkfenster im Palas der Spesburg geben dem Buckel- T 63
quaderbau ein geradezu festliches Aussehen.

Unweit der Spesburg liegt *Hohandlau*. Sie war Reichslehen und spielte in den Machtkämpfen des 13. Jh. eine Rolle. Die stattliche Anlage ist zweitürmig auf einem sehr klaren Grundriß   Z 64
erbaut, der fast genauso bei der Burg Saaleck angewendet wurde.   Z 137
Auch hier bildet die Burg einen gewaltigen dreigeschossigen   T 64
Turmpalas aus Granitquadern mit sparsam verteilten gotischen Schmuckformen.

Den Vögten der Abtei Andlau begegnen wir auf der spätstaufischen *Wangenburg*. Die geräumige polygonale Randhausburg besitzt einen hochgelegenen Bergfried. Er ist innen quadra-   T 65 tisch, außen aber infolge eines Mauerwinkels fünfeckig. Der Mauermantel besteht meist aus Buckelquadern. Der Bischof von Straßburg setzte sich nach 1200 im Herzen des Gebirges mit den beiden *Nideck*-Burgen fest. In der Unterburg wurde einer der stattlichsten Buckelquadertürme des Landes errichtet.

Im Bereich der Kaiserpfalz Hagenau sind in der Felslandschaft der Nordvogesen eine Anzahl von Burgen erbaut worden. Zu den älteren Anlagen zählt *Groß-Arnsberg* mit seinem quadratischen Buckelquaderbergfried auf Felssockel. Die Burg wird erstmals 1114 als Reichsburg genannt. Herzog Friedrich II. hat wohl ihre Erbauung durch die Grafen von Werd veranlaßt.

Die Persönlichkeit des „Burgenbauers" steht auch an den auf 1129 zu datierenden Anfängen der Felsenburg *Fleckenstein*. Ihre charakteristische Gestalt ist zwar ein Ergebnis späterer Umbauten, vor allem der Renaissance, und ihrer Zerstörung in den Kriegen Ludwigs XIV., doch gehen einige Buckelquadermauern noch auf die staufische Zeit zurück. Auch hat sich ein schön ornamentiertes Kapitell erhalten, das formal mit der Bauplastik der Kaiserpfalz von Hagenau zusammenhängt. Das gleiche wäre von der Plastik einer Meerjungfrau zu sagen, von der ältere Beschreibungen noch wissen,[177] die aber seit dem Zweiten Weltkrieg verschollen ist.

Ein Reichslehen war der *Wasigenstein*, der Schauplatz des im Waltharilied berichteten Kampfes zwischen Walther von Aquitanien und Gunthers Burgunden. Die Felsbildungen bestimmten die langgestreckte Grundrißform der aus dem *Vorder-* und dem *Hinter-Wasigenstein* bestehenden Burg. Die größere Oberburg war von einem fünfeckigen Bergfried beherrscht, an den der Palas anschloß. Klein-Wasigenstein bestand aus einem einzigen Turmpalas auf polygonalem Grundriß. Beide Burgen kehrten über einer tiefen Felsenspalte einander schildmauerartige Verstärkungen zu, in die auch die Treppen zu den oberen Stock-

---

[177] E. Wagner, Die Burgruinen der Vogesen, Straßburg 1913, 15 f., 53.

werken eingelassen sind. Die erhaltenen Fensterformen der Vorderburg: frühgotisch gegliederte Doppelfenster gestatten eine Datierung der Anlage auf das 2. Viertel des 13. Jh. Für das Mauerwerk wurden sorgfältig gearbeitete, z. T. besonders lange Buckelquader verwendet.

Die beiden Windsteiner Burgen (*Alt-* und *Neu-Windstein*) waren Reichslehen. Alt-Windstein ist gegen 1205 zum Schutze des Zisterzienserklosters Neuburg erbaut worden. Es wurde erstmals 1332 und endgültig 1676 zerstört. Mit der ersten Zerstörung wird die Gründung der Burg Neu-Windstein in Verbindung gebracht. Nach dem Befund der weitgehend erhaltenen Ruine ist die Burg jedoch bereits vor 1250 entstanden. Ihren Kern bildet ein fensterreicher Turmpalas auf mehreckigem Grundriß aus glatten Quadern mit gebuckelten Kanten. Die Fenster sind in zwei Stockwerken angeordnet. Im unteren Saalgeschoß sind es Doppelfenster mit Kleeblattbogen und Vierpäs-

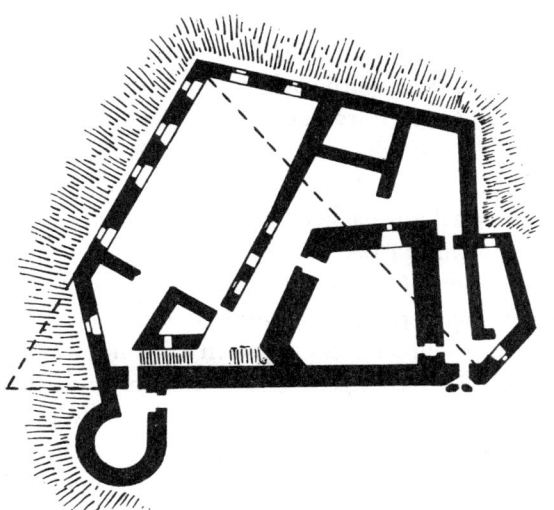

Z 65   Neu-Windstein, Grundriß, aus Châteaux, 131.

sen, oben meist Spitzbogen mit Rundpässen, einmal auch eine Dreifenstergruppe. Gerade diese Fenster verleihen dem Turmpalas ein festliches Gepräge, er wird so ein verkleinertes Seitenstück zu Friedrichs II. Palästen im Süden, etwa in Lagopesole.

Eine Turmburg, von deren staufischer Anlage fast nur die buckelquaderne Ummantelung des Felsens übrigblieb, ist die *Hohenburg*. Sie war Reichslehen im Besitz der Puller von Hohenburg. Ihrem Geschlecht gehörte der Minnesänger Konrad Puller von Hohenburg, ein Gefolgsmann König Rudolfs von Habsburg, an. Erstmals wird die Burg 1224 genannt.

Am Paß, der das untere Elsaß vom Modertal her mit dem Westrich verbindet, erbaute Graf Hugo von Lucelenstein — wohl aus dem Hause der Grafen von Lunéville — bald nach 1200 auf einem felsigen Bergsporn die Burg *Lützelstein*. Er mußte sie 1223 vom Bischof von Straßburg zu Lehen nehmen. Die langgestreckte Anlage umfaßt einen mehreckigen Turmpalas, dessen Umfassungsmauern heute noch stehen, und einen an eine Schildmauer angelehnten fünfeckigen Turm. Letztere sind nicht mehr vorhanden, aber aus Plänen nachzuweisen. Die 1675 gesprengte Schildmauer wurde bei der Neubefestigung des Platzes 1705 in veränderter Form und unter Verwendung der alten Steine wiederhergestellt. Der Turmpalas besaß einen gewölbten zweischiffigen Keller. Darüber lag ebenerdig der gleichfalls zweischiffige Saal mit flacher Decke. Von der staufischen Fensterarchitektur haben sich beachtliche Reste auf der Nordseite erhalten: ein Fenster mit profiliertem Rahmen und ein weiteres Fenster mit abgetrepptem Gewände, in das beiderseits je zwei Säulchen eingestellt sind. Sie besitzen schlanke Kapitelle, teils mit einfachen Blättern, teils auch mit Blattauflagen. In der Auffassung verwandt sind Säulen und Gewölbe im Kapitelsaal von Neuweiler und an der Kapelle Obersteigen. Hier wie dort können wir eine Bauzeit zwischen 1215 und 1230 annehmen. Hugo von Lützelstein bezeugt 1216 eine Urkunde, die Kaiser Friedrich II. dem Kloster Neuburg erteilt. Es ist darum gar nicht ab-

a) Burgen im Elsaß

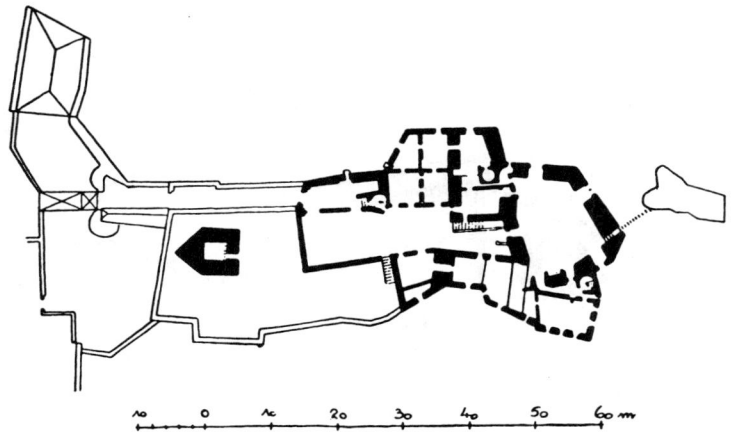

Z 66 Lützelstein, Grundriß der Burg, nach einem Plan im Kriegsarchiv München, gezeichnet von Ebhardt I, 324.

wegig, sich vorzustellen, daß der Staufer während seiner längeren Aufenthalte in Hagenau zur Jagd in die Vogesen ritt und dann auch Einkehr auf den Burgen seiner Gefolgsmannen hielt, vielleicht auch im neuerbauten Palas der Burg Lützelstein.

In den Nordvogesen finden wir noch eine Spätform des staufischen Burgenbaus, in der dem Wehrbau ebenso entsprochen wird wie der repräsentativen Wohnkultur: die *Wasenburg* T 69 oberhalb von Niederbronn. Sie gehörte den Herren von Lichtenberg, die erst in nachstaufischer Zeit zu einem der mächtigsten Geschlechter des Landes wurden. Erbaut ist sie wohl erst nach dem Erlöschen des staufischen Hauses auf einem seit den Römern, wenn auch nicht ununterbrochen, besiedelten Boden. Ihr Grund- und Aufriß wird beherrscht von einer gewaltigen Schildmauer, an die sich auf verschiedenen Ebenen Palas und Vorburg anlehnen. Die Schildmauer birgt in ihrem Inneren eine Wächterstube. Der Palas, nach Nordwesten bis auf ein Doppelfenster und eine Erkertür ganz verschlossen, öffnet sich desto

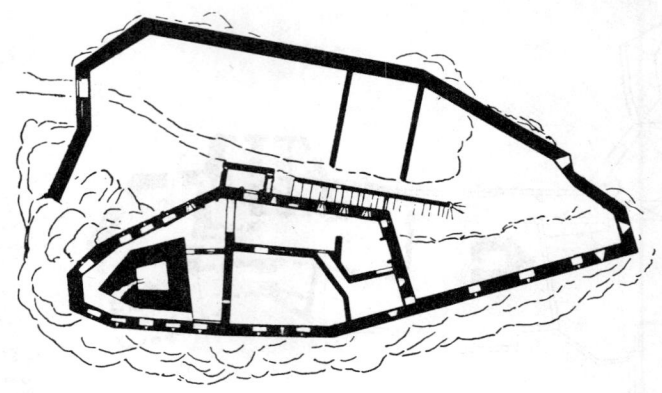

Z 67   Ortenberg, Grundriß, nach Will, aus Châteaux, 127.

reicher nach Südosten hin. Drei Doppelfenster beiderseits eines Kamins im Erdgeschoß, darüber ein neungliedriges Fenster mit sieben Rosetten in Spitzbogenblende und nochmals ein Doppelfenster im Obergeschoß lösen die Wand weitgehend auf. Der Saal besaß eine flache Balkendecke auf zugespitzten Konsolen. Auf seiner Schmalseite kragte ein eigentümlicher Erker vor mit einem Fenster, das nicht nur dem Ausguck, sondern auch der Entlüftung gedient haben dürfte.

Das Formbewußtsein der späten Stauferzeit hat auch eine andere elsässische Burg um die Jahrhundertmitte schaffen helfen, die geradezu als Inbegriff einer Bergburg gelten kann: Burg *Ortenberg* am Eingang des Weilertals. Hier drängt sich alle Selbstbehauptung zusammen um den fünfeckigen Bergfried und die darum gelegte Mantelmauer. Der Palas kehrt seine gotisch gerahmten Fensterarkaden dem Tal und der Ebene zu. Die Burg gleicht einem Schiff, dessen hochragender Bug das Meer der Wälder und der Berge durchfurcht. Es wohnt ihr eine Zentralbautendenz inne, die diesem Bauwerk auch eine rationale Überlegenheit sichert.

Damals wurde manche Burg sehr regelmäßig gebaut. Von den

a) Burgen im Elsaß

elsässischen Oktogonen in Egisheim, Gebweiler und Wangen war schon die Rede. Auch eine fast quadratische Burg mit vier runden Ecktürmen und einem runden Bergfried gab es dortzulande. Über ihr Aussehen sind wir durch Zeichnungen hinlänglich unterrichtet, die Burg selbst ist völlig verschwunden. Es war die Burg am Südende des Städtchens *Zellenberg* im Oberelsaß.[178] Rothmüller sah sie noch als Halbruine, im Aquarell von Walter hat sie bereits ihre Dächer eingebüßt. Im Unterelsaß gab es eine sehr regelmäßige, über einem siebeneckigen mit vier runden Ecktürmen bewehrten Polygon konstruierte Anlage zu *Reichshofen*. Auch diese Burg ist untergegangen, doch wird ihr Typus durch Neuleiningen erläutert.

Im Oberelsaß gehören dem 2. Viertel des 13. Jh. noch zwei bemerkenswerte Höhenburgen an, die einander benachbart sind. Sie verdanken ihre Gründung der gleichen historischen Situation, in der das Einzugsgebiet der Reichsstadt Colmar an der Mündung des Gregorientals samt den dort begüterten Herren geschützt werden sollte. So wurden nächst dem Tal die kleinere *Plixburg* (Pflixburg), auf sicherer Höhe die ausgedehnte Hohlandsburg angelegt. Die Plixburg geht auf den Reichsschultheißen Wölflin und das Jahr 1226 zurück. Eine längsovale Randhausburg, mit einem runden Bergfried inmitten, ist in sauberem Granitquaderverband ausgeführt. Die Toranlage wurde, was nicht häufig ist, zwischen zwei Schenkeln zurückgenommen. Schmuckformen waren wohl nie vorgesehen, nur einige schlichte romanische Doppelfenster sind noch da. Auch der Platz des Palas ist nicht mit Sicherheit zu ermitteln, am ehesten befand er sich im Ostteil, dem Tal zu. Z 68 T 72

Der Grundriß der *Hohlandsburg* umschreibt ein großes Rechteck, das auf der Nordwestecke geländebedingt abgestumpft ist. Ein Zwinger war im Osten vorgelagert. Auf einem Felsen an der Ostmauer darf ein Bergfried vermutet werden. Z 69

---

[178] R. Will, Châteaux de Plan carré (Anm. 168), 68.

Z 68 Plixburg, Grundriß, nach Archives des Bâtiments du Ht. Rhin, aus Châteaux, 116.

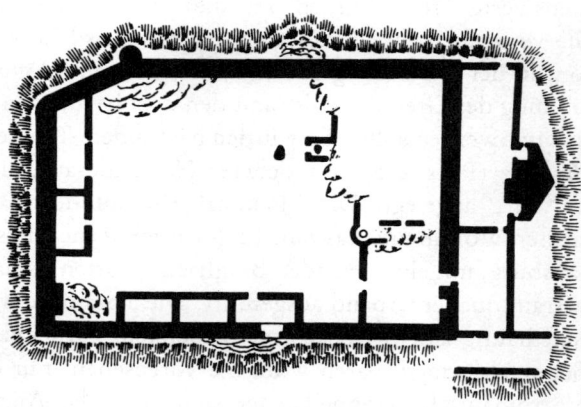

Z 69 Hohlandsburg, Grundriß, nach Wolff, aus Châteaux, 132.

Auch hier findet man Mauerwerk aus hammerrechten Granitquadern. Die Türen und die wenigen Fenster sind meist spitzbogig, aber auch lange Fensterschlitze sind vorhanden. Kennzeichnend für diese Burg ist ihre hohe gleichmäßige Mauer. Sie bestimmt den Umriß der Bergkuppe. Man kann sie bei klarem Wetter schon von der Basler Rheinbrücke aus erkennen.

a) Burgen im Elsaß 151

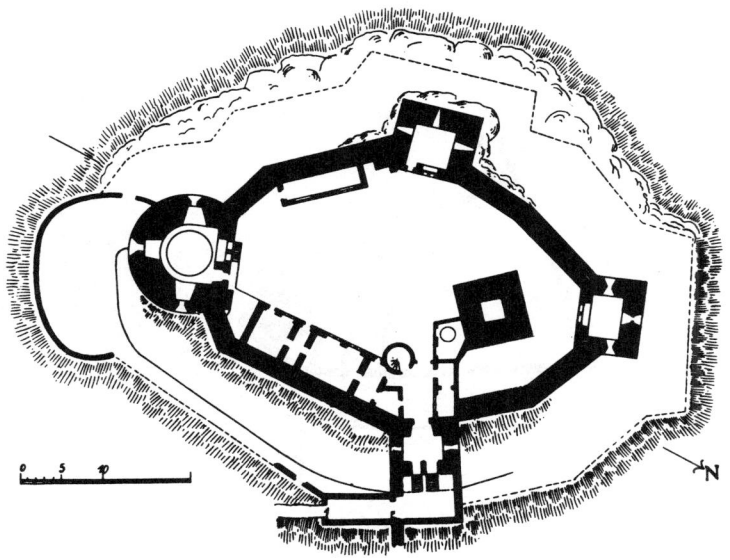

Z 70 Hohnack, Grundriß, nach Wolff, aus Châteaux, 140.

Gegenüber der Plixburg liegt jenseits des Münstertals die Burg *Hohnack*. Sie wird schon 1079 erwähnt, war vermutlich in Egisheimer Besitz, gelangte dann aber im 13. Jh. an die Grafen Pfirt und später an die Herren von Rappoltstein. Erhalten sind die Trümmer einer gegen 1200 errichteten Randhausburg mit Bergfried im Burghof. Vier bereits für Artillerie eingerichtete Türme sind um 1480 als flankierende Ausbauten vor die Mauer gesetzt worden. Das geschah, wie beim Westbollwerk der Hohkönigsburg, gleichfalls in Buckelquaderverband.

Der im Auftrag Kaiser Friedrichs II. tätige Reichsschultheiß Wölflin von Hagenau hat 1227 die Stadt *Kaysersberg* gegründet. Sie lag am Ausgang eines Vogesentals, durch das die wichtige Straße über den Paß von Diedolshausen (Col du Bonhomme) hinüber nach Lothringen zog. Stadt und Burg entstammen der

152   III. Die Burgen des Reiches und der Ritter

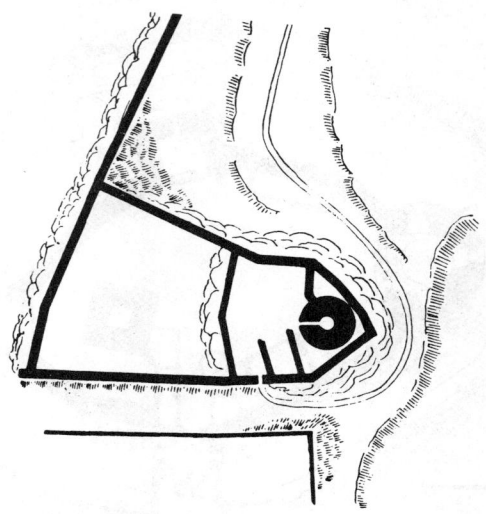

Z 71   Kaysersberg, Grundriß der Burg, nach Will, aus Châteaux, 127.

Z 71 gleichen Planung. Auf fünfeckigem Grundriß, der durch die Verbindung mit der Stadtmauer keilförmig erweitert wird, ist die
T 73 Wehrkraft der Burg in einem beherrschenden runden Bergfried hinter einer gewinkelten Schildmauer, beide aus Bruchsteinen, zusammengerafft. Der Palas darf auf der Stadtseite angenommen werden.

Mehreren spätstaufischen Anlagen im Elsaß liegt das architektonische Konzept einer engen Verbindung von Bergfried und Schildmauer zugrunde. Die kleine Burg *Hageneck,* auf rechteckigem Grundriß erbaut, vereinigt Turm und Palas in einem einzigen Baublock. Verwendet werden glatte Quader. Die Kanten sind gebuckelt. Die Kapitelle zweier Kaminsäulen weisen auf das Ende des 12. Jh. als Entstehungszeit.

T 74   Bereits im Weinland zu Füßen der Waldberge liegt die darum
Z 72 so genannte Burg *Wineck* beim Dorf Katzenthal. Bergfried und Schildmauer sind aufs engste miteinander verbunden. Der Mau-

a) Burgen im Elsaß 153

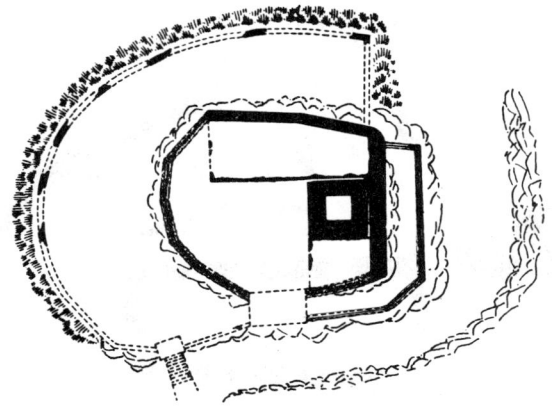

Z 72 Wineck bei Katzenthal, Grundriß, aus Châteaux, 131.

erverband besteht wiederum aus glatten Quadern mit Bossensteinen an den Ecken. Die Burg war Lehen der Bischöfe von Straßburg in den Händen der Grafen Pfirt.

Im benachbarten Lothringen lag die befestigte Burg der Grafen von Bar, die sich auch Grafen von Mousson nannten. Die auf dem Berg *Mousson* noch vorhandenen Mauerreste sind allerdings unbedeutend. Bis zu ihrer Zerstörung 1944 stand dort noch eine romanische, im Laufe der Zeit mehrfach veränderte Kapelle mit einem schönen skulptierten Taufbecken.[179] Beide Werke werden dem Grafen Thiébaut I. von Bar zugewiesen, der um 1200 auch die Burg neu erbaut haben dürfte. Die Grafen von Bar wußten sich den Staufern und ihrer Reichspolitik verpflichtet.

Im Besitz der Herzöge von Lothringen befand sich die Burg *Prény* über dem Moseltal[180] südlich von Metz. Sie wurde wahr-

---

[179] N. Müller-Dietrich, Die romanische Skulptur in Lothringen, München-Berlin 1968, 158—163 m. Grundriß des Burgkapelle.
[180] H. Kuhn u. J. P. Koltz, Burgen u. Schlösser in Lothringen u. Luxemburg, Frankfurt/M. 1964, 69 f., Abb. 227, 228.

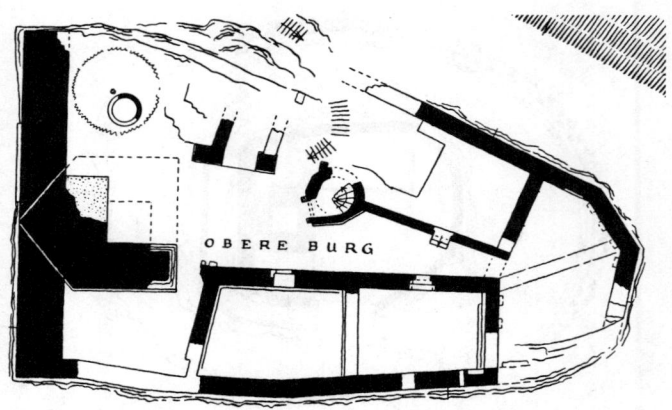

Z 73 Hohenecken, Grundriß der Kernburg, aus Inv. Kaiserslautern, 236.

scheinlich in der 1. Hälfte des 12. Jh. erbaut. Erhalten ist ein
T 75 mächtiger Bergfried mit rundbogigem Eingang in glattem
hammerrechtem Quaderverband.

b) Burgen in der Pfalz

Die staufischen Paläste zu Kaiserslautern und auf dem Trifels
waren jeweils von einer Kette schützender Anlagen umgeben.
Bei Kaiserslautern kann man von einem „Burgenring" sprechen.[181] Eine seiner wichtigsten Anlagen war die Burg *Hohen-*
Z 73 *ecken*. Der Plan der auf einem Bergsporn gelegenen Burg zeigt eine
ovale Randhausanlage mit Schildmauer und einem in sie eingreifenden fünfeckigen Bergfried. Parallel zur Schildmauer, den
Halsgraben begrenzend, bietet eine (befestigte) Felsrippe weiteren Schutz sowohl der Vorburg wie der Hauptburg auf der An-

---

[181] Hotz, Stauf. Reichsburgen (Anm. 16) Karte S. 35 u. 10. Gedacht war an
die Burgen Hohenecken, Wilenstein, Gräfenstein, Frankenstein, Diemerstein
und Wolfstein.

b) Burgen in der Pfalz

Z 74   Hohenecken, Kapitell aus dem Palas, nach Inv., 239.

griffsseite. Die Sprengung des Bergfrieds 1689 und seine Teilrestaurierung haben das Bild etwas verunklärt. Hier hat nun die Schildmauer — im Gegensatz zur elsässischen Wangenburg — zweischichtig unten glatte und oben bossierte Quadern, während das Mauerwerk des Bergfrieds ganz aus Buckelquadern bestand. Vom Palas auf der Nordwestseite sind noch mehrere Fensterrahmen sichtbar, einer davon mit einem säulengekuppelten Doppelfenster und Blätterkapitell. Ein weiteres, aus dem Schutt geborgenes Kapitell zeigt frühe Knospenform. Die Burg war im Besitz von Reichsministerialen, die aus der Familie der seit 1184 erwähnten Herren von Lutra kommen.[182]

T 76

Z 74

Der *Wilenstein* bei Trippstadt war eine dem Rechteck angenäherte Anlage mit Schildmauer und Tor auf der Ostseite. Wahrscheinlich wurde er in der Barbarossazeit erbaut. Edle von Wilenstein werden erstmals 1154 genannt. Von der staufischen Bausubstanz war vor dem neuerdings erfolgten Aus- und Umbau noch die Falkensteiner Schildmauer in Buckelquaderverband erhalten.[183] Der runde Bergfriedrest im Flörsheimer Anteil war

---

[182] Inventar Kaiserslautern (Anm. 69), 234 ff.
[183] Steinmetzzeichen im Inventar Kaiserslautern, 499.

wohl auch noch staufisch. Als Lehnsherren des Wilensteins begegnen im 14. Jh. die Grafen Leiningen.

Sie sind die Bauherren einer weiteren Burg der Stauferzeit gewesen, des *Frankensteins* über dem Tal des Speyerbachs. Er entstand im Anschluß an einen unter Lehnshoheit der Äbte von Limburg befindlichen quadratischen Bergfried. Dieser auf einem Felsen errichtete und damit verzahnte Buckelquaderturm gehört zu den einzelstehenden Warttürmen, die die frühstaufische Burgenarchitektur kennzeichnen. Er ist vielleicht schon um 1150 entstanden. Die Leininger Burg wurde ebenfalls dem Abt zu Limburg als Lehen aufgetragen. Es ist zu vermuten, daß die Leininger wie in vielen ähnlichen Fällen als Vögte auch den Turm auf Klosterboden erbaut hatten. Die Burg des 13. Jh. besitzt mehrgliedrige frühgotische Fenster (erneuert) und einen rechteckigen Kapellenerker auf Spitzkonsolen mit reich profiliertem Fuß.

Der *Nanstein* oberhalb von Landstuhl lag westlich von Kaiserslautern. Er wird 1189 zum ersten Mal genannt und war wohl in den Händen eines Reichsministerialen. Heinrich VI. stellte als König am 21. März 1189 auf „Nannensteine" eine Schenkungsurkunde aus. Im 13. Jh. war die Burg Reichslehen. Infolge späterer Umbauten, vor allem unter den Sickingen, und ebenso von Zerstörungen (Franz von Sickingen starb dort an einer während der Belagerung erlittenen Verwundung am 7. Mai 1523), deren letzte und gründlichste 1689 geschah, reichen nur Teile der Schildmauer und Felsenkammern in staufische Zeit zurück.

Die Burg *Alt-Wolfstein* über dem Lautertal schützte den Bereich der Pfalz von Lautern nach Norden hin. Erhalten ist auf dem Königsberg noch ein unregelmäßig fünfeckiger Bergfried. Im 14. Jh. wurde die Burg dem Reich entfremdet und kam in den Besitz von Ganerben. Im Streit um das Sponheimer Erbe zwischen Zweibrücken und Kurpfalz wurde sie 1504 zerstört.

Die bedeutendste Burg des „Kaiserlauterner Rings" ist der *Gräfenstein*. Er wurde „an der Nahtstelle zwischen Worms-,

b) Burgen in der Pfalz

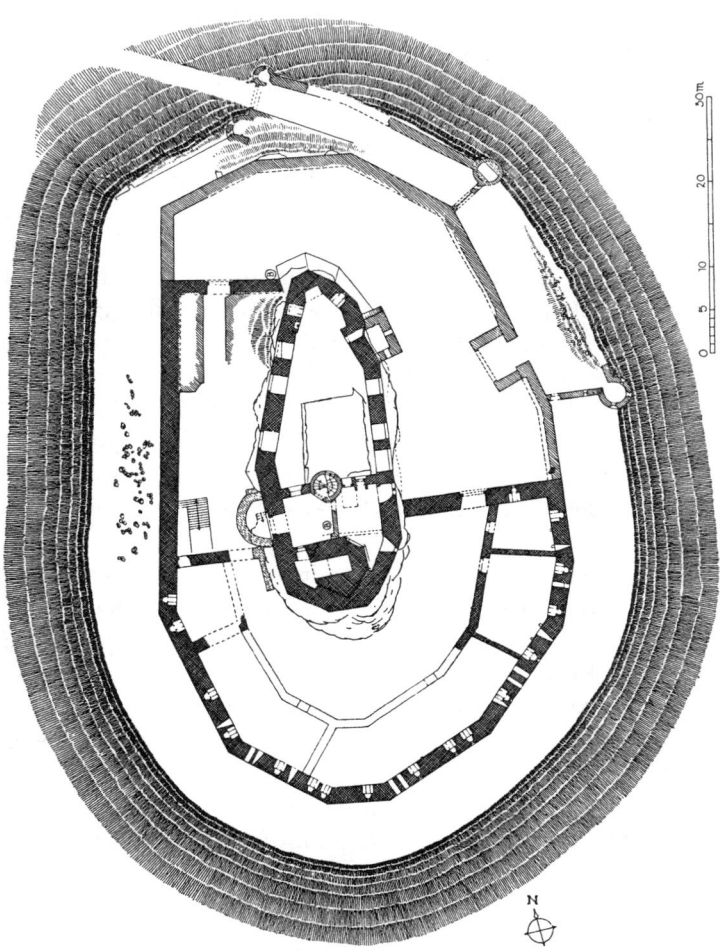

Z 75   Gräfenstein, Grundriß, nach Inv. Pirmasens, 399.

Speyer- und Bliesgau errichtet".[184] 1220 gelangte er an Leiningen. In dieser Zeit entstanden die heute noch zu wesentlichen Teilen erhaltenen Bauten. Die sehr übersichtlich disponierte Anlage benützt ein längliches Felsenriff als Baugrund der Oberburg, die auf polygonem Grundriß Palas und Bergfried enthält. Der siebeneckige Turm greift auf der Südseite spitz in eine mehrfach gewinkelte Schildmauer ein. Ein Tor mit abgetrepptem Gewände führt in einen kleinen Hof. Zu Füßen des Turms sind in der Unterburg halbkreisförmig weitere Gebäude mit Fenstern und Kaminen längs der Außenwände angeordnet. Der Bergfried und der anschließende Palas mit ursprünglich rundbogigen, später durch rechteckige Gewände und Kreuzstücke veränderten Fenstern bilden einen zusammengehörigen Baukörper. In der Ansicht von Süden her wirkt er schon wie ein Zentralbau. Man spürt seine Prägung durch einen Meister, der das künstlerische Bewußtsein dieser Zeit Friedrichs II. unter Einbeziehung der Natur des Felsengebirgs in architektonische Formen zu fassen verstand.

Die Grafen Leiningen waren bereits zur frühen Stauferzeit als eine der maßgeblichen Adelsfamilien im pfälzischen Raum hervorgetreten. Sie erwarben bis zum Beginn des 15. Jh. zahlreiche Güter und Rechte, auch im Elsaß, im Westrich und in Lothringen bis hin zu den Argonnen, ohne indes zur Bildung eines geschlossenen Territoriums zu gelangen. Ihr großer Nebenbuhler war Lichtenberg im Unterelsaß, dem sie schließlich in der entscheidenden Schlacht bei Reichshofen 1451 unterlagen.

Von der Leininger Stammburg *Hardenburg* über dem Isenachtal westlich von Dürkheim sind aus staufischer Zeit kaum Mauerreste übrig. Die Burg wurde im 15. und 16. Jh. als festes Schloß ausgebaut und war eine der ältesten Renaissancefestungen Deutschlands.

---

[184] Handbuch der Historischen Stätten Deutschlands, Bd. V: Rheinland-Pfalz u. Saarland, Stuttgart 1959, 106 (Th. Kaul).

b) Burgen in der Pfalz

Auf Leiningischem Grund und Boden liegen die Trümmer einer staufischen Burg, die wahrscheinlich nie bewohnt wurde, und die auch keinen alten Namen trägt. Sie heißt heute *„Schloßeck"*. Sie ist nur eine kurze Wegstrecke von der Hardenburg entfernt. Ihr Bauplatz auf einem Vorsprung des Rahnfelsens gegen das Isenachtal zu trug eine ältere Ringwall-Befestigung von ovaler Grundform. Die staufische Anlage folgte ihr. Auf der durch einen Halsgraben vom Bergmassiv abgetrennten Angriffsseite wurden eine Schildmauer und ein Bergfried auf fünfeckigem Grundriß erbaut. Das Burgtor führte im Schutz des Turmes durch die Schildmauer.[185] Dieses Portal trägt repräsentatives Gepräge. Es sitzt in einer glatten Mauerfläche und hat ein breites, einmal abgetrepptes Gewände. Die Kante des vorspringenden Bogens ist mit Palmettenornament verziert. Die Bogen sitzen auf profilierten Kämpferplatten, deren Ecken Adlerskulpturen tragen. Der Schlußstein zeigt eine bärtige Maske, aus deren Mund Ranken wachsen. Die Wandfläche über dem Portal wird durch einen einfachen Rundbogenfries auf Kopfkonsolen und ein darüberstreichendes Blättergesims abgeschlossen. Ein solches Portal konnte nur einer entsprechend ausgestatteten Burg zugedacht sein. Es gibt keine Anzeichen dafür, daß sie je vollendet wurde. Aber es sollte hier sicherlich der Entfaltung der Künste Raum gegeben werden. Hier war ein kunstbegeisterter Bauherr am Werke. Man darf daran erinnern, daß es auch einen Minnesänger Friedrich von Leiningen[186] gegeben hat.

T 78

Die Burgen um den Trifels setzen die Reihe der nördlichen Vogesenburgen bis zum Queichtal hin fort. Sie gehören mit einigen älteren Anlagen wie Guttenberg, Meistersel, Berwartstein, Scharfenberg in den bereits behandelten Zusammenhang mit der

---

[185] Aus Fundstücken 1883/4 neu errichtet. Die Frage, ob es als Burgtor oder als Palasportal gedacht war, darf unter Hinweis auf ähnliche Burgtore, z. B. auf dem Breuberg, zugunsten des heutigen Standorts bejaht werden.
[186] Sein Bild in der sog. Manesseschen Liederhandschrift der UnivBibl. Heidelberg, fol. 26 r.

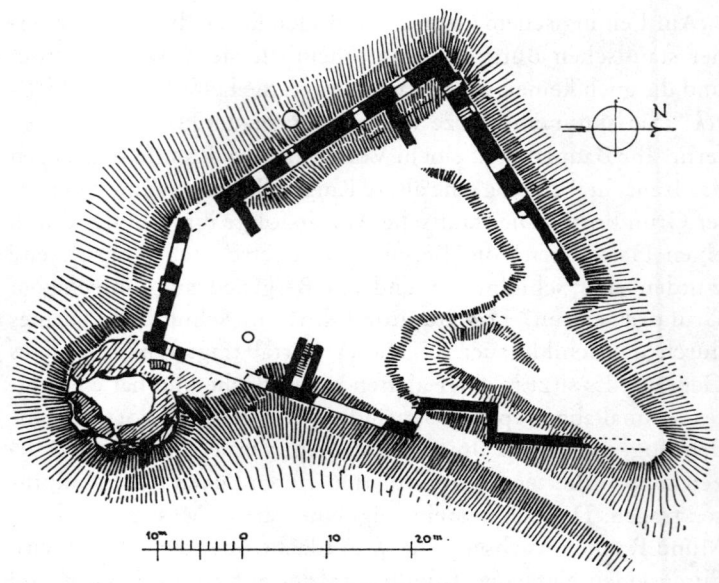

Z 76   Lindelbrunn, Grundriß, nach Inv. Bergzabern, 305.

Burgenpolitik Herzog Friedrichs II. von Schwaben. Der Baubestand der genannten Burgen ist so gemindert oder verändert, daß nur einzelne Teile die Architektur der Stauferzeit bekunden, wie etwa der gewölbte „Rittersaal" des wiederaufgebauten *Berwartsteins*. Die Reichsburg *Scharfenberg* auf einem Gipfel der Dreiburgenkette südlich des Trifels besitzt noch einen hohen, schlanken Bergfried des frühen 13. Jh. Er wurde an einer Ecke des Burgpolygons errichtet, dessen breite Westseite ein Wohnbau einnahm. Als Annweiler 1219 das Münzrecht erhielt, wurde der Überlieferung zufolge diese Münze auf Scharfenberg untergebracht, was der Burg den Namen „Münz" eingetragen hat. Die Erträgnisse der Münze waren für die bauliche Unterhaltung des Trifels bestimmt. Scharfenberg war die Stammburg des Bischofs von Speyer und von Metz Konrad von Scharfenberg († 1224), der

Protonotar und Kanzler des Reiches unter Philipp von Schwaben, Otto IV. und Friedrich II. war.[187] Er hat 1208 die Reichskleinodien nach der Ermordung des Königs Philipp auf den Trifels bringen lassen, um sie später an Otto IV. auszuhändigen.

Vom Trifels aus kann man den Felsen erblicken, auf dem die Reichsburg *Lindelbrunn* errichtet wurde. Sie hat im ganzen einen dreieckigen Grundriß und besaß wohl einen — inzwischen verschwundenen — runden Bergfried an der Südostecke. Die südwestliche Buckelquadermauer ist dem Palas zuzurechnen. Sie weist noch mehrere Fensteröffnungen auf. Bruchstücke von Säulen und Kapitellen lassen auf eine Bauzeit um 1200 schließen. Die Burgkapelle war dem hl. Nikolaus geweiht; sie ist völlig zerstört, auch ihr Platz ist nicht mehr ausfindig zu machen.   Z 76

Oberhalb der Abtei Klingenmünster und zu ihrem Schutz wurde die Reichsburg *Landeck* erbaut. Sie trat die Nachfolge einer höher gelegenen Burg der Salierzeit an, die unter dem Namen „Schlößel" bekannt ist[188] und vermutlich 1168 zerstört wurde. Die auf einem Bergsporn gelegene Randhausburg besitzt eine gewinkelte, im Nordwesten vom quadratischen Bergfried beherrschte Schildmauer, durch deren Ostteil der Zugang zur Burg geführt ist. Das Tor ist in einen schachtartigen Mauerrücksprung gebettet. Zwei Wohnbauten begrenzten den Burghof im Südwesten und Südosten, einer davon war der Palas, am ehesten der dreigeschossige westliche Flügel, für den die Bezeichnung „Steinhaus" überliefert ist. Schildmauer und Bergfried sind sorgfältig in Buckelquadern ausgeführt, die Bossen tragen Stein-   Z 77

T 79

T 80

---

[187] Die bedeutende Persönlichkeit Konrads von Scharfenberg steht auch am Baubeginn des gotischen Domes zu Metz, dessen Grundstein er 1220 legte. In Metz erinnert an ihn noch der sog. Mantel Karls des Großen, ein mit Adlern besticktes liturgisches Kleidungsstück aus Purpurseide, das vermutlich in der gleichen palermitanischen Werkstatt gearbeitet wurde wie der Krönungsmantel der Reichskleinodien.

[188] F. Sprater, Die Burgruine Schlößl bei Klingenmünster, in: Pfälzer Heimat 1951, 16f. — G. Stein, Das „Schlössel" bei Klingenmünster. Zur Baugeschichte einer sal. Turmburg, in: Mainzer Zschr. 67/68, 1972/73, 108ff.

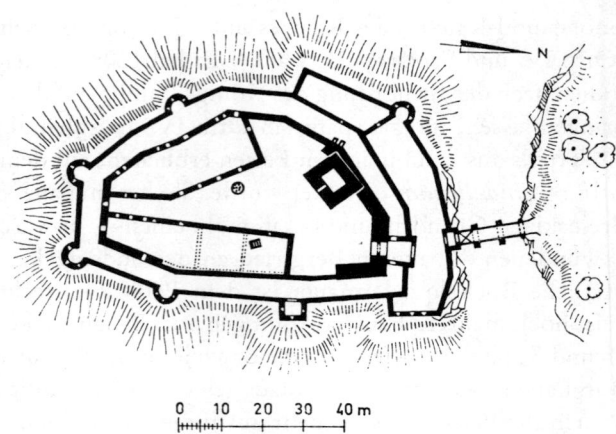

Z 77   Landeck, Grundriß, nach Dehio, Rheinland-Pfalz, 376.

metzzeichen. Die Burg kam um 1227 als kaiserliches Lehen an die Leiningen, die dort eine eigene, bis 1289 blühende Linie Leiningen-Landeck begründeten. Nach den wenigen erhaltenen Schmuckformen kann auf eine Erbauung der Burg zu Beginn des 13. Jh., wohl nach dem Übergang an Leiningen, geschlossen werden.

Auch die weiter nördlich am Gebirgsrand gelegene *Madenburg* (= Maidenburg) gelangte im 13. Jh. als Reichslehen an die Grafen Leiningen. Die Burg spielt schon unter den Saliern eine Rolle. Man identifiziert sie mit dem 1076 genannten „Parthenopolis", wo sich die Fürsten mit Heinrich IV. treffen wollten.[189] 1112 hat Erzbischof Adalbert von Mainz das „Castrum beatae Mariae" an sich gerissen, weswegen ihn Heinrich V. auf dem Trifels gefangensetzte. Von der im 16. Jh. von ihrem späteren Besitzer, dem Bischof von Speyer, nach dem Bauernkrieg zu einem festen Schloß ausgebauten und in den Franzosenkriegen 1689

---

[189] Hist. Stätten (Anm. 184), 190.

zerstörten Burg sind aus staufischer Zeit noch die buckelquaderne Schildmauer und das Burgtor erhalten. Es war ähnlich profiliert wie das Tor der Landeck und auch in eine glatte Quaderwand eingefügt.

In der Tiefe des Pfälzer Berglandes treffen wir auf die große Z 79 Felsenburg *Dahn* (Alt-Dahn). Nach ihr nannte sich eine seit 1127 vorkommende Ministerialenfamilie. Im 13. Jh. war sie Lehensburg des Bischofs von Speyer. 1287 wurden neben ihr Grafendahn und 1328 Tanstein als selbständige Anlagen erbaut. Alt-Dahn stand auf den beiden östlichen der fünf Burgfelsen. Infolge vieler späterer Veränderungen können nur noch Teile des zweigeschossigen Palas mit einem schmalen vorgesetzten Turm in Buckelquadern als staufische Architektur gelten. Die Anordnung der Fenster mit inneren Sitzbänken läßt einen Bau vermuten, der sich im Gesamtbild der Burg mit einem auf dem Westfelsen aufragenden Bergfried zu einer Zweiturmanlage ergänzt.

Die Burg *Drachenfels* südlich von Dahn hat nicht nur den na- Z 78 türlichen Umriß eines Drachenkopfes; es ist auch in die Westwand des Felsens der Leib eines zähnefletschenden Drachens eingeritzt. 1209 befindet sich die Burg, Lehen der Abtei Klingenmünster, im Besitz einer Ministerialenfamilie, die aus Worms stammen soll (und von daher mit dem Wappentier des Drachens vertraut war). Die aus staufischer Zeit noch vorhandenen Bauteile beschränken sich auf den Torturm und einen weiteren Turm in der Unterburg. Sie haben gutes Buckelquadermauerwerk. Am Torturm ist noch die gewölbte Torfahrt begehbar mit einem gewölbten Raum darüber, der als Wächterstube angesprochen wird, ursprünglich aber die Burgkapelle gewesen sein kann. Der Burgname würde das Patronat des hl. Georg nahelegen. Dieses Obergeschoß lädt in einen apsisartigen Erker aus, allerdings auf der Westseite, der in seinem Inneren eine Treppenspindel birgt. Dieser Zustand kann jedoch auf einen späteren Umbau zurückgehen. Der Erkerfuß ruht auf einer kräftig profilierten ankerarti-

164 III. Die Burgen des Reiches und der Ritter

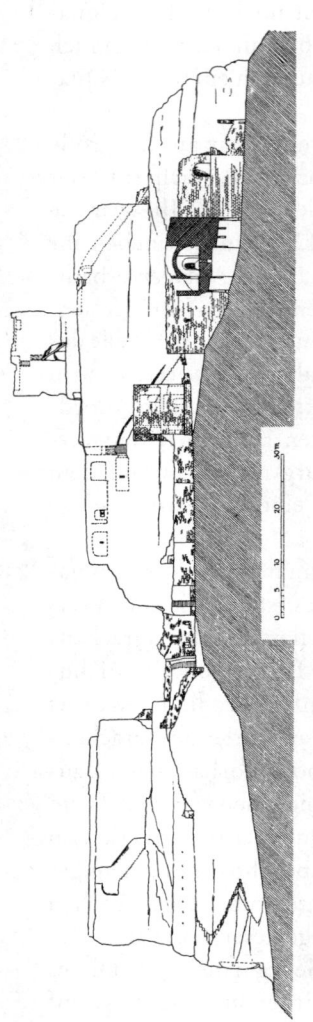

Z 78 Drachenfels, Längsschnitt, nach Inv. Pirmasens, 169.

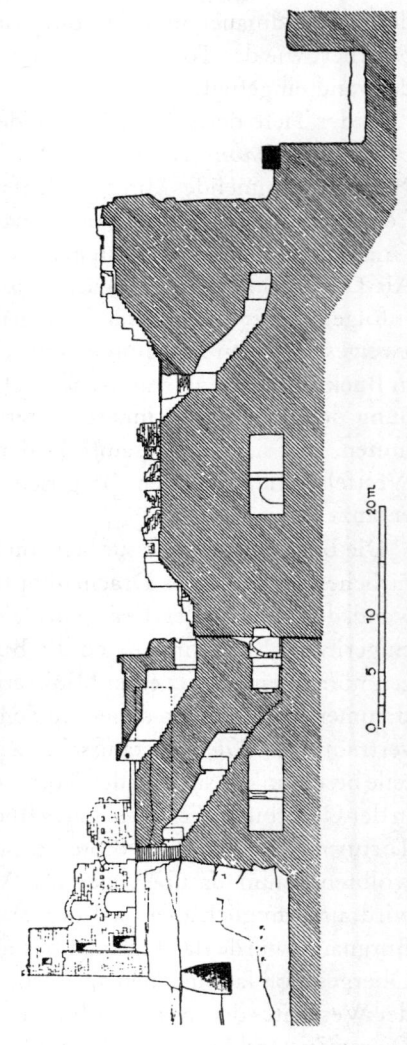

Z 79 Altdahn, Längsschnitt, nach Inv. Pirmasens, 220.

b) Burgen in der Pfalz 165

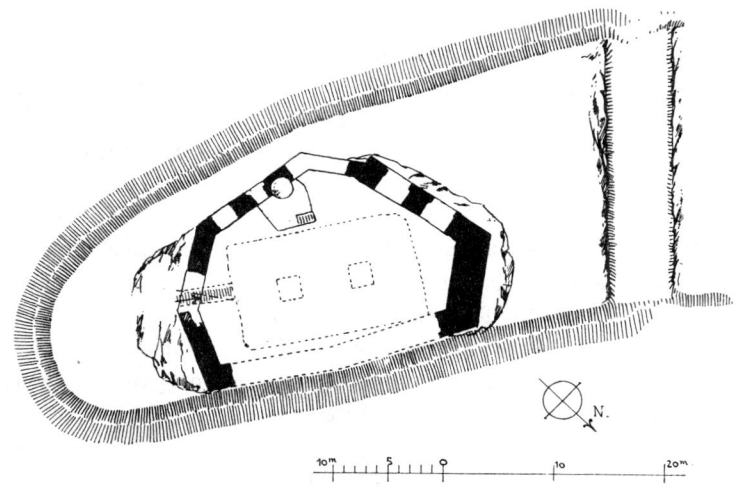

Z 80   Ramberg, Grundriß, nach Inv. Bergzabern, 376.

gen Konsole, die mit einer Maske verziert ist.[190] Der gleichfalls zweigeschossige Turm könnte der untere Teil des Bergfrieds sein. In seinem Inneren sind zwei Tonnengewölbe erhalten. Die staufische Hauptburg war durch eine Felseneinkerbung von der Vorburg abgetrennt. Dieser „Halsgraben" wurde im späten Mittelalter überbaut. Die Felsen selbst sind mit einer Reihe von Kammern und Treppen durchlöchert. Zuoberst ragt der Aufsatzfelsen empor, der heute den Umriß der Burg prägt, ursprünglich aber, wie seine Bearbeitung und die Balkenlöcher zeigen, umbaut war.

Die auf einem Bergkegel 572 m hoch gelegene *Wegelnburg* war eine Reichsburg. Ihr Vogt, ein Edler von Geroldseck, soll den Landfrieden gebrochen haben. Die Burg wurde darum 1272 durch den elsässischen Landvogt Otto von Ochsenstein und die Stadt Straßburg zerstört. 1322 gehörte sie zur Pflege Hage-

---

[190] Vgl. Trifels. Die starke Verwitterung erschwert eine Beurteilung.

nau, kam dann an Kurpfalz und 1417 durch Tausch an Zweibrücken. Bis zu ihrer Niederbrennung durch Monclar war sie Amtssitz eines herzoglichen Vogtes. In der stark zerstörten Burg hat sich noch etwas staufisches Buckelquadermauerwerk erhalten. In die mittlere Burg führt ein rundbogiges Tor mit einmal abgetrepptem Gewände. Zu einer baugeschichtlichen Beurteilung reichen indes die Reste nicht aus.

Nördlich des Queichtals wurde mit der Reichsburg *Ramberg* noch eine zum Schutz des Trifels bestimmte Befestigung geschaffen. Sie war als Randhausburg auf polygonalem Grundriß über einem Felsplateau erbaut und besaß eine starke, mit Buckelquadern verkleidete Schildmauer sowie einen turmartigen sechsgeschossigen Palas. Obwohl es nicht urkundlich bezeugt ist, nahm sie auch eine Schutzaufgabe für das nahe Zisterzienserkloster Eußertal wahr, dessen Mönche den Dienst in der Kapelle des Trifels und in der Wartung der Reichskleinodien versahen.

Burg *Meistersel* oder *Modeneck*, ursprünglich Besitz des Bischofs von Speyer, gelangte im 12. Jh. an das Reich. Ministerialen namens Meistersel werden ab 1186 genannt. Der Name bedeutet soviel wie „Meister-" oder „Herrenhaus". Vielleicht ist der Name von ihrem Aussehen abgeleitet. Ihr Bild bestimmten die Bauten auf dem Felsen, deren südlicher heute noch in seinen trümmerhaften Mauern eine schöne vierteilige Fenstergruppe aufweist, die um 1250 oder später entstanden ist.

In der jüngeren Stauferzeit wurde auch die Burg *Neu-Scharfeneck* errichtet. Sie war eine Gründung des Bischofs und Reichskanzlers Konrad von Scharfenberg oder seines Nachfolgers. Was sie auszeichnet, ist ihre außerordentliche Schildmauer, die unter Benützung des anstehenden Sandsteinfelsens aufgeführt wurde. Ihre heutige Gestalt verdankt sie, wie die gesamte Burg, wesentlich den Umbauten und Veränderungen des 15. Jh. Diese benützen jedoch die staufische Grundrißdisposition. Der langgestreckte dreieckige Grundriß der Hangburg erweist sich als verwandt mit dem süditalienischen Kastell Oria. Zugänglich war Neuscharfeneck durch mehrere Tore und einen langen Zwinger auf der Nordflanke, während der Palas die Südseite einnahm. Unter den Toren ist das spitzbogige Tor zur äußeren Burg, das im 15. Jh. entstand, einer Buckelquadermauer eingepaßt. Ihre Steine rühren offensichtlich von der ersten Anlage her und wurden hier wiederverwendet.

Mit der Burg *Erfenstein* haben die Grafen Leiningen einen Buckelquaderbergfried auf einen Felsentisch gestellt. Der quadratische Turm ist sehr sorgfältig gemauert. Seine ursprüngliche Aufgabe dürfte mit der des Frankensteinturms zu vergleichen sein. An den Turm lehnte sich ein Wohnbau an. — Die unweit gelegene Burg *Breitenstein* gehörte ebenfalls Leiningen. Sie war eine über Felsen auf oblongem Grundriß errichtete Turmburg. Die Schmalseite am Halsgraben war schildmauerartig verstärkt. Beide Burgen sind in der ersten Hälfte des 13. Jh. entstanden. T 82

Die *Wachtenburg* oberhalb von Wachenheim an der Weinstraße und mit dem Städtchen einst durch Mauern verbunden, gelangte als Reichslehen in pfälzischen Besitz. Als solche wurde sie durch alle kriegerischen Ereignisse, die die Kurpfalz betrafen, in Mitleidenschaft gezogen und schließlich 1689 durch die Franzosen zerstört. Die Burg vertritt einen Typus, bei dem der quadratische Bergfried in frontaler Verbindung mit der Schildmauer steht. Eine Hälfte des Bergfrieds in vorzüglichem Buckelquadermauerwerk ist erhalten, während der entsprechende Mantel der Schildmauer abgesprengt ist. T 81

Burg *Neuleiningen* in der Vorderpfalz, zwischen den rheinwärts geöffneten Tälern der Isenach und des Eisbachs gelegen, wurde bereits genannt, als von den regelmäßigen spätstaufischen Viereck-Anlagen im Elsaß die Rede war.[191] Sie wurde nach der Leiningischen Erbteilung von 1237 durch Graf Friedrich III. zwischen 1238 und 1241 erbaut. Ihr Grundriß bildet ein verschobenes Quadrat mit vier runden Ecktürmen. Die Nord- und Z 81

---

[191] Delle, Zellenberg, Reichshofen. Vgl. folg. Anm.

III. Die Burgen des Reiches und der Ritter

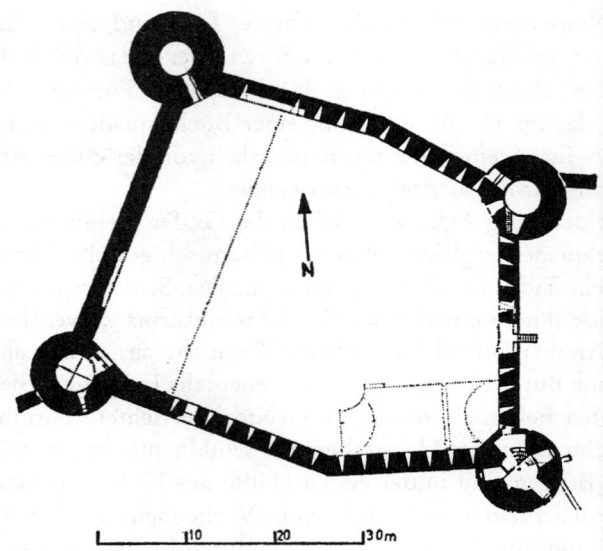

Z 81   Neuleiningen, Grundriß, nach Dehio, Rheinland-Pfalz, 613.

die Südmauer sind stumpf eingewinkelt. Der Palas befand sich, wie der hohe gotische Giebel erkennen läßt, auf der Westseite. Die Burg gehört zur Reihe der vom mittelmeerischen Kastelltyp abgeleiteten Burgen. Mehrere Kastelle Friedrichs II. sind davon geprägt. Es vertreten ihn auch Kreuzfahrerburgen in „Outre Mer" und Burgen im Frankreich Philipps II. August (1180 bis 1223) und Ludwigs IX. (1226—1270).[192] Zu seinem Teil bildet Neuleiningen ein herausragendes Zeugnis für die höfische Kultur jener Zeit, die sich in manchen Dingen, besonders in der Literatur, den Franzosen verbunden wußte. Aus dieser aristokratischen Freundschaft sind auch die großen Baubewegungen, die im Westen ihren Ursprung haben, von den Zisterziensern bis zur hohen Gotik, erwachsen und fruchtbar geworden.

[192] R. Will, Les châteaux de plan carré, CAAAH 1978 (Anm. 168), 65—86 mit weiteren Literaturangaben.

Von Burg *Sponheim,* der Stammburg eines Grafengeschlechtes, dessen familiäre Beziehungen zum Oberrhein — nach Schaffhausen und Mörsberg im Sundgau — reichten, steht noch ein bedeutender quadratischer Buckelquaderbergfried aufrecht. T 84
Er ist mit einem bewohnbaren Gemach versehen, dessen Kamin skulptierte Kapitelle aufweist. Er muß noch in der Barbarossazeit errichtet worden sein. Die Buckelquader haben beträchtliche Maße. — Die Sponheimer hatten ihr Hauskloster gleichen Namens unweit ihrer Burg. Es war seit 1156, nachdem ein Brand die Kirche verwüstet hatte, im Neubau begriffen. Die Bauformen lassen elsässische Werkleute, die dort in Maursmünster und Rosheim tätig waren, vermuten. Vielleicht haben sie auch den Bergfried der Burg errichtet.

c) *Burgen in Schwaben*

Die Landschaft, in der die Hohenstaufen geschichtlich zuerst in Erscheinung getreten sind, besitzt zwar eine ganze Anzahl Burgen aus dem 12. und 13. Jh., doch sind es meist kleinere Anlagen. Die Bauform des einzelstehenden Megalithturms ist in Oberschwaben zu *Oflings* und *Wolpertswende* und im Albgebiet T 85
zu *Blankenstein, Hohenhundersingen* oder *Hohengundelfingen* [193] vertreten. Sie wiederholen den Typus der Burg Girsberg ob Rappoltsweiler.

Die Burg auf dem *Hohenstaufen* ist untergegangen. Die durch Grabungen freigelegten Grundmauern und die örtliche Überlieferung zeigen zwar eine ausgedehnte Burg, aber ihr Gepräge ist spätmittelalterlich. Es fehlen ihr die großen Bauformen gerade der Stauferzeit.[194] Doch der Berg selbst ist immer noch königlich, wie er gebieterisch und stolz über der Landschaft aufragt.

---

[193] W. Pfefferkorn, Eine Buckelquaderstudie. Vier Burgruinen auf der schwäbischen Alb, in: BuS 1977/I, 48.
[194] H. M. Maurer, Der Hohenstaufen. Geschichte der Stammburg eines

III. Die Burgen des Reiches und der Ritter

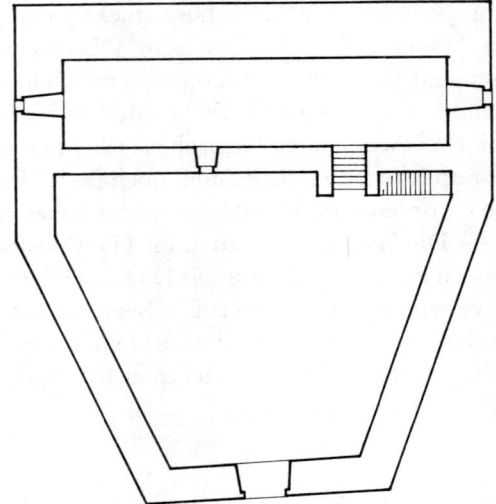

Z 82 Wäschenbeuren, Grundriß des Wäscher Schlößchens, nach Merkelbach, Abb. 85.

Nahe beim Hohenstaufen liegt die Burg *Rechberg*.[195] Sie war Wohnsitz staufischer Ministerialen, die 1179 erstmals genannt werden. Ihr Bau erfolgte gegen 1200. Spätere Erweiterungen haben das Bild der Burg verändert, 1865 brannte sie ab. Die Ringmauer war mit Buckelquadern verkleidet. Erhaltene Reste des Palas im Bau neben dem Tor zeigen eine auf zwei Höhen bezo-

---

Kaiserhauses, Stuttgart-Aalen 1977. Der Hohenstaufen gelangte wie die anderen schwäbischen „Kaiserberge" Stuifen und Rechberg um 1015 als Mitgift einer Tochter des Filsgaugrafen Walther an Friedrich, Grafen im Riesgau und Pfalzgrafen von Schwaben. Die Erbauung der Burg auf dem Hohenstaufen kann um 1070/80 angesetzt werden. Hm. Decker-Hauff, Das stauf. Haus (Anm. 2), 343, 344, 346. — Nur ein einziger Aufenthalt Barbarossas auf dem Hohenstaufen ist bezeugt, u. zwar 1181 — trotz der rührenden Inschrift des 17. Jh. am „Barbarossakirchlein" zu Füßen des Kaiserbergs. Katalog d. Stuttg. Ausst. 1977, III, 319.
[195] S. Landgraf, Die Arkaden der Ruine Hohenrechberg, in: BuS 1979/I, 15.

c) Burgen in Schwaben

gene Reihe von schlanken Rundbogenfenstern, die nach außen T 86
trichterförmig abgeschrägte Gewände haben und als solche wie
eine Arkade wirken. Eine ähnliche Formgebung findet sich am
Steinhaus der Kaiserpfalz Wimpfen mit sechs Fenstern oder auf
Burg Krautheim mit vier Fenstern.

Die kleine Burg bei *Wäschenbeuren,* das „Wäscher Schlößchen",[196] wurde wohl erst in der 1. Hälfte des 13. Jh. dort
erbaut, wo der Urgroßvater Barbarossas, Friedrich von Büren
(†nach 1053), begütert war. Der Grundriß ist eigenartig: an ein Z 82
vom Wohnbau-Palas eingenommenes Rechteck schließt ein tra-
pezförmiger Hof an. Einen Turm hat die Burg nie besessen. Die
Ringmauer weist einen vorzüglichen Buckelquadermantel auf,
die äußere Langseite des Palas ist zur Schildmauer verstärkt. Man
ist versucht, hier mehr ein „Jagdhaus" oder ein „Weiherhaus" als
eine Burg zu sehen, wiewohl wir wissen, daß solche „Jagd-
häuser" staufischer Ritter öfter die Formen und Ausmaße von
Burgen annahmen.

Auf einem Bergrücken, der sich vom Rechberg her gegen das
Lautertal erstreckt, liegt Burg *Ramsberg,* ein hohes Steinhaus
des 16. Jh. mit Treppengiebeln innerhalb einer mit Bossenqua-
dern durchsetzten Ringmauer. Sie deuten auf staufischen Ursprung. So ist denn auch im Kellergeschoß des Hauses ein in
3 × 3 Jochen gewölbter Raum anzutreffen. Die Rippen sind ab-
gekantet und ruhen auf gedrungenen achteckigen Pfeilern über
kräftigen Kämpferplatten. Die Formen gehören dem 2. Viertel
des 13. Jh. an. Die ursprüngliche Bestimmung dieses Kellers ist
unbekannt, doch ist eher an den Palas als an eine Kapelle zu denken. Die Rippenquerschnitte erinnern an den Kapitelsaal von
Neuweiler, an den Palas von Lützelstein und an die Johannes-
kapelle des Straßburger Münsters.[197] Geschichtliche Daten aus

[196] P. Kaißer, Vom Wäscherschloß in Wäschenbeuren, in: BuS 1965/I, 51.
[197] W. Hotz, Das Lützelsteiner Schloß im Wandel der Jahrhunderte, in: Bull.
de la Société d'Histoire et de'Árchéologie de Saverne et Environs, Heft 66/67,
II/III, 1969, 19—26 m. Abb.

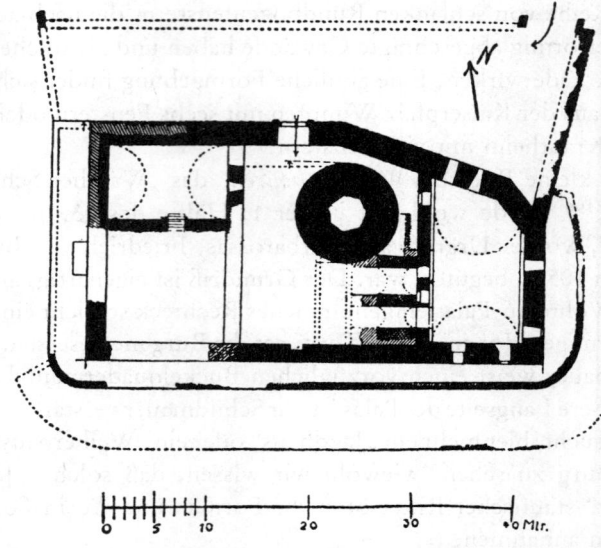

Z 83   Staufeneck, Grundriß, nach Schmidt, 13.

der Stauferzeit fehlen. Ein quadratischer Bergfried wurde 1830 abgebrochen.

T 87   Burg *Staufeneck* ist wahrscheinlich eine Gründung Ludwigs von Staufen. Seit 1257 sind dort Edelfreie von Staufeneck als Reichsministerialen ansässig. Von der Burg ist noch ein außen
Z 83   runder, innen achteckiger Bergfried inmitten einer rechteckig angelegten Ringmauer erhalten. Die großformatigen Buckelquader tragen Zangenlöcher. Die Entstehungszeit ist wohl in die 1. Hälfte des 13. Jh. zu setzen.

Der Neckar und sein Einzugsgebiet sind durch zahlreiche Burgen ausgezeichnet. Die größeren Wehrbauten liegen im Unterland. *Besigheim* besitzt zwei gleichartige runde Bergfriede,
Z 84   mächtige Buckelquaderbauwerke mit kuppelüberwölbten Gelassen im Inneren. Sie nehmen die beiden Enden des langgestreckten Stadtgrundrisses ein. Der Fronhof Besigheim war be-

c) Burgen in Schwaben

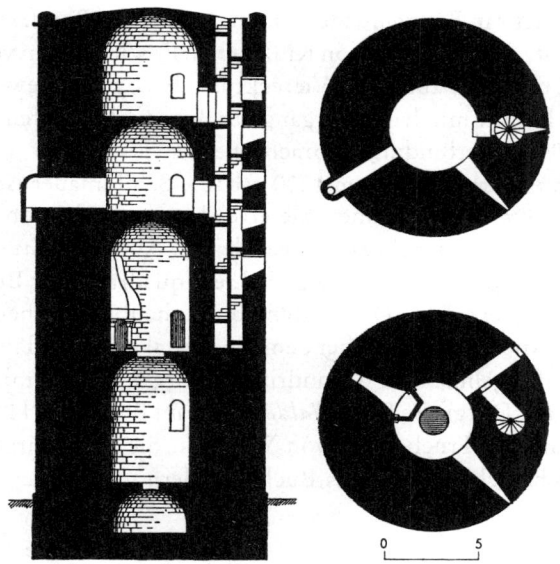

Z 84   Besigheim, Schnitt und Geschoßgrundrisse des Unteren Turms, nach Adam, 56.

reits im 11. Jh. in königlichem Besitz, dann gelangte er an das elsässische Kloster Erstein. 1153 erwarb ihn Markgraf Hermann von Baden. Die beiden Rundtürme wurden um 1230 erbaut. Die Kapitelle des Kamins haben schon Knospenform.

Auch im neckarabwärts gelegenen *Lauffen* bestand ein fränkischer Königshof. Die Bauherren der staufischen Burg waren die einflußreichen und vermögenden Herren von Lauffen, die um 1219 ausstarben.[198] Aufrecht steht noch ein quadratischer Bergfried aus dem 12. Jh.

Burg *Liebenzell* über dem Nagoldtal, eine Gründung der Grafen von Calw, ist fünfeckig angelegt. Sie besitzt eine mächtige   Z 85

---

[198] Eine der beiden Erbtöchter des letzten Grafen Boppo von Lauffen, Mechthild, war vermählt mit Konrad von Durne, dem wir noch auf Burg Wildenberg begegnen.

T 88 Schildmauer mit Buckelquadermantel, aus der der Bergfried emporwächst. Die Bauweise von Kinzheim i. E. wird hier in vereinfachter Form und auf einen Viereckturm bezogen angewendet. Der Bau könnte mit dem Übergang der Burg an die Grafen Eberstein 1196 in Verbindung gebracht werden.

Durch eine mächtige, um 1200 erbaute Schildmauer ist auch Burg *Berneck* ausgezeichnet. Sie erreicht eine Höhe von 38 m. Auch sie ist mit Buckelquadern verkleidet. Auf Burg *Zavelstein* ist noch der spätstaufische Bergfried, ein quadratischer Buckelquaderturm, erhalten. Die Grafen von Hohenberg, Lehensherren der Bernecker, legten über dem Nagoldtal in der 1. Hälfte des 13. Jh. auf regelmäßigem Grundriß die Burg *Wildberg* mit zwei Türmen an. Die große Burg *Waldeck* war im Besitz der 1140 zuerst genannten Truchsessen von Waldeck. Sie wird durch eine ansehnliche Schildmauer aus Buckelquadern geschützt.

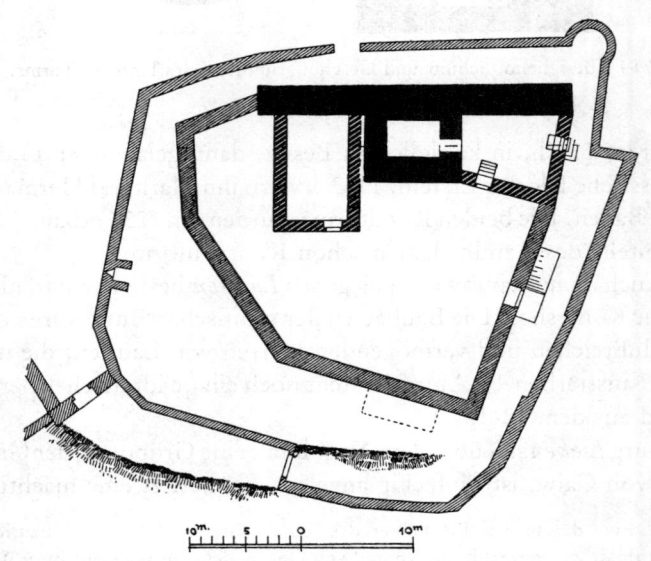

Z 85 Liebenzell, Grundriß, nach Schmidt, 19.

Eine bedeutende Schildmauerburg ist *Blankenhorn* im Zabergäu. Die Buckelquadermauer erreicht eine Höhe von etwa 20 m bei 3 m Stärke. Die 1241 erstmals genannte Burg kann kurz vorher durch Heinrich II. von Neuffen errichtet worden sein. Im Zabergäu liegt auch die Turmburg *Neipperg* mit zwei quadratischen Buckelquaderbergfrieden. Einer von ihnen enthält einen schönen Kamin mit ornamentiertem Mantel. Die geschwungenen Wangen weisen auf das 2. Drittel des 13. Jh. als Entstehungszeit hin. T 89 T 90

Im Bottwartal wird Burg *Lichtenberg* bei Oberstenfeld 1197 zum ersten Mal erwähnt. Es ist eine Randhausburg auf dem Grundriß eines unregelmäßigen Vierecks mit ursprünglich zwei runden Bergfrieden. Burg *Reichenberg*, vielleicht als speyrisches Lehen an die Herren von Oppenweiler gen. Sturmfeder gelangt, war über fünfeckigem Grundriß erbaut. Eine Schildmauer kehrt sich gegen die Angriffsseite, dahinter steht der runde Bergfried, der wie die verwandten Türme von Besigheim kuppelüberwölbte Kammern und Wendeltreppen innerhalb der Mauer besitzt. Die Burgkapelle ist dem hl. Nikolaus geweiht. Bauherren sind die zähringischen Markgrafen von Baden, die die Burg kurz vor 1231 auf einem vorher dem Stift Backnang gehörenden Grund und Boden errichtet haben. Oberhalb von Beilstein gründeten die Grafen von Calw die Burg *Hohenbeilstein*, auch sie eine Randhausburg mit dem fünfeckigen Bergfried „Langhans", der mit seiner Spitze die Schildmauer berührt. T 91 T 92

d) *Burgen in Franken und am Oberrhein*

Die Flüsse Kocher und Jagst, die dicht oberhalb von Wimpfen in den Neckar münden, erschließen das Hohenloher Land. Seine bedeutendste Stadt war das von den Staufern geförderte Schwäbisch Hall. Im Weichbild dieser Stadt liegt die *Komburg*, ursprünglich eine Burg im Besitz fränkischer Grafen, denen auch

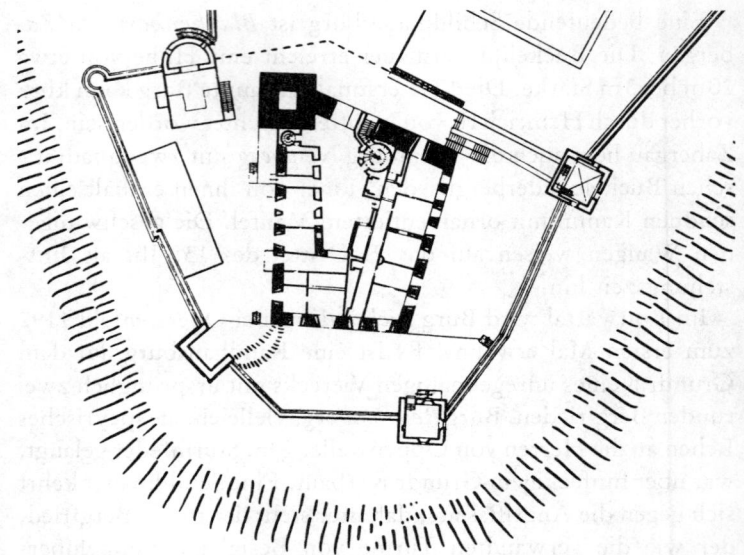

Z 86 Stetten am Kocher, Grundriß der Kernburg, nach Biller, Burgen und Schlösser, 1973/I. 20.

Rothenburg ob der Tauber gehörte, seit 1079 Kloster und als solches unter der Vogtei der Hohenstaufen eines der großen Zeugnisse staufischer Baukunst. Hier durfte sich die imperiale Idee des auf die Mitte bezogenen Kunstwerks in dem majestätischen Radleuchter verwirklichen. Die sechseckige Erhardskapelle, durch die der Treppenaufgang zur oberen Terrasse hindurchführt, ist wahrscheinlich 1230 von König Heinrich (VII.) und seiner Gemahlin Margarete gestiftet worden.

In dieser Landschaft entstanden mehrere bedeutsame staufische Burgen. Von der Wasserburg *Tullau* ist innerhalb eines unregelmäßig achteckigen Berings ein mächtiger Turm erhalten, der in seinem Untergeschoß die gewölbten Räume der Burgkapelle birgt. Die Kapitelle, auf denen die Gewölberippen

d) Burgen in Franken und am Oberrhein

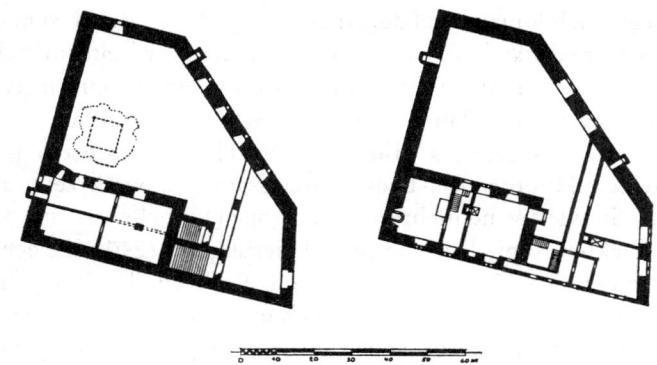

Z 87   Leofels, Grundrisse des Erd- u. 1. Obergeschosses der Kernburg, nach Ebhardt I, 441.

ruhen, sind füllig ornamentiert und gehören der spätstaufischen Zeit an.

Als kleine staufische Burganlage über dem Kochertal gibt sich die Kernburg von *Stetten* zu erkennen.[199] Auf viereckigem Grundriß mit östlicher Schildmauer und quadratischem Buckelquaderbergfried in der Nordostecke erbaut, vertritt sie einen Typus, dem wir schon öfter begegnet sind und der im weiteren Umkreis noch durch *Lichteneck* (vor 1251), *Leofels* (um 1240), *Hornberg* (vor 1222) und *Brauneck* (um 1220/30) dargestellt wird.[200] Auch Burg *Stetten* ist auf etwa 1120/30 zu datieren.

Z 86

Hier sollten uns Leofels und Brauneck beschäftigen. Zunächst *Leofels*.[201] Eine regelmäßige Anlage auf dreieckigem Baugelände

Z 87

---

[199] Th. Biller, Stetten am Kocher, Bestand u. Rekonstruktion einer kleinen spätstaufischen Burg, in: BuS 1973/I, 19—30.

[200] Biller (Anm. 199) gibt S. 26 eine tabellarische Aufstellung südwestdeutscher Burgen, die „durch ihren trapezförmigen, rechteckigen oder vergleichbar geometrischen Grundriß" mit Stetten verbunden sind.

[201] D. Leistikow, Burg Krautheim u. die Architektur des 13. Jh. in Mainfranken (Diss.), in: Württ. Franken, 43/1959, 52—147.

mit einer Schildmauer auf der Angriffsseite, hinter der einst noch ein Bergfried stand. Von dort zweigt auf der Nordseite im rechten Winkel eine Mauer ab, an deren Ende eine zweifach nach außen gewinkelte Mauer wieder zur Schildmauer führt — ein rechtwinkliges Dreieck also mit Scheitel im Nordosten und gestelzter Hypotenuse. Dieses interessante Bauwerk zeigt auf seiner Südwestwand mehrere spitzbogige Doppelfenster mit geschmückten Kapitellen, die eine Datierung um 1240 nahelegen. Geschichtliche Nachrichten über die Frühzeit der Burg sind nicht überliefert, doch dürfte es sich um eine von Ministerialen verwaltete Reichsburg, auch um ein „Jagdhaus" gehandelt haben.

Die hohenlohische Burg *Brauneck* ist um 1230 angelegt worden. Ihr Bauherr, Konrad von Hohenlohe, nennt sich 1240 nach der Burg. Der Grundriß bildet ein verschobenes Viereck mit Schildmauer und hohem quadratischem Bergfried. Besonders ausgearbeitet ist das aus Hohlkehle und Wulst bestehende Sockelprofil des Turms; auch die Buckelquadern haben beachtliche Formen und Dimensionen. Die ursprünglich zweigeschossige Kapelle befand sich seitlich des Tors.

In *Krautheim* über dem Jagsttal begegnen wir einem nach dieser Burg benannten Rittergeschlecht. Ihm gehörten die Bauherren dieser Randhausburg mit Schildmauer und rundem Bergfried an. Konrad von Krautheim verkauft 1239 das „Castrum Crutheim" nebst anderen Besitzungen dem Gemahl seiner Schwester, Gottfried von Hohenlohe. Dieser Gottfried hat in der Politik Kaiser Friedrichs II. eine bedeutende Rolle gespielt. Er war in Italien Graf von Molise und Graf der Romagna. Vom Kastell Monopoli in Apulien stammt ein Wappenstein mit den hohenlohischen Löwen, der jetzt im Hof des Schlosses Langenburg an der Jagst eingemauert ist.[202] Gottfried von Hohenlohe ließ die neu erworbene Burg Krautheim beträchtlich erweitern und um-

---

[202] Hotz, König u. Verschwörer (Anm. 57), Abb. S. 157.

d) Burgen in Franken und am Oberrhein

bauen. Im Winkel zwischen Palas und Ostmauer wurde eine Kapelle eingefügt. Sie ist recht aufwendig: das gewölbte, etwa quadratische Schiff ist mit einer Empore versehen, daran schließt sich in gleicher Breite ein 5/8-Chor an. Die Gewölberippen sitzen auf Kapitellen oder Konsolen von Kelchblockform mit reicher T 96 Ornamentierung. Die breite Mittelkonsole der Empore wird

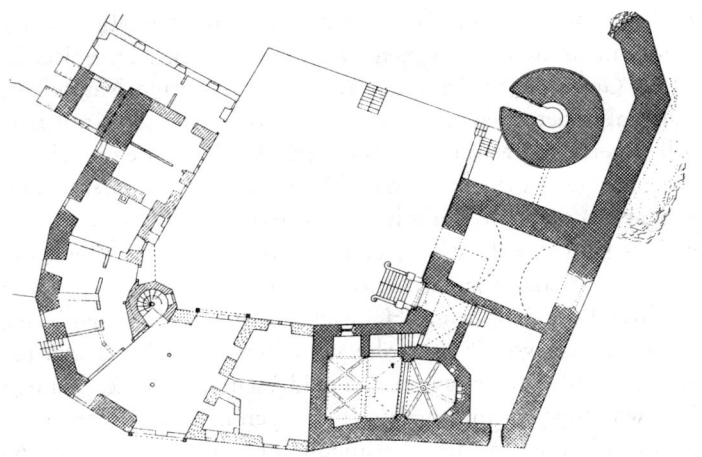

Z 88   Krautheim, Grundriß der Burg, nach Leistikow, Krautheim, 59.

von einer (erneuerten) Figur, vielleicht dem Baumeister, getragen. Eigenartig ist ein teilweise zerstörter, aber rekonstruierbarer Raum im Obergeschoß, der analog dem zu Hagenau als Schatzkammer gedient haben kann.[203] Leistikow glaubt darin eine zeitweilige Aufbewahrungsstätte der Gottfried von Hohenlohe anvertrauten Reichskleinodien erblicken zu dürfen. Damit wäre vielleicht auch das Adlerrelief auf einem Kapitell der Kapelle in Verbindung zu bringen. Die Anbringung des Wappentiers des Reiches hatte stets auch symbolische Bedeutung. T 95

---

[203] Leistikow, Reichskleinodien (Anm. 1), 95 ff. m. Abb.

Die Südostflanke der Burg wurde durch eine Schildmauer gedeckt, hinter der ein runder Buckelquader-Bergfried aufragte. Daneben stand der Palas. Er erstreckte sich ursprünglich bis zur Südmauer. Die Vergrößerung der Burgkapelle geschah auf seine Kosten. Dafür erhielt die Hofseite ein großes zweigeschossig aufgebautes Spitzbogenportal, das der Kapelle und dem Palas zugleich diente. Es ist außerordentlich reich gegliedert und mit Bauplastik ausgestattet. Der innere Rahmen ist profiliert, der äußere mit breitem stilisierten Blattwerk bedeckt. Dazwischen sind im Gewände Säulen eingestellt mit figurierten Kapitellen, die sich über betonten Kämpfern als mit Blättern oder Knospenknollen verkleidete Kehlen fortsetzen. An ihrem Beginn sitzen drachenartige Wesen, im Scheitel Masken, deren oberste einen Weingärtner darstellt, der mit einer Schere die Ranken abschneidet. Das sind alles köstliche und gereifte Schmuckformen, die den Bauherrn als urbanen Menschen kennzeichnen.

Während der Empörung Heinrichs (VII.) gegen seinen Vater stand Gottfried von Hohenlohe auf seiten des Kaisers. Der rebellische Staufer besaß ja im Land beiderseits des Neckars einige seiner wichtigsten Stützpunkte. Dazu gehörten außer der Kaiserpfalz Wimpfen, in der er schließlich kapitulierte, *Eberbach*, das 1227 als Lehen des Bischofs von Worms an den König gelangte. Er legte dort eine Stadt auf viereckigem Grundriß an. Älter sind die Befestigungen oberhalb Eberbachs auf der Burghalde, die drei nahe beieinander liegende Burgen trägt. Die Vorderburg reicht in ihrer Gründung noch ins 11. Jh. zurück. Die polygonale Mittelburg ist um einen mächtigen quadratischen Buckelquaderbergfried gebaut. Sie wurde 1911 restauriert. Bei dieser Gelegenheit kamen mehrere Säulchen mit attischen Basen und linear geschmückten Würfelkapitellen zutage, die mit den Wimpfener Palasarkaden verwandt sind. Man hat sie inzwischen wieder in den Palas eingefügt. Sie können auf das Jahrzehnt zwischen 1170 und 1180 datiert werden. — Weitere Stauferbauten stehen noch auf *Ehrenberg* mit Schildmauer und hohem quadra-

d) Burgen in Franken und am Oberrhein

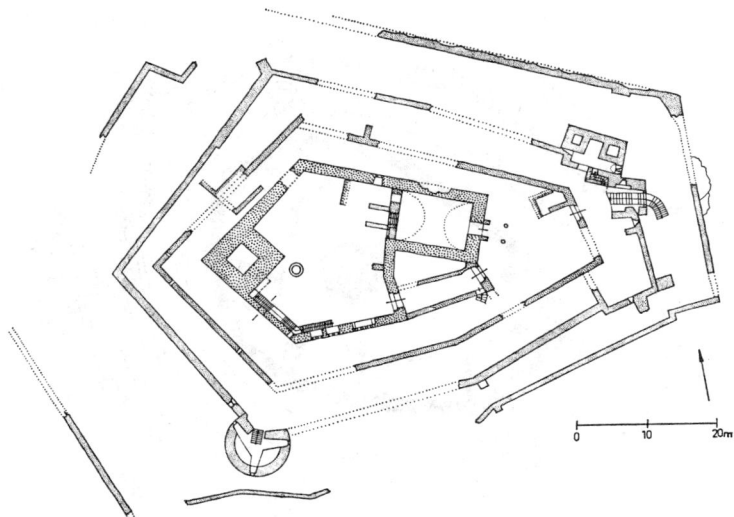

Z 89   Hinterburg bei Neckarsteinach, Grundriß, nach Inv. Bergstraße, aus Hotz, Hohenstaufenburgen im Odenwald, 160.

tischem Bergfried; ebenso ist auf *Guttenberg* der viereckige Bergfried erhalten.

Zwei weitere Neckarburgen zeigen einen fünfeckigen Grundriß mit dem Bergfried an der Spitze: *Zwingenberg* und die Hinterburg bei Neckarsteinach. Der Bergfried von Zwingenberg kann noch der Zeit um 1200 angehören. Er ist viereckig und besitzt große Buckelquader mit Zangenlöchern und Steinmetzzeichen. Ein Wilhelm von Zwingenberg wird erstmals 1255 genannt, er ist ein Neffe des gleichnamigen Reichsministerialen, der uns als Vogt in Wimpfen, als Burggraf auf dem Trifels und als Reichsschultheiß in Hagenau begegnet.[204]

Die *Hinterburg* oberhalb von *Neckarsteinach*, die dritte in einer Kette von vier Burgen, ist ebenfalls fünfseitig disponiert.   Z 89

---

[204] K. Bosl, Die Reichsministerialität der Salier und Staufer, Stuttgart 1950, 401.

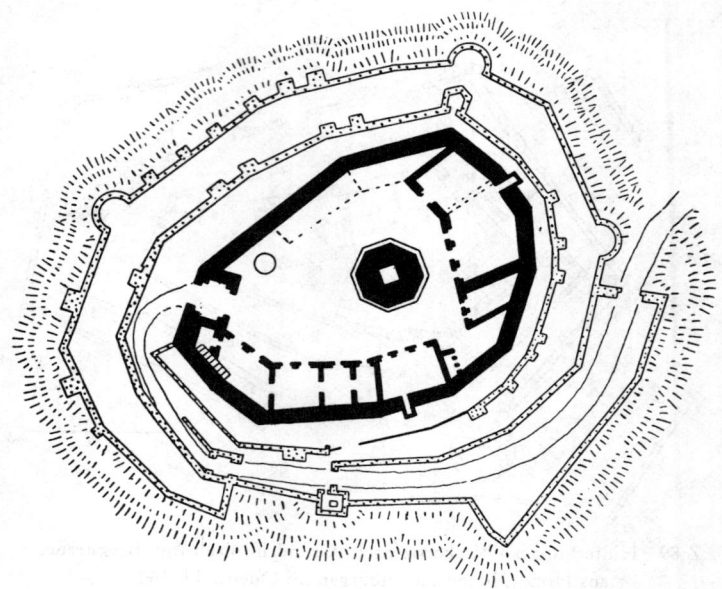

Z 90 Steinsberg, Grundriß, nach Hartmann u. Schwarz, aus Ebhardt I, 15.

Der Bergfried trägt einen Mantel aus kräftigen Buckelquadern. Er trägt noch die Merkmale des 12. Jh. und hat wohl schon gestanden, als der hier beheimatete Minnesänger Bligger II. von Steinach zu Kaiser Heinrich VI. ins Südland zog, um 1195 an dessen Krönungsfeier zum König von Sizilien im Dom von Palermo teilzunehmen. Der Palas, dessen Saalobergeschoß durch mehrere geschmückte Fenster erleuchtet wurde, nahm die Südwand ein. Wie das profilierte Tor dürfte er im 1. Drittel des 13. Jh. entstanden sein.

Eberbach, Zwingenberg und Neckarsteinach gehören zum Odenwald, der sich als „Kleiner Odenwald" auch über den Neckar hinweg erstreckt. In diesem Landschaftsraum sind noch die Schildmauerburgen *Stolzeneck* und *Dilsburg* staufischen Ursprungs. Sie haben jedoch im Mittelalter wie die weiter

d) Burgen in Franken und am Oberrhein

südlich gelegene *Minneburg* durchgreifende Änderungen erfahren.

Die Hügellandschaft, in die der Kleine Odenwald übergeht, ist der Kraichgau. Hier ragt wie ein Wächter eine Burg besonderer Art auf, der *Steinsberg*. Man spricht von ihr auch als vom „Kompaß des Kraichgaus", wie man den Hohbarr „Das Auge des Elsaß" nennt. Die Burg ist ein beinahe regelmäßiger Zentralbau, mit achteckigem Bergfried inmitten, ganz in ebenmäßiges Buckelquadermauerwerk gehüllt. Eine majestätische Anlage — nach allen Stilmerkmalen, auch nach den Zangenlöchern der Bossen, in der jüngeren Stauferzeit entstanden, verschwistert mit den Oktogonen von Egisheim, Gebweiler, Wangen und Kilchberg, dem Schildmauertum des Gräfenstein und letztlich auch mit dem apulischen Castel del Monte. Wer diese Burg erbaut hat, ist ungewiß.[205] Sie wird 1109 erwähnt, das gilt aber ihrer vorstaufischen Gestalt. Es wird ferner Ludwig II. von Öttingen in seiner Eigenschaft als Vogt von Ellwangen genannt. 1216, 1220, 1237 begegnet ein Öttinger als Zeuge bei Kaiser Friedrich II. Die Verbindungen bestanden also. Bei der Wittelsbacher Teilung von 1252 fällt der Steinsberg Ludwig II. zu. Der Minnesänger Spervogel hat einen Herrn Wernhart, „der uf Steinsberc saß". Dort war auch die höfische Kultur zu Hause. Doch hat sich vom Palas (wohl auf der Westseite des Berings gelegen) keine Bauplastik erhalten, die diese Annahme erläutern könnte.

T 101

Z 90

In der badischen Rheinebene südlich Straßburg lag auf einem Hügel die Burg *Mahlberg*. Sie weist außer einigen Buckelquadern keine staufischen Bauten mehr auf. Sie befand sich 1215/18 in den Händen zähringischer Ministerialen und wurde nach dem Ableben Bertholds V. von Zähringen 1218 von Friedrich II. als Reichsgut eingezogen. Doch nahmen sie 1246 der Bischof von Straßburg und die Herren von Geroldseck in Besitz. Dieses einflußreiche Geschlecht hat um 1250 die Burg *Hohengeroldseck*

---

[205] R. Kunze, Zur Steinbergfrage, in: BuS 1964/I, 41.

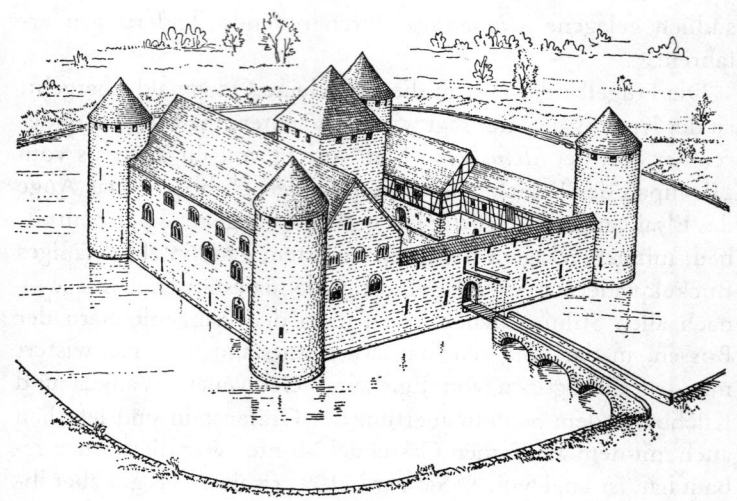

Z 91 Lahr, Wasserburg, Rekonstruktionszeichnung von E. List.

errichtet. Von ihren beiden aneinandergrenzenden Palatien wirkt das „Hintere Haus" mit seinen dreiteiligen Fenstern wie ein Ausklang spätstaufischer Burgenkunst.

Im Geroldsecker Land wurde 1218/20[206] die Tiefburg *Lahr* erbaut. Im Anschluß daran entwickelte sich die Stadt. Die Tiefburg ist, wie alte Pläne und jüngere Grabungen erwiesen haben, eine regelmäßige quadratische Anlage gewesen, mit vier runden Ecktürmen und einem quadratischen Bergfried in der Mitte. Sie gibt sich damit als planvolle Gründung zu erkennen. Die Burg erfuhr während ihrer Lebensdauer kaum Veränderungen, wurde aber 1677 samt der Stadt durch Marschall Crequi niedergebrannt. Nachdem die Ruinen größtenteils um 1800 beseitigt worden sind, blieb nur noch einer der Ecktürme, der „Storchen-

[206] K. List, Wasserburg Lahr, Beiträge zum Burgenbau der Stauferzeit, in: BuS 1970/II, 43—50. Dank der dendrochronologischen Bestimmung eines Tannenholzschalbretts konnte das Baujahr genau ermittelt werden.

d) Burgen in Franken und am Oberrhein

Z 92 Lahr, Wasserburg, Aufriß des Mauerrestes mit Steinmetzzeichen, aus List, Burgen u. Schlösser, 1970/II, 47.

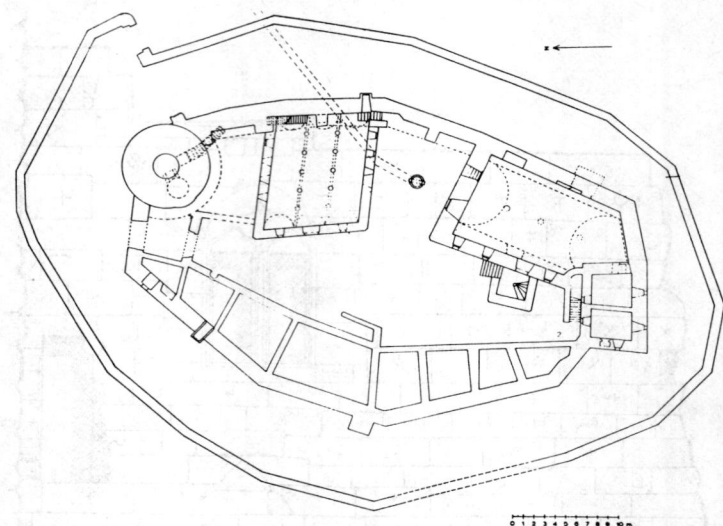

Z 93 Weinheim, Burg Windeck, Grundriß, nach Inv. Mannheim, 441.

turm", mit anschließenden Mauerstücken übrig. Das mit Steinmetzzeichen bedeckte Buckelquadermauerwerk und die Fensterrahmen ermöglichen eine kunstgeschichtliche Beurteilung
der Burg. Darüber hinaus sind sie infolge ihrer exakten Zeitbestimmung durch die Jahrringchronologie auf 1218 für die
Datierung verwandter Bauten von Wichtigkeit.

1218 weilt Kaiser Friedrich II. in Straßburg. Er hat damals die
an das Reich heimgefallenen zähringischen Güter neu geordnet.
Wahrscheinlich beauftragte er den Reichsschultheißen Wölflin
mit der Wahrung seiner Interessen. In diesem Zusammenhang
kann er den Auftrag zur Erbauung der Burg Lahr erteilt haben.
Sie ist ein deutsches Beispiel jenes Kastelltypus, der an den Kü-
sten Apuliens und Siziliens die Bauten der Staufer (und schon der
Normannen) kennzeichnet. Die Persönlichkeit Friedrichs II. hat
an seiner Prägung mitgewirkt.

Im Landschaftsraum der Bergstraße sind mehrere Burgen den

d) Burgen in Franken und am Oberrhein 187

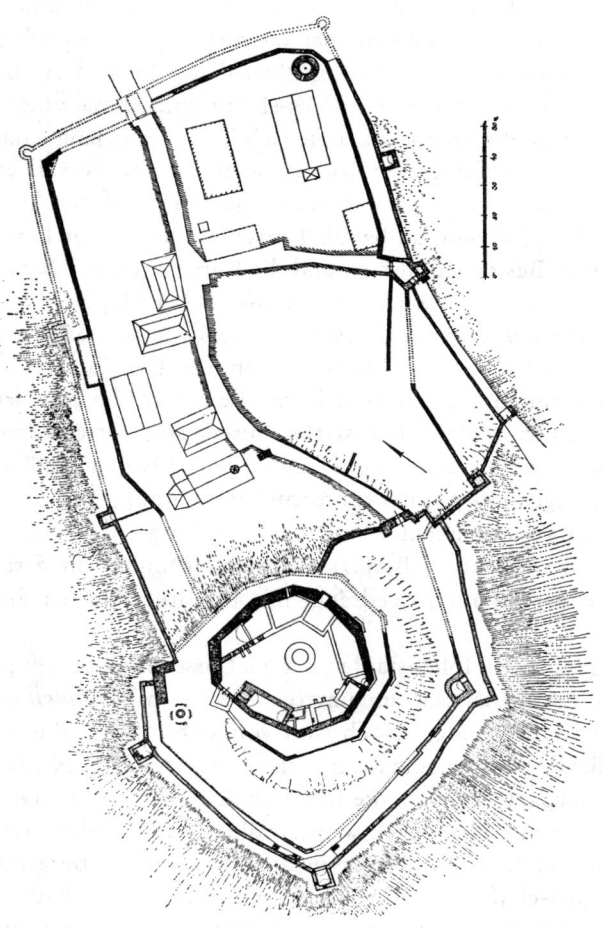

Z 94   Lindenfels, Burg und Stadt, nach Inv. Bergstraße, 329.

Hohenstaufen verpflichtet.[207] Es handelt sich dabei durchweg um Burgen, die dem Schutz von klösterlichen Gütern und Rechten oblagen. Burg *Windeck* bei Weinheim, ursprünglich ebenfalls „Winenheim" geheißen, gehörte dem Kloster Lorsch. König Konrad III. versah sie 1138/41 mit einer Besatzung, auch Friedrich Barbarossa versicherte sich ihrer. Sie gelangte dann in die Hände des Pfalzgrafen Konrad, seines Stiefbruders. Die Burg ist eine Randhausburg mit rundem Bergfried auf der Angriffsseite. Pfalzgraf Konrad hat als Lorscher Klostervogt 1156 *Lindenfels* in Besitz genommen und die Burg angelegt. Davon war schon die Rede. Auch die *Starkenburg* bei Heppenheim war Eigentum des Klosters Lorsch, während die *Strahlenburg* bei Schriesheim der Abtei Ellwangen gehörte. Die dort ansässigen Vögte nannten sich nach der Burg, die vor 1217 erbaut wurde. Die Grundrisse dieser Bergstraßenburgen sind verschieden. Die Windeck zählt zum Typus einer dem Oval angenäherten, mehreckigen Burg mit Frontturm, Starkenburg und Strahlenburg haben Rechteckform, die Starkenburg ist großräumiger mit dem viereckigen Bergfried in der Hofmitte, die Strahlenburg enger zusammengedrängt mit Rundturm in der Südostecke.

Konrad von Hohenstaufen hat als Lorscher Vogt den pfälzischen Territorialstaat am unteren Neckar mit *Heidelberg* als Hauptort begründet. Doch sind von seiner Burg, die bei der „Molkenkur" lag, keine Reste mehr vorhanden. Der Niedergang der Reichsabtei Lorsch, die 1231 dem Erzbischof von Mainz zur Reformierung übertragen wurde, führte zu Kämpfen zwischen Mainz und der Pfalz, die gerade die Burgen an der Bergstraße in Mitleidenschaft zog. Gottfried von Bickenbach baute 1241 oberhalb von *Alsbach* eine neue Burg anstelle seiner zerstörten auf dem Weiherhügel, Ulrich von Münzenberg errichtete 1239

---

[207] W. Hotz, Burgen der Hohenstaufenzeit im Odenwaldraum (Anm. 43), 155—168.

d) Burgen in Franken und am Oberrhein

die *Tannenburg* bei Seeheim-Jugenheim. Beide Grundrisse sind einander sehr ähnlich: es sind polygonale Randhausburgen mit runden Bergfrieden nahe der Schildmauer.

Im Inneren des Gebirges schließt sich Burg *Reichenberg* diesem Typus an. Sie entstand etwa 1230/40, als die Schenken von Erbach sich dieses Landstriches bemächtigt hatten. In *Erbach* selbst verfügten sie über eine Wasserburg mit einem runden Buckelquaderbergfried in der Mitte. Er ist, mit einem gotischen Helm versehen, inmitten jüngerer Schloßanlagen erhalten geblieben.

Im unteren Mümlingtal hatte das Kloster Fulda weitverzweigte Besitzungen, die teilweise aus altem Königsgut herrührten. Die als Vögte bestellten Reitze von Lützelbach erbauten die Burg *Breuberg* über viereckigem Grundriß mit einem mächtigen Bergfried aus Buckelquadern im Hof. Er ist samt dem reich gestalteten Burgtor beim Ausbau der Burg zu einem festen Renaissanceschloß übernommen worden. Gewände und Laibung des Portals, das in einer glatten Quaderfläche sitzt, sind einmal abgetreppt und mit Rundstäben abgefast. Ein Rundbogenfries auf Masken- oder Ornamentkonsolen bildet den oberen Abschluß. T 103

Am Mainknie bei Miltenberg stießen die Interessengebiete der Pfalz und der Bistümer Mainz und Würzburg zusammen. Während die Pfalz verdrängt wurde, errichteten dort die Mainzer um 1226 die Burg *Miltenberg*. Sie ist wiederum in Vieleckform angelegt. Der quadratische, sehr sorgfältig in Buckelquadern ausgeführte Bergfried wendet sich der Angriffsseite zu.

Die würzburgische Befestigung des Mainknies erfolgte in *Freudenberg*, wo wohl schon gegen Ende des 12. Jh. Bischof Heinrich III. eine Burg aufführen ließ. Die Kernburg scheint erst dem 13. Jh. anzugehören. Ihr Grundriß ist auffallend eng mit Leofels verwandt. Auch hier haben wir ein rechtwinkliges Dreieck mit gekappten Spitzen, die den quadratischen Bergfried und den Palas aufnahmen.

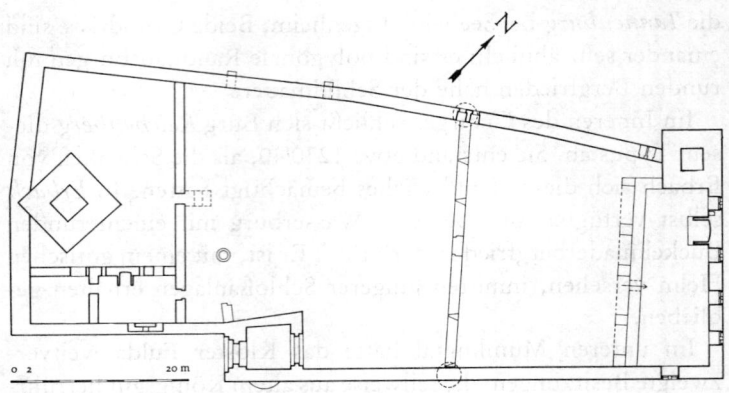

Z 95   Wildenberg, Grundriß der Kernburg, nach Hotz, Wildenberg, 35.

Die weitaus bedeutendste Burg dieses Gebietes aber ist *Wildenberg* südlich von Amorbach im Odenwald.[208] Ihr Gründer Ruprecht von Durne erhielt, vermutlich auf dem Würzburger Reichstag von 1168, diese Ländereien im Zuge einer territorialen Neuordnung von Mainfranken durch den Kaiser. Damit verbunden war die Vogtei über die Abtei Amorbach. Die Burg, die er auf Klosterboden zwischen 1170 und 1180 erbaute, bildet ein großes, dem Gelände angepaßtes Rechteck von 89 m (300 röm. Fuß) Länge und 38,6 m (130 röm. Fuß) größter Breite mit Schildmauer und übereck gestelltem Bergfried auf der Berg- und Palas sowie zweitem Turm auf der Talseite. Alle Mauern sind in prachtvollem Quaderverband aus an Ort und Stelle gebrochenen Sandsteinen aufgeführt, nach außen mit Buckelquadern ummantelt. Das in einen Turm eingebettete Tor hat ein zweimal abgetrepptes und durch Ecksäulen bereichertes Gewände. Über der gewölbten Torfahrt befand sich eine dem hl. Georg geweihte Kapelle mit ausladendem Apsiserker. Die Fenster des Palas und des neben dem Bergfried gelegenen Wohnhauses sind mit Säulen

[208] W. Hotz, Burg Wildenberg im Odenwald, ein Herrensitz der Hohenstaufenzeit, Amorbach 1963.

d) Burgen in Franken und am Oberrhein

und phantasievollen Kapitellen geziert. Eine Schmuckplatte, die T 110
wahrscheinlich zum Kamin des Wohnbaus gehörte, zeigt eine T 111
mit einer sprudelnden Fülle von Schmuckmotiven reliefierte
Oberfläche. Der Zickzackstab ist hier und an anderen Teilen der
Burg — Fenstern, Palasportal, Konsolen — häufig verwendet.
Am inneren Torgewände sind die Inschriften der Bauherren in
deutscher Sprache eingemeißelt:

DISE BVRHC MAHTE HER BVRHERT DVRN
DIESE BVRHC MAHTE HER RVBREHT VON DVRN.

Im Erdgeschoß des Palas, seitlich vom Ostfenster, haben
Baumeister und Bildhauer ihre Namen angebracht: Z 96

BERTOLT MVRTE MICH VLRICH HIWE MICH.

Diese derart ausgezeichnete Burg der Barbarossazeit wurde
durch den Enkel Ruprechts, Konrad von Durne, der eine der
Erbtöchter des Grafen Boppo von Lauffen geheiratet hatte, noch
mit einem weiteren Palassaal aufgestockt. Er zog dazu Bauleute
burgundischer Schulung aus der Hütte Heinrich Vingerhuts an
der Marienkirche zu Gelnhausen heran. Sie versahen diesen Saal T 109
mit einer vielbogigen Fensterarkatur. Die erhaltene Dreifenster- Z 98
gruppe der Ostwand mit Kleeblattbogen und insgesamt 15 Säulen gibt uns einen Begriff von den reichen Wandgliederungen,
die zudem aus zahlreichen Funden und Bruchstücken zusam-

·BERTOLT·MVRE
MICH·VLRICH·HI
WE·MICH.

Z 96 Wildenberg, Bauinschrift im Erdgeschoß des Palas.

mengesetzt werden können. 1226 nennt sich Konrad zum ersten Mal „de Wildenberc". Zu diesem Zeitpunkt waren die Arbeiten vollendet, die etwa 1219 begonnen hatten. Der obere Palassaal, der Festsaal des Konrad von Durne, ist unter den uns gebliebenen spätstaufischen Räumen der schönste. Er war, wie aus der Übereinstimmung einzelner Werkstücke hervorgeht, auch dem

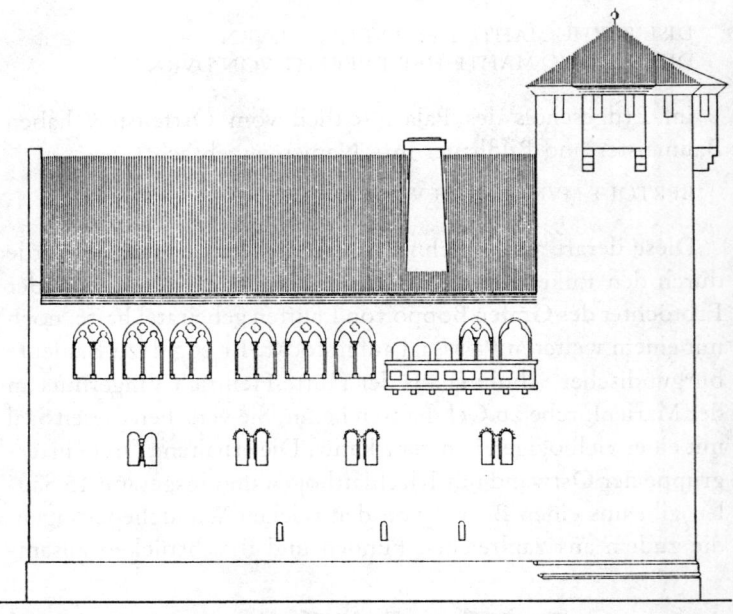

Z 97 Wildenberg, Äußere Längswand des Palas und Westturm, Rekonstruktionszeichnung, aus Hotz, 7.

Z 97 oberen Saal des Trifels benachbart. Wildenberg ist durch seine architektonische Qualität und den Reichtum seiner Ausstattung den Kaiserpfalzen ebenbürtig. Die Untersuchungen der im Bauernkrieg 1525 zerstörten Burg, auf der seit 1271 mainzische Vögte und Amtsleute residierten, haben die Baugeschichte weit-

d) Burgen in Franken und am Oberrhein

Z 98 Wildenberg, Dreifenstergruppe der Palasostwand
(zeichnerisch ergänzt), aus Hotz, 5.

gehend erhellt und geklärt.[209] Aus der Zahl der Steinmetzzeichen geht eine Beteiligung von etwa 70 Bauleuten am Gründungsbau hervor, für den Festsaal kommt noch ein weiteres Dutzend hinzu. Wenn die Vorbereitung des Bauplatzes etwa 1168/69 durchgeführt wurde, konnte mit dem Bau 1170 begonnen werden, so daß nach einer Bauzeit von 8, längstens 10 Jahren die Burg noch vor 1180 vollendet war. Der Bau begann mit den Türmen, dann folgten die Schildmauer, die Ringmauer und die Außenmauern von Wohnbau und Palas, die lange Westmauer. Der Torturm wurde als letztes Werk ausgeführt, weil man

---

[209] Die Beschreibung der Burg in der Dehio-Neubearbeitung Franken, München-Berlin 1979, 691 (bearb. von F. Oswald) nimmt im Gegensatz zur Beschreibung bei Dehio-Gall, Rheinfranken, Bln. 1943, 465/6 die seit dem Ersten Weltkrieg erschienene Literatur nicht zur Kenntnis, sondern geht auf das bayr. Inventar von 1917 (B. A. Miltenberg, bearb. v. F. Mader) zurück. Die verschiedenen Bauperioden und die differenzierten Schmuckformen werden sowenig gesehen wie die durch die Arbeiten 1935/9 getroffenen Veränderungen. Dafür werden dem 19. Jh. „nicht genau begrenzbare Eingriffe" angelastet, obwohl alle diesbezüglichen Arbeiten aktenmäßig nachzuweisen sind. Die Inschriften werden überhaupt nicht erwähnt. Ganz willkürlich wird eine Bauzeit „1200—1220" angesetzt, wie sie bisher nirgends in Betracht gezogen oder geschichtlich begründet wird. Auch der beigegebene Grundriß ist fehlerhaft.

die breite Einfahrt in den Burghof benötigte, solange gebaut wurde.

Die an den Kapitellen des Wohnbaus, des Bergfrieds und des Torturms vorhandenen Schmuckformen gehen mit solchen auf Landsberg im Elsaß und dem Odilienberg, auf Münzenberg und im Saalhof zusammen. Für Wildenberg eigentümlich sind die verschlungenen und verknoteten Bänder, die öfter brezelförmige Gebilde darstellen, die stilisierten Blätter und der ausgiebige Gebrauch vom Zickzack, wie er auch aus den Fundstücken ersichtlich ist. Hinzu kommen noch die ornamentierten Würfelkapitelle und die Säulenbasen mit Tierfiguren.

T 113
T 112
T 110

Die beiden Torinschriften nennen die Namen Ruprecht und Burchert von Durne. Wer Burchert war, wissen wir nicht. Über Ruprecht dagegen geben rund 150 Kaiserurkunden zwischen 1171 und 1196 Auskunft, in denen er als Zeuge im Gefolge Friedrich Barbarossas und Heinrichs VI. erscheint. Als solcher hat er an bedeutenden Ereignissen der Reichsgeschichte teilgenommen:[210] an der Zusammenkunft von Kaiser und Papst in Venedig 1177, an der Krönung Barbarossas zum König von Burgund in Arles 1178, am Mainzer Pfingstfest 1183, an der Hochzeit Heinrichs VI. mit Konstanze in Mailand 1184, an der Kaiserkrönung Heinrichs VI. in Rom 1191 und an seiner Krönung zum König von Sizilien 1195. Wir finden ihn, einige Male auch mit seinem Sohne Ulrich, auf den Pfalzen von Nürnberg, Altenburg, Hagenau, Kaiserslautern, Wimpfen und Gelnhausen und in vielen Städten des Reiches nördlich wie südlich der Alpen. Sein letztes Zeugnis ist eine Urkunde von 1197,[211] die ein Testament zugunsten des Klosters Amorbach enthält. Sie beginnt mit den Worten: „Rupertus de Durne in Apuliam profecturus" („Ruprecht

---

[210] Über Ruprecht v. D. und seine Familie: W. Eichhorn, Die Herrschaft Dürn, Winterthur 1966, 108—197.

[211] 1945 aus dem Fürstl. Leiningischen Archiv gestohlen, jedoch im Wortlaut bekannt und publiziert. Abb. bei B. Ebhardt, Deutsche Burgen, Lfg. 1, Berlin 1898: Wildenberg.

d) Burgen in Franken und am Oberrhein

von Durne, im Begriffe nach Apulien zu reisen"...). Ob es eine Reise im Dienste der staufischen Politik oder ein Aufbruch zur Kreuzfahrt war? Zurückgekehrt scheint Ruprecht nicht mehr zu sein. Das Kloster Amorbach trat die ausgesetzte Erbschaft an, und der Sohn Ulrich machte das ausbedungene Rückkaufsrecht für etliche Güter nicht geltend.

Der Sohn Ulrich macht überhaupt wenig von sich reden. Wahrscheinlich ist er bald verstorben. Von seinen beiden Söhnen ist Konrad von Durne der Bauherr des oberen Palassaales von Wildenberg, auch Herr über ein großes Territorium, das z. T. aus der Mitgift seiner Gemahlin stammte und das vom Main über den Neckar hinweg in den Kraichgau und bis zur Jagst, zum Kocher und zur Tauber reichte. Sein Bruder Ulrich II. wurde Deutschordensritter. An der Seite Hermanns von Salza weilte er in Palästina ebenso wie in Livland und in Preußen, er war auch zugegen, als sich Kaiser Friedrich II. 1229 in der Grabeskirche zu Jerusalem die Krone des Königreichs Jerusalem aufs Haupt setzte.

Das waren die Menschen, in deren politischer und geistiger Welt ein Baugedanke wie der von Wildenberg reifte und zur Tat wurde. Es paßt zu diesem Bilde, daß auf Wildenberg der Sänger Wolfram von Eschenbach Teile seines ›Parzival‹ dichtete und vortrug. Er erwähnt die Burg mit Namen in seinem Epos, als er die Kamine der Gralsburg beschreibt:

sô grôziu fiwer sît noch ê
sach niemen hie ze Wildenberc
jenz waren kostenlichiu werc.   (Parz. 230, 12—14)

Und er gibt — als Huldigung an die Ritter, deren Gastfreundschaft er genoß, und die er sonst, sicher auf ihren Wunsch, nicht nennt — der Gralsburg, der schönsten Burg der höfischen Dichtung, den französierten Namen „Munsalvasche" (= mont sauvage), zu deutsch „Wilder Berg".[212]

---

[212] A. Schreiber, Neue Bausteine zu einer Lebensgeschichte Wolframs von Eschenbach, Frankfurt a. M. 1922; Hotz, Burg Wildenberg (Anm. 208), 91—93.

III. Die Burgen des Reiches und der Ritter

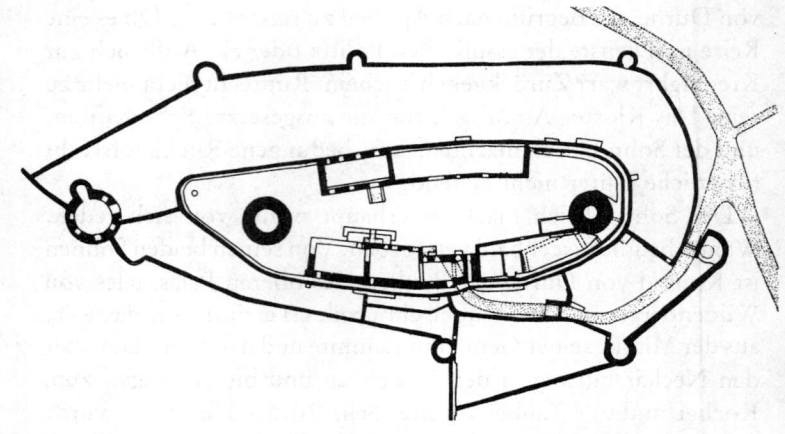

Z 99   Münzenberg, Grundriß, nach Binding, Abb. 1.

An der Seite Ruprechts von Durne begegnen wir im Gefolge Friedrich Barbarossas auch dem Ritter Kuno von Münzenberg. 1161 wird er als Reichskämmerer bezeichnet. Dieser Kuno von Münzenberg, wie er sich seit 1165 nennt, kommt aus dem Ministerialenstande. Er hat den „Minzenberg" vom Kloster Fulda im Tausch erworben[213] und 1174 seinen alten Burgsitz Arnsburg den Zisterziensern übergeben. Man darf annehmen, daß diese Übergabe die Vollendung der neuen Burg voraussetzt.

T 115   Burg *Münzenberg* liegt auf einer länglichen Basaltkuppe, die einmal mit Minze bewachsen war, beherrschend über der
Z 99   fruchtbaren Wetterau.[214] Die ovalförmige Anlage besitzt zwei Türme, von denen der Ostturm von Anfang an bestand, der Westturm aber erst später dazukam. In die Gesamtkomposition

---

[213] G. Binding, Burg Münzenberg, eine staufische Burganlage, Bonn 1963, setzt S. 8/9 den Tausch schon in das erste Regierungsjahr Barbarossas, 1152. K. Gruber u. W. Küther, Münzenberg, Burg, Stadt, Kirche. Gießen 1968.

[214] Die volkstümliche Bezeichnung „Wetterauer Tintenfaß" ist heute nicht mehr verständlich, da solche Tintengeschirre mit Tinten- und Sandglas längst außer Gebrauch sind.

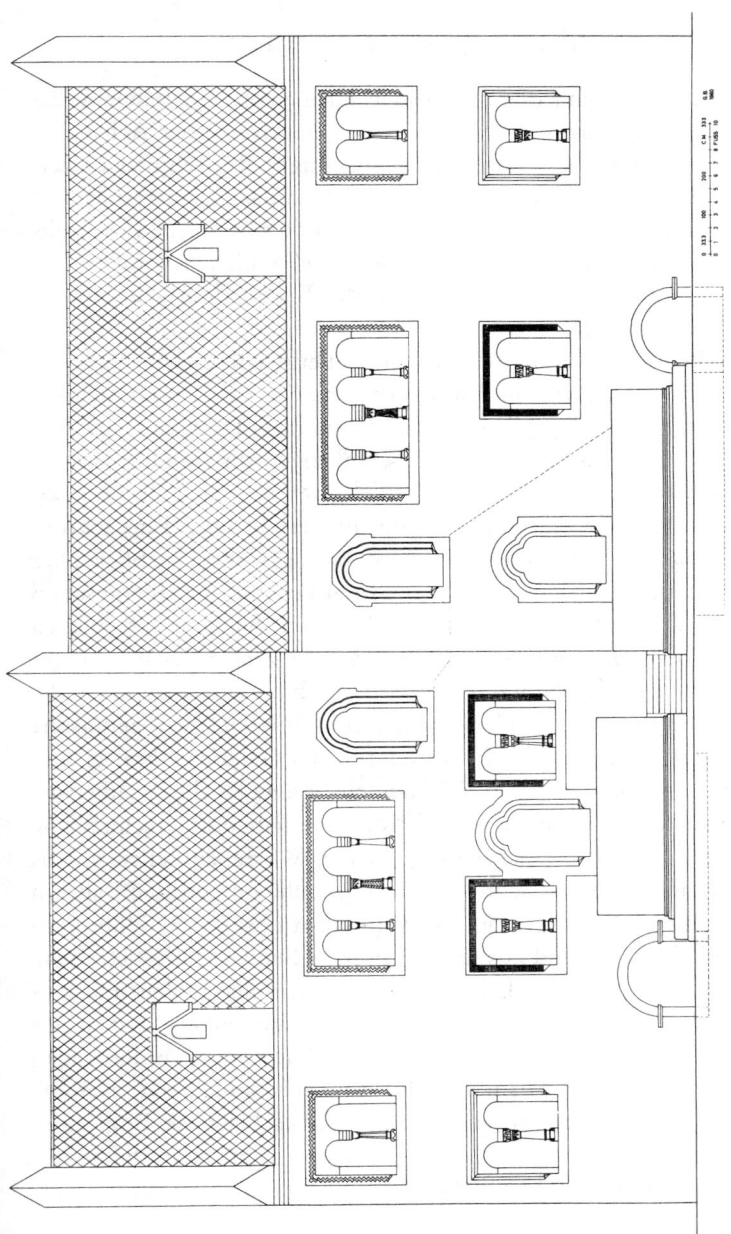

Z 100   Münzenberg, Palas, Rekonstruktion der Hofwand von Binding, Abb. 15.

der Burg passen jedoch die beiden Türme vorzüglich hinein. Palas und Kapelle — über dem Tor — liegen in einer Achse und sind auf der Wehrgangseite mit mächtigen Buckelquadern verkleidet. Sie sind aus Sandstein, während das Baumaterial sonst Basalt in reichlicher, mit Bruchsteinen durchsetzter Mörtelpakkung bildet. Tür- und Fenstergewände, Säulen, Kapitelle, Gesimse und Kaminwangen sowie die Eckquadern wurden aus Hausteinen gearbeitet.

Die Hofmauer des über einem Kellergewölbe zweigeschossigen Palas ist etwa zur Hälfte erhalten. Sie wird durch mehrere Fenstergruppen gegliedert, von denen zwei Doppelfenster beiderseits eines Kamins im Erdgeschoß angeordnet sind. Im Obergeschoß, das auch den Saal enthielt, befinden sich ein Doppelfenster und ein vierteiliges Fenster auf der Hofseite. Eine achtteilige Säulengalerie über dem Wehrgang gewährt Ausblick über das Land. Alle dem Hof zugekehrten Fenster, im Obergeschoß auch die dem Saal zu, sitzen in Rahmen. Sie sind verschieden profiliert, mit geschachter Schräge oder Zickzackstäben abgefast. Die Säulen besitzen steile attische Basen mit Eckzehen, die Schäfte sind teils rund, teils achteckig, mit Zickzack gemustert oder spiralig gedreht; die Mittelsäule der Galerie ist kräftig ausgebildet, im westlichen Gebäudeteil ist eine Zwillingssäule verwendet. Die Kapitelle und die Kämpfer haben unterschiedliche Gestalt und Ornamentierung. Neben Würfelkapitellen mit linear abgegrenzten Schilden sind Kapitelle mit gerillten Blättern zu sehen. Die ausgeprägteste Kapitellform ist das Bandknollenkapitell, bestehend aus je zwei breiten Bändern, die sich überkreuzen und an den Ecken gebundene Knollen bilden. Es ist in gleicher Ausführung im Bergfried von Wildenberg und in der Frankfurter Saalhofkapelle vertreten. Auch die Kämpfer tragen teilweise Blätter-, Bänder- oder Rankenschmuck. Die Kaminwangen sind konkav vertieft, der einbeschriebene Bogenausschnitt ist mit Rundstäben abgefast und erinnert an die Sattelsteine der Wimpfener Palasarkaden, aber auch an die Kamin-

d) Burgen in Franken und am Oberrhein 199

wangen der Pfalz von Gelnhausen. Die Portale, von denen ein Gewände ganz, das andere (im Obergeschoß) zu Teilen erhalten ist, haben einen kleeblattbogenförmigen Sturz.

An den Palas schloß sich eine Kapelle an, die einen gotischen Umbau erfahren hat. Ihre staufische Gestalt läßt sich nicht mehr beurteilen.[215] Einige Fundstücke an Bauplastik sind sicher der Kapelle zuzurechnen.

Das Bild der wehrhaften Burg wird durch die mächtige Ringmauer und die zylindrischen Türme geprägt. In nachstaufischer Zeit entstand der Falkensteiner Bau auf der Nordseite, der gegen Ende des 13. Jh. errichtet wurde, als Münzenberg nach dem Tode des kinderlosen Ulrich II. 1255 Ganerbenburg wurde, deren Hauptanteil sich bis 1586 in den Händen der Falkensteiner befand.[216]

Die politische Rolle Kunos von Münzenberg ist mit der Ruprechts von Durne, mit dem er zusammen mehrfach als Zeuge auftritt, vergleichbar. „Seit 1180 gehört Kuno zur Umgebung Friedrichs I., Heinrichs VI. und Philipps von Schwaben und hatte maßgeblichen Anteil an der Zentralverwaltung des Reiches."[217] Seine Söhne entzweiten sich aber. Kuno II. wurde welfischer Parteigänger, während sein Bruder Ulrich die staufische Sache vertrat. Gegen ihn lehnte sich sein Sohn Kuno III. in einer Fehde auf. Dessen Bruder Ulrich II., der letzte seines Geschlechts, ist 1255 als Feind der Staufer gestorben.

Mit dem Erlöschen des staufischen Kaiserhauses ging der von Barbarossa bis zu Friedrich II. betriebene Ausbau der Wetterau zu einem Reichsterritorium, in dem den Herren von Münzen-

---

[215] Die Rekonstruktion, die Binding (Anm. 213), Abb. 12 gibt, erscheint mir zu aufwendig.
[216] Die Gemahlin Philipps I. von Falkenstein, Isengard von Münzenberg, war es, die 1246 auf dem Trifels die Reichskleinodien an König Konrad IV. aushändigte.
[217] Hdb. d. Historischen Stätten, Bd. IV, Hessen, Stuttgart 1960, 308 (Knöpp).

berg neben denen von Büdingen, von Falkenstein und von Eppstein eine wichtige Stellung zugedacht war, zu Ende.

Die Herren von Hagen und Münzenberg sind auch die Gründer der Burg *Babenhausen* im Bachgau südlich des Mains[218] und auf der Höhe von Aschaffenburg gewesen. Vielleicht wurde die Anlage einer Burg schon bald nach 1176 in Erwägung gezogen, als Kuno I. Güter in Altdorf (bei Babenhausen) vom Kloster Fulda erwarb. Die Burg, die dann um 1200 errichtet wurde, war ein einheitlich geplanter und zügig durchgeführter Bau. Sie ist zu beträchtlichen Teilen auch im späteren Renaissanceumbau erhalten geblieben.

Erstmals genannt wird das „Castrum Babenhusen" 1236.[219] Dendrochronologische Untersuchungen der Deckenbalken in der Erdgeschoßhalle des staufischen Palas[220] haben ergeben, daß die dort verwendeten Hölzer „nicht vor 1197", aber auch „nicht wesentlich später als 1200" gefällt und weiterverarbeitet wurden. Wir kommen damit zu dem vorgeschlagenen Jahr 1200 als Erbauungszeit der Burg.

Wieder haben wir es, wie zu Lahr, mit einer regelmäßigen Z 101 Vierekanlage mit einem quadratischen Bergfried in der Mitte zu tun. Die Bauten sind aber fast durchweg aus Backsteinen errich-

---

[218] F. Arens, Der Saalhof zu Frankfurt und die Burg zu Babenhausen, in: Mainzer Ztschr. 71/72, 1976/77. Die dort gegebene Darstellung von Babenhausen ist die bearbeitete Dissertation des verstorbenen Oberbaurats Walter Haake. Ich habe selbst die Grabungen und Freilegungen in Babenhausen unter Führung von Haake gesehen und später durch den Landeskonservator Otto Müller Einblick in das Manuskript der Diss. nehmen können. Zwei Rekonstruktionszeichnungen Haakes habe ich in meinem Aufsatz ›Burgen d. Hohenstaufenzeit im Odenwaldraum‹ (Anm. 43) 1977 erstmals veröffentlicht.

[219] Binding, Burg Münzenberg (Anm. 213), 17, Anm. 73.

[220] Arens, Saalhof u. Babenhausen (Anm. 218), 37 f. mit Wiedergabe des Gutachtens von E. Hollstein.

[221] Zu vergleichen die Aufzählung von Arens (Anm. 218), 38—41. W. Hotz, Kunstdenkmäler Elsaß u. Lothringen (Anm. 95), 274 unter Straßburg, Wohnturm in der Alten Korngasse.

d) Burgen in Franken und am Oberrhein

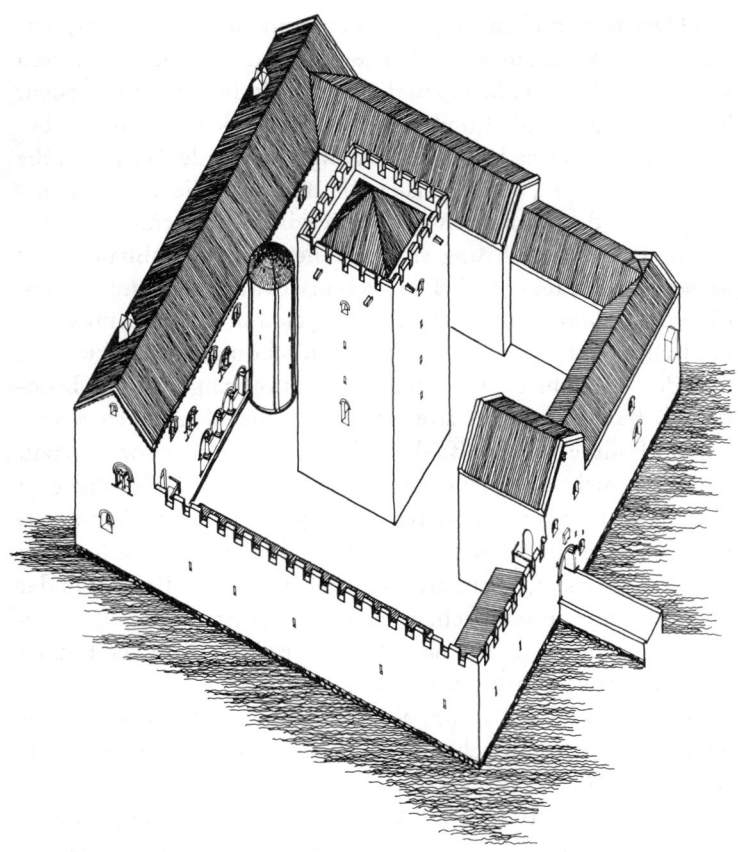

Z 101 Babenhausen, Burg aus der Vogelschau, rekonstruiert von W. Haake, aus Hotz, Hohenstaufenburgen im Odenwald, 161.

tet. Nur ein Teil der Tür- und Fenstergewände und die Hofarkaden des Palas bestehen aus Hausteinen. Obwohl der Backstein als Baustoff in Oberdeutschland weder im Sakral- noch im Profanbau unbekannt ist,[221] so stellt diese bevorzugte Verwendung mitten in einem Gebiet, in dem Hausteine aus Sandstein- oder aus Hartsteinbrüchen in großer Zahl und auf guten Transportwegen zur Verfügung standen, eine Ausnahme dar. Es lassen sich daraus Rückschlüsse auf die Herkunft der Bauleute ziehen. Sie verweisen auf die Lombardei, wo die Backsteinbauweise bevorzugt für öffentliche Bauten angewendet wurde. Nicht nur die Backsteintechnik, sondern auch die Bauform, die im deutschen Burgenbau der Stauferzeit — soweit wir davon Kenntnis haben — einmalige Ausführung einer offenen Erdgeschoßhalle, sind italienischer Herkunft. Die verantwortliche Bauhütte, die offiziöse „Palastbauschule", konnte nicht nur mit einheimischen Kräften arbeiten. Sie mußte, wie oben schon ausgeführt wurde, in anderen Reichsteilen, in Burgund, in Lothringen, in der Lombardei, Bauhandwerker anwerben und einstellen. Auch Architekten, Poliere, die eine Bauhütte leiten konnten, gehörten dazu. Sie haben nicht nur Pläne ausgeführt, sondern auch solche entworfen und waren an anderen mit eigenen Baugedanken beteiligt.[222] Gerade in Babenhausen wird die italienische, die lombardische Mitwirkung greifbar. Umgekehrt läßt sich die Gestalt der untergegangenen staufischen Pfalzen in den Städten Italiens von hier aus erschließen. Am nächsten unter den städtischen Bauten der Stauferzeit in der Lombardei stehen dem Palas von Babenhausen die Podestà-Paläste, die Rathäuser und die Broletti. Unter ihnen wiederum scheint der Broletto zu Novara eng verwandt zu sein.

Z 102   Die repräsentative Halle des Babenhausener Erdgeschosses weist sechs Bogen auf. Vier sind links und zwei rechts eines die Wandmitte einnehmenden Treppenturms angeordnet. Auch der Treppenturm mit Wendelstiege stammt aus der Erbauungszeit. Sein Zugang liegt innen. Außen sind die Turmwände durch Lisenen gegliedert. Dieser Turm ist eine Besonderheit, geradezu eine Vorwegnahme der späteren „Wendelsteine" der Renaissance, als solcher auch im Castel del Monte und in nach-

---

[222] Hotz, Kleine Kunstgeschichte d. dt. Burg (Anm. 16), 146—151.

d) Burgen in Franken und am Oberrhein

staufischer Zeit auf deutschem Boden zu Helfenstein oder Hohengeroldseck vorhanden.

Glanzstücke ihrer Art sind die wuchtigen Kapitelle der Hofarkade. Drei davon sind 1902 nach den beschädigten Originalen neu gefertigt worden, alt und vorzüglich erhalten ist das Kapitell der Doppelarkade südlich vom Treppenturm dank des Umstandes, daß es bis 1966 größtenteils eingemauert war.[223] Es gehört zum Typus der spätromanischen Kelchblockkapitelle mit auf-

T 121

Z 102 Babenhausen, Hofarkaden des Palas, nach Haake, aus Arens, Babenhausen, 33.

steigenden Blättern, deren größere sich nach der Mitte umbiegen oder an den Ecken zusammenrollen. Sehr ähnliche Kapitelle finden sich im nahen Aschaffenburg unter der Empore der Stiftskirche in zweiter Verwendung. Sie stammen vermutlich aus dem staufischen *Aschaffenburger Schloß*.[224] Parallelen zu Babenhausen zeigen das Marktportal des Mainzer Doms, die Peterskirche zu Gelnhausen, das große Portal von St. Leonhard in Frankfurt und die Dreierarkade im Festsaal der Burg Wildenberg. Dort sind es unter fünfzehn die drei ältesten Kapitelle.

---

[223] Hotz, Staufische Reichsburgen (Anm. 16) Taf. 25.

[224] M. Klewitz, Die Baugeschichte der Stiftskirche St. Peter u. Alexander zu Aschaffenburg, Aschaffenburg 1953, 61 f. u. ö. meinte noch, sie seien im 17. Jh. durch Matthias Erb nach Aschaffenburg geholt worden (sie stimmen auch in den Maßen völlig überein). Doch ist das aus mancherlei Gründen unwahrscheinlich, wie Haake überzeugend nachgewiesen hat. Hierzu auch Arens, Babenhausen (Anm. 218), 35.

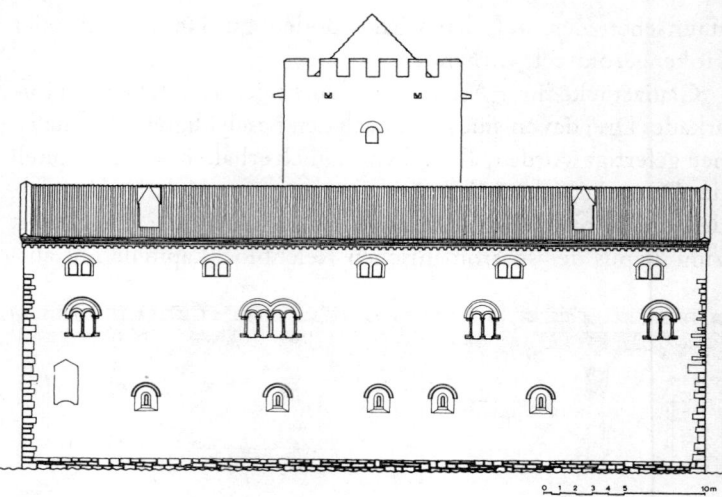

Z 103 Babenhausen, Außenwand des Palas, Rekonstruktion von W. Haake, aus Hotz, Hohenstaufenburgen im Odenwald, 161.

Den Festsaal von Wildenberg dürfen wir 1219/26 datieren, das Portal von St. Leonhard ebenfalls 1219.[225] Für Babenhausen käme dann die auch durch die Jahrringzählung gestützte Bauzeit um 1200 in Betracht.

Z 103 Vom dreigeschossigen Palas und den übrigen Flügeln des Burggevierts sind die Backsteinwände z. T. bis zum Dachfirst unter dem Putz noch vorhanden. Die im 16. Jh. und später eingebrochenen rechteckigen Fenster haben nicht alle älteren Spuren beseitigt, so daß sich auch noch Aussehen und ungefähre Anzahl der staufischen Fenster ermitteln lassen. Das erste Obergeschoß besaß durchweg säulengekuppelte Rundbogen-Doppelfenster, im zweiten Geschoß waren die Fensteröffnungen etwas einfacher gehalten. Von den beiden Giebelwänden des Palas weist die nördliche noch Reste des Ortganges auf, mit einem Ge-

[225] Mit Meisterinschrift: ENGELBERTVS F(ECIT).

d) Burgen in Franken und am Oberrhein

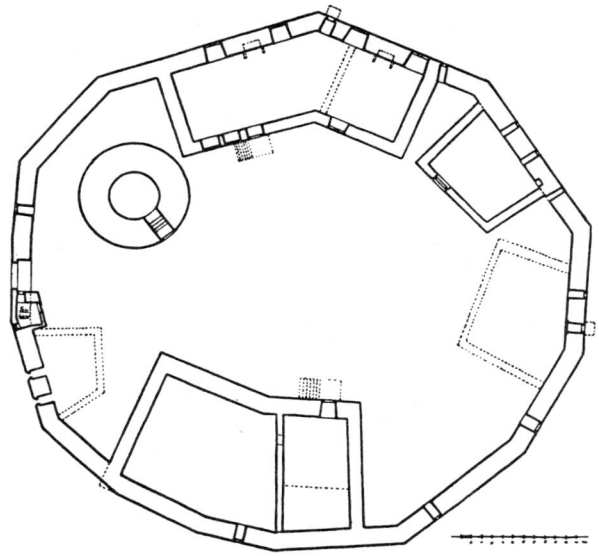

Z 104 Büdingen, Grundriß der staufischen Burg, nach Faust, aus Hotz, Stauf. Reichsburgen, 21 (der ursprüngliche Bergfried stand in der Hofmitte).

sims aus Backsteinen, das auf Konsolen, einem Zahnschnittband und einer profilierten Leiste ruht.

Eine dreizehneckige Zentralanlage mit seitlich verschobenem rundem Bergfried ist die Wasserburg *Büdingen*. Außer dem Turm lehnen sich alle Bauten an die Ringmauer an. Gegründet wurde die Burg von den Herren von Büdingen, wahrscheinlich von dem in den 80er Jahren genannten Hartmann von Büdingen, der gegen Ende des Jahrhunderts als Erbburggraf zu Gelnhausen begegnet. Im 16. und 17. Jh. wurde die Burg schloßartig umgebaut und nahm ihre heutige Form an. Doch sind aus staufischer Zeit noch einige Bauteile auf uns gekommen, vor allem die Ringmauer, der Palas und die Kapelle. Der runde Bergfried ist erst unter den Isenburgern, die 1245 die Nachfolge der Büdinger antraten, errichtet worden. Der ursprüngliche Bergfried stand gegen die Hofmitte zu. Er war außen rund und innen sechseckig. Sein Mantel war mit Buckelquadern verblendet.

Z 105   Die Giebelwand des an die Ringmauer im Winkel angelehnten Palas besitzt noch mehrere Fenster aus der Gründungsbauzeit. Besonders ausgestattet ist eine dreigliedrige, einst zum Saal ge-
T 123   hörige Fenstergruppe. Ihre Bogen ruhen auf einer Bündel- und einer Knotensäule über schmalen Basen. Die Kapitelle sind mit

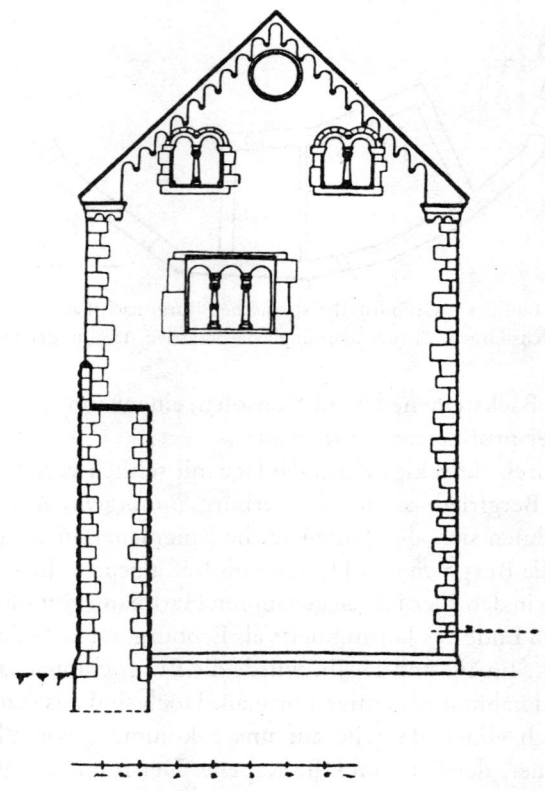

Z 105   Büdingen, Palasgiebel, Rekonstruktion von Faust, aus Hotz, Stauf. Reichsburgen, 21.

d) Burgen in Franken und am Oberrhein

Z 106   Konradsdorf, Fenster im „Nonnenhaus", nach Inv. Büdingen, 183.

Blättern geschmückt, die Sattelsteine laden weit aus. Im Stockwerk darüber befanden sich zwei Doppelfenster. Zur Beleuchtung des Dachbodens diente ein Oculus. Am Kapellenportal ist T 122
das Gewände einmal abgetreppt und mit Säulen ausgestellt. Ihre Kapitelle ähneln denen im Palas. Die Bogenlaibung ist mit Scheiben, angebohrten Kugeln und Diamantsternen besetzt. Im Bogenfeld beugen sich zwei Männer — man denkt an die Stifter Hartmann und Hermann von Büdingen — vor einem Kreuz. Eine breite blätterverzierte Wellenranke umgibt die Darstellung.

Unweit von Büdingen hatten die Herren von Büdingen das Prämonstratenserkloster *Konradsdorf* gestiftet. Es enthielt auch ihre Grablege. Die 1270 in ein Nonnenkloster verwandelte und 1580 säkularisierte Ansiedlung ist noch mit mehreren romanischen Gebäuden, wenn auch in sehr heruntergekommenem Zustand, erhalten. Unter ihnen stellt das sog. „Nonnenhaus" einen palasartigen Wohnbau dar, ist vielleicht auch der Palas einer Burg Hartmanns von Büdingen gewesen. Das rechteckige Bauwerk umschloß einen Saal und eine Kapelle, deren Apsiserker auf drei Maskenkonsolen vorkragte. Der Saal war durch säulengekuppelte Fensterarkaden erhellt: auf der Hofseite ein gerahmtes Doppelfenster, auf der Feldseite eine Viererarkade. Die teilweise achteckigen Säulen haben gebauchte Basen, die umgedrehten Kapitellen gleichen, und Kapitelle mit einfachem Zierat. Sie tragen hohe Kämpfer. Das alte Portal besitzt ein einmal abgetrepptes Gewände, dessen Kanten über Abläufen durch Rund-

Z 107 Glauburg, Siegel, nach Inv. Büdingen, 146.

d) Burgen in Franken und am Oberrhein

wulste, innen außerdem durch eine Kehle mit gekörntem Stab abgefast sind.

Von der untergegangenen Reichsburg *Glauburg* gibt noch ein schönes Siegel mit einem Kaiserbildnis unter einer gezinnten Architektur zwischen zwei Türmen Kunde. Z 107

Das waldreiche Spessartgebirge, das den staufischen Kaisern von Gelnhausen oder von Seligenstadt her als Jagdgebiet offenstand, besitzt in seinem östlichen, von der Sinn durchflossenen Teil die staufischen Burganlagen Rieneck und Burgsinn. Beide sind Gründungen der Grafen von Rieneck. Von der Wasserburg *Burgsinn* ist noch der quadratische Bergfried in Buckelquadern aus dem 12. Jh. erhalten. Das „Castrum *Rienecke*" wird 1179 erstmals genannt. Damals dürfte der siebeneckige Wohnturm Z 108 schon gestanden haben. Er erhebt sich unmittelbar über dem aus den Felsen gebrochenen Halsgraben. In seinem Obergeschoß enthält er einen Saal mit geschmücktem Kamin und eine von dort aus zugängliche gewölbte Kapelle. Sie ist als Dreikonchenanlage T 124 in die Mauer eingebettet. Ihre feingliedrigen, leider durch Verwitterung abgeschliffenen Formen zeigen einen bedeutenden Künstler am Werk. Die Burg besitzt noch einen weiteren achteckigen Bergfried und eine große einschiffige Kapelle mit halbrunder Apsis. Der Sturz ihres Portals trägt Löwenreliefs, in die Giebelwand darüber sind Platten mit frontalen Figuren eingelassen, wahrscheinlich Grabdenkmäler des 13. Jh.

Am Südrand des Spessarts, hoch über dem Main, ragen die Türme von *Burgprozelten* auf. Sie war wahrscheinlich als Reichsburg oder Reichslehen im Besitz der Grafen von Prozelten. 1250 sind die Reichsschultheißen von Schüpf-Klingenberg dort anzutreffen. Im 14. Jh. gelangt sie an den Deutschen Orden, der eine Kommende einrichtet und bauliche Veränderungen vornimmt, die das Bild der Burg bis heute prägen. Aus staufischer Zeit stammen der große quadratische Bergfried mit Buckelquadermantel und der östliche Palas, an den sich die Kapelle anschloß. Das mächtige, zweimal abgetreppte Portal ist sichtlich T 125 b

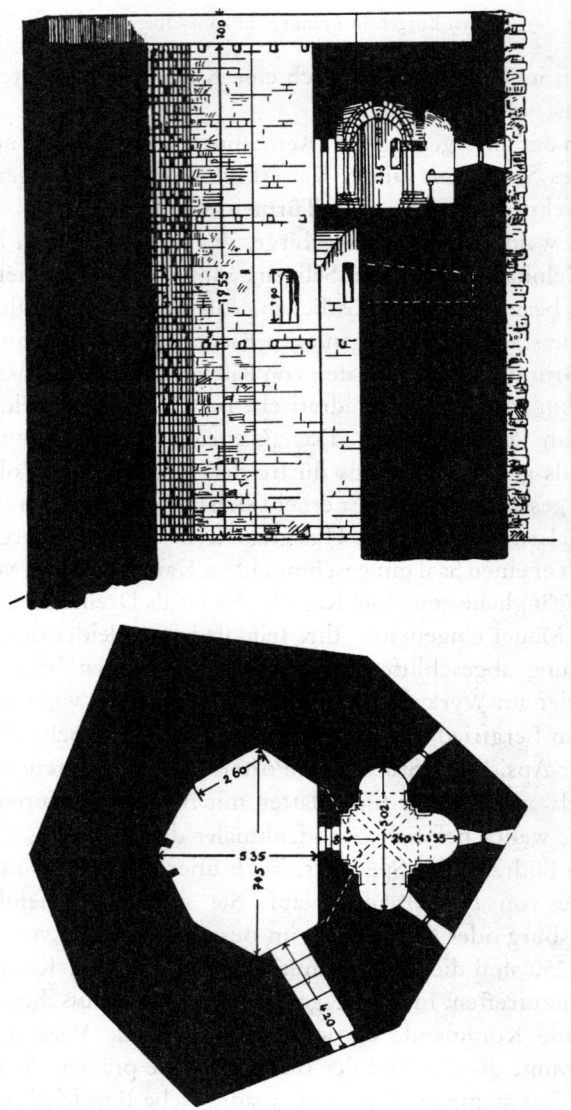

Z 108 Burg Rieneck, Schnitt und Geschoßgrundriß des siebeneckigen Turms, nach Inv. Gemünden.

vom Tor der Wildenburg beeinflußt. Die Fenstergruppen der Kapelle (?), ein darunter eingesetztes Doppelfenster in profilierter Nische und einige mit Ranken und Blättern ornamentierte Gesimsstücke zeigen, daß auch hier eine reicher ausgebildete Palasarchitektur bestanden hat. T 125 a

Auf der östlichen Mainflanke des Spessarts wurde Burg *Rothenfels* erbaut. Ihre Gründung erfolgte 1148 durch den Vogt des benachbarten Klosters Neustadt am Main, Markwart von Grumbach. Der Einspruch des Abtes gegen dieses „Jagdhaus" veranlaßte König Konrad III., dessen Anhänger die Grumbacher waren, zu der Feststellung, daß die Burg als Klosterlehen gelte, mit dem Aussterben des Geschlechts Grumbach aber an Neustadt heimfallen solle. Das ist jedoch 1333 nicht geschehen, sondern die Burg Rothenfels gelangte schließlich über mehrere Instanzen an das Hochstift Würzburg, das dort ein Amt einrichtete. Es bestand bis zum Reichsdeputationshauptschluß von 1803. Die Burg blieb unzerstört. Aus staufischer Frühzeit rührt noch der quadratische Bergfried auf der Angriffsseite her. Ihm entspricht ein Turmhaus am anderen Ende des langgestreckten Berings. Vom Palas ist eine mehrgliedrige säulengekuppelte Fensterarkade mit henkelförmig ausladenden Sattelsteinen erhalten. T 126

In *Würzburg* bestand schon seit der Karolingerzeit ein Königshof mit einem „palatium regium" und einer Eigenkirche. Sein Nachfolger war die spätere Bischofspfalz, 1144 als „Palatium" bezeichnet, bei der heutigen Neumünsterkirche nördlich des Doms. Während diese Anlage in der Stadtentwicklung aufging, blieb ein staufisches Turmhaus in der nahe der Mainfurt gelegenen Marktsiedlung mit Gerichts- und Zollstelle erhalten, der „Grafeneckartbau". Er wurde vom bischöflichen Burggrafen, einem Schultheißen namens Graf Eckart, errichtet. Er war sein Amtssitz und behielt bis zum heutigen Tage seinen Namen. Graf Eckart (Billung) wird seit 1184 genannt. Das Gebäude besitzt auf rechteckigem Grundriß ein dreiteiliges gewölbtes Erdgeschoß Z 109

Z 109 Würzburg, Grafeneckardbau, Schnitt, nach Inv. Würzburg, aus Arens, Saalhof, 6.

und ein ebenfalls gewölbtes Obergeschoß mit einem Saal ("Wenzelsaal"). Über der Südostecke erhebt sich ein Turm. Die Gratgewölbe des Saals schließen an zwei Gurtbogen an, die zwischen einer Mittelsäule und halbrunden Wandvorlagen gespannt sind. Sie besitzen Basen mit Ecklaschen und reiche Blattkapitele. Alle diese stilistischen Merkmale weisen auf eine Bauzeit um 1200 hin. — Die staufische Burg auf dem Marienberg war als rechteckige Hangburg mit rundem Bergfried angelegt. Ihre Grundzüge blieben durch die späteren Umbauten hindurch erkennbar.

Die Bischöfe von Würzburg erbauten zum Schutz ihrer Besitzungen an der fränkischen Saale die *Salzburg*.[226] Die weiträumige, 1161 erstmals genannte Anlage war von Anfang an als Ganerbenburg für mehrere Ansitze von Lehensleuten gedacht. 1279 werden fünf "Castrenses" erwähnt. Trotz dieser Aufteilung ist

T 127

---

[226] An der Saale, wohl im Gebiet von Neustadt, befand sich eine karolingische Pfalz, die 790 erstmals als "Saltz, palatium... in Germania iuxta Salam fluvium constructum" erwähnt wird und die Otto III. 1000 dem Bischof von Würzburg übereignet. Dazu: K. Bosl, Pfalzen u. Forsten, in: Dt. Königspfalzen, Göttingen 1963, 14—17.

d) Burgen in Franken und am Oberrhein

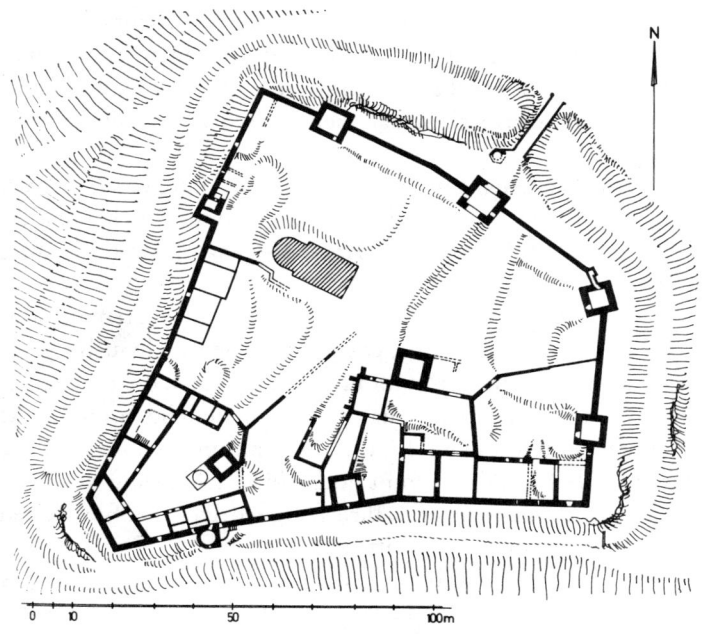

Z 110 Salzburg, Grundriß, nach Dehio, Franken, 371.

die im Großen dreieckige Burg um einen mittleren Turm geordnet, an den ein Palas mit zwei prachtvollen Dreierarkaden angrenzt. Ein zweiter Bergfried beherrscht den Voitschen Ansitz
in der Südwestspitze, wo ebenfalls Palasfenster aus spätstaufischer Zeit anzutreffen sind. Eindrucksvoll ist die mit vier Türmen bewehrte Mauer auf der Angriffsseite. Davon besitzt der
Torturm Buckelverquaderung und ein schönes, einmal abgetrepptes Torgewände. Der Bogen wird durch einen Zickzackstab und einen Röllchenfries betont.

Auf einem ins Saaletal vorspringenden Bergsporn wurde über
keilförmigem Grundriß Burg *Trimberg* mit einem übereck gestellten Bergfried und halbrund ausgebogener Schildmauer er-

richtet. Sie gehören noch dem 12. Jh. an. Ihre Bauherren, die Dynasten von Trimberg, genossen hohes Ansehen. 1226 tragen sie ihre Burg dem Hochstift Würzburg zum Lehen auf. Als das Geschlecht 1376 erloschen war, richtete Würzburg auf der Burg ein Amt ein.

Von der fuldischen Burg *Saaleck* am Saaleübergang der Straße Würzburg–Fulda ist noch der mächtige runde Buckelquader-Bergfried des 12. Jh. erhalten. Erstmals genannt wird die Burg im Jahre 1228.

Über der Mündung der Tauber in den Main erbauten die Grafen von *Wertheim* eine Burg. Die polygonale Randhausburg besitzt aus der Gründungszeit im 12. Jh. noch einen quadratischen Bergfried mit Buckelquadermantel, der auf dem höchsten Punkt der ausgedehnten, bis ins 17. Jh. aus- und umgebauten Anlage steht. Aus dem 13. Jh. stammt noch eine Giebelwand des Palas mit Kleeblattbogenfenstern. Ihre feingliedrigen Profile weisen schon auf die Jahrhundertmitte hin.

T 130

Westlich von Tauberbischofsheim treffen wir auf die stark zerstörte Burg *Schweinberg,* von der nur noch ein Stumpf des Bergfrieds aufrecht steht. Doch war sie einmal gut ausgestattet. Ein figürliches Kapitell mit einer Jagdszene befindet sich in Wertheim, ein reich ornamentiertes Doppelfenster des 12. Jh. in Karlsruhe.

T 131 b
T 132

Im Schüpftal, das sich bei Lauda mit dem Taubertal vereinigt, lag die von den nach ihr genannten Schenken erbaute Burg *Schüpf.* Die Schenken erlitten 1235 infolge ihrer Beteiligung an der Empörung König Heinrichs (VII.) starke Einbußen zugunsten von Hohenlohe. Von ihrer Burg ist wenig erhalten. Einige Bauplastik wurde ins Landesmuseum Karlsruhe übertragen, darunter ein romanischer Fensterpfeiler mit einer ausdrucksvollen bärtigen Maske.

Rothenburg ob der Tauber nahm schon in der Politik König Konrads III. einen wichtigen Platz ein. Er brachte mit dem Dorf Dettwang den weit ins Taubertal vorspringenden Bergsporn

(„Vorderburg") in seinen Besitz und erbaute dort eine Burg, die 1167/68 als „Castrum imperiale" bezeichnet wird. Die dort ansässigen Reichsministerialen betreuten das umfangreiche Reichsgut. Rothenburg wurde so zum „Ansatzpunkt staufischer Reichsland- und Territorialpolitik, die von ihrer Ausgangslinie Donauwörth–Nördlingen–Dinkelsbühl–Rothenburg eine Brücke nach Osten... zu schlagen suchte" (Withold).[227] Der Neffe Friedrich Barbarossas, Friedrich, Sohn Konrads III., (†1167) und Barbarossas Sohn Konrad (†1196) waren Herzöge von Rothenburg. Die staufische Burg bestand bis zum Erdbeben am Lukastag 1356. Danach wurde sie bis auf den heute noch stehenden Rest abgebrochen. Der Bergfried („Pharamundsturm") wurde erst zu Beginn des 19. Jh. niedergelegt. In dem erhaltenen Gebäude hat die Stadt Rothenburg um 1400 eine St. Blasiuskapelle eingerichtet. Es weist in seinem unteren Teil mächtiges Buckelquadermauerwerk auf, während die oberen Teile glatte Quader haben. Das Ostfenster ist durch eine Säule mit kräftigem Bandknollenkapitell gekuppelt, seine beiden Bogen sind kleeblattbogenförmig geschlossen und mit einer tiefen Kehle profiliert. Die übrigen drei Doppelfenster sind einfacher umrissen. Wahrscheinlich ist die Blasiuskapelle der Rest des Palas. Er dürfte um 1220 erbaut worden sein.

T 133

e) *Burgen in Altbayern und Österreich*

Die Stadt *Regensburg,* die als römische Legionsstadt unter Kaiser Marc Aurel 179 ihre urbane Existenz begann, besaß schon zur Karolingerzeit eine Pfalz der Agilolfingischen Bayernherzöge.[228] Sie lag inmitten der Stadt am alten Kornmarkt. Unter Karl dem Großen fanden dort mehrere Reichstage statt. Sie war die

---

[227] Hdb. d. Histor. Stätten, Bd. VII, Bayern, Stuttgart 1961, 603.
[228] Kleine Kunstgeschichte d. dt. Burg (Anm. 16) 81 f., Taf. 9.

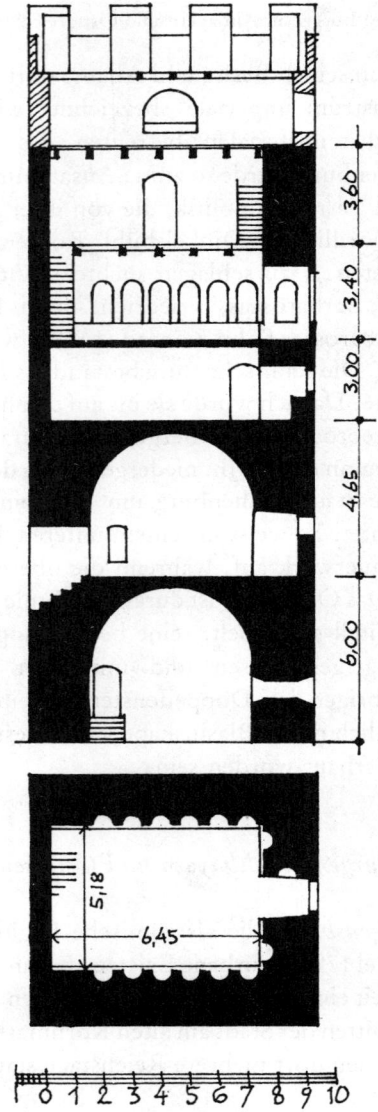

Z 111 Wildthurn, Bergfried, Schnitt und Grundriß des 3. Obergeschosses, nach Landgraf, Roman. Profanbauten, 1.

bedeutendste süddeutsche Pfalz. Ihre Bauten wurden in der Stauferzeit erneuert. Es waren der in seinen unteren Geschossen mit großen Buckelquadern verkleidete Bergfried, der „Römerturm", der anschließende Saalbau, der „Herzogshof", und die „Alte Kapelle". Das entsprach dem dreiteiligen Organismus einer Pfalz. Der „Herzogshof" in seiner jetzigen Gestalt mit den charakteristischen Fenstergruppen ist nach 1185 erbaut worden und diente als Pfalz für den Herzog, der zugleich Inhaber des Burggrafenamtes war. Ein anderes Bauwerk des 12. Jh. ist nicht nur für die Stadt, sondern auch für das Reich höchst bedeutsam gewesen: die steinerne Donaubrücke. Unter dem Welfen Heinrich dem Stolzen 1135 begonnen, war sie 1147 vollendet. Mit 16 Bogen überspannte sie in 350 m Länge die beiden Donauarme. Tortürme sicherten ihre Zugänge. Zu ihren Füßen versammelte sich 1189 das Kreuzfahrerheer Kaiser Friedrich Barbarossas. Der Sohn Philipp von Schwaben ließ sein steinernes Bildnis am Brückenturm anbringen.

In Regensburg treffen wir noch einen Burgentypus an, der den deutschen Städten des Mittelalters nicht fremd war, sowenig wie den Städten Italiens oder Frankreichs, der aber nur in Regensburg in einer Reihe monumentaler, auch das Stadtbild prägender Beispiele die Zeiten überdauert hat, den städtischen Wohnturm oder Turmpalas.[229] Diese Haustürme, die alle ihre Namen haben, waren ursprünglich recht wehrhaft mit Plattformen und Zinnen versehen. Doch wurden ihre oberen Räume gern mit mehrgliedrigen geschmückten Fenstern ausgestattet und enthielten repräsentative Gemächer.

Die Turmarchitektur wird an den staufischen Burgen im bayrischen Raum überhaupt bevorzugt. Einige Türme vereinigen in der Art der französischen Donjons Palas und Kapelle.[230] Burg

---

[229] R. Strobel, Regensburger Patrizier-„Burgen" u. ihr Wehrcharakter, in: BuS 1971/I, 3.

[230] A. Landgraf, Die romanischen Profanbauten auf den Burgen u. Ruinen Österreichs und Altbayerns, in: BuS 1968/I, 1 ff. u. 1969/I, 1—36.

Z 112   Haag, Wohnturm, nach Landgraf, Roman. Profanbauten, I.

e) Burgen in Altbayern und Österreich

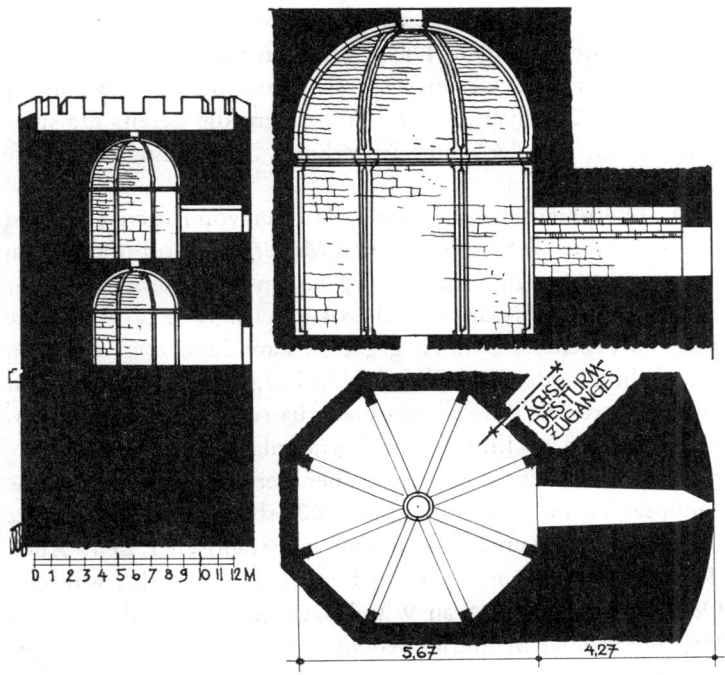

Z 113   Abbach bei Kelheim, Bergfried, Schnitt und Innenräume,
nach Landgraf, Roman. Profanbauten, 1.

Wildthurn in Niederbayern besitzt einen rechteckigen Bergfried, der über zwei gewölbten Untergeschossen mehrere flachgedeckte Räume enthält. Die Wände des mittleren, des Saals, sind großenteils halbrund ausgenischt. Der viereckige und vierschrötige Bergfried von *Haag* in Oberbayern, in seiner heutigen Erscheinung stark durch die vier gotischen Ecktürmchen und das spitze Dach bestimmt, ist in seinen vier Geschossen als Wohnturm aus Bruchsteinmauerwerk mit Buckelquadern an den Ecken aufgebaut. Er wird um 1200 datiert.

Ein Rundturm auf Burg *Abbach* bei Kelheim enthält übereinander zwei achteckige gewölbte Räume. In die Ecken sind Wanddienste eingestellt. Die profilierten Rippen ruhen auf Kapitellen über einer Gesimsleiste. Eine urkundliche Erwähnung der Burg 1224 entspricht den Stilformen, die bereits die spätstaufischen, von der Zisterzienserkunst beeinflußten Entwürfe verdeutlichen.

Die oberpfälzischen Burgen im Norden von Regensburg sind in erster Linie Wehrbauten, deren Mauergewalt oft noch durch ihre Lage auf Felsengrund hervorgehoben wird. *Flossenbürg* war durch Kauf an Friedrich Barbarossa gelangt, 1212 wurde die Burg an Przemysl Ottokar gegeben, kam dann aber wieder in staufische Hände. Rudolf von Habsburg hat sie als Reichsgut eingefordert. Die Burg ist ein Quaderbau ohne Schmuckformen, wohl noch im 12. Jh. erbaut. Weiträumig angelegt ist *Burglengenfeld*. Ein kleinerer quadratischer Bergfried, der sog. „Sinzenhofer Turm", soll schon um 1100 erbaut worden sein. Der beherrschende Rundturm stammt aus staufischer Zeit. Auch *Wolfstein* besitzt einen runden Bergfried des 12. Jh., während *Obermurach,* das 1268 an Wittelsbach gelangte, und vor allem *Hirschberg* über Beilngries bedeutende quadratische Turmbauten aufweisen.

Die Burg der Bischöfe von Regensburg in *Donaustauf* war alter Besitz der Regensburger Kirche. Nach ihrer Zerstörung 1133 wurde sie neu erbaut. 1156 weilte Friedrich Barbarossa dort. Die Burgkapelle ist über der Torfahrt eingerichtet, sie war nach Art salischer Krypten in 3 × 3 Jochen disponiert, deren Gewölbe auf vier Mittelsäulen und entsprechenden Wandvorlagen ruhten.

Im österreichischen Alpenraum werden die Wohntürme des 12. und 13. Jh. durch die Burgen von *Obervellach* („Faulturm") in Kärnten und besonders durch den Turm auf dem Petersberg bei *Friesach* vertreten. Hier ist ein älterer, auf den Salzburger Erzbischof Gebhardt und das Jahr 1033 zurückgehender Wohnturm, der um 1130 durch einen Palas ergänzt wurde, zu Anfang des 13. Jh. durch Feuer zerstört worden. Bei der Wiederherstel-

e) Burgen in Altbayern und Österreich

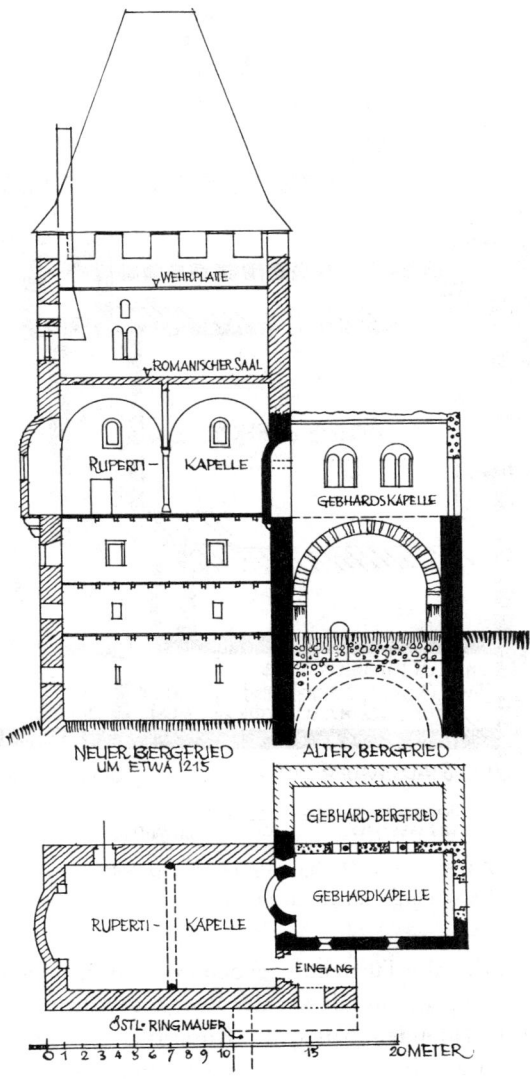

Z 114 Friesach, Kapellenturm, nach Landgraf, Roman. Profanbauten.

III. Die Burgen des Reiches und der Ritter

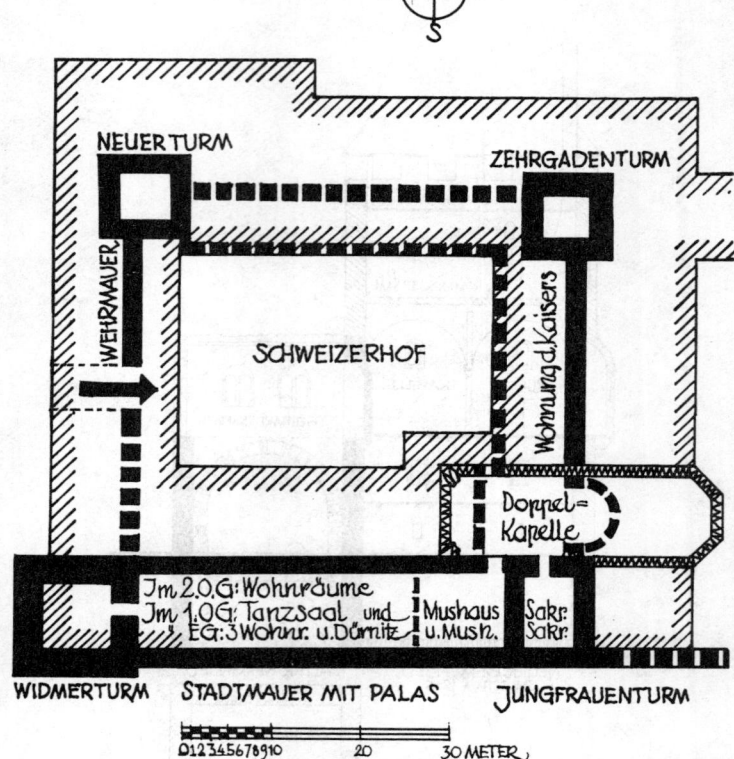

Z 115 Wien, Hofburg im 13. Jh., nach Landgraf, Wasserburgen d. 13. u. 14. Jh. in Niederösterreich.

lung wurde der alte Turm aufgegeben und durch einen größeren Neubau ersetzt. Er enthält wie der Vorgängerturm eine Kapelle mit einer ausladenden Apsis, die Rupertikapelle, und darüber einen Saal unterhalb der von Zinnen gegürteten Wehrplattform.

1156 erhielten die Babenberger das Herzogtum Österreich.

e) Burgen in Altbayern und Österreich   223

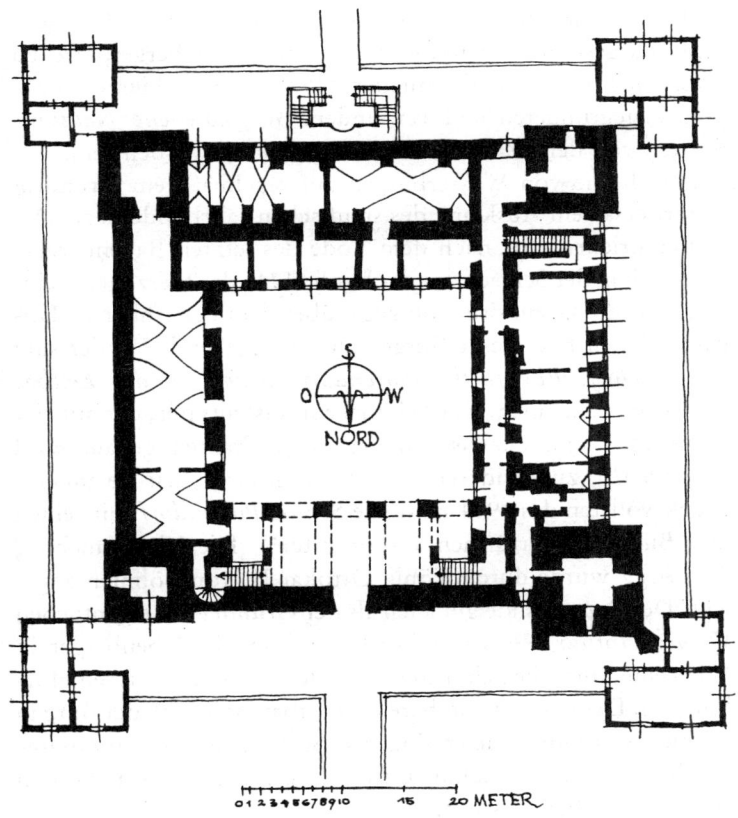

Z 116   Ebenfurth, Grundriß, nach Landgraf, Wasserburgen.

Herzog Heinrich II. Jasomirgott war der Stiefbruder König Konrads III. und Herzog Friedrichs II. des Einäugigen von Schwaben. Unter ihm hat die Burg zu *Wien* ihre erste Gestalt an-   Z 115
genommen. Der Babenberger Hof war eine Pflegestätte der staufischen Kultur, die dort auch literarisch durch Minnesänger wie Walther von der Vogelweide oder Reimar den Alten aus dem elsässischen Hagenau vertreten war. Die romanische Baukunst

in Wien war ja durch das „Riesentor" von St. Stephan überzeugend dargestellt. Auch die Burg und Babenbergerpfalz zu *Klosterneuburg* und die mit der 1187/96 durch Herzog Leopold V. gegründeten Stadt verbundene Burg zu *Wiener Neustadt* dürften von der gleichen Gesinnung geprägt worden sein.

Eine Reihe von Wasserburgen auf regelmäßigem Grundriß gehört erst dem Ausklang des staufischen Jahrhunderts an. Als Kaiser Friedrich II. nach dem Tode des letzten Babenbergers Friedrich in der Schlacht an der Leitha 1246 das Herzogtum einzog, war die Grenzsituation gegenüber dem benachbarten Ungarn für den Bau dieser Burgen ausschlaggebend.[231] Hier sind *Ebreichsdorf, Ebenfurth, Pottendorf, Bruck an der Leitha, Marchegg* zu nennen. Es ist einmal ein Kastelltypus, der mit vier Ecktürmen und dazwischen liegenden Trakten gebaut wird (*Ebenfurth*), zum anderen eine „Dreiseitburg", wie sie am eindrucksvollsten das 1944 zerstörte Schloß *Pottendorf* mit seinen drei Buckelquadertürmen verkörperte.[232] Die Viertürmeburg *Marchegg* wurde durch König Ottokar II. von Böhmen angelegt. Der Przemyslide gilt auch als der Gründer der eigentlichen *Wiener Hofburg*.[233] Zwar besaßen schon die Babenberger in Wien eine Burg. Sie nahm aber nicht den Platz der späteren Hofburg ein. Der rekonstruierbare Geviertbau ist jedoch der Burg in Wiener Neustadt in vielen Zügen verwandt, so daß man Zusammenhänge vermuten kann. Ottokar hätte dann vor allem den Ausbau der Burg besorgt.

Z 116

---

[231] A. Landgraf, Die Wasserburgen des 13. u. 14. Jh. im Osten Niederösterreichs, in: BuS 1973/I, 5 ff.

[232] Die Formulierung „Dreiseitburg" von Werner Hild, Der Wehrbau der Südostgrenze Deutschlands (Diss. TH Wien 1969), aufgenommen von A. Landgraf (Anm. 231).

[233] A. Landgraf (Anm. 231), 13. — Die erste Babenberger Burg in Wien stand „Am Hof" in der Innenstadt. Die zweite Burg wurde an die Südwestflanke der erweiterten Stadt verlegt, deren Neubefestigung Ottokar II. 1275 begann. — Zur Baugeschichte der Hofburg: H. Kühnel, Die Hofburg, Graz-Köln 1964.

f) Burgen in Böhmen

König Ottokar II. war im Interregnum ein mächtiger Herr und ein Anwärter auf die deutsche Krone geworden. Er besaß nicht nur Böhmen und Mähren, sondern als Reichslehen auch Österreich, die Steiermark, Kärnten und Krain. Rudolf von Habsburg, der 1273 von den Kurfürsten gewählte und zu Aachen gekrönte König, forderte von Ottokar das Reichsgut zurück und ergriff schließlich, als Ottokar dem nicht nachkam, gegen ihn die Waffen. Auf dem Marchfeld bei Dürnkrut verlor der Przemyslide mit der Schlacht das österreichische Reichsgut und sein Leben.

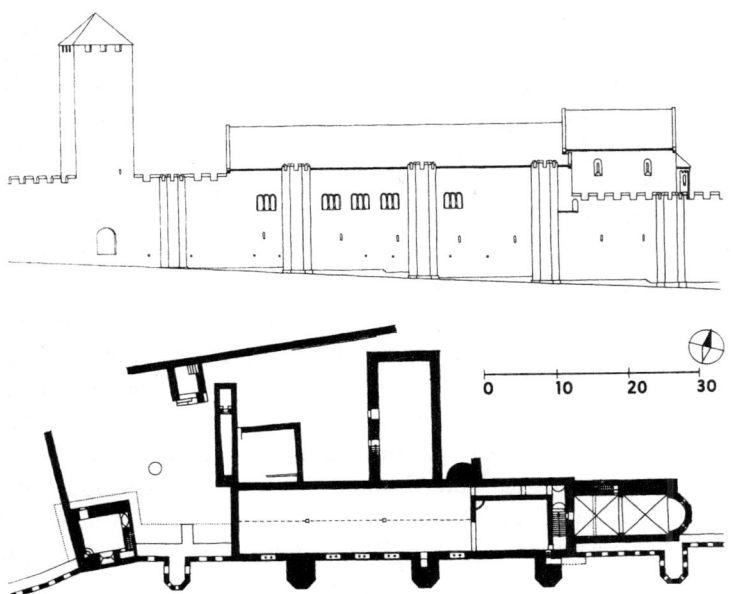

Z 117 Prag, Königspfalz auf dem Hradschin,
Grundriß und Rekonstruktion, nach Menclová, 72 u. 70.

Z 117   Die Burg des Königs Ottokar in *Prag* glich einer königlichen Pfalz. Ihren Plan und ihr Aussehen haben neuere Forschungen weitgehend geklärt.[234] Die große Burgsiedlung auf dem Hrad-
Z 118   schin trug zwei Kirchenanlagen und war auf der Südseite wesentlich von Bauten der dort residierenden Herrscher in Anspruch genommen. Böhmen gehörte, seit Friedrich Barbarossa 1158 an Herzog Wladislaw II. die Königswürde verliehen hatte, zum Reich. Die Pfalz der Böhmenkönige war innerhalb des Hradschin mit einer eigenen Mauer umgeben. Sie folgte der Anordnung: Bergfried, Palas, Kapelle entlang der Ringmauer, die durch polygonale Turmausbauten verstärkt wurde. Der zweischiffige flachgedeckte Saal wies in der Art der Kaiserpaläste eine Reihe von mehrgliedrigen Fenstern auf. Die Kapelle war in zwei Jochen gewölbt und endete in einer halbrunden Apsis. Es ist beinahe das spiegelbildliche Wimpfener Schema. Als Entstehungszeit wird die Zeit zwischen 1135 und 1185 vorgeschlagen. Man wird an König Wladislaw denken. Aus dieser Zeit dürften die noch vorhandenen gewölbten Kellergeschosse des Palas stammen. Doch könnten gerade die Polygone an der Mauer, die z. T. freigelegt wurden, auch dem 13. Jh. angehören. Der böhmische Königshof wußte sich völlig der deutschen Kultur verbunden. Noch König Wenzel II. wird um 1320 als Dichter in der Manessischen Liederhandschrift abgebildet.

    Die staufischen Burgen in Böhmen zeichnen sich durch mauerstarke Türme aus. *Pfraumberg,* bereits 1121 genannt, besitzt
Z 119   einen wuchtigen quadratischen Wohnturm mit kleinem Anbau und ist großenteils in glatten Quadersteinen ausgeführt. Die Burg *Landstein* zeigt zwei Türme mit einem dazwischengesetzten Palas, wobei der eine Turm als Wohnturm, der andere als Bergfried diente. Das Mauerwerk besteht meist aus Bruchstein mit Eckverquaderung. Auf Burg *Klingenberg,* die zwischen 1230 und 1270 datiert werden kann, sind die Gebäude um einen

---

[234] Dobroslava Menclová, České hrady, Prag 1972, 70—79.

f) Burgen in Böhmen

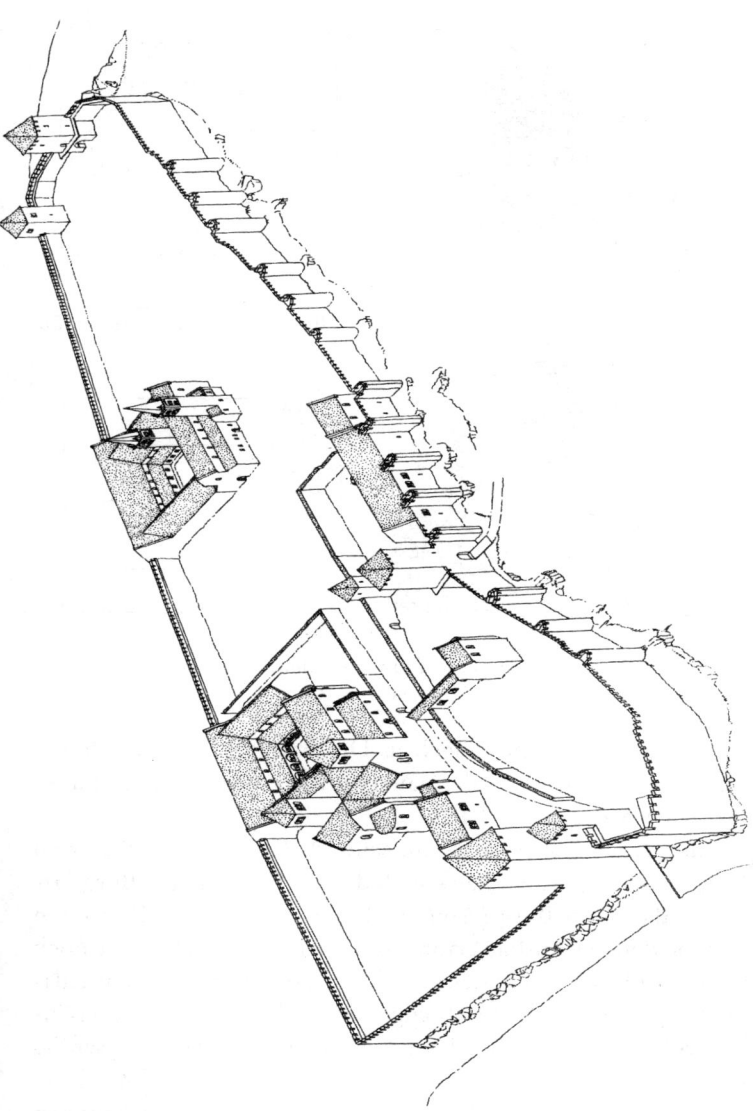

Z 118 Prag, die Burg aus der Vogelschau im 13. Jh., nach Menclová, 79.

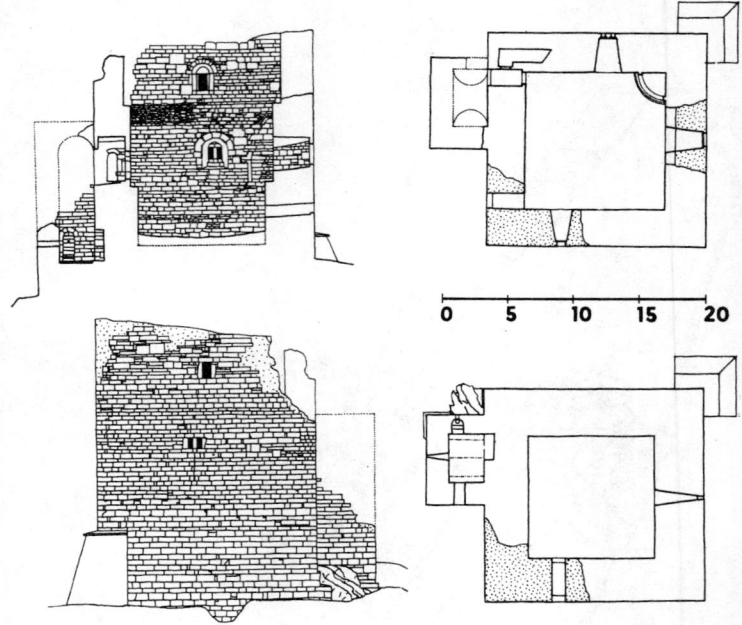

Z 119 Pfraumberg, Turm, Außenwand, Schnitt, Geschoßgrundrisse, nach Menclová, 104.

Z 120 viereckigen Laubenhof angelegt. Der Bergfried besitzt schönes regelmäßiges Buckelquadermauerwerk. Er steht im Angelpunkt zwischen Kapelle und Palas.

Eine regelmäßige spätstaufische Anlage mit achteckigem Bergfried und großem Palas stellt die um 1240 erbaute Burg *Pri-*
Z 121 *benitz* dar. Von Burg *Pürglitz,* die in spätgotischer Zeit ihren entscheidenden Ausbau erfuhr, stammen wesentliche Teile noch
Z 122 aus dem 13. Jh., wo in der gewölbten Torfahrt unter dem Palas die Wände durch kleeblattbogige Blendarkaden und Bündelsäulen gegliedert sind. Auch das äußerlich in ein Renaissanceschloß verwandelte *Bischofteinitz* auf regelmäßigem rechteckigem
Z 123 Grundriß hat gewölbte Tor- und Innenräume mit abgekanteten

f) Burgen in Böhmen

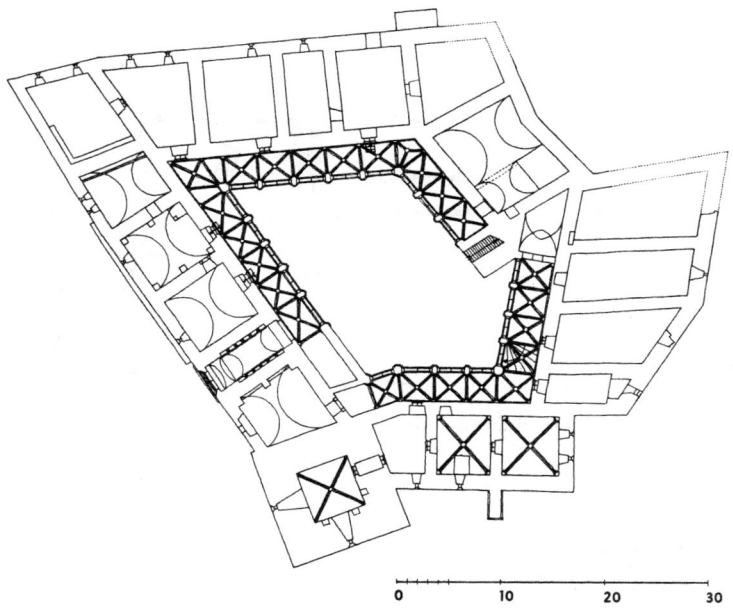

Z 120 Klingenberg in Böhmen, Grundriß, nach Menclová, 212.

Rippen auf achteckigen Pfeilern. Die in den Südwestturm eingebettete gotische Kapelle mit schlanken gewirtelten Bündelpfeilern und Wandvorlagen sowie ornamentierten Konsolen ist noch ganz spätstaufisch empfunden. Ein reich profiliertes Kleeblattbogenportal verbindet die Kapelle mit dem Palas. Die Pfalzkapelle von Eger findet hier ihre künstlerische Fortsetzung.

Z 124

Die Burgen des böhmischen Adels erlebten in nachstaufischer Zeit, besonders im 14. Jh. ihre Blüte. Dabei wurden manche Baugedanken, die bereits in frühen Stauferburgen angelegt waren, aufgenommen und weitergeführt. In der Beurteilung der Grundrisse stellen sich auffallende Beziehungen zu süd- und südwestdeutschen Anlagen heraus. Dabei ist jedoch zu bedenken, daß ähnliche Voraussetzungen, etwa in den Geländever-

230　III. Die Burgen des Reiches und der Ritter

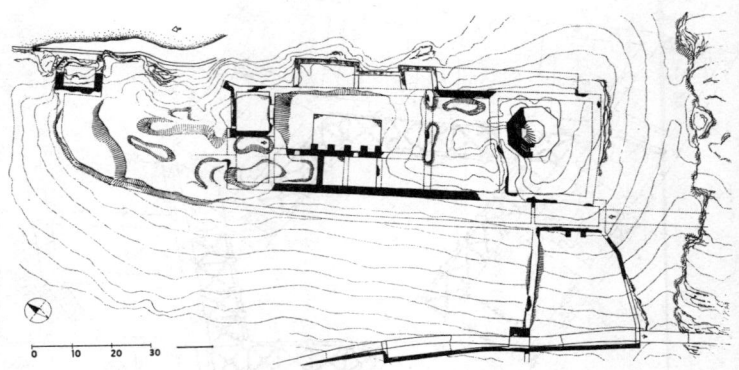

Z 121　Pribenitz, Grundriß, nach Menclová, 180.

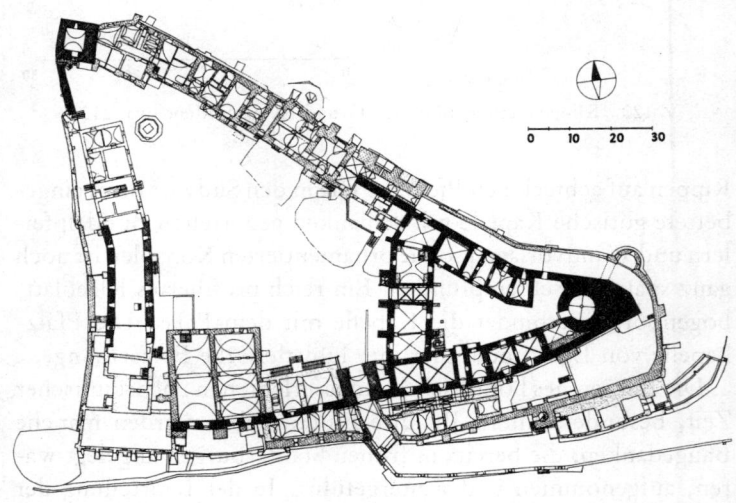

Z 122　Pürglitz, Grundriß der Burg, nach Menclová, 250.

f) Burgen in Böhmen

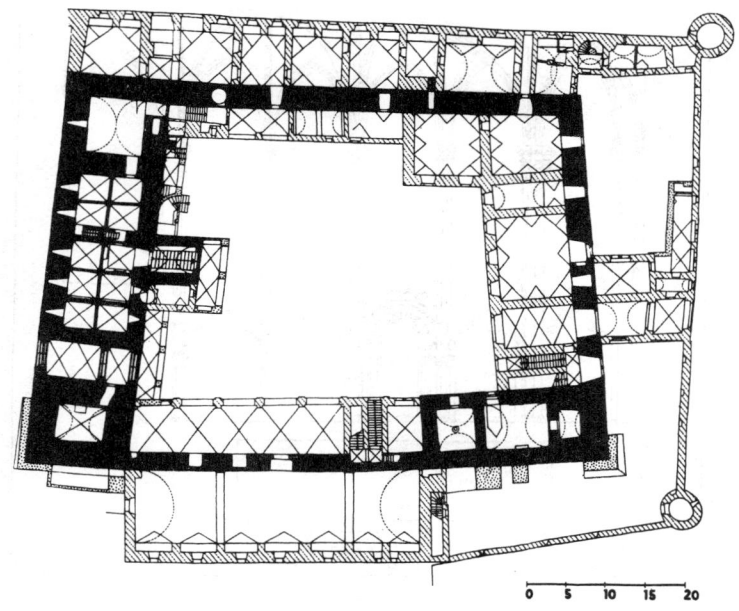

Z 123   Bischofteinitz, Grundriß der Burg, nach Menclová, 262.

hältnissen, zu ähnlichen Ergebnissen führen. So erweist sich der Grundriß der Burg *Okór* bei Prag, die, wohl etwas spät, ins 14. Jh. datiert wird, bezüglich der Stellung des ursprünglichen achteckigen Bergfrieds und des gegenüberliegenden Palas als geradezu frühstaufisch konzipiert. Burg *Richenburg,* 1325 als „Castrum Tasonis" erstmals genannt, besitzt einen Grundriß, der Burg Staufeneck in der Schwäbischen Alb nahesteht, und die Disposition der pfälzischen Burg Neuscharfeneck mit dem großen, an die Schildmauer angelehnten Dreieck ihrer Mauern ist auf der *Helfenburg* wieder angewendet. Die Stelle der gewaltigen Schildmauer nimmt in Böhmen ein auf Felsen gegründeter Bergfried ein.

Als Kaiser Friedrich I. 1167 das Egerland erwarb, gelangte er

Z 125

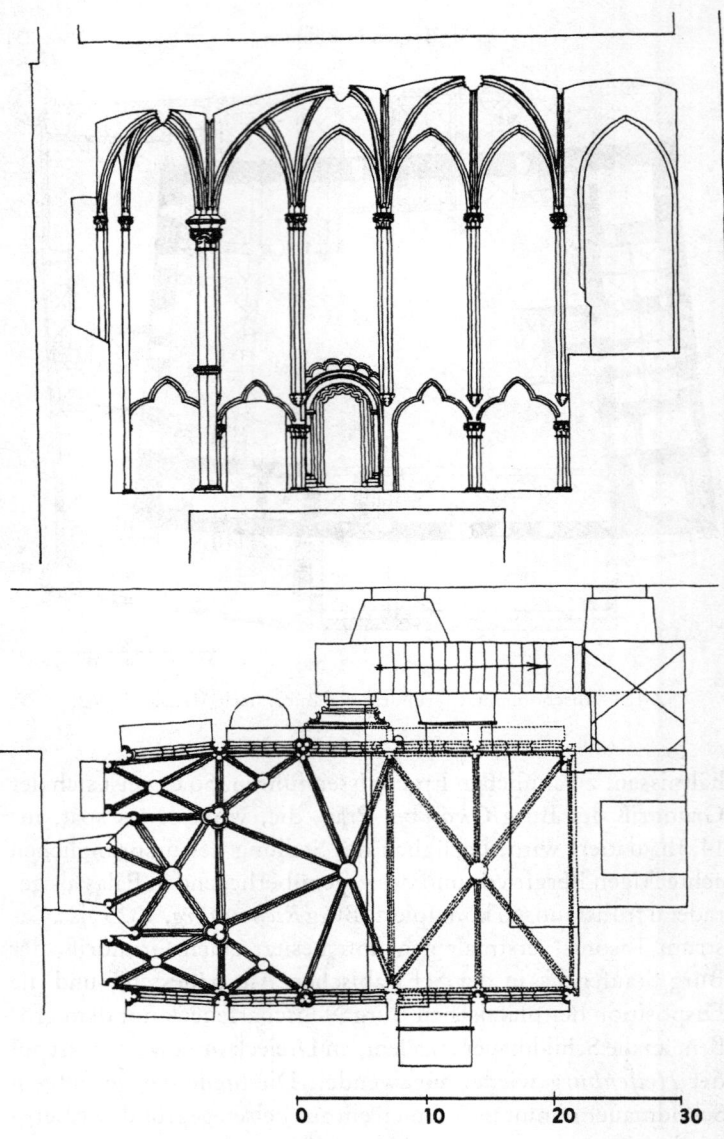

Z 124 Bischofteinitz, Burgkapelle, Grundriß und Schnitt,
nach Menclová, 263.

g) Burgen in Sachsen und Thüringen

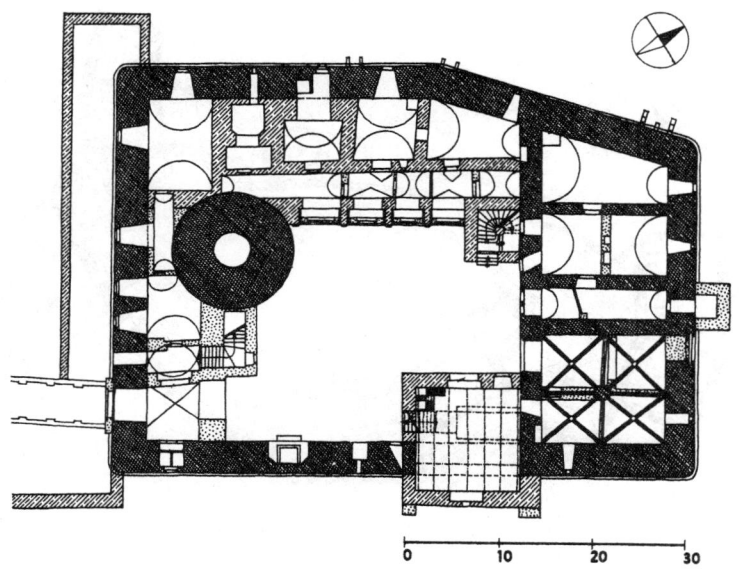

Z 125   Richenburg, Grundriß, nach Menclová, 359.

auch in den Besitz von *Elbogen*. 1184 hat der Böhmenkönig die Burg inne. Ob bereits Barbarossa hier bauen ließ, ist ungewiß. Die große Anlage bildet eine ovale Randhausburg mit einem quadratischen Bergfried, dessen untere Steinlagen aus Buckelquadern bestehen. An den Turm schließen Kapelle und Palas an.

g) *Burgen in Sachsen und Thüringen*

Im benachbarten Vogtland mit Altenburg als Mittelpunkt lag die Burg *Gnandstein* über dem Wyhratal an einer wichtigen Straße nach Böhmen. Sie war vielleicht schon eine Gründung des eigenwilligen Grafen Wiprecht von Groitzsch. Erstmals genannt wird sie erst 1205. Die Kernburg mit rundem Bergfried ist auf

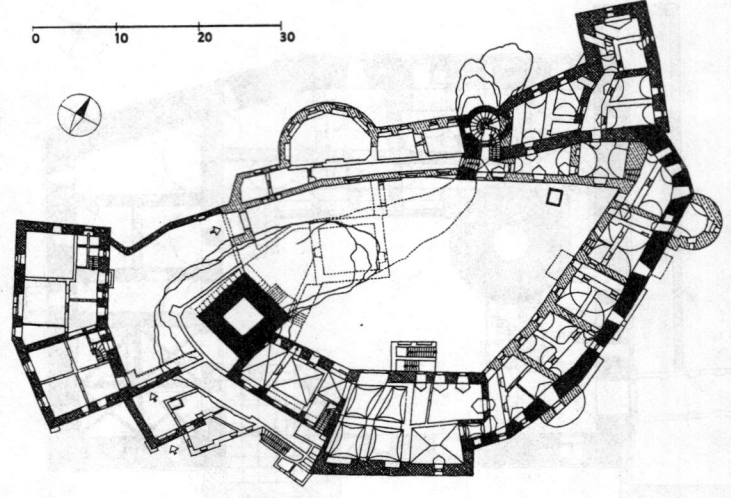

Z 126 Elbogen, Grundriß, nach Menclová, 98.

Felsen gegründet. Der Palas lag südlich davon. Die Kapelle, spätgotisch umgebaut, ist auf der nördlichen Langseite zu finden.

Eine Reihe sächsischer Burgen besitzt aus staufischer Zeit noch ihre Bergfriede: *Leisnig, Scharfenstein, Wildeck* in Zschopau, *Schwarzenberg*. Auf Wiprecht von Groitzsch werden hier die Burgen *Colditz* und *Mildenstein* zurückgeführt. Das große Westportal der Burgkapelle des hl. Martin mit doppelt geschachtem Gewände stammt jedenfalls aus dem 12. Jh.

Nördlich der Stadt Leipzig, die, an einer alten Straßenkreuzung gelegen, unter dem Markgrafen Otto dem Reichen zwischen 1156 und 1170 Stadtrecht erhielt, liegt halbwegs zwischen Saale und Mulde die Burg *Landsberg*. 1174 ist die zur Mark Meißen zählende Burg im Bau, 1186 vollendet. Die Burg selbst ist fast gänzlich untergegangen. Geblieben aber ist die Doppelkapelle, die im späten Mittelalter noch als Wohnturm Verwendung

g) Burgen in Sachsen und Thüringen

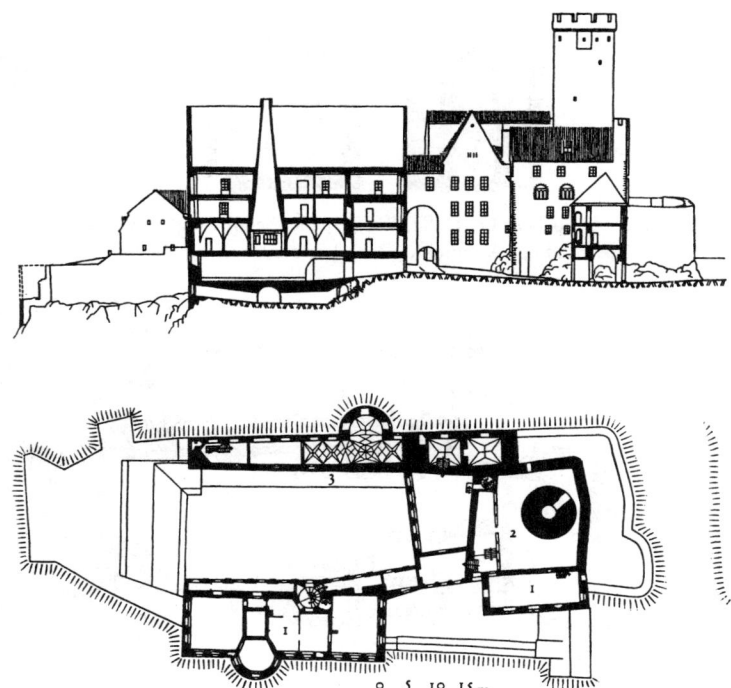

Z 127   Gnandstein, Grundriß und Längsschnitt, nach Mrusek, 56.

fand. Diese Kapelle, ein rechteckiger Raum mit Drei-Apsiden-Schluß, ist in beiden Geschossen dreischiffig. Die Arkadenstützen wechseln zwischen Pfeilern und Säulen. Die Basen der mit Ecksäulchen ausgestellten Pfeiler sitzen auf geschwungenen Plinthen, an den Säulen haben sie betonte untere Wulste mit Eckzehen. Der Kapitellschmuck zeichnet sich durch phantasievolle Ornamentik aus. Größe und Qualität dieser Burgkapelle bezeugen den einstigen Rang der Burg, die zeitweise als Residenz der Markgrafen diente.

Auf dem *Giebichenstein* in Halle haben die Grabungen der

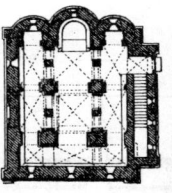

Z 128 Landsberg bei Halle, Burgkapelle, Schnitt und Grundriß,
aus Binding, Architektonische Formenlehre, fig. 544/5.

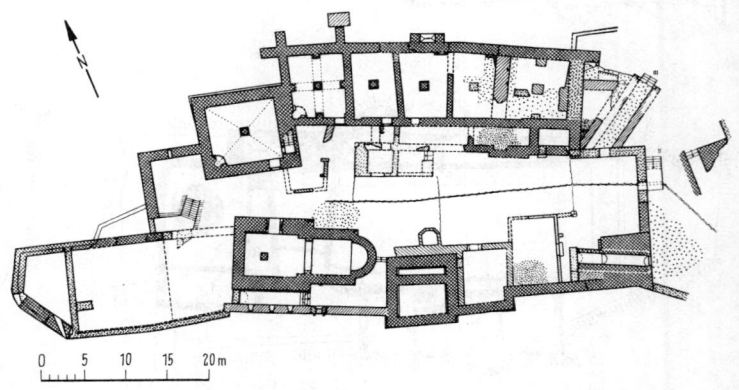

Z 129 Giebichenstein, Oberburg, Grundriß nach Mrusek,
Burgen und Schlösser 1972/II.

Z 129 Jahre 1961—1969 eine Randhausburg auf länglichem Grundriß freigelegt.[235] Ein großer Wohnturm, dessen unteres Gewölbe auf einem Mittelpfeiler ruht, wird von einem geräumigen, 36:11 m messenden Palas flankiert. Auf der gegenüberliegenden Südseite des Hofes befand sich die Burgkapelle mit eingezogenem Chorraum und halbrunder Apsis.

Die *Seeburg* am Süßen See westlich von Halle gehört zu den frühesten Burganlagen dieses Gebietes und wird bereits in der Burgenliste des Hersfelder Zehntenverzeichnisses aus dem 9. Jh.

[235] H. J. Mrusek, Thesen zur Geschichte der Burg Giebichenstein, in: BuS 1972/II, 71.

g) Burgen in Sachsen und Thüringen

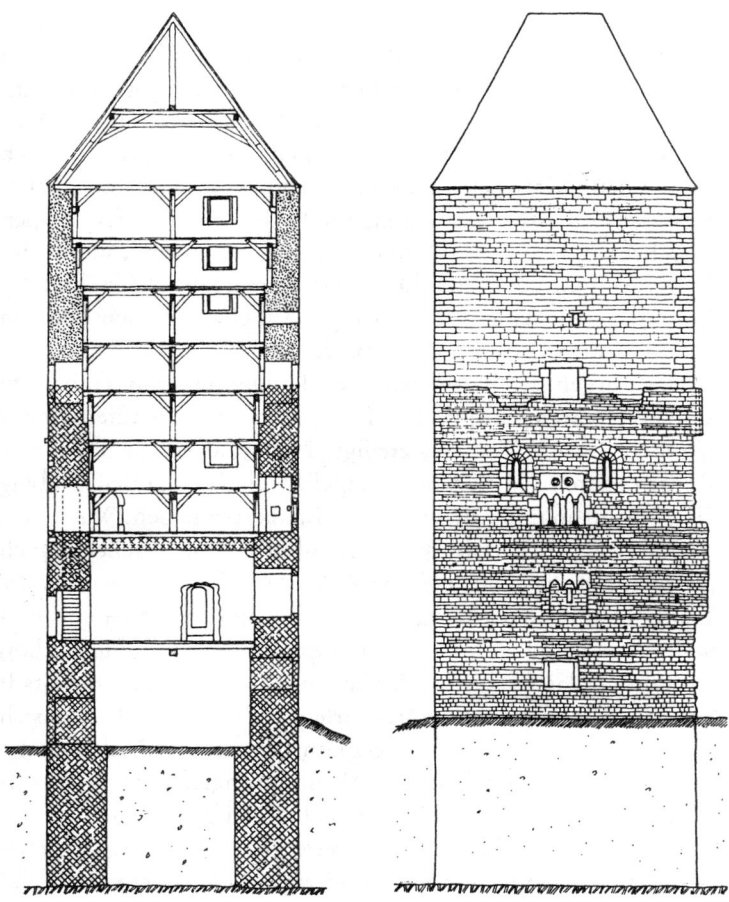

Z 130   Querfurt, Marterturm, Schnitt und Ansicht, nach Wäscher, Tf. 109.

genannt. Aus staufischer Zeit besteht dort noch die von dem Magdeburger Erzbischof Wichmann 1179 gegründete Kirche eines Kollegiatstiftes, das in der Vorburg seinen Platz hatte. Wesentliche romanische Bauteile des 12. und 13. Jh. treffen wir auf der großen Burg *Querfurt* der gleichnamigen Grafen an. Sie wird bis hin zu Kardinal Albrecht von Brandenburg 1535 als befestigter Platz ausgebaut. Sie besitzt drei Bergfriede, den noch in vorstaufische Zeit zurückreichenden Rundturm „dicker Heinrich", den bewohnbaren, im 13. Jh. mit Fenstergruppen versehenen „Marterturm" und den „Pariser Turm", der in der Spätgotik und der Renaissance das Burgareal beherrschte. Im Burghof steht eine kreuzförmige Kapelle mit achteckigem Vierungsturm und drei Chorapsiden.

Z 130

Die Burgen der ludowingischen Landgrafen von Thüringen sind an der architektonischen Interpretation der Stauferzeit mit hervorragenden Werken beteiligt. Hier sind es vor allem vier Burgen, deren Palatien oder Kapellen die Landgrafen Ludwig III., Hermann und Ludwig IV. zu Bauherren haben: Wartburg, Weißensee, Eckartsburg, Neuenburg. Sie stellen auch geopolitisch die „thüringische Achse"[236] dar, von der aus die Landgrafen ihr mitteldeutsches Territorium erwarben und verwalteten. Diese Landmasse, deren Zusammenhalt freilich schon früh durch das Erzbistum Mainz vom Eichsfeld und der Stadt Erfurt her unterbrochen wurde, erlebte nach dem Tode Heinrich Raspes, der sich noch als Gegenkönig gegen Friedrich II. hatte aufstellen lassen, fortdauernde Absplitterungen und wurde vollends in der Leipziger Teilung von 1485 aufgespalten.

Z 131

Die *Wartburg*,[237] eine langgestreckte Randhausburg, wird bereits 1080 erwähnt. Landgraf Ludwig mit dem Beinamen „der Eiserne" (1172—1190), dem Barbarossa 1180 die sächsische

[236] Hotz, Franken u. Thüringen (Anm. 16), 23—30.
[237] Zum Wartburgpalas: K. Simon, Studien zum romanischen Wohnbau in Deutschland, Straßburg 1902; K. Swoboda, Römische und romanische Paläste, Wien 1919.

g) Burgen in Sachsen und Thüringen 239

Pfalzgrafenwürde verliehen hatte, ließ um diese Zeit einen neuen
Palas errichten,[238] ein ansehnliches zweigeschossiges Gebäude. T 140
Im Grundriß zeichnen sich quadratische Eckräume und ein
rechteckiges Mittelstück ab. Der gesamten Hofseite sind Gale- T 141
rien mit Doppelarkaden im Erdgeschoß und fünfgliedrigen Fensterreihen im Obergeschoß entlang geführt. In der Außenwand
sitzen die dreiteiligen Fenster des ersten Geschosses in großen
Blendbogen. Das zweite Geschoß schloß dem Hofe zu mit einem Rundbogenfries ab. Landgraf Hermann (1190—1217) entschloß sich jedoch zu einer Aufstockung, die den geräumigen
Festsaal enthielt. Die Fenstergalerien sind sowohl auf der Hofals auch auf der Bergseite als gleichmäßige säulengekuppelte
Gruppen gestaltet. Das Bestreben, die Palatien durch solche
Saalgeschosse zu erweitern, hat, wie wir erfahren haben, in der
jüngeren Stauferzeit vielfach zu solchen Umbauten geführt. Sie
waren Ausdruck des neuen Lebensgefühls, das diese Zeit beseelte und dem, zu seinem Teile, gerade auf der Wartburg das
Epos vom Sängerkrieg Geltung verlieh. Im Wartburgpalas war
auch die Kapelle untergebracht. Die Wiederherstellung der Burg
durch Hugo von Ritgen im 19. Jh., die Ausmalung des Palas
durch Moritz von Schwind und die Mosaizierung der Elisabethkemenate 1902/06 sowie einige denkmalpflegerische Korrekturen der letzten Jahre haben das einzigartige Bauwerk nicht nur
erhalten, sondern auch mit neuen Zügen bereichert. Sie betonen
seine Bedeutung in der Pfalzen- und Burgenbaukunst der Stauferzeit.

Die formalen Motive des Kapitellschmucks der insgesamt 200 T 142
Säulen sind großenteils rheinischer Herkunft. Man hat auf die
Verwandtschaft zu Schwarzrheinhof aufmerksam gemacht[239]
und damit eine Datierung zwischen 1170 und 1200 begründet.
Das dürfte auch dem heutigen Forschungsstand entsprechen;

[238] Neuere Wartburgliteratur: S. Asche, Die Wartburg, Dresden 1955;
W. Noth, Die Wartburg, Leipzig 1967.
[239] Simon, Rom. Wohnbau (Anm. 237).

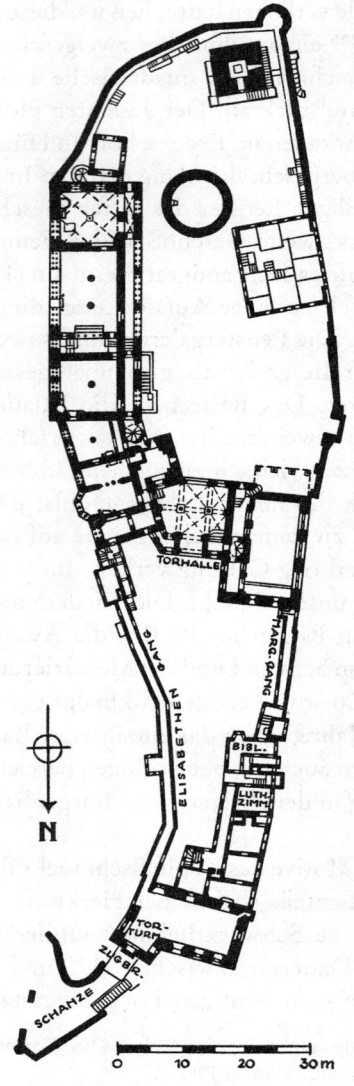

Z 131 Wartburg, Grundriß, aus Hotz, Franken u. Thüringen, 25.

g) Burgen in Sachsen und Thüringen

Z 132 Weißensee, Palas der Runneburg, Rekonstruktion der Außenseite mit dem Streitturm, aus Hotz, Franken u. Thüringen, 28.

doch wird man bei der ersten Bauzeit mehr an das Jahrzehnt zwischen 1170 und 1180, bei der zweiten Bauzeit an das zwischen 1190 und 1200 zu denken haben. Sehr reichhaltig ist der figürliche Schmuck: kämpfende Ritter, Adler, Löwen, Rankenmänner, Fabelwesen, Sagengestalten sind in eine Fülle von vegetativen Bildungen einbeschrieben, so daß wir ein ständig wechselndes Kaleidoskop der Ornamente vor uns haben. Die bauplastische Ausstattung belebt die Architektur und gibt den Rahmen der Kundmachungen staufischer Kultur ab, die mit dem Minnesang[240] des „Sängerkriegs" oder der Legende der hl. Elisa-

[240] F. Naumann, Walther von der Vogelweide u. der deutsche Minnesang, in: Wartburg-Jahrbuch, Eisenach 1929. H. Eggers, Deutsche Dichtung der Stauferzeit, in: Kat. d. Stuttg. Staufer-Ausstellg. 1977, III, 187—203.

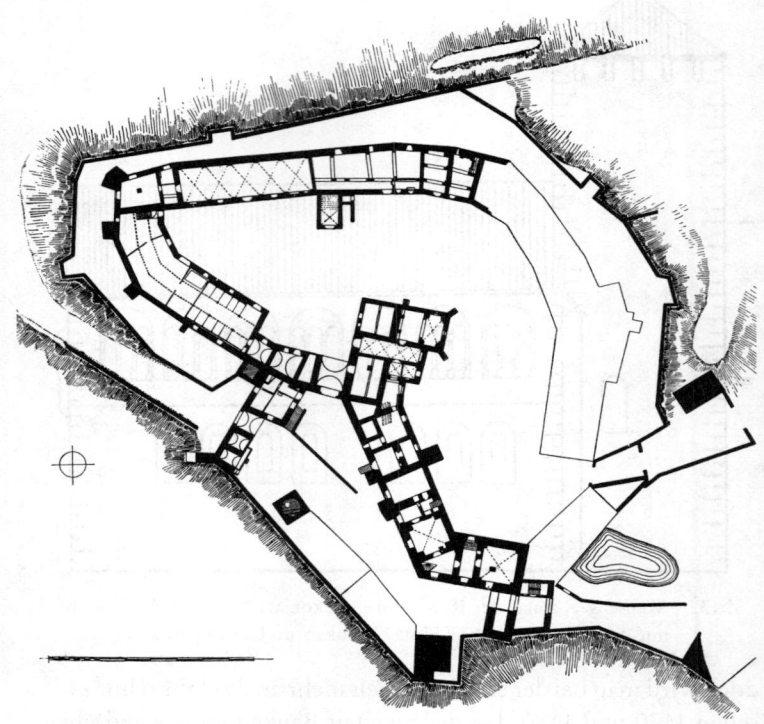

Z 133   Neuenburg, Grundriß, nach Ebhardt I, 381.

beth, die als Landgräfin von Thüringen hier lebte, verbunden sind.[241]

Jutta, auch Judith oder Guta genannt, die Halbschwester Barbarossas, hat als Witwe des Landgrafen Ludwig II. den Ausbau der *Runneburg* in *Weißensee* wesentlich gefördert. Dort ist der Palas in seinem Mauerwerk noch erhalten. Er stößt an den

Z 132

---

[241] Hotz, König u. Verschwörer (Anm. 57), Abschnitt „Die heilige Elisabeth" 187—193.

g) Burgen in Sachsen und Thüringen 243

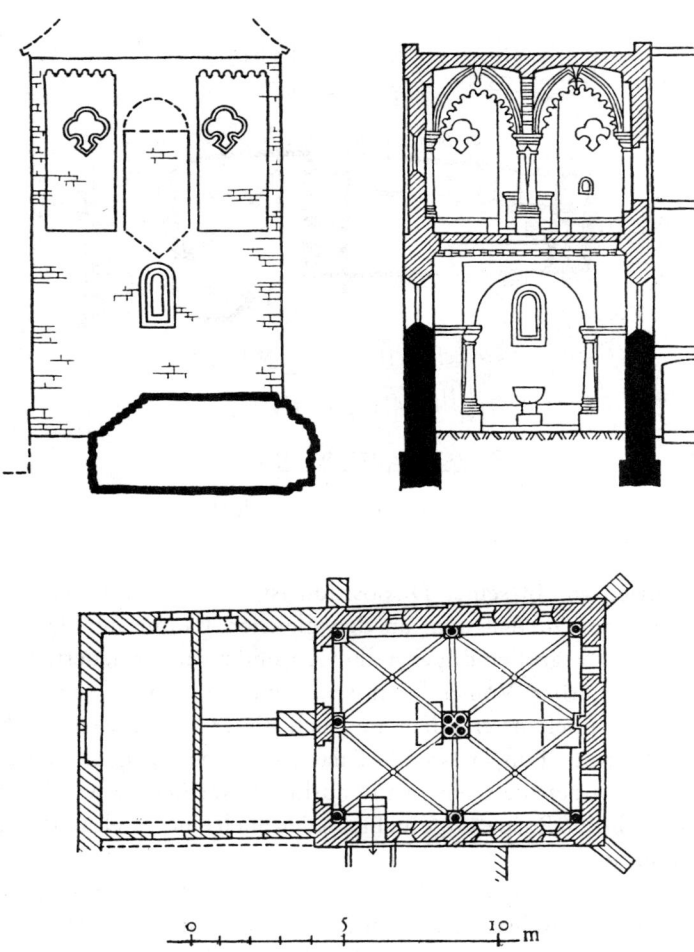

Z 134 Neuenburg, Kapelle, Aufriß, Schnitt und Grundriß,
nach Mrusek, 23.

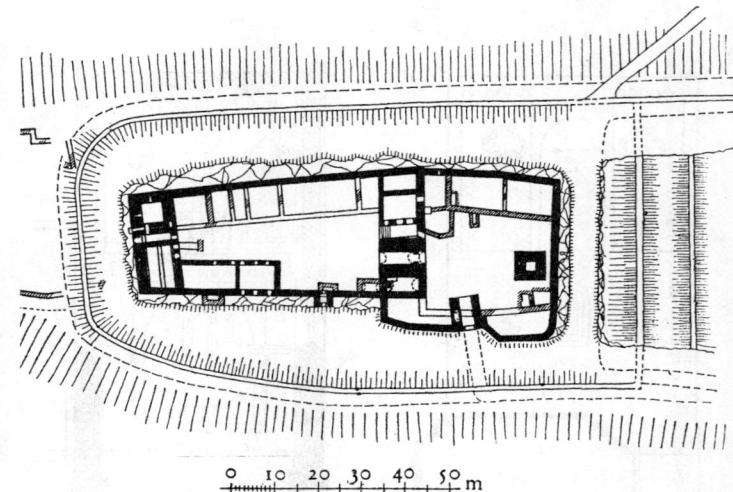

Z 135   Eckartsburg, Grundriß, nach Mrusek, 36.

Bergfried an. In seiner Disposition ist er dem Wartburgpalas derart ähnlich, daß man an den gleichen Baumeister denken möchte. Die großen Bogenstellungen sind zwar vermauert, aber rekonstruierbar. Von anderen Arkaden ist nur ein säulengekuppeltes Doppelfenster erhalten. Auch dieser 18 × 26,5 m (wohl 60 × 90 röm. Fuß) messende Palas enthält eine Kapelle, deren Chörlein über die Giebelwand auskragt. Weißensee wurde oft von Heinrich Raspe aufgesucht, an den auch eine Tafel am Portal erinnerte.[242]

Mit der *Neuenburg*[243] oberhalb von Freyburg erreicht die thüringische Achse die Unstrut. Die große Burg, die mehrfache Erweiterungen bergwärts erfuhr, diente den Landgrafen Her-

[242] Ad. Brinkmann, Schloß Weißensee, ein Gegenstück zur Wartburg, in: Zschr. f. Geschichte d. Architektur, 4/1911, 7 ff.
[243] Zur Neuenburg: H.-J. Mrusek, Burgen in Sachsen u. Thüringen, München-Berlin 1965, wo neuere Freilegungen berücksichtigt sind, S. 23.

mann und Ludwig IV. (1217—1227) als bevorzugte Residenz. Dieser ließ auch den ursprünglich runden Bergfried niederlegen und an seiner Stelle eine Kapelle errichten, die vielleicht seine Gemahlin, die fromme Landgräfin Elisabeth, angeregt hat. Sie wurde als Doppelkapelle erbaut, mit rechteckigem Grundriß, den im Untergeschoß eine gewölbte Halle einnimmt, während im Obergeschoß ein mittlerer Bündelpfeiler und halbrunde Wandvorlagen vier kreuzförmige Rippengewölbe mit ausgezackten Gurtbogen tragen. In der Kapitell- und Kämpferzone ist das feinstrählige Rankenwerk figürlich belebt. Die von Kehlen begleiteten Rundrippen enden in hängenden Schlußsteinen. Die Neuenburg-Kapelle gehört nach den Worten Dehios „zum Besten und Bezeichnendsten, was uns von der höfischen Kunst der Hohenstaufenzeit geblieben ist". Der etwa 1210/20 entstandene Bau reiht sich der Formenwelt des Wartburgpalas an. Für einige Stücke sind noch die gleichen Meister verantwortlich. Auch hier ist ihre rheinische Abkunft offensichtlich. Sie zeigt sich auch in den kennzeichnenden Lilienfenstern. Pfalzgraf Hermann „von der Nuwenborch bi der Unstrut" war der Schirmherr des Dichters Heinrich von Veldeke, der hier an seinem Epos ›Eneit‹ arbeitete.

Zu den thüringischen Burgen der Ludowinger zählt ferner die *Eckartsburg*.[244] Ihre Gründung und ihr Name werden auf den Markgrafen Eckehard von Meißen zurückgeführt. In seiner steinernen Gestalt ebenso wie in der seiner Gemahlin Uta im Chor des Domes zu Naumburg hat der ritterliche Mensch seine gültige Darstellung gefunden. Ludwig der Springer ist bereits 1121 im Besitz der Burg. Landgraf Hermann urkundet hier zwischen 1190 und 1217. Die rechteckige, in zwei Teile geschiedene Anlage ist sehr regelmäßig beschaffen. Der Grundriß hat entfernte Ähnlichkeit mit denen von Wildenberg und von Lagopesole in Lukanien. Sowohl Kernburg als auch Vorburg besitzen quadra-

---

[244] Mrusek (Anm. 243), 36.

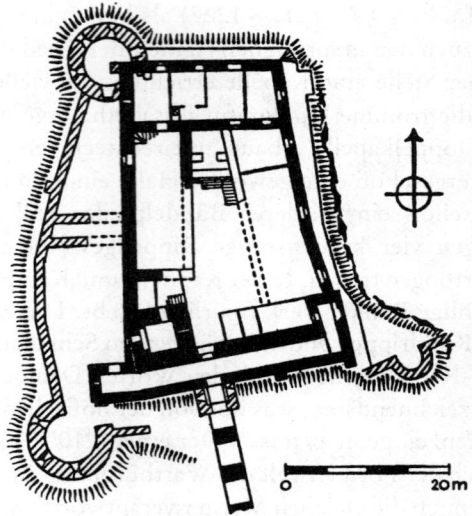

Z 136   Rudelsburg, Grundriß, nach Hotz, Franken u. Thüringen, 33.

tische Bergfriede. Der Palas befindet sich neben dem zweiten Bergfried am westlichen Schmalende der Burg. Das Mauerwerk besteht aus Bruchsteinen, die mit Hausteinquadern durchsetzt sind. Auch die Ecken und die Gewände von Türen und Fenstern zeigen Hausteine. Nach den Bauformen ist die Burg in die Zeit nach 1200 zu datieren.

Den Markgrafen von Meißen begegnen wir im Saaletal noch auf den benachbarten Burgen Rudelsburg und Saaleck. Die *Rudelsburg* wird 1171 erstmals erwähnt. Ihr Geviert ist auf der Angriffseite durch einen tiefen Graben geschützt. Darüber ragt der quadratische Bergfried auf, noch mit Zinnenkranz und einem steinernen achtseitigen Helm versehen. Der Palas liegt über dem steil ins Saaletal abfallenden Felsenhang. Einige seiner Fenster haben noch Säulchen mit Würfelkapitellen. Der Giebel eines Wohnbaus überragt die Schildmauer.

In Sichtweite von der Rudelsburg stehen die beiden mächtigen

g) Burgen in Sachsen und Thüringen

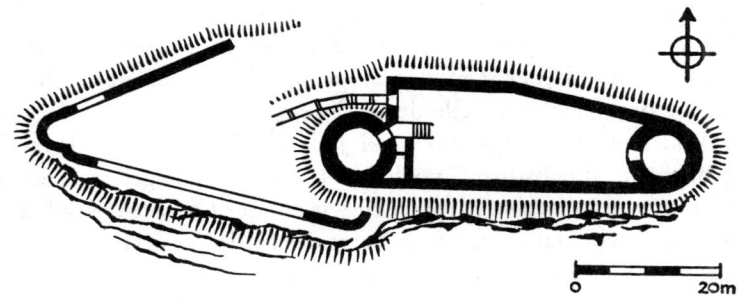

Z 137 Saaleck, Grundriß, nach Hotz, Franken u. Thüringen, 34.

Rundtürme der Burg *Saaleck*, einer von ihnen ebenfalls noch mit einem steinernen Helm bedeckt. Der Grundriß gleicht dem der elsässischen Burg Hohandlau in den Vogesen. Die Saaleck wird 1140 erstmals erwähnt, doch sind die erhaltenen Bauten jünger. Die Burg war in den Händen von Ministerialen, u. a. der einflußreichen Schenken von Vargula.

Saaleabwärts besaßen die Bischöfe von Naumburg als Tafelgut und Sommerresidenz die *Schönburg*.[245] Sie wird seit 1137 genannt. Ihren Namen führt auch ein Dienstmannengeschlecht.[246] Ein sorgfältig aus Quadern aufgemauerter runder Bergfried mit Steinhelm beherrscht die Kernburg. Der Palas kehrt seine säulengegliederten Fenstergruppen dem Fluß zu. Die anschließende Kapelle ist weitgehend zerstört.

Die Schenken von Vargula besaßen auch die noch über der Saale gelegene *Dornburg*. Diese erlebte — wenn die betreffenden Nachrichten für die Dornburg an der Saale und nicht für die an der Elbe zutreffen — bereits in ottonischer Zeit mehrere Reichsversammlungen. Wiprecht von Groitzsch brachte die Burg zu Anfang des 12. Jh. an sich. Ihr monumentales Bild wird von späteren Bauten überdeckt, deren Reihe sich über einen Renais-

[245] Inv. Naumburg-Land, 206 ff.
[246] K. Bosl, Reichsministerialität (Anm. 204), II, 510—516.

sancebau, das „Goethe-Schloß", bis hin zu einem reizvollen Spätbarockschlößchen aus dem 2. Drittel des 18. Jh. erstreckt. Doch sind aus staufischer Zeit der ursprünglich freistehende achteckige Bergfried und Teile des Palas erhalten.

Von den *Hausbergburgen* bei Jena kann der einzig übriggebliebene „Fuchsturm" noch ins 12. Jh. zurückgehen. Den Herren von Lobdeburg begegnen wir auf der *Leuchtenburg* bei Kahla, die ebenfalls einen Rundturm des 12. Jh. besitzt, und vor allem auf ihrem Hauptsitz, der (mittleren) *Lobdeburg*. Ein hoher Turmpalas ist durch eine schöne vierteilige Fenstergruppe ausgezeichnet. In einem vertieften Rechteckfeld öffnen sich zwei säulengekuppelte Doppelfenster beiderseits eines Mittelpfeilers. Der obere Rahmen der Nische ist mit einem Zickzackstab abgefast. Die mit dem Turmpalas verbundene Kapelle liegt auf der Höhe des Saals und lädt mit einem Apsiserker über schlankem profiliertem Fuß aus. Statt eines Daches trägt er einen kuppelförmigen Abschluß. Die Burg ist wahrscheinlich noch im 12. Jh. erbaut worden. 1166 werden die Herren von Lobdeburg erstmals genannt, 1181 ist dort von Burgmannen die Rede. Architektur- und Schmuckformen erinnern an elsässische Turmburgen.

Für *Saalfeld* sind mehrere Aufenthalte Friedrich Barbarossas überliefert. Der Wohnturm des kaiserlichen Vogts hat sich in der heutigen Stadt-Apotheke, wenn auch in restauriertem Zustande, erhalten. Die Situation war ähnlich der zu Gelnhausen, wo der romanische Bau am unteren Marktplatz, in dem man lange Zeit das älteste Rathaus erblickte, auch als solcher Amtssitz des Vogtes oder Schultheißen nachgewiesen werden konnte. Das Erdgeschoß des Saalfelder Turms war ursprünglich fensterlos. Er besaß auch einen hochgelegenen Eingang. Erst im Obergeschoß, wo sich der Saal befand, entfaltete sich die repräsentative staufische Architektur mit geschmückten Doppelfenstern. Im Stockwerk darüber sitzen die Fenster in kleeblattbogenförmigen Rahmen.

g) Burgen in Sachsen und Thüringen

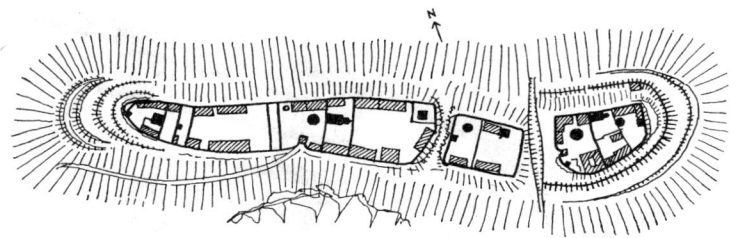

Z 138   Kyffhausen, Oberburg, Mittelburg, Unterburg,
Grundriß der Gesamtanlage, nach Wäscher, aus Mrusek, 11.

Die große Nordflanke des Thüringer Raums wird zwischen dem an die Werra anschließenden Eichsfeld und der unteren Saale durch mehrere Gebirgszüge und den Unstrutbogen begrenzt. Hier standen in der Sachsen- und der Salierzeit mehrere Reichspfalzen. Nur die Pfalz *Tilleda* [247] spielte unter den Hohenstaufen noch eine gewisse Rolle. Sie war gedeckt durch den Block des Kyffhäusergebirges mit seinen Burgen. Sie setzen sich bei der Reichsburg *Kyffhausen* aus drei Abschnittsburgen zusammen. Im Bereich der Oberburg steht noch die Ruine des gewaltigen Bergfrieds aus Buckelquadern, den Barbarossa dort zum Schutz der Pfalz Tilleda errichten ließ. Die Burg wurde im 13. Jh. an Lehensträger der Grafen von Beichlingen gegeben. Diese saßen auch auf der Burg *Lohra,* einer großräumigen Randhausburg, in der aus staufischer Zeit noch eine Doppelkapelle herrührt. Das dreischiffige Bauwerk mit Westempore und gerade geschlossenem Chor steht zwischen Bergfried und Torturm. Mehrere romanische Kapitelle, eines davon über einer Säule mit gedrehtem Schaft, sind gegen 1200 entstanden und vermutlich von den gleichen Steinmetzen gearbeitet, die an der Kirche des nahen Benediktinerinnenklosters Münchenlohra tätig waren.

[247] P. Grimm u. H. Eberhardt, Führer durch Geschichte u. Ausgrabungen der Pfalz Tilleda, 1963; BuS, 1965/II, 40.

III. Die Burgen des Reiches und der Ritter

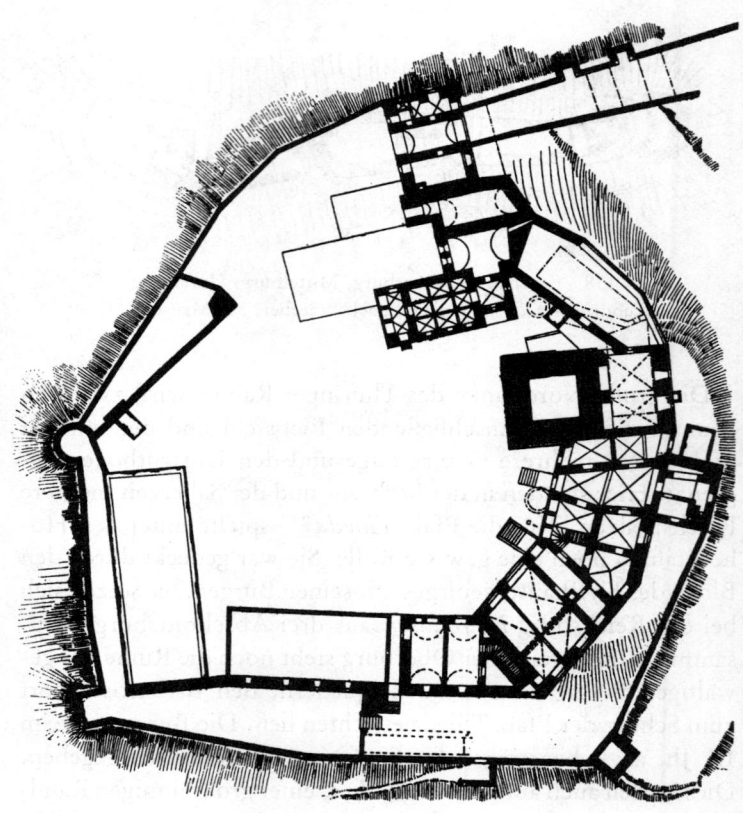

Z 139   Lohra, Grundriß, nach Hartmann, aus Ebhardt I, 446.

Die kleinere *Rothenburg*[248] lag westlich des Kyffhäusers. Nach ihr hieß ein Geschlecht, das den Landgrafen von Thüringen lehenspflichtig war. An der Burg waren aber auch die Grafen von Beichlingen beteiligt. Sie hat den ovalen Grundriß einer Randhausanlage mit rundem Bergfried auf der Südwestseite.

[248] Grabungen u. Bauuntersuchungen wurden dort 1938/39 unter Leitung von A. Klappenbach durchgeführt, die mir auch den Grundriß zur Verfügung stellte.

g) Burgen in Sachsen und Thüringen

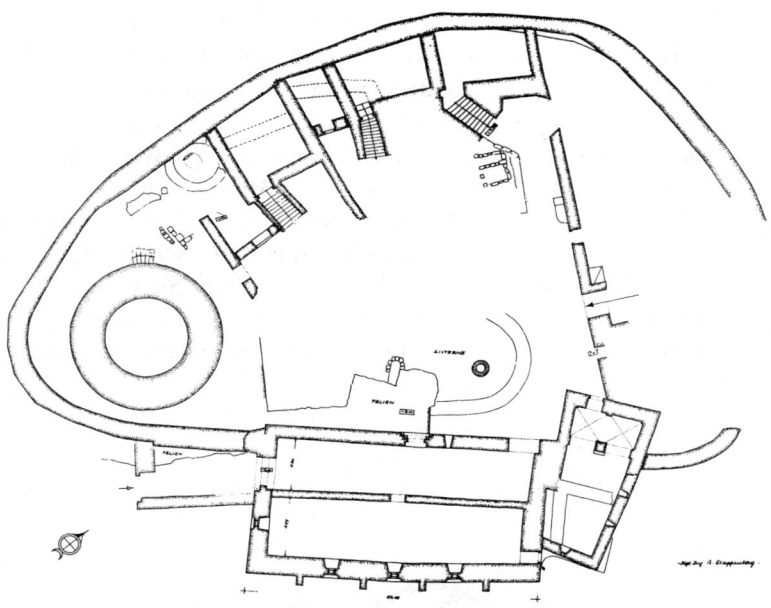

Z 140 Rothenburg am Kyffhäuser, Grundriß,
aufgen. von A. Klappenbach.

Über die ursprüngliche Südost-Ringmauer greift der Palas hinaus, der im 13. Jh. erbaut und in seinem Saalgeschoß mit drei viergliedrigen Fenstergruppen versehen wurde, spätstaufischen Nachfolgern der Palasfenster von Eger. Sie machen das Gebäude weitgehend transparent und gewähren ebenso einen weiten Blick über die Gefilde der „Goldenen Aue".

Die beiden *Sachsenburgen* über dem Unstruttal bilden die „Thüringer Pforte" zwischen Hainleite und Schmücke. In die Stauferzeit reicht nur der quadratische Bergfried der unteren Burg, „*Hakenburg*" genannt, zurück.

Die „*Drei Gleichen*", die nie einem gemeinsamen Besitzer gehörten, aber um ihrer das Landschaftsbild prägenden Gestalt

252   III. Die Burgen des Reiches und der Ritter

willen unter diesem Namen zusammengefaßt werden, weisen noch Bauteile aus dem 12. Jh. auf. Der quadratische Bergfried der Burg *Gleichen* bei Wandersleben besteht in seinem unteren Teil aus grob geschichtetem Quadermauerwerk. Die gekuppelten Rundbogenfenster eines Gebäudes neben der Torfahrt können auf die Kapelle bezogen werden. Burg *Mühlberg* war viereckig mit einem Rundturm als Bergfried angelegt. Die *Wachsenburg* ist stark erneuert. Sie besaß einen quadratischen Bergfried.

An der Werra begegnen wir der *Brandenburg*. Sie wird 1173 zuerst erwähnt und befand sich im Besitz der Grafen von Brandenberg (oder von Wartberg). Die langgestreckte Burg war in ein

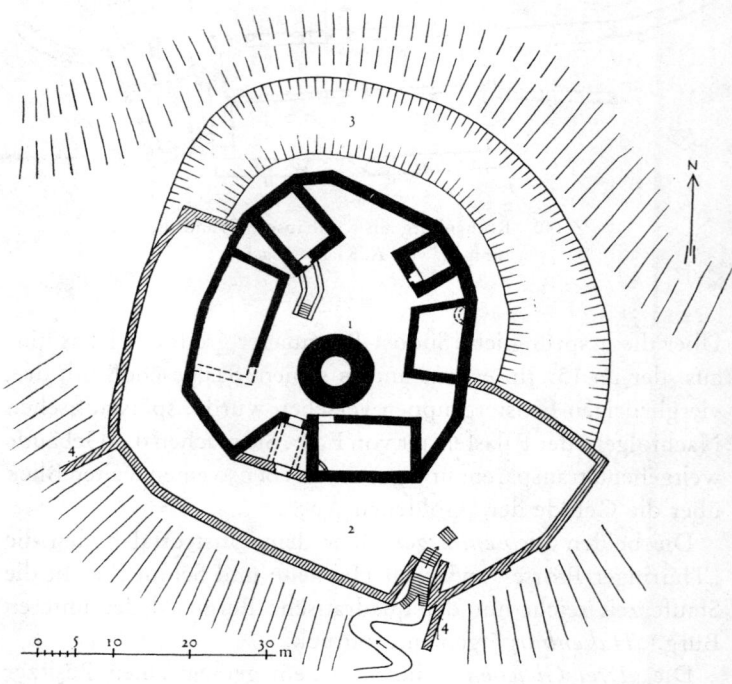

Z 141   Normannstein, Grundriß, nach Mrusek, 51.

Unterhaus und ein Oberhaus aufgeteilt. In der malerischen
Ruine ist noch ein sechseckiger staufischer Bergfried in Buckel- T 153
quadern erhalten. Sein jüngerer zylindrischer Aufsatz ist aus
Bruchsteinen gemauert.

Der „*Normannstein*" bei Treffurt an der Werra mit rundem
Bergfried und zwei weiteren Turmbauten ist als zentrale Rand- Z 141
hausburg wohl im ausgehenden 12. Jh. angelegt worden.

h) Burgen in Niedersachsen, Westfalen und am Niederrhein

Als Herzog Heinrich der Löwe um 1170 auf der durch die
Oker gebildeten Burginsel zu *Braunschweig* zu bauen begann,
schuf er einen bewehrten Burgbezirk, der außer einem Palas und
der damit verbundenen Doppelkapelle noch eine als Grablege
gedachte Stiftskirche enthielt. Diese Burg *Dankwarderode* setzt
die Tradition der Sachsenpfalzen, vornehmlich der zu Goslar,
fort. Die Anordnung ihrer Bauten ist die gleiche wie bei den
staufischen Kaiserpfalzen. Ihr Palas wurde um 1175 als großes Z 142
rechteckiges Gebäude von 15 : 42 m Ausmaß errichtet. Ein zwei-
schiffiges, durch eine Bogenreihe unterteiltes Erdgeschoß war
schon saalartig gedacht. Doch waren diese Räume allenfalls für
die Mannschaft bestimmt. Der große Saal des Herzogs lag im
Obergeschoß und war über Außentreppen zugänglich. Seine Beleuchtung erfolgte durch gruppenweise zusammengefaßte
Rundbogenfenster. Die heutige Erscheinung dieses Palas, der T 158
erst 1873 nach einem Brande in seiner romanischen Bausubstanz
wieder zutage trat, ist stark durch die Restaurierung, die Ludwig
Winter nach 1878 durchgeführt hat, und die nach den Verwü-
stungen des Zweiten Weltkrieges notwendig gewordene In-
standsetzung bestimmt. Von der dreiapsidialen Doppelkapelle,
deren Westseite von zwei Türmen beherrscht wurde, hat man
nur einen Turm wiederhergestellt. Ostwärts davon befanden
sich die Wohnräume des Herzogs. Zwischen der Stiftskirche und

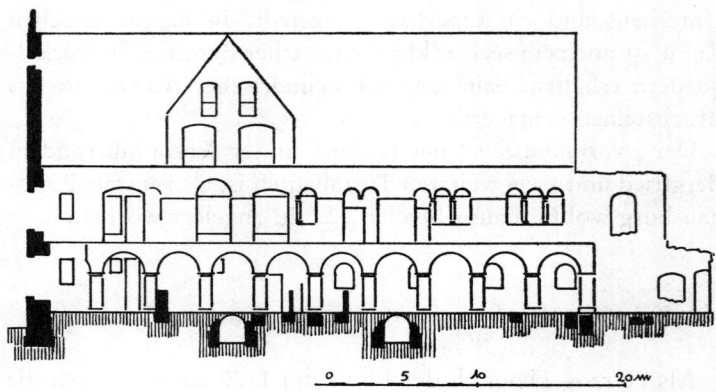

Z 142 Braunschweig, Burg Dankwarderode, Schnitt durch den Palas, nach Winter, aus Ebhardt I, 538.

dem Palas ließ Heinrich das bronzene, ehedem vergoldete Löwendenkmal als Zeichen seiner Gerichtshoheit aufrichten. Auch diese symbolhafte Freiplastik bezeugt das Selbstbewußtsein des Welfen und erläutert auf ihre Weise die monumentale Baugruppe.

Von der Burg, die Heinrich der Löwe nach 1158 in der von ihm neu angelegten Stadt *München* gegründet hat, sind keine monumentalen Überreste mehr vorhanden. Sie ist vielleicht beim „Alten Hof", wo sich später die Wittelsbacher anbauten, zu suchen. Auch in den übrigen Ländereien, die der Herzog bis zu seinem Sturz 1180 innehatte, und die er planmäßig ausbaute, ist weder im Süden noch im Norden eine auf ihn zurückgehende Burg erhalten geblieben. Er besaß die Vogtei des Bistums Bremen, doch hat sich dort ebensowenig wie in anderen norddeutschen Bistümern eine Bischofspfalz erhalten. Unter allen Bischofspfalzen des niederdeutschen Raumes können wir nur von dem bischöflichen Palatium zu *Köln* auf Grund alter Ansichten eine Vorstellung gewinnen. Der große Stadtprospekt des Anton Woensam aus dem Jahre 1531 bildet es deutlich ab, wie es mit

h) Burgen in Niedersachsen, Westfalen und am Niederrhein

Z 143   Köln, Erzbischöfliche Pfalz, nach Zeichnung von Vinckeboom, um 1665.

seinem hohen Satteldach die Häuser überragt. Im Zustand des Verfalls hat es um 1665 J. Finckenbaum (Vinckeboom) gezeichnet. Der Palas war zweigeschossig, besonders hervorgehoben war die Saalfront durch eine Zwölffensterarkade auf Doppelsäulen, die an beiden Enden durch große Lilienfenster gerahmt wurde. Daran schloß sich ein dreigeschossiger Flügel mit Rundbogendoppelfenstern in Blendrahmen und ein rechtwinklig dazu verlaufender Bautrakt an. Beide werden Wohnzwecken gedient haben. Ob diese Bischofspfalz noch mit Rainald von Dassel, dem klugen Kanzler Friedrich Barbarossas und Wortführer der staufischen Reichserneuerung, der 1164 vor Rom der Seuche, die das deutsche Heer dahinraffte, erlag, und dem Köln auch die vielsagenden Reliquien der Heiligen Drei Könige verdankt, in Verbindung zu bringen ist, bleibt ungewiß. Vielleicht wurde sie erst unter einem seiner Nachfolger, etwa dem Erzbischof Philipp von Heinsberg (1167—1191), der nach der Ächtung Heinrichs des Löwen auch das Herzogtum Westfalen-Engern erhalten hatte, erbaut. Der Kern dieses Herzogtums war Arnsberg. Daneben bildeten sich im 13. Jh. andere Herrschaften aus. Unter ihnen war das Bistum Münster die bedeutendste.

Mehrere westfälische Wasserburgen reichen noch ins 13. Jh. zurück. Die Edelherrn von Steinfurt, in *Burgsteinfurt* ansässig, haben dort eine ursprüngliche Erdhügelburg erweitert. Nach einer Zerstörung 1164 wurde sie neu errichtet. Aus dieser Zeit stammen noch Teile der Ringmauer mit dem gotisch veränderten Torturm. Im Burghof steht eine Doppelkapelle mit einem Erdgeschoß auf kreuzförmigem Grundriß. Das Obergeschoß ist zweischiffig mit einem zusätzlichen Seitenjoch angelegt. Der Palas, das „neue Steinhaus", enthält den sogenannten „Rittersaal", einen quadratischen Raum mit vier Kreuzgewölben auf einem Mittelpfeiler. Er wurde 1877/79 historistisch erneuert und ausgemalt.

Widukind von *Rheda,* Inhaber einer selbständigen Herrschaft, ging mit Kaiser Friedrich I. auf Kreuzfahrt. Er starb 1191 vor Akkon. Rheda kam an die Edelherrn zur Lippe. Von ihnen hat Hermann II. nach 1221 den Ausbau der Burg zur lippischen

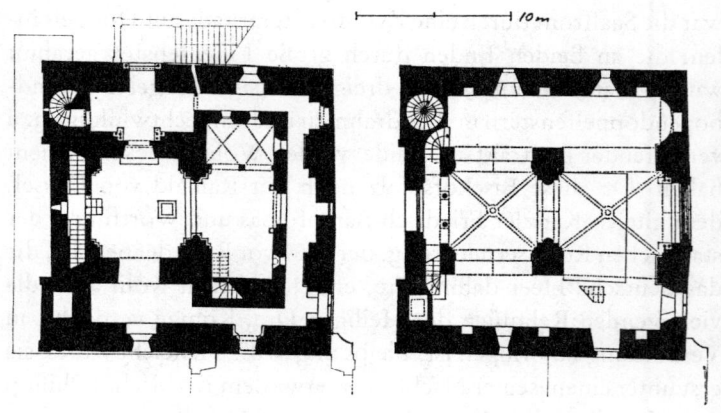

Z 144   Rheda, Geschoßgrundrisse der Turmkapelle, nach Dehio, Westfalen, 481.

h) Burgen in Niedersachsen, Westfalen und am Niederrhein

Residenz betreiben. Erhalten ist ein gewaltiger donjonartiger Torturm. In seinem zweiten und dritten Geschoß befindet sich eine eingebaute Doppelkapelle von eigenartiger, in den beiden Geschossen unterschiedlicher Grundrißbildung. Der äußere Zugang führt zu dem Säulenportal der Unterkapelle. Sie besitzt einen querrechteckigen Altarraum mit seitlicher „Sakristei", über der sich auch eine Loge erhob. Zwischen Kapellenwand und Turmmauer lag ein wehrgangartiger Zwischenraum. Die Oberkapelle mit ihrem hohen, in zwei Gewölbefelder unterteilten Mittelraum ist auf ihrer Westseite in eine Dreierarkade geöffnet. Die Pfeiler, die die Gewölbe mit Wulstrippen tragen, haben halbrunde Wandvorlagen mit Schaftringen, die um die Pfeiler herumgekröpft sind. Besonders ausgestattet ist auch die Altarnische mit einem sechspassigen Rosenfenster im Osten. Dort ruhen die Doppelsäulchen des Gewändes auf hockenden Menschen. Die Kapitelle in Kelchblockform sind mit figürlichen und pflanzlichen Bildungen ornamentiert. Die Fülle der Motive zeigt Bauherrn und Meister am Werk, die mit dem Burgenbau ihrer Zeit wohlvertraut sind. Die Stilrichtung weist sowohl an den Niederrhein als auch nach Thüringen.[249]

T 159

Z 144

T 160

Neben die beiden niederrheinischen Kaiserpfalzen von Nimwegen und Kaiserswerth treten noch bedeutende Herrensitze aus staufischer Zeit. In *Kleve* soll um die Jahrtausendwende der Burggraf der karolingischen Pfalz Nimwegen gewohnt haben. Nach Kleve nannte sich ein Grafengeschlecht, das im 12. Jh. dort eine große Burg erbaute. Der Palas der unteren Burg wurde 1771 abgebrochen. Teile seines Portals: die Säulen vom Gewände und die Ranken der Laibung mit einbeschriebenen Figuren wurden, neu und willkürlich zusammengestellt, wiederverwendet. Sie lassen auf einen reich ausgestatteten Bau schließen. Der Dichter Heinrich von Veldeke, dem wir schon auf der thüringischen

T 161

---

[249] Dehio-Handbuch Westfalen, München-Berlin 1969, 481: „Die meisterliche Durchdringung von Festungsbau, Wohn- und Sakralraum ist in der staufischen Baukunst Deutschlands einmalig" — aber nicht ungewöhnlich.

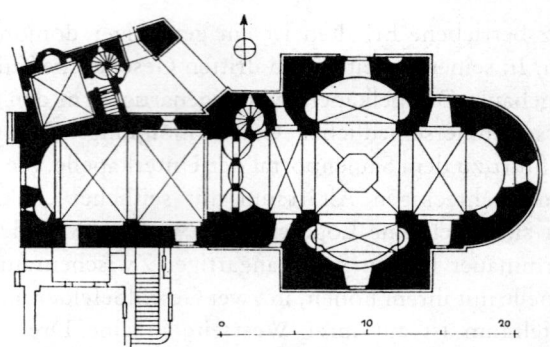

Z 145 Schwarzrheindorf, Doppelkapelle. Grundriß, Erdgeschoß, nach Dehio, Rheinland, 61.

Neuenburg begegnet sind, hat auch auf der Schwanenburg zu Kleve an seinem Epos gearbeitet.

Ein karolingisch befestigter Rheinübergang in *Schwarzrheindorf* kam gegen 1100 in die Obhut der Grafen von Wied. Arnold von Wied, Kanzler des Reiches und Erzbischof von Köln, erbaute dort eine Burg, deren Doppelkapelle 1151 in Anwesenheit König Konrads III., des Bischofs Otto von Freising und zahlreicher Angehöriger der staufischen Führungsschicht geweiht wurde. Die Kapelle, eines der schönsten Werke frühstaufischer Baukunst, besitzt einen kreuzförmigen Grundriß mit halbrunder Ostapsis und muldenförmigen Querhausschlüssen. Auf der Westseite wurde um 1173, als die Burg in ein Kloster verwandelt wurde, ein Langhaus angebaut. Die Unterkapelle ist außen mit einer Zwerggalerie umgürtet, auf deren Innenwand die Oberkapelle mit Vierungsturm aufsitzt. Der Bauherr kannte byzantinische Kleeblattchöre, hat er doch Konrad III. auf dem 2. Kreuzzug nach Konstantinopel begleitet. Die bauplastischen Schmuckmotive der Zwerggalerie kehren an vielen Werken der Barbarossazeit wieder. Beide Stockwerke der Kapelle sind ausgemalt. Während die Bilder der Oberkapelle schon auf die Klosterkirche bezogen sind, gehören die der Unterkirche noch zur

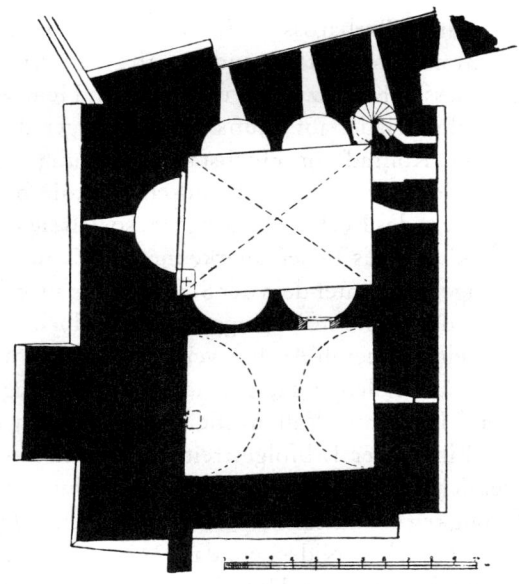

Z 146   Nideggen, Grundriß der Turmkapelle mit Nebenraum, nach Inv. Düren, 241.

Burgkapelle. Sie bringen die Visionen des Hesekiel in typologischer Gegenüberstellung zum Heilswerk Christi. In den vier Königsbildern begegnet uns der Typus des staufischen Herrschers in geschichtstheologischem Zusammenhang.

Graf Wilhelm II. von Jülich errichtete 1177 über dem Rurtal eine Burg zu *Nideggen*. Aus der in ihrem Schutz entstandenen Siedlung erwuchs die ummauerte Stadt. Die Burg besitzt im ganzen einen rechteckigen Grundriß. Ihr stärkster und ältester Bau ist der mächtige, mit Buckelquadern ummantelte Wohnturm. Er enthält im Erdgeschoß eine gewölbte Kapelle und einen gleichfalls gewölbten Nebenraum. Die Kapellenwände sind in Mauernischen ausgerundet. Die Obergeschosse behalten den Zweiraum-Grundriß bei, sind aber flachgedeckt.

Burg Nideggen erlebte viele Schicksale. Ihr Bauherr war ein

Anhänger Friedrich Barbarossas. Er starb kinderlos 1207. Sein Nachfolger, Graf Wilhelm III., wendete sich gegen Friedrich II., nahm aber an dessen Kreuzzug teil und starb im Heiligen Land. Wilhelm IV. nahm wieder auf staufischer Seite gegen den Erzbischof von Köln, Konrad von Hochstaden, Stellung. Er erhielt dafür 1242/46 die Stadt Düren in Pfandschaft. Köln bestritt jedoch den Jülichern das Recht auf Nideggen, so daß sie 1254 Burg und Stadt als kölnisches Lehen anerkennen mußten. Doch saß Erzbischof Engelbert, unter dem der Streit wieder ausgebrochen war, dort über drei Jahre in Gefangenschaft. Wilhelm IV., dem König Rudolf eine Steuer in Aachen verliehen hatte, wurde dort 1277 oder 1278 überfallen und mit seinem Sohn erschlagen. Nur vorübergehend herrschte Waffenruhe zwischen Köln und Jülich. Der als Limburger Erbfolgestreit neu entbrannte Kampf führte schließlich zur blutigen Schlacht bei Worringen 1288, die die Unabhängigkeit Kölns und der niederrheinischen Dynasten vom Erzbischof brachte. Nideggen, das 1347 noch einen großen Saalbau auf der Südseite der Unterburg erhielt, verlor jedoch seine Residenzeigenschaft im 15. Jh. 1423 wurde das Herzogtum Jülich mit Berg vereinigt, 1524 kommt die Vereinigung von Jülich-Kleve-Mark-Berg-Ravensberg zustande. Nachdem die Burg 1542 in der Jülicher Fehde zwischen Herzog Wilhelm V., der einer der mächtigsten Fürsten des Reiches war, und Kaiser Karl V. durch Artilleriebeschuß schwere Schäden erlitten hatte, siedelte der Hof endgültig nach Jülich über. Weitere Zerstörungen erfuhr die Burg in den Kriegen Ludwigs XIV. und durch Erdbeben 1757/58. Sie wird dann als Steinbruch benutzt und erst in preußischer Zeit als Denkmal geschützt. 1944/45 wird sie durch alliierte Bombenangriffe abermals zertrümmert. Ihre Wiederherstellung begann 1946; 1979 konnte hier das Burgenmuseum Nideggen eingerichtet werden.[250]

[250] Träger ist der Landschaftsverband Rheinland, Rheinisches Museumsamt, Abtei Brauweiler b. Köln.

h) Burgen in Niedersachsen, Westfalen und am Niederrhein

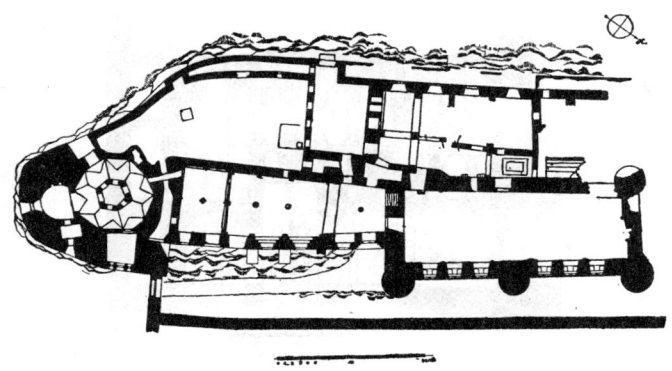

Z 147 Vianden, Grundriß der Burg, nach Ebhardt I, 536.

Eine andere große Dynastenburg war *Vianden* in Luxemburg. Sie steht auf einem Bergsporn etwa 60 m über der Talsohle des Flüßchens Ur. Sie war die Stammburg der Grafen von Vianden und wurde bald nach 1200 erbaut. Die Stilformen von Palas und Kapelle weisen auf das zweite oder dritte Jahrzehnt. Ihr Bauherr war der mächtige Heinrich von Vianden, Markgraf von Namur († 1252), der über seine Gemahlin Margarethe von Courtenay auch mit den lateinischen Kaisern von Konstantinopel versippt war. Die Burg ist erst seit ihrer Versteigerung auf Abbruch im vorigen Jahrhundert Ruine. Eine Ansicht von 1643[251] hält ihr Aussehen vor der Zerstörung fest. Sie besaß keinen Bergfried, der Bergrücken war mit zwei axial angeordneten Palatien und der Burgkapelle besetzt.

Der ältere Palas und die sechseckige Burgkapelle sind Meisterwerke spätstaufischer Burgenarchitektur. Der Palas, in seinem Erdgeschoß dreigeteilt, enthielt im Obergeschoß den zweischiffigen Saal. Er wurde auf der Südseite durch eine Reihe von

[251] B. Ebhardt, Der Wehrbau Europas im Mittelalter, Berlin 1939, I, 539. Das Blatt wurde von E. für Vianden bestimmt, es war irrtümlich als „Dagsburg" (in Lothringen) bezeichnet.

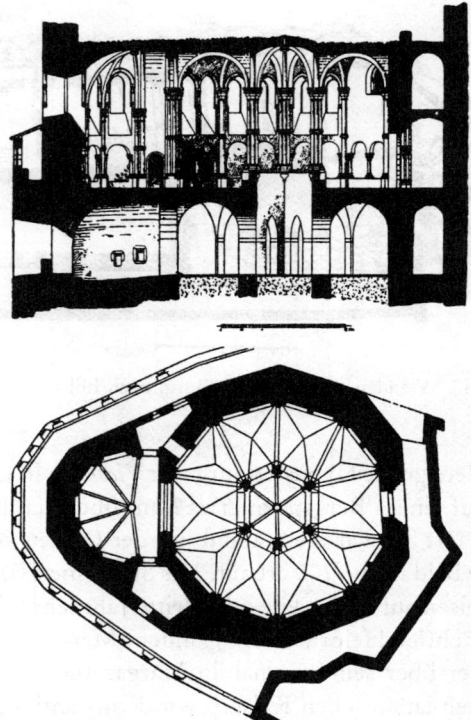

Z 148 Vianden, Grundriß und Schnitt der Burgkapelle,
nach Ebhardt I, 536.

T 163 drei kleeblattbogenförmigen Arkadenfenstern erleuchtet. Ihre profilierten Bogen ruhten auf jeweils vier Säulenpaaaren. Beson-
T 162 ders reich war die Saalpforte geschmückt. Ein breites Ornamentband schlägt einen rahmenden Bogen um die in eine Abtreppung gestellten Gewändesäulen mit fülligen Kapitellen und den Rundwulst der Laibung. Das innere Gewände ist durch Profile abgefast.

Von diesem Saal führte ein Gang hinüber in das Obergeschoß

h) Burgen in Niedersachsen, Westfalen und am Niederrhein   263

der Kapelle. Dort tragen gewirtelte Bündelsäulen die Gewölbe-   Z 148
rippen der sechsteiligen Kuppel. Die Wände des zehneckigen   T 164
Umgangs werden durch Halbsäulen und eine niedere Blendbo-
genarkatur gegliedert. Im Außenbau besitzt das Obergeschoß
eine Reihe von Spitzbogenfenstern, deren Gewände durch ein-

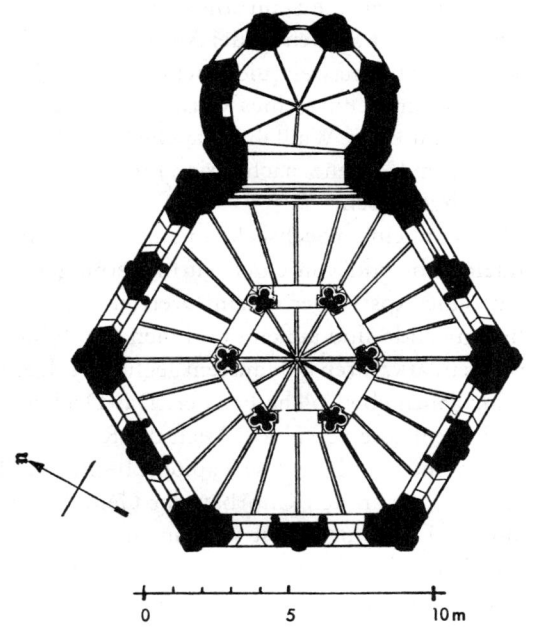

Z 149   Kobern, Matthiaskapelle in der Oberburg, Grundriß, nach Hotz,
Rhein u. Mosel, 39.

gestellte, in der Laibung als Wulste weitergeführte Säulchen bereichert wird. Das Untergeschoß dagegen, auch im Inneren sehr
einfach gehalten, ist in einen gewaltigen Mauerklotz gebettet.

Das grazilere Seitenstück zur Viandener Burgkapelle finden
wir auf den Moselbergen bei *Kobern*. Es ist die in der Oberburg   T 166

errichtete Matthiaskapelle. Ihre kostbare Architektur zeichnet sie anderen Burgkapellen gegenüber aus. Sie ist begründet durch den Besitz einer wertvollen Reliquie. Hier befand sich nämlich der Schädel des hl. Matthias (heute in Trier), den wahrscheinlich der Kreuzfahrer Heinrich II. von Isenburg aus dem Morgenland mitbrachte, wie sich auch der Kreuzfahrer Heinrich von Ulmen 1204 in Konstantinopel eine Staurothek als Beute aneignete, um sie seinem Hauskloster Stuben an der Mosel zu schenken (heute in Limburg). Die Matthiasreliquie machte die Burgkapelle von Kobern, die man im Schutz eines viereckigen Bruchsteinbergfriedes erbaute, zu einer Wallfahrtskapelle. Doch ist die Matthiaswallfahrt von Koblenz nach Trier für die Erbauungszeit noch nicht nachgewiesen.

Z 149
T 165
Wir haben es mit einem Sechseckbau zu tun, dessen Mitte auf Säulenbündeln ruht und von einer Turmlaterne gekrönt wird. Im Osten ist eine Apsis über einem Dreiviertelkreis angefügt. Die Bruchsteinwände sind außen und innen durch kleeblattbogenförmige Blendarkaturen in Haustein gegliedert. Der Umgang und der Chor haben ebensolche Fenster. Das Dachgesims wird durch Rundbogenfriese verstärkt. Auch die Rundbogenfenster des Türmchens sind profiliert. Die Kapitelle besitzen z. T. reiche Knospenformen, die an den Chorbau der Gelnhäuser Marienkirche erinnern. Der Umgang ist von einem ansteigenden Rippengewölbe überdeckt, ein sechsteiliges Gewölbe schließt auch den Mittelraum. Es ruht auf Diensten, die ihrerseits von figürlichen Konsolen getragen werden.

In der Matthiaskapelle begegnet uns die sakrale Variante des spätstaufischen Palastbaus. Die Neigung zu regelmäßigen Polygonen, die sich letztlich auf die karolingische Pfalzkapelle von Aachen berufen kann, und die auch in salischer und frühstaufischer Zeit weitergeführt wurde, hat in den mehreckigen Burgkapellen von Vianden und Kobern ihre bedeutendste Gestaltung erfahren.

Kreuzzugserinnerungen haben der Burg *Thurandt* über Alken

an der Mosel ihren Namen gegeben.²⁵² Die Burg ist vom Pfalzgrafen Heinrich, dem Sohn des Löwen, um 1200 erbaut worden und kam 1214 an Wittelsbach. Doch brachten sie die Erzbischöfe von Trier und Köln 1248 an sich und besaßen sie fortan gemeinsam. Die beiden charakteristischen Rundtürme sollen erst nach 1248 entstanden sein. Wenn die Burg aber in ihrer Baugestalt an Kreuzritterburgen erinnert, dann müssen diese Türme bereits zur ersten Anlage gehört haben.

Auch der Name der von den Grafen von Virneburg errichteten, 1229 erstmals genannten Burg *Monreal* wird mit den Kreuzzügen in Verbindung gebracht. Aus dem 13. Jh. ist dort noch ein runder Bergfried übrig.

König Philipp von Schwaben ließ ab 1206 über dem Ahrtal die Burg *Landskron* erbauen. Sie wurde durch Reichsministerialen verwaltet. Die Anlage ist völlig zerstört. Durch Grabungen konnte ihr Grundriß ermittelt werden. Der Palas befand sich in der Niederburg.

Die Grafen von Are errichteten bei *Altenahr* eine Burg, die seit 1121 erwähnt wird. Aus staufischer Zeit ist die Ruine einer um 1200 aufgeführten Doppelkapelle erhalten.

Von der 1166 durch Graf Ulrich von Are gegründeten *Nürburg* steht noch der runde Bergfried. Er birgt einen bewohnbaren Raum mit sechsteiligem Rippengewölbe und Kamin. Die Burg war Reichsburg, bis sie in der 2. Hälfte des 13. Jh. an das Erzstift Köln gelangte.

In der Eifel gehen die Burgen von *Manderscheid* ins staufische T 167
Zeitalter zurück. Der Bergfried der Oberburg steht auf einem rhomboiden Grundriß, der der Unterburg ist quadratisch. Die Oberburg war Besitz der Herren von Lützelburg, kam aber schon 1147 an Trier. Von der Niederburg stammen die Herren von Manderscheid, die im 15. Jh. zu den einflußreichsten rheinischen Geschlechtern zählten. Die *Neuerburg* im Westerwald

---

²⁵² Genannt nach der ostwärts Sidon gelegenen Burg Tyron.

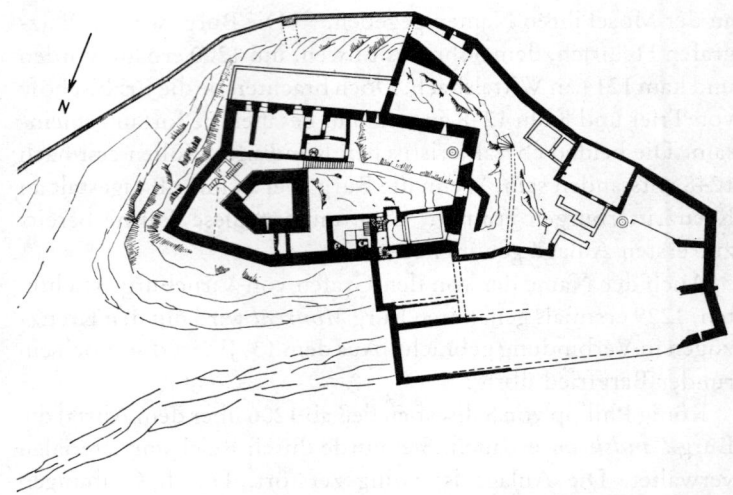

Z 150   Neuerburg im Westerwald, Grundriß, nach Jung, Neuerburg, aus Burgen u. Schlösser, 1966/I, 6.

wurde zu Beginn des 12. Jh. durch den Grafen Heinrich III. von Sayn, vielleicht am Platz einer älteren Anlage, aufgeführt. Der Bauherr spielte auch in der Landes- und Reichsgeschichte eine Rolle. Vom Ketzermeister Konrad von Marburg wurde er des Irrglaubens geziehen, wußte sich aber von diesem Vorwurf sowohl vor dem Erzbischof von Mainz als auch vor dem Papste zu Rom zu reinigen. Auf dem Hoftag zu Boppard im September 1234, als König Heinrich (VII.) sich gegen seinen Vater offen auflehnte, widerriet Heinrich von Sayn nachdrücklich, wenn auch vergeblich, einer Empörung. Seine familiären Beziehungen reichten nach Thüringen; er war mit Mechthild von Meißen-Landsberg, der Tochter des Landgrafen Ludwig III., des Frommen, verheiratet.

Z 150   Die Neuerburg ist als Randhausburg ursprünglich fast rechteckig angelegt. Dem fünfeckigen Bergfried, der in die Schildmauer eingriff, wurde später eine spitze Erweiterung dieser

h) Burgen in Niedersachsen, Westfalen und am Niederrhein

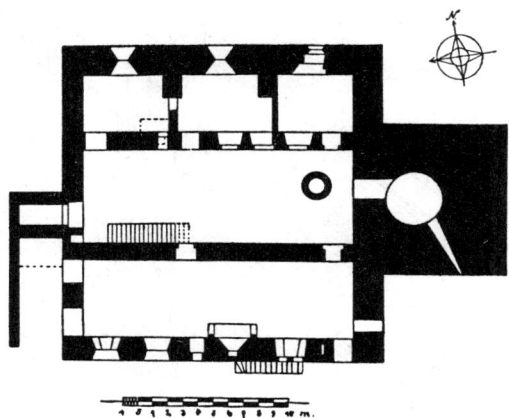

Z 151   Gutenfels bei Kaub, Grundriß der Kernburg, nach Ebhardt I, 417.

Mauer vorgesetzt. Der Palas lag an der Südseite, die Kapelle in der Südwestecke des Burggevierts neben dem Tor. Ein romanisches Doppelfenster seitlich des Saalkamins und ein einzelnes Kapitell belegen eine Bauzeit um oder bald nach 1200.

Am Mittelrhein zwischen Bingen und Koblenz, auf den schon die Burgenpolitik der frühen Staufer zielte, wurde im 13. Jh. Burg *Gutenfels*[253] oberhalb von Kaub errichtet. Sie steht auf einem Bergsporn, der sich gegen das Rheintal zu erstreckt. Der Grundriß der Kernburg bildet ein völlig regelmäßiges, der Länge nach durch zwei Rechteckbauten und einen Hof dreigeteiltes Quadrat (21,6 × 21,1 m), vor das auf der Angriffseite ein quadratischer Bergfried tritt. Der Palas kehrt seine Fensterfront südwärts. Er enthielt ursprünglich wohl zwei übereinander liegende Säle. Die Fenster sind als Doppelfenster in großen rundbogigen Blendnischen ausgebildet. Mit dem flachen Zinnenabschluß mutet die Baugestalt recht südlich an.

[253] Den Namen erhielt sie erst 1504, als sie von Landgraf Wilhelm von Hessen vergeblich belagert worden war.

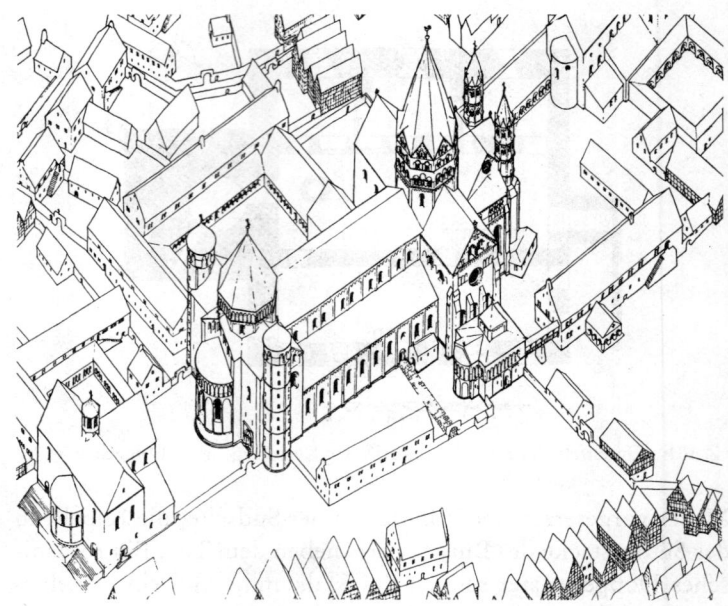

Z 152   Mainz, Dombezirk in staufischer Zeit aus der Vogelschau, Rekonstruktionszeichnung von G. Bittens, aus Zweitausend Jahre Mainz, 65.

i) Bischofspfalzen am Oberrhein

Z 152 Von den Pfalzen der Bischöfe in *Konstanz, Basel, Straßburg, Speyer, Worms* und *Mainz,* die jeweils den dort weilenden Kaisern als Herberge sowie als Stätte von Hoftagen und Reichsversammlungen dienten, liegen nur über die Pfalz zu *Worms* ausreichende Untersuchungen vor, die eine Rekonstruktion der Anlage in staufischer Zeit gestatten.[254]

[254] Zur Wormser Bischofspfalz: F. M. Illert, Umrisse zur Geschichte der Wormser Königspfalz; A. Heiß, Versuch einer Rekonstruktion der Wormser Königspfalz; K. Gruber, Der Wormser Dombezirk, in: Der Wormsgau, Zschr. d. Kulturinstitute d. Stadt Worms u. d. Altertumsvereins Worms, II, 110, 126

i) Bischofspfalzen am Oberrhein

Die staufische Pfalz der Bischöfe war mit dem Dom fest ver- Z 153
zahnt, so daß ihr Ansatz heute noch als Abbruchwunde am
nördlichen Seitenschiff zu sehen ist. Sie erstreckte sich auf der
Nordseite des Doms in zwei durch ein „Hoftor" getrennten Flügeln, der „Aula minor" und der „Aula maior", bis zur bischöflichen Palastkapelle St. Stephan. An der Abbruchstelle der Aula
minor lassen sich die Querschnittmaße des Gebäudes ablesen.
Heiß hat in seinem Rekonstruktionsentwurf, im Gegensatz zu
Gruber, einen langgestreckten, lediglich in der Wandfläche
durch Lisenen und Bogenfriese gegliederten Bautrakt angenommen. Wahrscheinlicher ist der Vorschlag Grubers, der
durch das „Hoftor" die beiden Aulen trennt und die „Aula
maior" als Palastbau von größerem Volumen mit entsprechenden Fensterarkaden annimmt. Er kann sich dabei auf die Ruinenpläne von 1743 berufen. Auch der erwiesene Umbau der
„Aula maior", des „großen Saalbaus", in gotischer Zeit durch
Hinzufügung eines quergelagerten Hauses und seine abermalige
Umgestaltung zu Beginn des 17. Jh., als er mit einem Renaissancegiebel versehen wurde, sprechen für die Grubersche Hypothese. Die Wormser Pfalz gehörte als Bauunternehmen zur
staufischen Gesamtplanung des Wormser Dombezirks mit

(1938), 234 (1939). P. Classen, Bem. z. Pfalzenforschung am Mittelrhein, in: Dt.
Königspfalzen, I, Göttingen 1963, 75—96. K. Gruber, Die Gestalt der deutschen Stadt, München 1952, 26 ff. Zur Straßburger Bischofspfalz: K. Gruber,
Das alte Straßburg, in: Das Elsaß, Jahresbd. Oberrh. Heimat, Freiburg 1940,
309/20. R. Will, Essai d'une typologie du château médiéval de l'Alsace, in: Châteaux (Anm. 55), 183 f. — Zur Speyrer Bischofspfalz: A. Doll, Speyer als Königspfalz, in: Mittelrhein. Beiträge z. Pfalzenforschung, Mainz 1964. Auch Inv.
Der Dom zu Speyer, Mchn.-Bln. 1972, Text-Bd. 463, Abb.-Bd. Taf. 10. Dort ist ein
roman. Bauwerk dargestellt mit säulengekuppelten Arkaden im Obergeschoß u.
auskragendem, durch Lisenen u. Fries gegliedertem Apsiserker. — Zur Konstanzer Bischofspfalz: H. Maurer, Palatium Constantiense, Bischofspfalz und Königspfalz im hochmittelalterlichen Konstanz, in: Adel und Kirche, Festschrift f.
G. Tellenbach, Freiburg–Basel–Wien 1968, 374—388. — Zur Mainzer Bischofspfalz: vgl. Anm. 60.

III. Die Burgen des Reiches und der Ritter

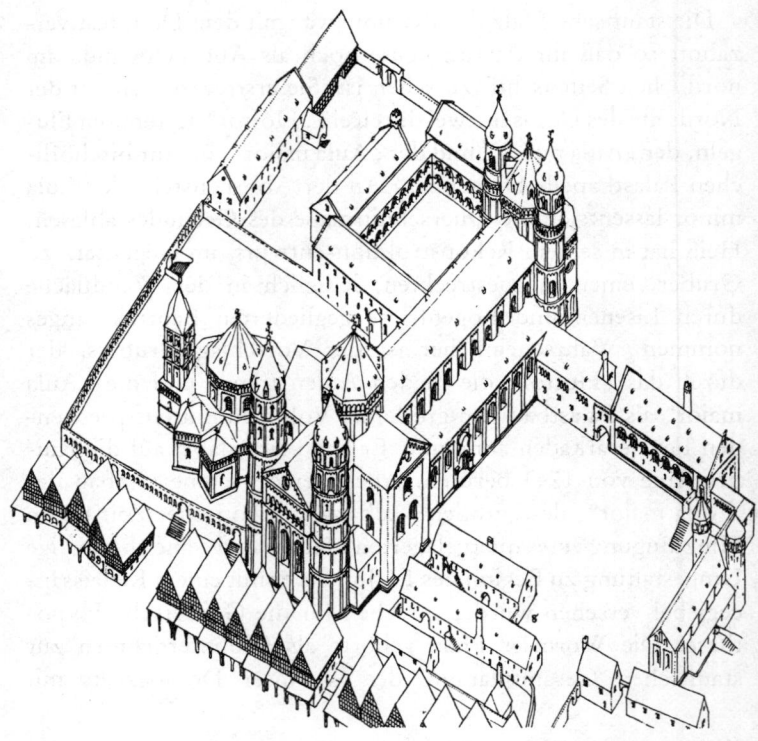

Z 153   Worms, Dombezirk in staufischer Zeit aus der Vogelschau, Rekonstruktionszeichnung von K. Gruber, in: Gestalt der deutschen Stadt, 27.

Dom, Johanneskirche, Kreuzgang und Stephanskirche. Es war nicht nur eines der größten seiner Zeit auf deutschem Boden, sondern auch die Wirkungsstätte einer fruchtbaren Bauhütte, deren Planmaterial und Formengut den staufischen Burgenbau spürbar beeinflußt hat.

Wir wissen nicht, ob der Bischofshof bereits 1181, als der von Grund auf erneuerte Dom feierlich in Gegenwart des Kaisers eingeweiht wurde, bereits vollendet war. Das umfangreiche Programm des Dombezirks schloß die Pfalz mit ein. Sie wurde

i) Bischofspfalzen am Oberrhein

zur Stätte großer Versammlungen und Feste. Friedrich Barbarossa hielt zuletzt 1188 hier einen Reichstag. Heinrich VI. weilte sechsmal in Worms, König Philipp veranstaltete 1207 einen Hoftag, 1212 kam der junge Friedrich II. zum ersten Mal nach Worms, sein Sohn Heinrich (VII.) weilte des öfteren hier, zumal die Stadt in seiner Politik eine wichtige Rolle spielte. Friedrich hielt hier 1235 Gericht über den Aufrührer und feierte auch seine Hochzeit mit Isabella von England. Der Schauplatz dieser Ereignisse war die Bischofspfalz, deren Saal noch zahlreiche Reichstage beherbergte bis hin zu jenen denkwürdigen im Jahre 1495, als Kaiser Maximilian die Reichsreform beschließen ließ, und im Jahre 1521, als der Augustinermönch Martin Luther vor Kaiser und Reich die Freiheit des Gewissens vertrat. — Der Bischofshof wurde 1689 durch die Franzosen zerstört.

Z 154 Straßburg, Ehem. Bischofspfalz, aus einer Stadtansicht von 1572, nach Châteaux, 183.

In *Straßburg* lag die Bischofspfalz gegenüber dem Südquerhaus des Münsters. Sie war in Höhe der römischen Kastellmauer und wohl auch mit ihrer Benutzung errichtet worden. Weiter ostwärts, an der Südostecke des Kastells, lag der Palast des Prätors, den die Franken als Königspfalz in Anspruch nahmen, und der durch den Herzog Adalbert zu Beginn des 8. Jh. in ein Kloster (St. Stephan) umgewandelt wurde. Der Palas der Bischofspfalz erstreckte sich parallel zur Achse des Münsters. Die Hofkapelle war als Doppelkapelle angelegt und mindestens im Obergeschoß St. Ulrich geweiht. Die Stadtansicht, die Konrad Morant 1548 vom Münsterturm aus gezeichnet hat, läßt den „Fronhof" als Gebäudekomplex um einen großen Innenhof angeordnet erkennen. Die gesamte nördliche Längsseite des Hofes nahm der Palas ein, ein großes Gebäude mit breitem Satteldach, dessen Mitte ein kürzerer Baukörper, ebenfalls mit Giebelwänden abgeschlossen, durchkreuzte. Die nördliche davon bildete das Gegenüber des Münsterportals, das in seiner Thematik diese Lage zur Bischofs- und Kaiserpfalz berücksichtigt. Die Gestalt des Palas erinnert an das salische Palatium von Goslar. Daraus könnte man schließen, daß er im Zusammenhang mit dem Münsterbau des Bischofs Werinher zu Beginn des 11. Jh. entstanden ist. Die Bischofspfalz könnte aber auch im Zuge der Erneuerung des Münsters zur Stauferzeit umgebaut worden sein. Robert Will denkt hier an den Bischof Conrad von Hüneburg (1190—1202). Die Bezeichnung „Pfalz" wurde von den Straßburger Bürgern im 14. Jh. auf das Rathaus am Martinsplatz, dem heutigen Gutenbergplatz, übertragen. Auf späten Stadtansichten heißt die Bischofspfalz „Fronhof". An ihrer Stelle und in Fortführung ihrer Bestimmung als bischöfliche Stadtresidenz wurde im 18. Jh. das „Rohan"-Schloß erbaut.

k) Zähringer und Schweizer Burgen

Am Ober- und Hochrhein sowie im Jura und im Alpenland haben eine Reihe von Burgen dem architektonischen Bewußtsein

k) Zähringer und Schweizer Burgen

Z 155   Zähringen, Kupferstich von E. Weis, 1763, aus Schlippe, Zähringen, 117.

der Stauferzeit Ausdruck verliehen. Ihre Bauherren haben eine eigene, nicht immer kaiserfreundliche Rolle gespielt.

Die Zähringer[255] gelangten mit Berthold II. von Zähringen in den Wettbewerb um das Herzogtum Schwaben, das Kaiser Heinrich IV. an Friedrich von Staufen gegeben hatte. Als Ber-

[255] Th. Mayer, Der Staat der Herzöge von Zähringen, in: Freiburger Universitätsreden, H. 20, 1935; H. Büttner, Staufer u. Zähringer im polit. Kräftespiel zwischen Bodensee u. Genfersee während des 12. Jh., in: Mitt. d. Antiquar. Gesellsch. Zürich, 40/1968, 3; M. Beck, Die Staufer im westl. Alpenvorland, Schriften z. stauf. Geschichte u. Kunst, Bd. 3, Göppingen 1977.

Z 156   Breisach, Ansicht von Burg und Stadt, Zeichnung von Arhardt, um 1640.

thold 1098 sich mit Friedrich einigte, wurde das bisherige Herzogtum förmlich aufgelassen, jedoch so, daß Berthold u. a. die Stadt Zürich, seit karolingischer Zeit Ort eines Königshofes, behielt. Die Zähringer sind Gründer von Städten geworden, sie haben Klöster gestiftet und Burgen gebaut. Von der Burg *Zähringen* bei Freiburg im Breisgau, nach der sie sich nannten, ist nur ein im ausgehenden 11. oder wahrscheinlicher im frühen 12. Jh. entstandener Rundturm geblieben.[256] Die Burg hat wohl nie die Bedeutung besessen, die ihr Name vermuten läßt. Nach dem Aussterben des Geschlechtes mit Herzog Berthold V. 1218 zog Friedrich II. die Burg als Reichslehen ein. Sie geriet noch 1246 oder 1248 und 1278 in kriegerische Verwicklungen, wurde zerstört, wieder aufgebaut, wechselte öfter den Besitzer, bis sie schließlich im Bauernkrieg 1525 niedergebrannt wurde und Ruine blieb.

Die zähringische Burg zu *Freiburg* ist völlig verschwunden, ebenso die zu *Breisach*. Doch ist uns der letzteren Aussehen

---

[256] J. Schlippe, Burg Zähringen, in: Badische Heimat, 44/1964, 1 f.

k) Zähringer und Schweizer Burgen 275

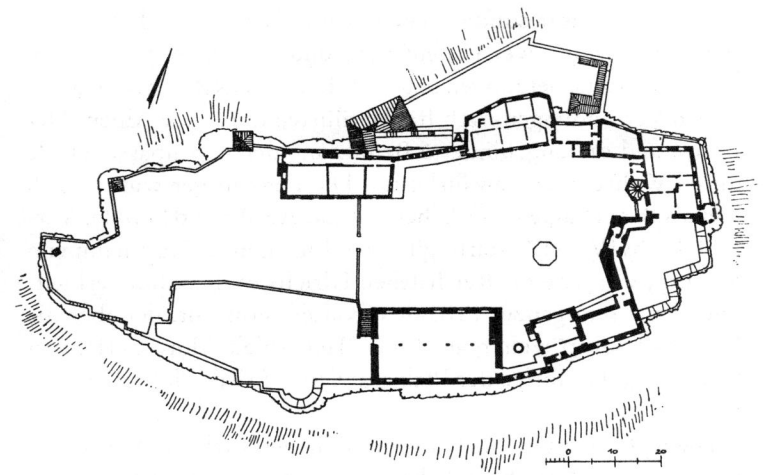

Z 157   Lenzburg, Grundriß, nach Schmidt, Burgen des deutschen Mittelalters, 12.

mehrfach überliefert. Sie besaß, wie etwa aus den Zeichnungen Arhardts oder Merians zu ersehen ist, einen starken Wohnturm. Z 156
Herzog Berthold V. hat ihn 1193 erbaut. Er wurde erst 1770 abgerissen.[257]

Auch die Zähringer Burgen in der Schweiz sind durch mächtige Wohntürme ausgezeichnet. Der Turm zu *Burgdorf* ist bald nach 1193 entstanden. Der zu *Thun* 1191 oder kurze Zeit später. T 169
Beider Türme Bauherr ist Berthold V. In Burgdorf und Breisach hielten Inschriften die Namen Bertholds und die Zeit der Erbauung fest, indem sie die Niederschlagung des burgundischen Aufstandes erwähnen, die 1193 stattfand. Ein weiterer Turm zu *Moudon* ist nur als Ruine erhalten.

Die große *Lenzburg* im Aargau war namengebender Besitz Z 157
der Grafen von Lenzburg. Der letzte unter ihnen, Ulrich IV. T 170

[257] J. Schlippe, Die Burg Breisach, in: Nachrichtenblatt der Denkmalpflege in Baden-Württemberg, 1959, H. 2.

(†1173), hat das besondere Vertrauen Kaiser Friedrichs I. besessen und war an zwei Italienzügen und den dabei getroffenen wichtigen Entscheidungen beteiligt. Die für das Reich so bedeutsamen Verbindungen nach Italien führten durch die Alpen. Der Besitz und die ungehinderte Benützung der Alpenpässe wurde durch Wehrbauten gewährleistet. Die Lenzburger wußten sich hier als Beauftragte kaiserlicher Politik. Als Arnold IV., der Vetter Ulrichs IV., 1172 starb, ging sein Eigengut an Hartmann von Kyburg, während die Reichslehen Ulrich von Lenzburg erhielt. Dieser hat sein ganzes Erbe dem Kaiser vermacht, der aber die Erbschaft sofort weitergab. Einen Teil erhielt Albrecht III. von Habsburg, das übrige der Pfalzgraf Otto, Friedrich Barbarossas Sohn.[258]

Die Kyburger und die Habsburger haben auch am staufischen Burgenbau im Gebiet der Schweiz mitgewirkt. Die *Kyburg* enthält noch einen Buckelquaderturm des 12. Jh., an den die Burgkapelle anstößt. Sie diente unter König Rudolf von Habsburg zur Aufbewahrung der Reichskleinodien.[259] Kyburger Burgmannen und Ministerialen der Bischöfe von Konstanz saßen auf dem Weiherschloß *Hegi* bei Zürich, das noch einen ansehnlichen Wohnturm mit Buckelquadermantel aufweist.

T 172

Am Neuenburger See residierten die Grafen von *Neuenburg*. Graf Ulrich erbaute vor 1191 dort eine „neue Burg". Von ihrem Palas sind noch Teile erhalten. Kennzeichnend ist eine Zwerggalerie mit Säulen, deren Kelchblockkapitelle eine ornamentierte Gesimsleiste tragen. Darüber sind geschmückte Blendbogen geschlagen. Die Felder sind ebenfalls goldschmiedehaft verziert — eine aufwendige Architektur, die sich da zur Schau stellt!

T 173

Die staufische Paßstraßenpolitik wurde auch von den Bischöfen von Chur und von Como mitgetragen. Mehrere Burgen ihres Bereichs entstanden im 12. und 13. Jh. Schloß *Marschlins* wurde

T 174

[258] M. Beck, Die Staufer im westl. Alpenvorland (vgl. Anm. 255), in: Selbstbewußtsein u. Politik der Staufer, Göppingen 1977, 11—27.
[259] D. Leistikow, Aufbewahrungsorte der Reichskleinodien (Anm. 1).

k) Zähringer und Schweizer Burgen 277

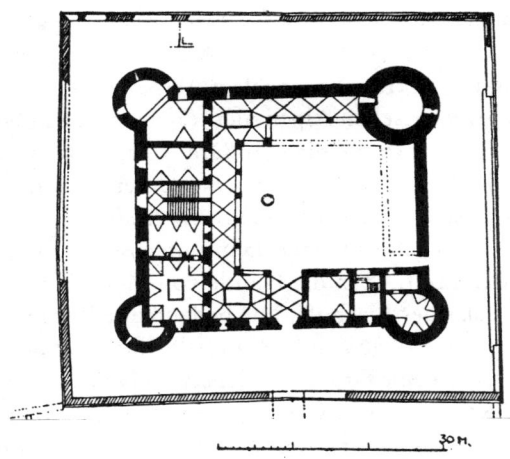

Z 158 Marschlins, Grundriß der Burg, nach Poeschel, Graubünden, 167.

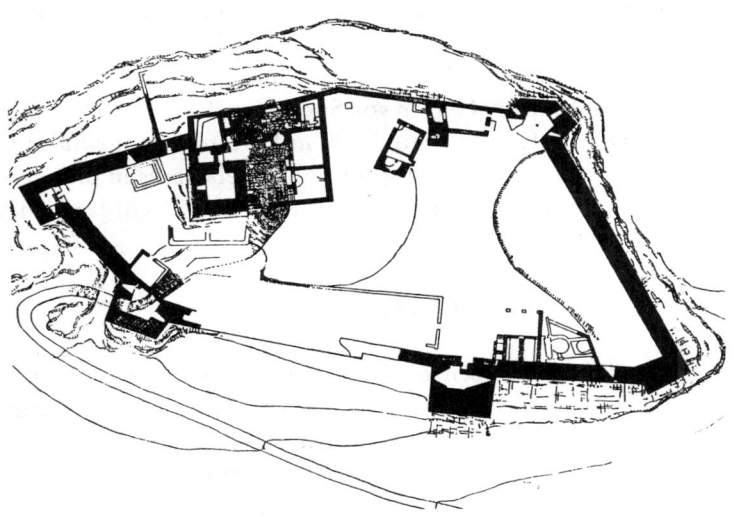

Z 159 Castello di Mesocco, Grundriß, nach Poeschel, Graubünden, 215.

auf dem Gebiet eines Königshofes errichtet und gelangte in den Besitz des Bischofs von Chur. Die Wasserburg ist quadratisch mit vier runden Ecktürmen angelegt.

In den schweizerischen Alpentälern, namentlich in Graubünden und im Tessin, sind einige größere Anlagen zu nennen, die die staufische Burgenbaukunst in besonderer Ausprägung vertreten. Das Castel grande von *Bellinzona (Bellenz)*, das dem Bischof von Como gehörte, aber dann unter Beteiligung des Geschlechtes der Sax 1242 in die Hände von Mailand fiel, enthielt auch einen Palas des Bischofs. Die bedeutende Burg *Castello di Mesocco* in der Mesolcina, auf einem Felsklotz über dem Tal der Moësa gelegen, ist eine Gründung der seit 1139 bezeugten Herren von Sax.[260] Sie waren dort Grundherren, erlangten verschiedene Ämter, u. a. waren sie Vögte von Disentis. Von Kaiser Friedrich II. erhielten sie Blenio und Livinen. Die Burg besteht aus einer Kernburg mit quadratischem Bergfried, Palas und Nebengebäuden auf fast regelmäßigem rechteckigem Grundriß. Im 15. Jh. wurde dann das Felsplateau festungsartig umbaut. Innerhalb der Burg und zu ihren Füßen stehen Kirchen mit schönen romanischen Glockentürmen.

Eine Turmburg der Herren von Sax war auch *Torre Pallas in S. Vittore*. Der fünfeckige Turm *Torre di S. Maria di Calanca* mit zwei gewölbten Geschossen gehörte wohl ebenfalls in die Saxsche Ministerialität. Er dürfte gegen 1200 erbaut worden sein.

l) Burgen in Südtirol

Unter den Paßstraßen über die Alpen gewann im 12. und 13. Jh. der Brenner eine zunehmende Bedeutung. Bereits unter Kaiser Otto I. war die Landschaft am Oberlauf von Etsch und Eisack dem Herzogtum Bayern und damit dem deutschen

---

[260] E. Poeschel, Das Burgenbuch von Graubünden, Zürich-Leipzig 1930, Misox, 215/23.

l) Burgen in Südtirol

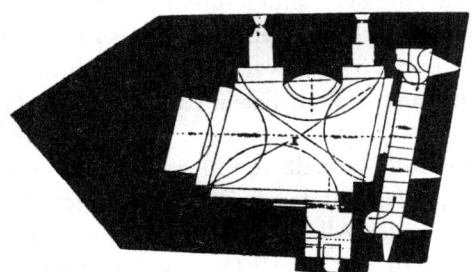

Z 160 Torre di S. Maria di Calanca, Grundriß und Schnitte,
nach Poeschel, Graubünden, 220.

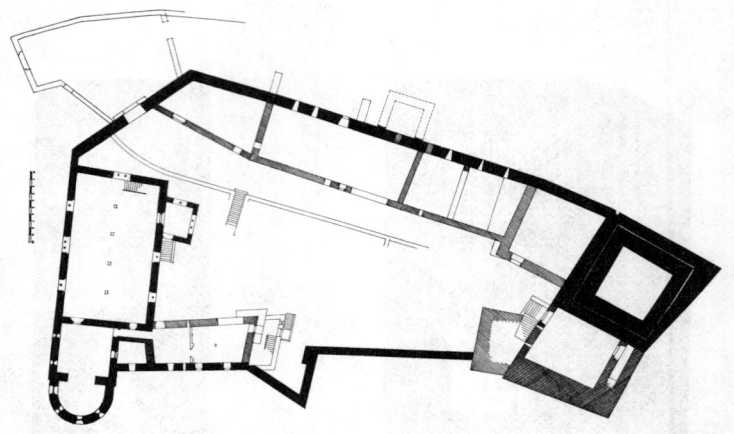

Z 161   Burg Tirol, Grundriß, nach Rasmo, Schloß Tirol, 103.

Reichsteil angegliedert worden. Die Grafschaften Vintschgau und Bozen kamen an den Bischof von Trient, die Grafschaften Inn- und Eisacktal, dazu das Pustertal, an den Bischof von Brixen. Diese Bischöfe haben die planmäßige bairische Besiedlung und Urbarmachung des Landes durchführen helfen, das bald zu einem der burgenreichsten Gebiete deutscher Zunge wurde. Als Grundherren und Vögte gewannen schließlich die Grafen von Tirol die Oberhand. Sie gaben dem Lande auch den Namen ihrer Burg.

Z 161   Diese Burg *Tirol* oberhalb von Meran geht in ihrer Baugestalt mit Bergfried, Palas und der doppelgeschossigen Pankratiuskapelle auf die Brüder Albert I. und Bertold von Tirol und die 2. Hälfte des 12. Jh. zurück.[261] Der zweischiffige Palas ist über

---

[261] Albert von Tirol hatte 1155 Friedrich Barbarossa zur Krönung als König der Lombarden nach Pavia begleitet. Es wäre denkbar, daß ihm von dort lombardische Steinmetze vermittelt wurden. W. Frodl, Kunst in Südtirol, München 1960, 46. Daß Barbarossa selbst als Bauherr in der Lombardei tätig wurde, bezeugt Otto v. Freising/Rahewin für Monza u. Lodi (Gesta Friderici, III, 53, 56, 86).

l) Burgen in Südtirol

eine Vorhalle zugänglich und öffnet sich mit säulengekuppelten Arkaden zum Etschtal. In den Palas und die Kapelle führen Portale, die an Gewände und Bogenlaibung mit Ornament, Menschenbildern, Tieren und Fabelwesen reich ausgestattet sind. Für die Tierreliefs wurde hier wie anderwärts das Naturkundebuch ›Physiologus‹ herangezogen. Die menschenverschlingenden Löwen sind ein häufiges Motiv staufischer Bauplastik. Kentauren schmücken auch die Kanzel auf der Juliusinsel im Ortasee. Das Kapellenportal der Burg *Zenoberg* bei Meran weist ebenfalls reichen Schmuck auf. Die Burg entstand auf Veranlassung der Grafen von Tirol, doch ist ihre jetzige Gestalt, zu der viele alte Werkstücke wiederverwendet wurden, erst einem Neubau von 1288 zuzuschreiben. Dort erscheint auch erstmals der Tiroler Adler als Wappenbild.

T 171

T 175

Die mächtigen Grafen von Eppan hatten ihren Hauptsitz auf Burg *Hocheppan*. Ihre Kapelle wurde 1131 geweiht. Sie ist in der 2. Hälfte des 12. Jh. mit Wandbildern ausgemalt worden. Unter ihren Themen fällt besonders die ausführliche Darstellung der Legende von den heiligen drei Königen auf. Man darf sie in Zusammenhang mit der Translatio ihrer Reliquien durch den Kanz-

T 176

T 177

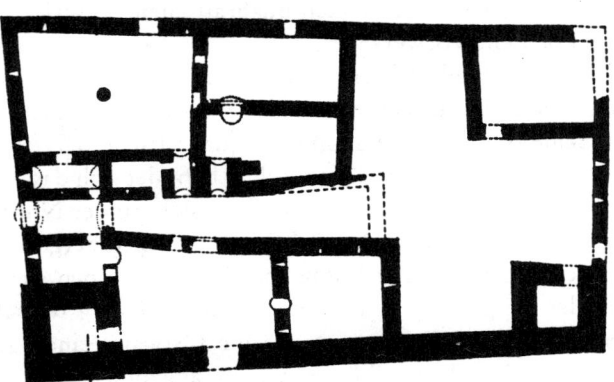

Z 162   Boymont, Grundriß, nach Weingartner, Burgenkunde, 40.

III. Die Burgen des Reiches und der Ritter

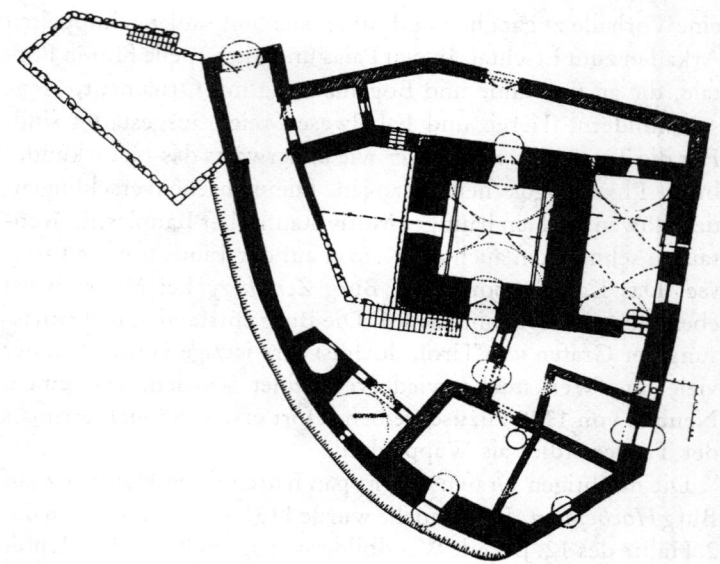

Z 163 Wolfsturn bei Andrian, Grundriß, nach Weingartner, Burgenkunde, 93.

ler Friedrich Barbarossas, Rainald von Dassel, bringen. Im *Kreidenturm,* einem schlanken quadratischen Bergfried, besaß Hocheppan ein Vorwerk.

Eppansche Ministerialen haben die nahe Burg *Boymont* errichtet. Sie steht auf dem Grundriß eines regelmäßigen Rechtecks. Seine Nordostecke nimmt der quadratische Bergfried, die Südostecke der Palas ein. Dazwischen befindet sich das Tor mit der Kapelle darüber. Ein zweiter Turm steht in der Nordwestecke des Burggevierts. Der Palas ist in zwei Obergeschossen mit dreiteiligen säulengekuppelten Fenstergruppen geöffnet. Auch der Bergfried hat an dieser Wandauflösung teil. Außer einem dreiteiligen Fenster weist seine Ostwand einen großen Bogen auf, unter dem wohl eine Arkatur angebracht war. Derartige Turmfenster begegnen auch auf Burg *Brandis* bei Lana und

l) Burgen in Südtirol

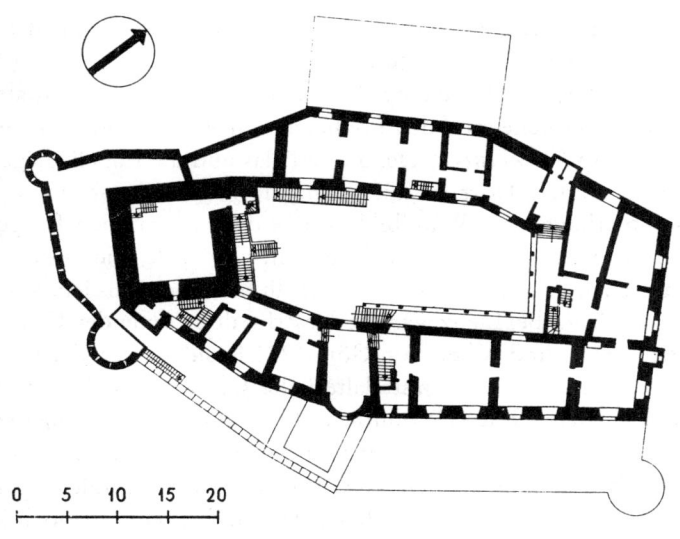

Z 164 Burg Bruck bei Lienz, Grundriß, nach Dehio, Tirol, 126.

mehrfach abgewandelt in Stadtpalästen zu *Trient*, im Palazzo T 180
Pretorio und bei der Torre Vanga.[262]
Die Turmarchitektur ist bei einer Reihe von Südtiroler Burgen der Stauferzeit recht ausgeprägt. Manche sind Wohntürme wie zu *Boymont, Brandis, Karneid, Korb* oder *Wolfsturn* in Andrian. Z 163
In der Mehrzahl ist der Turm jedoch unbewohnbar. Der quadratische Turm von *Ried* bei Bozen[263] aus dem 12. Jh. mit einem Buckelquadermantel hat ein beachtliches Volumen. Die *Leonburg* bei Lana ist mit zwei mächtigen quadratischen Türmen bewehrt. *Taufers* im Ahrntal besitzt sowohl einen Bergfried wie einen Turmpalas mit säulengekuppelten Doppelfenstern.
Einen ansehnlichen Palas des 13. Jh. finden wir auf Burg

[262] „Vanga" ist die italianisierte Namensform von „Wangen". 1210 erwarb Friedrich von Wangen den Turm. R. Hootz, Südtirol u. Trentino (Kunstdenkm. in Italien), Darmstadt u. München-Berlin 1973, 425.
[263] J. Weingartner, Die Kunstdenkmäler Südtirols, Bd. II, Bozen 1961, 54.

Reinegg in Sarnthein. Dort wird der Saal durch dreigliedrige Spitzbogenfenster erleuchtet.

Ohne Bergfried blieb die auf steilem Felsen über der Sarntaler Schlucht gelegene, von den Freiherrn von Wangen um 1237 erbaute Burg *Runkelstein*. Der ältere Palas und die Kapelle liegen nebeneinander. Dort ist im 14. Jh. die Palastradition im sog. „Sommerhaus" mit Wandbildern aus dem Ritterleben fortgeführt worden. In ihnen wird die höfische Welt, die einst die staufischen Palatien geformt und erfüllt hat, nochmals lebendig.

Burg *Bruck* bei Lienz war seit der Erbteilung unter den Grafen Meinhard II. und Albert von Görz 1271 Residenz der Vorderen Grafschaft Görz. Ihre mittelalterliche Gestalt wird bestimmt durch einen mächtigen Wohnturm. Er birgt im zweiten Obergeschoß den „Rittersaal" mit bemalter Balkendecke aus der Erbauungszeit. Die doppelgeschossige Kapelle mit halbrunder Apsis stammt ebenfalls aus der 1. Hälfte des 13. Jh., wurde jedoch in der Spätgotik umgebaut.

IV. STAUFISCHE BURGEN IN REICHSITALIEN

Kaiser Friedrichs I. Politik der Paßstraßen über die Alpen nahm ihren Ausgang vom staufischen Herzogtum Schwaben. Sie zielte auf die Lombardei, überhaupt auf Italien bis hinab nach Sizilien, wo sie unausweichlich auf die Einflußsphäre von Byzanz und das dort aufgerichtete junge Königreich der Normannen traf.[264] Burgen werden Mark- und Meilensteine an diesen Wegen. Ihre formale Aussage wird mehr und mehr von südlichen Elementen bestimmt. *Boymont* ist hierfür das bedeutendste Beispiel.

Dicht bei Como hütet die auf Veranlassung Barbarossas 1158 errichtete Burg *Baradello* die Gotthardstraße. Eine ähnliche Aufgabe hatte die nördlich des Gardasees auf steilem Felsen gelegene Burg *Arco* übernommen. Sie gehörte bereits 1124 einem bairischen Geschlecht, das seinen deutschen Namen „Bogen" ins Italienische übersetzte. Die Grafschaft Chiavenna war bereits 1152 dem Herzogtum Schwaben einverleibt worden, was Heinrich VI. 1192 zu Hagenau bestätigte.

Eine Paßsperrenfunktion übte auch die Burg *Trezzo* an der Adda aus. Friedrich Barbarossa hat ihr sein besonderes Augenmerk gewidmet. Er soll sie durch vier Türme verstärkt haben, von denen einer der Farbe seines Baumaterials zufolge „torre nera di Barbarossa" hieß.[265] 1158 ließ der Kaiser die von den Mailändern zerstörte Stadt *Lodi* an anderer Stelle wieder aufbauen. Rahewin betont in seinem Bericht den persönlichen Einsatz

---

[264] M. Beck (Anm. 255), bes. „Kaiserpolitik u. Paßpolitik" im Göppinger Nachdruck (Anm. 258), 25—27.

[265] B. Ebhardt, Der Wehrbau Europas im Mittelalter, Bd. II, Stollhamm (Oldb.) 1958, 179.

Z 165   Baradello bei Como, Zeichnung von B. Ebhardt, II, 186.

Barbarossas bei der Auswahl des Platzes an der Adda, der auf drei Seiten durch den umlaufenden Fluß und beim Tor noch durch Mauer und Graben geschützt wurde. Die Stadt *Verona* stand zwar noch gegen Barbarossa, kam aber im 13. Jh. an den staufischen Parteigänger Ezzelino da Romano, dem Friedrich II. seine Tochter Selvaggia vermählte. Ihm folgten in der Stadtherrschaft die ghibellinischen Skaliger. Ihre Wehr- und Palastbauten, die bis heute das Stadtbild von Verona mitbestimmen, haben die staufische Tradition weitergeführt. Am Langensee, dem Lago Maggiore, wurde die Burg *Angera* erbaut. Sie besitzt einen Palas mit schönen frühgotischen Doppelfenstern.

Die Burgen am Nordrand der Poebene und im Euganeischen Venetien sind vielfach mit starken Türmen bewehrt. Die beiden Burgen bei *Montecchio* haben Bergfriede, die mit Schildmauern verbunden sind. Auf dem Berg von *Monselice* ließ Friedrich II. eine Burg auf ovalem Grundriß mit einem mächtigen Wohnturm errichten.

IV. Staufische Burgen in Reichsitalien

Die Palatien der staufischen Stadtpfalzen, die sämtlich zerstört sind, müssen wir uns, wie bereits bemerkt wurde, in der Art der kommunalen Stadtpaläste gestaltet vorstellen. Meist werden über offenen Erdgeschoßhallen sich Säle befunden haben, gewölbt oder flachgedeckt, mit mehrteiligen Rundbogenfenstern unter großen Blendbogen. Hier darf das Stadthaus von *Rimini* genannt werden, nicht nur seiner Bauform wegen, sondern auch um seiner geschichtlichen Bedeutung willen. Denn in diesem Stadtpalast, dessen großflächige Platzwand sich mit sechs Erdgeschoßbogen und vier großen mit fünf- oder sechsteiligen Arkaden ausgesetzten Rundbogenblenden öffnet, ist 1226 der Hochmeister des Deutschen Ordens, Hermann von Salza, von Kaiser Friedrich II. mit Preußen belehnt worden.[265a]

[265a] Von den Burgen, die der Deutsche Orden nach 1227 im Hl. Land erbaute, ist Montfort-Starkenberg, nördlich von Haifa (W. Müller-Wiener, Burgen der Kreuzritter, München-Berlin 1966, 76, Tf. 105/5), als Ruine auf uns gekommen. Besondere Beachtung verdient dort der isoliert vor die Angriffseite gestellte quadratische Bergfried. Niels von Holst beschreibt in einem Beitrag ›Deutschordensburgen aus staufischer Zeit in Spanien‹ in der Zschr. d. dt. V. f. Kunstwissensch. 32/1978 „die ältesten erhaltenen Burgen des Deutschen Ritterordens", und zwar die im südwestlichen Grenzgebiet von Kastilien gelegenen Burgen La Mota, Tiedra und Higarés. 1219 war die Tochter König Philipps von Schwaben, die 1205 zu Nürnberg geborene Beatrix, mit König Ferdinand III. von Kastilien vermählt worden. Sie hatte bis dahin am Hofe ihres Vetters Friedrich II. gelebt. Mit ihrem Gefolge kamen auch Deutschordensritter nach Spanien, wo sie an den Grenzkämpfen gegen den Islam teilnahmen. Sie erwarben Grundbesitz zur Anlage von Burgen. 1222 scheint der Hochmeister Hermann von Salza erstmals in Spanien geweilt zu haben. Sein zweiter, urkundlich belegter Aufenthalt fällt in die Jahre 1231/2. Die heute noch eindrucksvolle Burg Tiedra war eine Bergspornburg mit quadratischem Turm in der Mitte, der von einer sechseckigen Ringmauer mit ungleich langen Seiten umgeben ist. Sie war etwa 1225 vollendet. Die Bauzeit der Burg La Mota ist um 1222 bis 1235 anzusetzen. Die Burg hatte zwei Mauerringe, im inneren stand ein gewaltiger runder Bergfried von 22 m Durchmesser, in dem sich ein gewölbter Saal befand. Die nach 1230 erbaute Burg Higarés, gleichfalls auf einem Bergsporn gelegen, besitzt einen nahezu quadratischen Bergfried von 10,1 × 8,4 m Seitenlänge. Turm und Burg wurden nach 1300 verkauft und haben seitdem manche Veränderung erlitten.

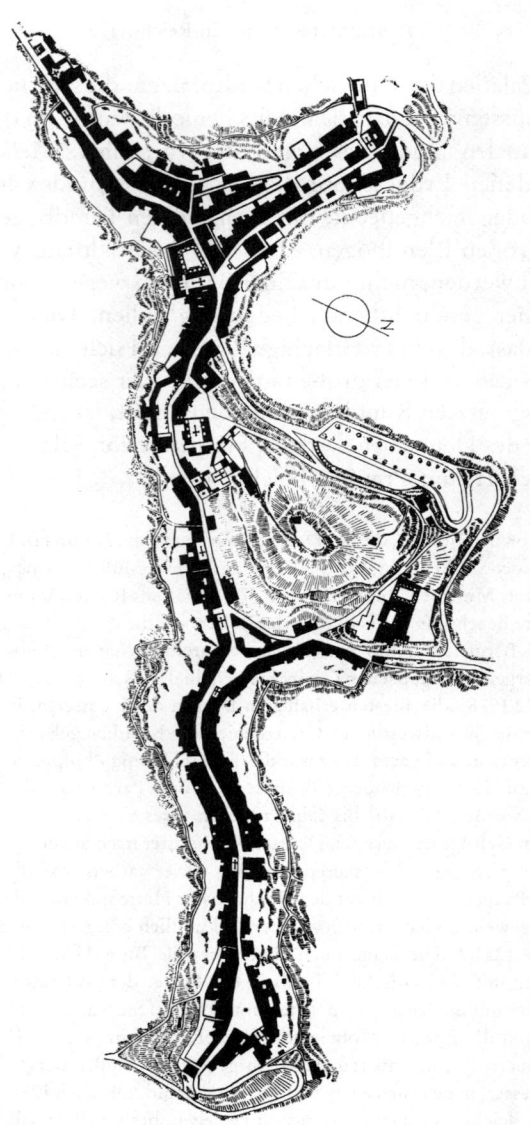

Z 166 San Miniato (al Tedesco), Lageplan von Stadt und Burg, nach Ebhardt II, 240.

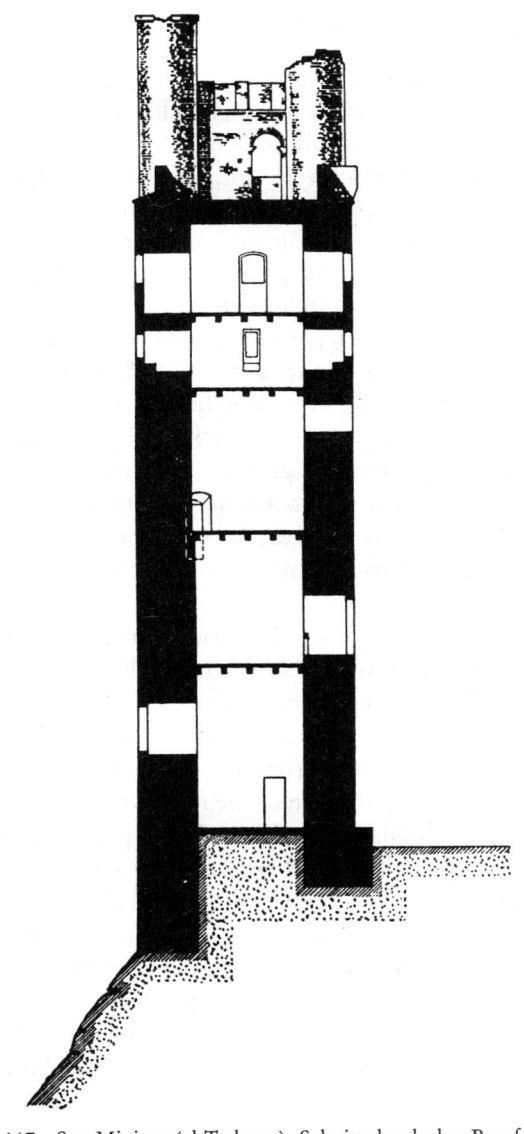

Z 167 San Miniato (al Tedesco), Schnitt durch den Bergfried, nach Ebhardt II, 242.

Ein weiterer Stadtpalast, der Palazzo di Re Enzio zu *Bologna*, in dem der bei Fossalta in die Gefangenschaft der Bolognesen geratene Sohn Friedrichs II. bis zu seinem Tode 1272 festgehalten wurde, gibt in seiner Stockwerk- und Raumeinteilung den italienischen Palastyp der späten Stauferzeit wieder. Im Saalgeschoß sind die Fenster gruppenweise zusammengefaßt.

In der Toskana war die Burg von *San Miniato (al Tedesco)* ein staufischer Verwaltungsmittelpunkt. Sie lag auf einem Bergkegel etwa in der Mitte der langgestreckten Stadt über dem Arnotal. Friedrich Barbarossa urkundet dort 1178. Auf der Burg amtete ein kaiserlicher Statthalter. Der 34 m hohe Bergfried steht auf einer Grundfläche von 8,5:7 m.[266] Er ist ganz aus Ziegelsteinen erbaut. Auf seiner Spitze trägt er einen viersäuligen Glockenturm. Die Burg von S. Miniato war dem wortgewandten Kanzler Friedrichs II., Petrus von Vinea, der des Hochverrats überführt wurde, zum Gefängnis bestimmt. Er hat sich hier 1249 das Leben genommen.

In der Stadt *Prato* erbaute Friedrich von Antiochien, Sohn Kaiser Friedrichs II. und seit 1246 Generalvikar der Toskana und Podestà von Florenz, eine Burg. Sie ist in ihren Außenmauern und Türmen erhalten. Die Anlage vertritt den Kastelltypus apulischer und sizilischer Stauferburgen. An den Ecken und in der Mitte der Umfassungsmauern ist sie mit Türmen besetzt. Zwei davon haben fünfeckige Grundrisse. Das repräsentative Portal, spitzbogig, flankiert von Pilastern und bekrönt mit einem Giebel, schließt sich an das Vorbild des Castel del Monte an; nur sind nach toskanischer Weise die Steine im Farbwechsel geschichtet. Die Mauer wird hier und am kleinen Tor auf der Südostseite von waagrechten Marmorstreifen durchzogen. Die Portalarchitektur weist nicht nur mit ihrer Form auf Apulien, auch als Herrensitz wollte sie den staufischen Geist verkörpern.

---

[266] Der Turm war 1944 bei Räumung des Arnoabschnitts durch die deutschen Truppen gesprengt worden, ist aber inzwischen völlig wiederhergestellt.

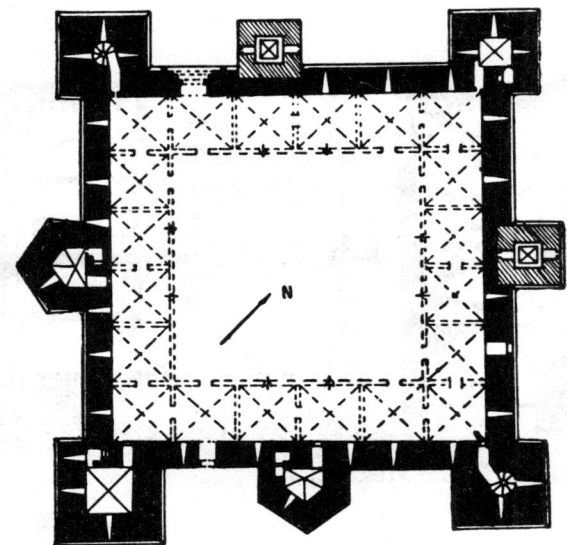

Z 168   Prato, Kastell, Grundriß (ergänzt), nach Agnello, aus Willemsen, Katalog d. Stauferausstellung, III, 154.

Bei zahlreichen Burgen des ghibellinischen Adels wurde durch spätere Umbauten die staufische Urgestalt verändert. Es blieb aber auch die Palasttradition lebendig, die sich etwa zu *Florenz* im wehrhaften Palazzo Vecchio des Arnolfo di Cambio, der zwischen 1298 und 1314 errichtet wurde, und ebenso auf der Burg der Grafen Guidi zu *Poppi* in einem stolzen Palast bekundete. Die Gedanken zu diesen gotisch gewandeten Turmpalatien sind ebenso wie die an ihnen gern verwendeten Bossenquader, die säulengekuppelten Doppelfenster und die Arkadenhöfe staufisches Erbgut.

Im gebirgigsten Teil der Apenninenhalbinsel, in den Abruzzen, ließ Kaiser Friedrich II. eine Stadt gründen, der er den Namen des staufischen Wappentiers gab: *Aquila*. Doch ist dort aus dieser Anfangszeit nichts mehr vorhanden.

IV. Staufische Burgen in Reichsitalien

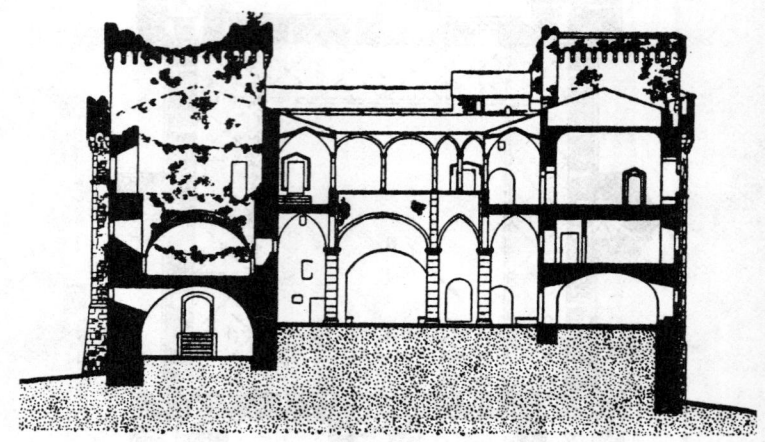

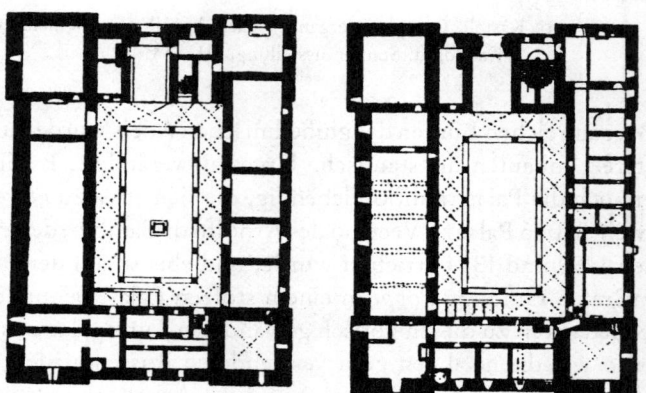

Z 169 Celano, Schnitt und Geschoßgrundrisse, nach Ebhardt, II, 261. 262.

IV. Staufische Burgen in Reichsitalien   293

Z 170   Celano, Portal, nach Ebhardt II, 262.

Hoch über dem jetzt ausgetrockneten Fuciner See wurde nach
1223 auf Befehl Friedrichs II. die Burg von *Celano* errichtet. Bis
zum Erdbeben im Jahre 1915 war sie eine der bedeutendsten Italiens und wohlerhalten.[267] Ein großes regelmäßiges Geviert besaß vier nur wenig über die Mauerflucht vorspringende Türme.
Es umschloß mit Wohnbauten einen zweigeschossigen Säulenhof. Das Tor lag auf der westlichen Schmalseite, der Palas dagegen nahm die südliche Langseite ein. Die Einzelheiten: ein Portal
vom oberen Umgang in den Saal mit abgetrepptem Gewände,
mehrere säulengekuppelte Fenster mit Kleeblatt- oder Fächer-

Z 169

Z 170

---

[267] Bauaufnahme bei B. Ebhardt, Burgen Italiens, Bd. VI, 19.

bogen, die sauber geschnittenen Profile der Basen, der Rippen, der Gewände, der Kämpfer zeigen geübte Bauleute, z. T. wohl burgundischer oder rheinischer Herkunft am Werk. Diese Burg war ebensosehr Wehr- wie Repräsentationsbau.

Celano ist der Hauptsitz der Grafen von Molise gewesen. Friedrich II. hatte 1220/22 die „Festlandsbarone" seines sizilischen Königreichs unter seine Botmäßigkeit gebracht,[268] indem er sich ihrer Burgen bemächtigte. Auch Graf Thomas von Celano hatte nach einigem Widerstand seine Burgen verloren und war in die Verbannung gegangen. Da er den Vertrag darüber verletzte, wurde Celano zerstört. Der Wiederaufbau erfolgte unter dem Namen „Caesarea". 1223 ist damit auch das Gründungsjahr der neuen staufischen Burg. Mit Celano tritt gleichsam ein Aperçu großer staufischer Palastbaukunst in unsere Vorstellung ein.

Die Kaiserpfalz Friedrichs II. und seine eigentliche Residenz aber befand sich in *Foggia*. Es war des Kaisers persönlicher Entschluß, dieses Städtchen inmitten der weiten, fruchtbaren Küstenebene der Capitanata als Regierungssitz zu wählen.[269] Was ihn dazu bewogen hat? Vielleicht die guten Straßenverbindungen über Land, oder die Nachbarschaft des Meeres oder die in Sichtweite sich erstreckenden Gebirgszüge des Monte Gargano im Nordosten und der Murge im Südwesten? „Entscheidend war jedoch wohl, daß die Landschaft südlich des Monte Gargano ihn wie keine andere ansprach, daß sie eben jene ‚praecipua amoenitas loci' besaß, jenen im antikischen Sinne gefälligen Wechsel von Gebirgen und Hügelketten, von Waldungen und weiten Feldern, und verbunden damit die Nähe des Meeres, daß ferner hier die große Leidenschaft seines Lebens ihre reichste

---

[268] E. Kantorowicz, Kaiser Friedrich der Zweite, Düsseldorf-München 1963, 108 f. vergleicht das Vorgehen des Kaisers mit dem seines Urgroßvaters, des Herzogs Friedrich des Einäugigen.

[269] D. Leistikow, Burgen u. Schlösser in der Capitanata im 13. Jahrhundert, in: Bonner Jahrbücher, 171/1971, 416—441.

und vielseitigste Erfüllung finden konnte, seine Liebe zur Jagd" (C. A. Willemsen).[270]

Foggia[271] gelangte durch Friedrich II. zu großer Blüte, es war ein Menschenalter lang die Kaiserstadt in der Politik und Kunst des Reiches, die administrative und militärische Organisation des Staates ebenso wie die Festlichkeit höfischen Lebens ihre Mitte besaßen. Der Kaiser begann 1223 mit dem Bau seiner Pfalz. Wir wissen das aus der erhaltenen Bauinschrift:

ANNO AB INCARNATIONE MCCXXIII MENSE IUNII XI INDICTIONE REGNANTE DOMINO NOSTRO FREDERICO IMPERATORE REGE SEMPER AUGUSTO ANNO III ET REGE SICILIE ANNO XXVI HOC OPUS FELICITER INCEPTUM EST PRAEPHATO DOMINE PRAECIPIENTE
(Im Jahre nach der Fleischwerdung Gottes 1223 im Monat Juni, in der 11. Indiktion, unter der Regierung unseres Herrn, des Kaisers Friedrich, im 3. Jahre seines Kaisertums und im 26. Jahr seines Königtums von Sizilien, wurde dieses Werk glücklich begonnen nach der Weisung des erwähnten Herrn.)

Die Pfalz ist völlig untergegangen. Wir kennen noch nicht einmal ihren genauen Platz. Erdbeben haben die Stadt verwüstet, zuletzt noch wurde ihr Boden von zahlreichen Bombenangriffen des Zweiten Weltkrieges durchpflügt. Sie ließen nur den Bogen übrig, der als einziger Überrest des staufischen Palastes auf uns gekommen ist, aber auch an einem fremden Gebäude eingemauert wurde. Dort ist jetzt auch die Inschrifttafel angebracht. Ihr Rahmen ist noch folgendermaßen beschriftet:

[270] Carl A. Willemsen, Apulien, Kathedralen u. Kastelle, Köln 1971, 23. Ders., Die Bauten der Hohenstaufen in Süditalien. Neue Grabungs- u. Forschungsergebnisse. Arbeitsgem. f. Forschung d. Landes Nordrhein-Westfalen, Geisteswissenschaften, H. 149, Köln-Opladen 1968.

[271] A. Haseloff, Die Bauten der Hohenstaufen in Unteritalien. Hg. v. Preuß. Histor. Institut in Rom, I, Leipzig 1920; D. Leistikow, Die Residenz Kaiser Friedrichs II. in Foggia, in: BuS 1977/I, 1—12, dort ist in den Anmerkungen auch die Literatur zusammengestellt. Als italienischer Forschungsbeitrag ist erschienen: Ugo Jarussi, Foggia. Genesi urbanistica, vicende storiche e carattere dell città, Bari 1975.

SIC CESAR FIERI IUSSIT OPUS ISTUM
PROTO BARTOLOMEUS
  SIC CONSTRUXIT ILLUD
HOC FIERI IUSSIT FRIDERICUS CESAR
UT URBS SIT FOGIA
REGALIS SEDES INCLITA IMPERIALIS
(So befahl der Kaiser dieses Werk auszuführen,
so hat Meister Bartolomeus es gebaut.
Kaiser Friedrich befahl diese Anlage,
damit die Stadt Foggia
Königssitz und Residenz des Kaisers sei.)

Diese Aussage läßt auch erkennen, daß Friedrich selbst Einfluß auf die Gestalt des Palastes genommen hat. Wo er jedoch stand und wie er aussah, wissen wir nicht. Die Beschreibungen älterer Chroniken geben nur Nachricht von seiner märchenhaften Ausstattung. Er wird „als ein marmorreicher Palast mit Statuen und Säulen von Verde antico, mit marmornen Löwen und Wasserbecken" gerühmt (Kantorowicz). Die festliche Pracht südländischer Welt, die von der Freude am ritterlich-höfischen Lebensstil geprägt und gebändigt war, konnte sich hier entfalten. Von der ganzen Herrlichkeit blieb nur ein einziger, von verstümmelten Adlern getragener und mit doppeltem Blätterkranz besetzter Bogen.

Ob die drei Kaiserpaläste Friedrichs II., deren Form für uns noch vorhanden oder rekonstruierbar ist, die Paläste von Lucera und Syracus oder das Castel del Monte, in Foggia einen Verwandten besaßen, läßt sich nicht sagen. Ein Polygonbau ist indes unwahrscheinlich, am ehesten ist an einen Geviertbau zu denken. Die Erwähnung von zahlreichen Bäumen und von Wasserspielen läßt auf eine Anordnung der Gebäude um mehrere Höfe schließen. Die Gestalt einer deutschen Kaiserpfalz der Barbarossazeit hatte das Palatium von Foggia nicht, eher war es den gleichzeitigen Palastbauten arabischer und türkischer Herrscher verwandt. Man wird auch an die Alhambra zu Granada denken können.

IV. Staufische Burgen in Reichsitalien

Unter den Burgen der adriatischen Küste, die in den Hafenstädten erbaut wurden, sind die Kastelle von *Trani* und von *Bari* am besten erhalten. Sie sind, wie auch die Burgen von *Brindisi, Tarent* oder *Barletta,* an Plätzen errichtet, die vorher schon von den Normannen oder noch früher von den Byzantinern befestigt waren. Sie machen sich auch weitgehend deren Grundrißdisposition und sogar ganze Bauteile zu eigen. *Brindisi,* schon 1228 erwähnt, und Bari, etwa 1233 im Bau, haben trapezförmig verschobene Grundrisse. Während die Burg von Brindisi, wie übrigens auch Barletta und Tarent, großenteils unter nachstaufischen Befestigungen versteckt ist, tritt an *Bari* der staufische Bau trotz der auch dort vorhandenen Festungswälle noch unmittelbar in

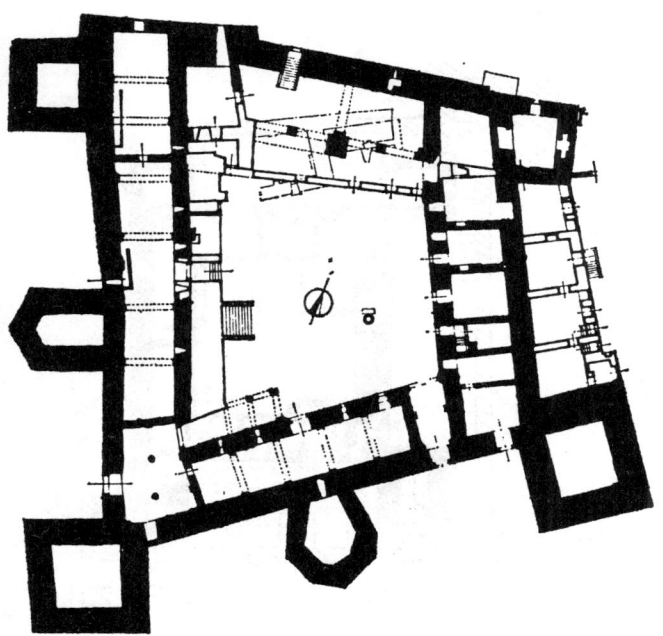

Z 171   Bari, Kastell, Grundriß, nach Willemsen, Apulien, 134.

IV. Staufische Burgen in Reichsitalien

Erscheinung. Das ursprünglich mit vier Ecktürmen und zwei Zwischentürmen bewehrte Kastell wird durch die beiden in voller Höhe erhaltenen quadratischen Buckelquadertürme der Landseite unverkennbar als staufische Burg gekennzeichnet. Ein Portal mit reich ornamentierten Bogensteinen, eine zweischiffige säulengetragene, gewölbte Vorhalle, die nach dem Hof zu eine Loggia bildet, zeigen, daß auch Palastbauten innerhalb dieser Mauern gestanden haben. Die teils freistehenden, teils als Wandvorlagen gebildeten Säulen besitzen originelle Kompositkapitelle mit dreireihigen Blätterkränzen, Adlern oder Kriegerköpfen, vergleichbar mit den Köpfen an einem Kapitell der Peter-und-Paul-Kirche zu Rosheim, das Friedrich II. sicher ge-

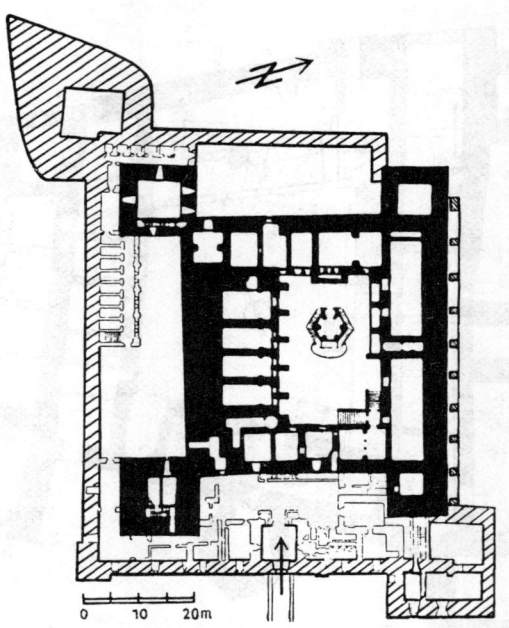

Z 172 Trani, Kastell, Grundriß, nach Willemsen, Katalog der Staufer-Ausstellung, III, 151.

IV. Staufische Burgen in Reichsitalien

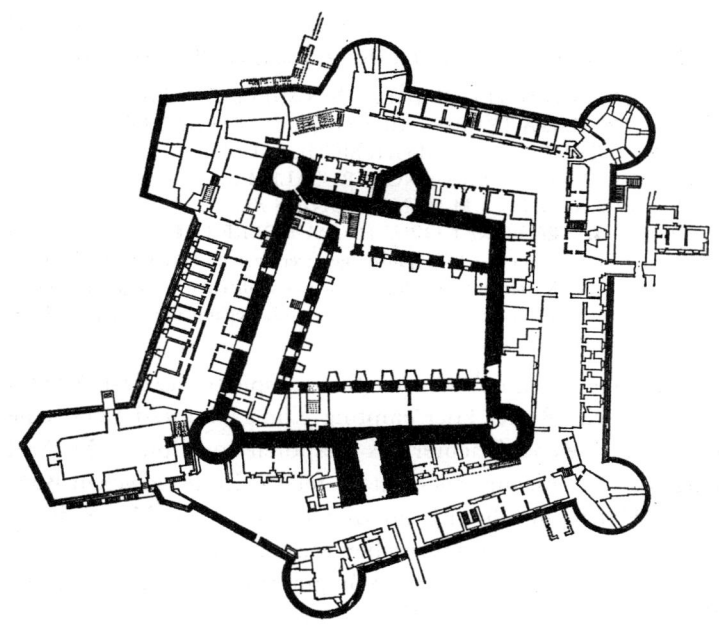

Z 173   Brindisi, Kastell, Grundriß, nach Willemsen, Katalog d. Staufer-Ausstellung, III, 151.

kannt hat. Auf den Kämpfern sind mehrere Namen von Steinmetzen eingemeißelt. Unter den vielgestaltigen Bildreliefs der Keilsteine am Portal finden wir auch den kaiserlichen Adler.

Der Grundsatz der regelmäßigen Viereckanlage wurde in Apulien vor allem in *Trani* angewendet. Die stadtseitigen Türme treten als selbständige Baukörper hervor, die meerseitigen sind in die durch Blendbogen markierte Wasserfront eingebunden. Die bisherige Nutzung des Kastells als Gefängnis hat noch keine gründliche Untersuchung der Bauten ermöglicht. Doch läßt der Grundriß die wesentlichen Züge der Anlage erkennen. Die städtebauliche Lage des Kastells über dem Ufer des Meers neben dem Dom ist einzigartig.

Z 172
T 188

Am Portal und in der Eingangshalle halten Inschriften das Baujahr 1233 und die Erweiterung des Kastells 1249 fest:

IAM NATI CHRISTI DOMINI ANNIS MILLE DUCENTIS
CUM TRIGINTA TRIBUS FRIDERICI CESARIS ANNO
IMPERII TRINO DENO REGNI SICULORUM
EIUSDEM SEXTO TER DENO IERUSALEMQUE
OCTAVO REGNI CUM MENSIS IUNIUS AC IN-
DICTIO SEXTA FORET OPUS HIC SURGERE CEPIT[272]

(Als Christus schon vor 1233 Jahren geboren war und Kaiser Friedrich im 13. Jahr seines Kaisertums, im 36. Jahr seines sizilischen Königtums und im 8. Jahr seines Königtums zu Jerusalem stand, begann dieser Bau sich zu erheben im Monat Juni, in der 6. Indiktion.)

In der Geschichte der letzten Staufer spielte das Kastell Trani eine tragische Rolle. Hier empfing König Manfred 1258 seine Gemahlin Helena, Tochter des Despoten von Epiros, Michael Angelos, um mit ihr Hochzeit zu feiern. In der gleichen Burg wurde Helena mit ihren Kindern nach dem Tode Manfreds bei Benevent 1266 vom verräterischen Kastellan den Häschern Karls von Anjou ausgeliefert. Die Königin wurde sofort von ihren Kindern getrennt und als Gefangene auf die Burg Nocera gebracht, wo sie 1271 verstorben ist. Von den vier Kindern ist nur die Tochter Beatrix nach 18jähriger Gefangenschaft 1284 aus dem Castel dell'Ovo bei Neapel befreit worden, die Söhne kamen ins Castel del Monte, um dort nach dem Befehl Karls von Anjou zu leben, als seien sie nie geboren worden. Einer ist dort wohl auch gestorben, die beiden anderen sollten 1299 ins Castel dell'Ovo übergeführt werden. Dabei ist einem anscheinend die

---

[272] Nach Willemsen, Apulien (Anm. 270), 300, Anm. 33. Eine zweite Inschrift über dem Portal lautet:

> Caesaris imperio divino more tonante
> fit circa castrum munitio talis et ante
> huic operi formam seriem totumque
> necesse Philippi studium Cinardi protulit esse
> quoque magis fierent studiis hec fa... ensis
> prefuit his Stephanus Romualdi Carabarensis
> anno incarnationis Iesu Christi MCCXLIX indictione VII.

IV. Staufische Burgen in Reichsitalien

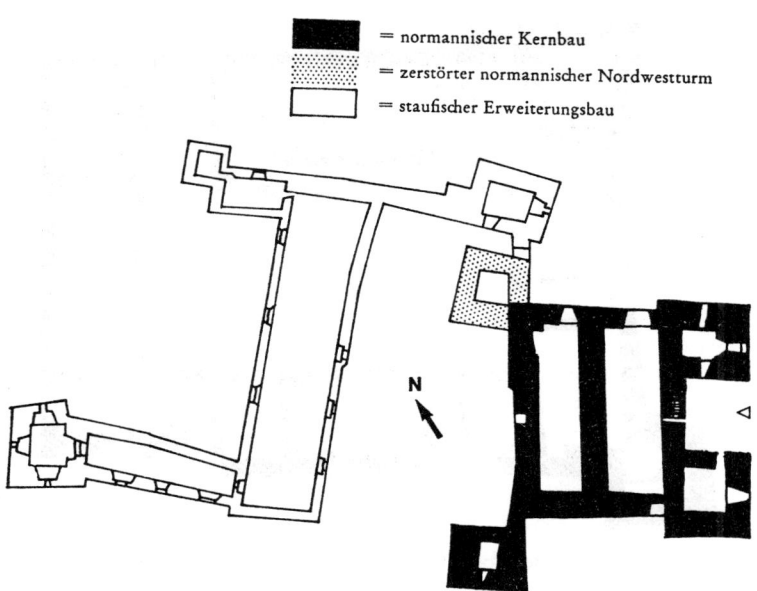

Z 174 Melfi, Grundriß des Kastells, nach Willemsen, Apulien, 79.

Flucht geglückt, aber er fand an den Höfen Europas keine Aufnahme. Seine Spur verliert sich in Ägypten.

Unter den apulischen und lukanischen Landburgen der ersten Regierungsjahre Friedrichs II. ist am wichtigsten *Melfi*. Hier befand sich ein normannisches Kastell, das recht regelmäßig mit vier Türmen um eine rechteckige Mitte angelegt war. Daran wurde unter dem Staufer ein großer gewinkelter Flügel mit zwei Türmen angebaut. Die unter Karl von Anjou abermals erweiterte und später noch veränderte, durch mehrere Erdbeben beschädigte Burg ist seit Jahren in der Wiederherstellung des normannisch-staufischen Zustandes begriffen. In der Staffelung ihrer Baumasse über den Häusern der Stadt gewährt sie einen imposanten Anblick, Hier hat Friedrich II. 1231 die „Konstitutionen von Melfi" verkünden lassen.

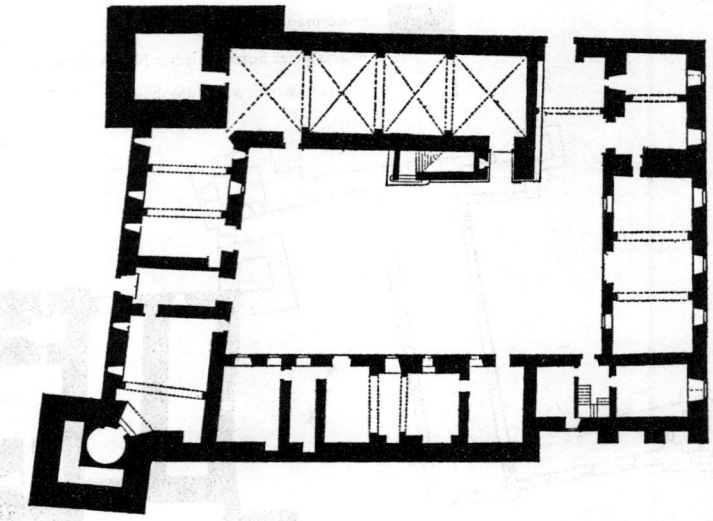

Z 175 Gioia del Colle, Grundriß des Kastells, nach Willemsen, Apulien, 159.

Z 175 Die Burg *Gioia del Colle* liegt inmitten der Murge. Auch sie ist normannischen Ursprungs; ob schon im heutigen Umfang, ist allerdings fraglich. Urkundliche Zeugnisse für die Erbauung fehlen.
T 189 Dennoch darf dieses Kastell mit seinen gewaltigen Buckelquadertürmen für Friedrich II. in Anspruch genommen werden. Die Bauten haben im Laufe der Zeit einige Veränderungen erfahren, auch eine historistische Restaurierung zu Beginn des 20. Jh., deren Zutaten jetzt größtenteils wieder beseitigt sind. Die Säle dienen musealen Zwecken. In der gewölbten Torhalle haben sich zwei schöne Kapitelle erhalten. Aus dem Eigennamen des Kastells geht hervor, daß dieser mächtige, mauerstarke Bau ursprünglich als Lustschloß oder „Jagdhaus" gedacht war. Einer Überlieferung zufolge soll der Zug mit der Leiche des auf Castel Fiorentino verstorbenen Kaisers Friedrich II. eine Nacht auf Gioia del Colle gerastet haben.

IV. Staufische Burgen in Reichsitalien

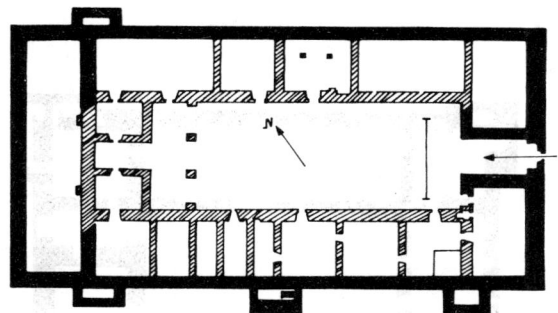

Z 176 Gravina, Grundriß des Jagdschlosses, nach Willemsen, Katalog der Staufer-Ausstellung, III, 145.

Ein ausgesprochenes Jagdschloß ist nahe dem Städtchen *Gravina di Puglia* zu finden. Ein langes Rechteck, dessen östliche Schmalseite das Tor enthält und längs der Seitenmauern aufgereihte Gebäude, wird auf der Nordwestfront von einem Palas begrenzt. Seine sorgfältig ausgeführten Quadermauern besitzen zwei Rundbogenöffnungen, die auf einen umlaufenden Altan führen. Er gestattet einen weiten Blick übers Land, das früher mit Wäldern bedeckt war und in der Nähe des Schlosses auch einen Stausee aufwies, in dem Wasservögel nisteten.

Ein See gab einem weiteren, größeren Jagschloß den Namen: *Lagopesole*. Auch diese in der Basilicata gelegene Burg befolgt ein rechteckiges Grundrißschema, freilich in anderen Ausmaßen, als sie zu Gravina oder dem — sehr verbauten — *Palazzo San Garvasio* verwirklicht wurden. Es ist zudem in zwei Höfe unterteilt und besitzt einen etwas übereck gestellten Bergfried. Die große Kapelle ist erst unter Karl von Anjou erbaut worden.[273] Der Palas des Kaisers ist eher neben der Kapelle als neben dem Tor zu suchen. Die Burg war nicht nur als Wehrbau mit

---

[273] Willemsen, Die Bauten Kaiser Friedrichs II. in Süditalien (Anm. 20), 147. Doch ist das Portal mit seinem Zickzackbogen noch staufisch.

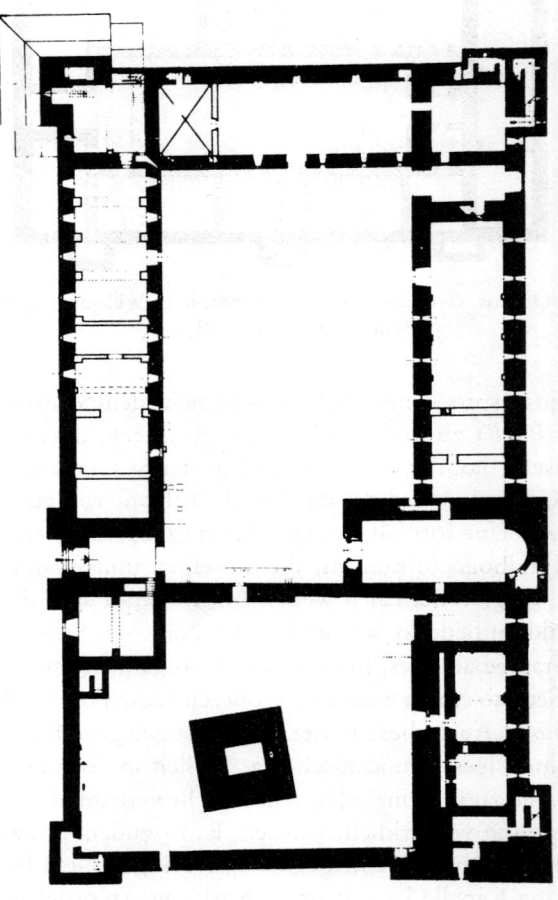

Z 177   Lagopesole, Grundriß der Burg, nach Willemsen, Katalog der Staufer-Ausstellung, III, 147.

IV. Staufische Burgen in Reichsitalien

hohen Buckelquadermauern und Ecktürmen ausgezeichnet, sie besaß auch eine durch zwei Mauervorsprünge geschützte Toranlage mit einer Rundbogennische[274] und zeigt durch ihre Tür- und Fensterrahmen sowie durch qualitätvolle Bauplastik, daß auch der Ausstattung und dem Schmuck Bedeutung beigemessen wurde. Der Bergfried trägt figürliche Konsolen, deren eine einen schönen Frauenkopf darstellt. Im Volksmund sind es die Bilder des Kaiserpaares Friedrich Barbarossa und Beatrix.[275] Die Kapitelle sind größtenteils als Knospenkapitelle ausgebildet. Breite, vegetativ oder mit eingestreuten Tieren belebte Konsolen finden sich im Westbau des äußeren Hofes. Unter den Fensterumrahmungen ist auch der Kleeblattbogen vertreten. Das ganze Schloß könnte, wie auch Willemsen vermutet, als Sommerresidenz gedient haben. Es wird einfach als „domus", als „Haus", bezeichnet. Dieser Ort inmitten des vom Vulkankegel des Monte Vulture beherrschten Gebirges mag Friedrich II. und seinem Sohn Manfred besonders geeignet erschienen sein, der „Kunst, mit Vögeln zu jagen", der königlichen Falkenjagd, nachzugehen. der „Lacus paeninsulae" zu Füßen der Burg freilich ist längst verlandet.

Vom Bergschloß zu *Oria* stammt nur noch ein Teil des Turmpalas aus staufischer Zeit. Die beiden starken Rundtürme und die Schildmauer sind angevinisch. Doch geht die gesamte Anlage auf Friedrich II. zurück. Er ließ hier eine doppelgeschossige Kirche zur Hälfte abreißen, die hier als katholische Bischofskirche erbaut worden war, als die Normannen das Land den Byzantinern entrissen hatten. Das Gelände der Kirche wurde für die Erweiterung der Burg verwendet.[276] Die bisherige Unterkirche aber blieb erhalten.

[274] Zur Aufnahme eines Standbildes?
[275] Der gekrönte männliche Kopf wird als „langohriger Satyr" charakerisiert. Ich kann das nicht finden. Die vermeintlichen „langen Ohren" scheinen mir zur Krone zu gehören.
[276] Willemsen, Apulien (Anm. 270), 209 ff.

Drei Burgen Süditaliens sind noch mit der Geschichte des entthronten und gefangenen Königs Heinrich (VII.) verbunden: San Felice, Nicastro und Martirano. *San Felice* ist die Stadtburg von *Venosa*.[277] Die heutige Rocca trägt Renaissancecharakter. In ihrem Vorgängerbau ist Heinrich (VII.), als er 1236 dorthin gebracht worden war, bis 1240 inhaftiert gewesen. 1240 erfolgte seine Überführung nach Kalabrien, und zwar zuerst nach *Nicastro*.[278] Das dortige Kastell *San Teodoro* ist von einer starken Buckelquader-Ringmauer umgeben und dem abschüssigen Berggelände angepaßt. Es wird beherrscht von einem Bergfried auf polygonalem Grundriß. Ein Brief Friedrichs II., der einen Umbau des Daches nur gestattet, wenn es dadurch nicht verunstaltet werde, beweist, daß er auch auf das Aussehen der Burg Wert legte. 1242 endet Heinrichs Aufenthalt in Nicastro. Der Vater bestimmt ihm als neuen Aufenthaltsort *Martirano*.[279] Der Weg dorthin ist fünf Stunden weit und führt über unwirtliche Berge. Unterwegs stürzt sich Heinrich mit seinem Pferd in einen Abgrund. Man bringt ihn schwer verletzt nach Martirano, wo er am 10. oder 12. Februar seinen Wunden erliegt. Friedrich II. verschickt Totenbriefe, in denen er seiner menschlichen Trauer Ausdruck verleiht:

Das Leid des liebenden Vaters hat die strenge Stimme des Richters zum Schweigen gebracht; tief betrauern wir das Geschick unsres erstgeborenen Sohnes, und die Natur zwingt uns zu Tränen, die bisher der schmerzliche Gedanke an die erlittene Kränkung und die streng waltende Gerechtigkeit zurückgehalten hatten. Die Herrschsucht des Königs konnten wir nicht beugen, solange er am Leben war. Um so härter trifft uns jetzt der Tod des Sohnes.[280]

Heinrich wurde mit königlichen Ehren im Dom zu Cosenza bestattet. Die Burg Martirano ist untergegangen, auch das Städtchen wurde durch Erdbeben völlig zerstört.

[277] H. Gf. Waldburg-Wolfegg, Vom Südreich der Hohenstaufen, München (1954), 55—57.
[278] H. Gf. Waldburg-Wolfegg (Anm. 277), 93—96 m. Grundrißskizze.
[279] H. Gf. Waldburg-Wolfegg (Anm. 277), 96 f. m. Lageplan.
[280] Hotz, König u. Verschwörer (Anm. 57), 228.

Auf dem Boden der Insel Sizilien haben viele Kulturen ihre Spuren hinterlassen. Nach den Griechen, den Römern, den Byzantinern, den Sarazenen und den Normannen haben auch die Hohenstaufen dort ihre Burgen und Paläste errichtet. Zu *Palermo* stand und steht zu Teilen heute noch das *Residenzschloß* der Normannenkönige. Die Brüder Hauteville, die Gründer des sizilischen Normannenstaates, brachten ja aus ihrer Heimat die Tradition einer entwickelten Wehrbaukunst mit. Dort hatte der Donjon eine eindrucksvolle Form erreicht. Das von König Roger II. begonnene Stadtschloß von Palermo bewahrt in seinen Türmen, insbesondere im „pisanischen Turm", die Erinnerung an diese Turmpaläste des Nordens. Der „pisanische Turm" enthielt die Schatzkammer, im Joharia-Turm befanden sich die Wohnräume, von deren Aussehen das mosaizierte Roger-Zimmer noch eine Vorstellung vermittelt. Auch hier hat Friedrich II. den staufischen Adler, der den Hasen in den Fängen trägt, zwischen zwei Greifen anbringen lassen. Der schönste Raum des Normannenpalastes ist die 1140 geweihte Capella palatina. Der dreischiffige Bau zeigt schon in seiner Gesamtdisposition die Durchdringung von abendländischen und morgenländisch-byzantinischen, arabischen und koptischen Gedanken und Kunstweisen. Die einzigartige farbige Ausstattung mit Mosaiken griechischer Künstler und mit Decken- und Wanddekorationen sarazenischer Herkunft machen diese Palastkapelle zur „formenreichsten Äußerung mittelalterlicher Kunst".

Im Dom zu Palermo, der mit dem Palast zu einer Baugruppe verbunden ist, wurden Kaiser Heinrich VI. und seine Gemahlin Konstanze, Kaiser Friedrich II. und seine erste Gemahlin Konstanze von Aragon in monumentalen Sarkophagen beigesetzt.

Friedrich II. hat in Palermo seine Jugendjahre verbracht. Er wurde hier als Vierjähriger zum König von Sizilien gekrönt. Er hat hier seine erste Ehe geschlossen, und wahrscheinlich ist auch der Sohn Heinrich (VII.) hier geboren. Aber residiert hat der Kaiser hier nur kurzfristig und in jungen Jahren, seit Erbauung der Pfalz zu Foggia überhaupt nicht mehr. Dennoch haben die zu Palermo empfangenen Jugendeindrücke die Palastkonzeption des Staufers entscheidend beeinflußt. Es standen dort sarazenische Herrensitze und normannische Königsvillen, wie sie die Könige Roger II., Wilhelm I. und Wilhelm II. hatten bauen lassen: Zisa, Cuba, Favera und Menani mit Namen, die eine Auffassung vom Jagd- und Lustschloß vertraten, wie sie bis dahin nur Byzanz oder der arabische und der persische Orient kannten. Sie legten sich um Palermo „wie eine Perlenkette um den Hals einer schönen Frau", wie es in einer öfter zitierten Beschreibung aus ihrer Erbauungszeit heißt.

Es waren Schlösser inmitten von Parkanlagen, deren Bepflanzung aus Brunnen und Kanälen gespeist wurde. Von der durch Wilhelm I. 1166 begonnenen und durch Wilhelm II. vollendeten *Zisa* — der Name ist aus dem arabischen „el aziz" (die Prächtige) abgeleitet — steht noch ein dreigeschossiger rechteckiger Bau. In seinem Erdgeschoß befindet sich ein durch Wandsäulen gegliederter Raum, dessen Stalaktitennische für einen Brunnen bestimmt war. Die Rückwand dieser Nische trägt hübsche Mosaiken von stilisierten Bäumen mit Pfauen und Bogenschützen und über dem Brunnen wieder den staufischen Adler.[281]

Das 1180 von Wilhelm II. erbaute Parkschloß *La Cuba* war in einen Teich hineingebaut, dessen Mitte ein würfelförmiger, mit einer Kuppel überdachter Pavillon bildete.

Friedrich II. hat diesen Normannenbauten zu Palermo keine neuen Paläste hinzugefügt. Doch ließ er in Sizilien mehrere Burgen bauen. Im Herzen der Insel steht über der Stadt *Enna* ein heute noch 30 m hoher achteckiger Turm, der einst von einer achteckigen Ringmauer umgeben war. Er erinnert an den Achteckturm der Burg Steinsberg im Kraichgau. Dieser Turm ist in seiner heutigen Gestalt wohl erst dem König Manfred zuzuwei-

---

[281] Wolfg. Krönig, Die Rettung der Zisa, des normannischen Königsschlosses in Palermo, in: Kunstchronik 26/1973, 133—151, geschrieben aus Anlaß des teilweisen Einsturzes der Zisa am 13. 10. 71 u. der geplanten Wiederherstellung.

IV. Staufische Burgen in Reichsitalien 309

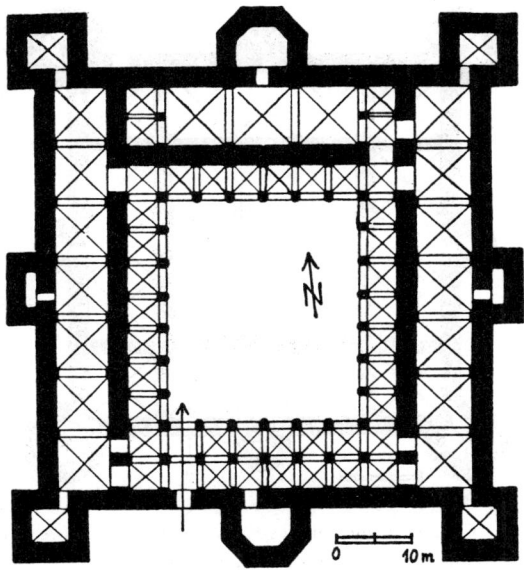

Z 178 Augusta, Rekonstruierter Grundriß des Kastells, nach Agnello, aus Hahn, Hohenstaufenburgen, 26.

sen, der ihn nach 1258 neu aufführen ließ. Im Konzept dürfte er auf Friedrich II. zurückgehen. Eine Reihe von Kastellen entstanden an der Küste. Ein Schreiben des Kaisers vom 17. November 1239 an den „Praepositus edificorum", der die Aufsicht über die Staatsbauten führte, Richard von Lentini, spricht von den Burgen zu *Augusta, Syrakus, Caltagirone, Milasso* und *Lentini*, an denen sämtlich gearbeitet wurde.[282] Das Kastell *Augusta* ist in einer Stadt gelegen, die Friedrich II. gegründet und mit ihrem Namen versehen hat. Augusta, „die Kaiserliche", führt heute noch den Stauferadler im Wappen. Obwohl das Kastell mehrfach umgebaut und nicht zu seinem Vorteil verändert wurde,

---

[282] H. Hahn, Hohenstaufenburgen in Süditalien (Anm. 19), 25 f.

IV. Staufische Burgen in Reichsitalien

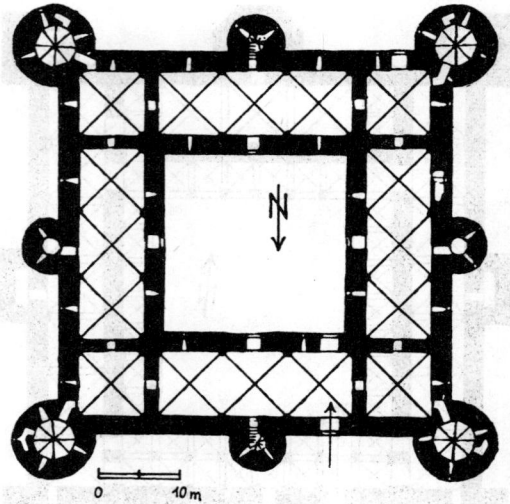

Z 179 Catania, Grundriß des Kastells Ursino, nach Agnello, aus Willemsen, Katalog der Staufer-Ausstellung, III, 152.

Z 178 ist es als Anlage rekonstruierbar. Der beinahe quadratische (61:62 m) Bau ist mit gleichfalls quadratischen Ecktürmen ausgestattet. Jede Seite hat noch einen Zwischenturm, im Osten und Westen sind es rechteckige, im Norden und Süden polygonale Baukörper. Neben dem südlichen, der im gequaderten Unterbau erhalten ist, befindet sich das Portal. Drei Seiten sind mit Wohn- oder Nutzbauten besetzt, um die dem Hofe zu ein Bogengang herumführt. Er verdoppelt sich auf der Eingangsseite zu einer zweischiffigen Pfeilerhalle. Das Motiv des Portikus von Bari ist hier folgerichtig in den Gesamtkomplex einbezogen.

T 194   Höchst eindrucksvoll als regelmäßiger quadratischer Wehr-
Z 179 bau mit Rundtürmen an den Ecken und halbrunden Zwischentürmen ist die heute „*Castel Ursino*"[283] genannte Burg von *Ca-*

---

[283] Die Burg gelangte schon im 13. Jh. an das Geschlecht Orsini.

IV. Staufische Burgen in Reichsitalien 311

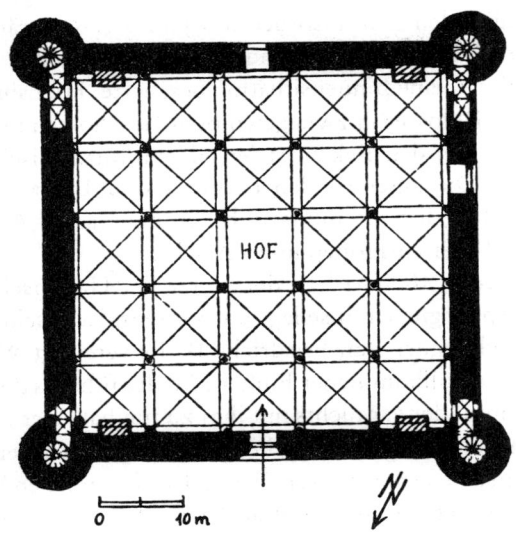

Z 180 Syrakus, Grundriß des Kastells Maniace, nach Agnello, aus Hahn, Hohenstaufenburgen, 29.

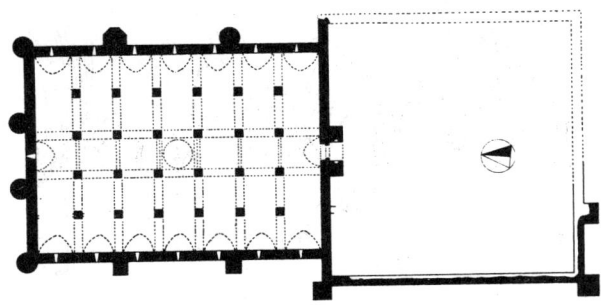

Z 181 Incir Han, Grundriß, nach Erdmann, Karavansaray.

tania. Sie wurde erst 1239/40 begonnen. Ihre Lage am Meer wurde durch den Ätnaausbruch des Jahres 1669 verändert, der die Küstenlinie hinausschob und dem Kastell, das den Lavamassen standhielt, eine Binnensituation bescherte. Hier sind die vier Flügel des Schlosses in zwei gewölbten Geschossen mit Gebäuden besetzt. In den Ecken ist jeweils ein quadratischer Raum ausgespart. Die außen runden Türme sind im Innern achteckig. In dieser Burg hat die militärisch betonte Kastell-Architektur Friedrichs II. ihren Höhepunkt erreicht.

Das *Kastell „Maniace"* an der Spitze der Halbinsel Ortygia, jedoch ursprünglich in Insellage vor *Syrakus,* ist in seiner Art ein sehr bezeichnender Bau Friedrichs II. Es vereinigt Wehr- und Palastbau zu vollkommener Einheit. Leider führt es den Namen eines Mannes, der gar nichts mit ihm zu tun hat. Der byzantinische Admiral Georgios Maniakos hat 1038 die Stadt eingenommen und neu befestigt. Kaiser Friedrich II. begann den Bau 1232. Wie aus dem erwähnten Brief an Richard von Lentini hervor-

Z 182   Syrakus, Kastell Maniace, Rekonstruktionszeichnung des Inneren von E. Bucher, aus Willemsen, Katalog der Staufer-Ausstellung, III, 153.

IV. Staufische Burgen in Reichsitalien

geht, war er 1239 noch nicht ganz beendet. Kastell „Maniace" ist ein Turmpalast, völlig quadratisch angelegt, an den Ecken mit wenig hervortretenden zylindrischen Ausbauten versehen, die als Treppentürme dienten. Das gesamte Erdgeschoß nahm eine einzige gewölbte, auf sechzehn freistehenden Säulen von je 1 m Durchmesser ruhende Halle ein. Zwar sind von dem Stützensystem nur die halbrunden Wandvorlagen mit Kapitellen und Rippenansätzen erhalten, aber das Ganze ist rekonstruierbar. Diese aus 5 × 5 quadratischen Jochen bestehende Pfeilerhalle empfing ihr Licht hauptsächlich durch einen mittleren, fast 8 : 8 m breiten Schacht. Aber sie besaß auch Fenster. Eines davon, westwärts gerichtet, hat ein reich profiliertes Gewände, das aus verschiedenen Marmorsorten zusammengesetzt ist. Die eingestellten Säulen haben breite Tellerbasen und schlanke Kapitelle mit Blättern in zwei Reihen samt Knospen. Der Saal war durch vier Kamine heizbar. In den Ecken führten Türen zu inneren Mauerkammern und zu Wendeltreppen. Das Obergeschoß fiel 1704 einer Pulverexplosion zum Opfer. Es ist, wenn man den einzig vergleichbaren Palastturm von Lucera berücksichtigt, möglich, daß noch ein zweites Obergeschoß bestanden hat.

Z 180

T 196

Z 182

T 197

Das Portal zu diesem Bauwerk ist ein repräsentatives Säulenportal mit abgetrepptem Gewände. Der Kanten-Säulen-Rhythmus ist auch in der spitzbogig geschlossenen Laibung beibehalten. Die eleganten Kapitelle zeigen ausgearbeitete Blattformen mit Knospen. Auf den tief unterschnittenen Kämpfern kauern Löwen und andere Tiere. Seitlich oberhalb des Portals sind in die Mauer zwei flache Nischen eingelassen, in denen, auf konsolengetragenen Fußplatten ruhend, zwei antike Bronzewidder aufgestellt waren. Einer davon blieb erhalten und ziert heute das Museum zu Palermo. Ein weiteres antikes Bildmotiv ist die kleine Dornauszieher-Konsole im Eingang zum Ostturm. Über dem Portal ließ Kaiser Karl V. sein Wappen zwischen den „Säulen des Herkules" anbringen, das Wappen des Reiches, in dem die Sonne nicht unterging — eine vielsagende imperiale Geste am

T 195

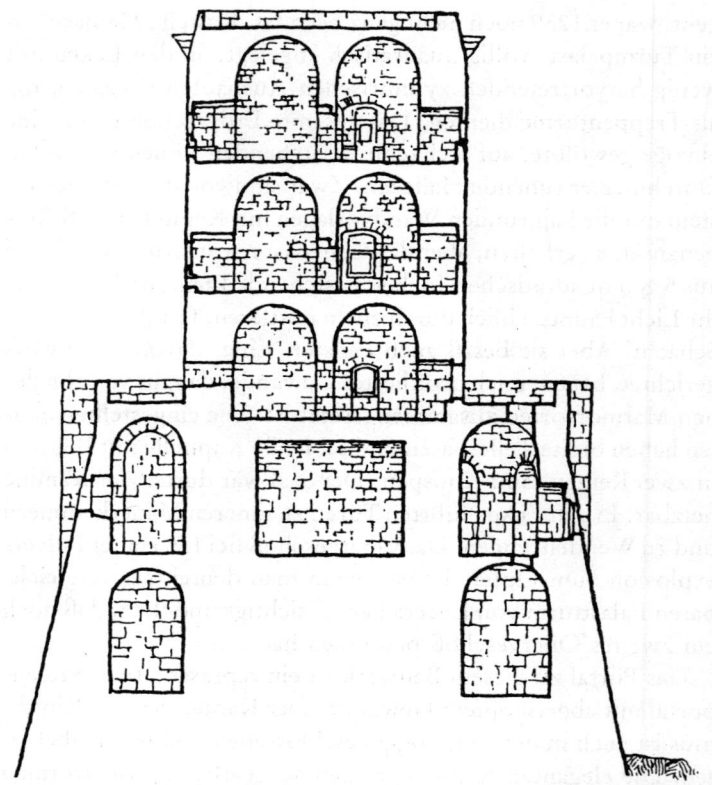

Z 183   Termoli, Torre di Federico, Schnitt, nach Tuulse, Burgen, 89.

Palast des Staufers Friedrich II. auf dem Boden der einst größten Stadt der Griechen.

Die Turmgestalt im Palastbau Friedrichs II.[284] ist sicher nordischen Ursprungs. Sie wurde in mehreren Bauwerken des Kaisers verwirklicht. Am Meeresufer bei *Termoli* steht noch ein solcher Turm. Ein breiter geböschter Sockel, dessen Kanten in

T 198

[284] A. Haseloff, Bauten der Hohenstaufen (Anm. 271), 219 f.

Rundtürme übergehen, umschließt einen quadratischen Mittelturm. Sein Mauerwerk ist ohne Schmuckformen, nur unterhalb der Plattform zeigen Konsolenreihen an, daß hier rundum Galerien auskragten. Das Innere des Turms ist in fünf gewölbten Geschossen ausgehöhlt. Einen ähnlichen wehrhaften Donjon besitzt *Bitonto*. Ein Rundturm mit Buckelquadermantel wird von einem achteckigen Sockel umgeben. Das Turminnere enthält zwei gewölbte, mit Kaminen ausgestattete Wohnräume. In *Testiveri* hat sich die Ruine eines mehrgeschossigen Turms mit geböschtem Unterbau erhalten.[285] Vom Turm zu *Leverano* wird gesagt, er sei von Friedrich II. erbaut worden.

Castel Fiorentino, in dem am 13. Dezember 1250 Friedrich II. verstorben ist, war wohl auch ein solcher Palastturm. Die erhaltenen Reste legen diesen Schluß nahe. Die Burg, die einst von einer Siedlung umgeben war, hat nur mit einem turmartigen Bau, der hohe Gewölbe besaß, und einigen aus dem Schutt ragenden Mauerbrocken der Zeiten Unbill überdauert.[286] Die Form der aus Hausteinen gemauerten Schildbogen und der gemauerten Fenstergewände lassen über die Datierung des Baus in die Zeit Friedrichs II. keinen Zweifel zu. Aber was blieb, ist im ganzen wenig. Es könnte sicher durch Grabungen noch mancher Aufschluß gewonnen werden. Auf Castel Fiorentino waren Sarazenen als Wachmannschaft angesiedelt. Als sie unter den Anjous ausgerottet oder verpflanzt wurden, ist die menschenleere Burg zerfallen. Nur der Geschichtskundige weiß, daß es die Todesstätte des großen Staufers war, der auch hier, eine halbe Tagesreise von Lucera entfernt, ein Schlößchen, „Fiorentino", „die Kleine Blume" genannt, besaß. Und so kam das Ende: Friedrich war zur Jagd geritten, krank kehrte er in Castel Fiorentino[287]

---

[285] Leistikow, Capitanata (Anm. 269), 120 (Abb.) im Sonderdruck aus dem Bericht d. Koldewey-Gesellschaft über die 25. Tagung in Speyer 1969.
[286] H. Gf. Waldburg-Wolfegg schildert einen Besuch der Ruinenstädte in ›Südreich‹ (Anm. 277), 44 f.
[287] E. Kantorowicz, Friedrich II. (Anm. 268) 626 f.

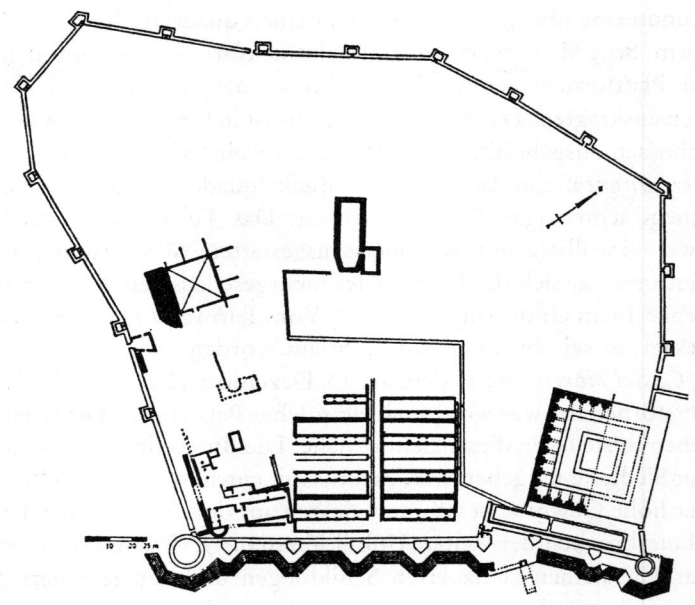

Z 184 Lucera, Grundriß der Festung, nach Willemsen, Apulien, 41.

ein. Als er den Tod nahen spürte, ließ er seinen Sohn Manfred und seine Vertrauten rufen. Unter ihnen den Erzbischof Berard von Palermo, der ihn einst auf der ersten Fahrt nach Deutschland begleitet und zeitlebens an seiner Seite gestanden hatte. In ihrer Gegenwart erließ er die Bestimmungen seines Testaments, in dem er seine Erbfolge regelte und Frieden mit der Kirche machte. „Sub flore", wie es die von der Sage überlieferte Weissagung verkündet hatte, schloß er, in das graue Gewand der Zisterzienser gekleidet, seine Augen für immer. Sein Leichnam wurde über Gioia del Colle,[288] Tarent und zu Schiff über Messina nach Palermo gebracht. Im Porphyrsarkophag, den er schon 1215 aus

---

[288] Willemsen, Apulien (Anm. 270), 160.

Cefalù hatte holen lassen, um dereinst darin an der Seite seiner Eltern bestattet zu werden, wurde er beigesetzt. In der Todesnachricht, die Manfred an seinen Bruder Konrad IV. sandte, stehen die Worte:

> „Untergegangen ist die Sonne der Völker,
> die Leuchte der Gerechtigkeit;
> dahingesunken ist der Hort des Friedens." [289]

Zu *Lucera,* im Norden Apuliens, erbaute Friedrich II. einen bedeutenden Turmpalast. Er war, soviel wir wissen, der größte unter den kaiserlichen Palästen. Er entstand auf einem Boden, den schon die Römer und die Byzantiner befestigt und bebaut hatten.[290] Friedrich hatte hierher 1223 und in den folgenden Jahren die Sarazenen Siziliens verpflanzt. Diese Umsiedlung war kein friedlicher Akt gewesen, sondern eine gewaltsame Vertreibung. Der Kaiser gewährte den Sarazenen von Lucera jedoch nicht nur Wohnrecht, sondern auch Schutz. Sie erhielten Selbstverwaltung und konnten unangefochten ihre islamische Religion ausüben. Er schaffte ihnen Arbeit und Broterwerb in der Landwirtschaft der Capitanata und in neu errichteten Werkstätten. Und wenn die Sarazenen anfangs ihren Zwingherrn gehaßt haben, so erkannten sie bald, was ihnen sein Schutz und seine Fürsorge bedeuteten. Sie wurden ihm treu ergeben. Aus ihnen rekrutierte er seine Leibwache und seine Bereitschaftstruppe. Über seinen Tod hinaus hielten die Sarazenen von Lucera auch König Manfred und König Konradin die Treue. Hier flackerte immer wieder die Empörung gegen die Angeviner auf, bis schließlich Karl II. die Stadt nach einer Belagerung im Jahre 1300 einnahm und ihre Bevölkerung ausrottete. Die neu erbaute Stadt sollte „Città di Santa Maria" heißen. Das setzte sich aber sowenig

Z 184

---

[289] K. J. Heinisch, Kaiser Friedrich II. in Briefen und Berichten seiner Zeit, Darmstadt 1968, 637.
[290] Wie die 1964 begonnenen, nur langsam fortgeführten amtlichen Ausgrabungen bereits erwiesen haben.

Z 185   Lucera, Zeichnung der Ruine des staufischen Palastturms von
J. L. Desprez, 1778, aus Willemsen, Apulien, 43.

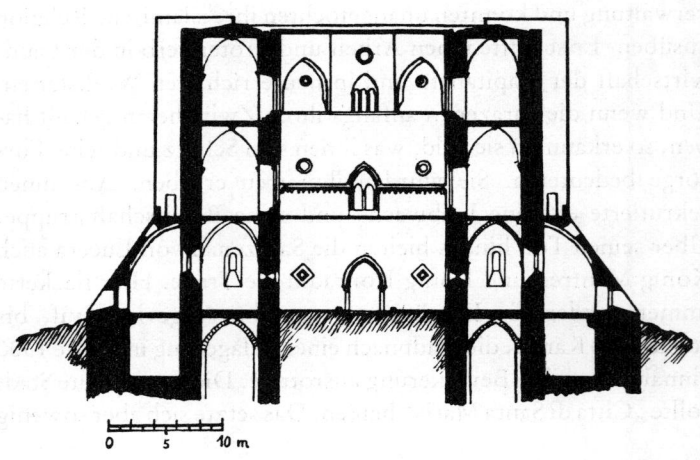

Z 186   Lucera, Schnitt durch den Palastturm, nach Körte, aus Hahn,
Hohenstaufenburgen, 39.

IV. Staufische Burgen in Reichsitalien 319

durch wie der von Karl I. angeordnete Name „Nova Siponto" für das 1256 gegründete Manfredonia.

Der Palast von Lucera ist eine quadratische Anlage. Das geböschte Erdgeschoß ist mit schmalen langen Schießscharten — neun auf jeder Seite — versehen. Der Sockel darunter ist heute gänzlich freigelegt, stak aber ursprünglich in der Erde. Das Portal zum Palast kann sich weder in diesem Sockel noch in der Böschungsmauer befunden haben, sondern ist darüber zu suchen und war wohl nur über eine Brücke zu erreichen. Im Inneren des Erdgeschosses war ein umlaufender Wehrgang zur Beobachtung T 200 des Geländes eingerichtet. Die Mitte des Palastturms war hohl, so daß die rundum angeordneten bewohnbaren Gemächer Licht von zwei Seiten empfingen und wohl auch durch innere Galerien miteinander verbunden waren. Mit drei oberen Geschossen erreichte dieser Bau eine Höhe von etwa 45 m über dem Burghof. Obwohl die oberen Gebäudeteile völlig zerstört sind, gestatten doch mehrere Zeichnungen von Jean Louis Desprez aus dem Z 185 Jahre 1778[291] eine Rekonstruktion.

Demnach besaßen zwei Geschosse eine spitzbogig gewölbte Z 186 Raumfolge um den quadratischen Lichthof. Das dritte, oberste Geschoß war durch Pendentifs oder übereck gestellte Bogen — das wird aus der Zeichnung nicht ganz deutlich — ins Achteck übergeführt, so daß die gleichfalls gewölbten Räume einen trapezförmigen Grundriß erhielten. Die Wände waren durch mehrteilige Fenster und Portale, durch Luken mit breiten rechteckigen oder runden Rahmen, wie wir sie auch von anderen Kastellen kennen, gegliedert. Im zweiten Geschoß zeichnet sich ein Bogen- oder Konsolenfries in Höhe der Fensterkämpfer ab. An den äußeren Ecken sprangen flache rechteckige Turmkörper vor, von denen man annehmen darf, daß sie den Palast in ganzer Höhe risalitartig begleiteten. Den oberen Abschluß bildete eine

---

[291] Die Originale heute in Schweden: Kunstakademie Stockholm u. Sammlung N. G. Wollin. Hahn, Hohenstaufenburgen (Anm. 19), 38 u. Willemsen, Apulien (Anm. 270) s 95, Anm. 5.

Plattform. Sie war sicher mit Zinnen umgürtet. Man genoß von dort einen weiten Rundblick über den Tavoliere pugliese.

Der Kaiserpalast lag nicht frei im Gelände, sondern besaß eine schirmende Ringmauer. Sie ist nicht gleichzusetzen mit der turmreichen Umwallung, die heute noch Lucera auszeichnet. Karl von Anjou ließ diese Mauer ziehen, mehr zum Schutz vor den Sarazenen als gegen Angreifer. Er hat vermutlich staufische Befestigungen im Südosten des Palastes dazu benützt. Hier ist die Mauer vom „Turm des Löwen" bis zum Tor auf das Palatium bezogen. Karl errichtete auch Kasernen im Burgbereich für eine Garnison provenzalischer Krieger und einen zweiten Palast nahe der Westmauer.[292] Die Kirche in der Mitte der Festung ist vielleicht erst von Karl II. nach Ausrottung der Sarazenen erbaut worden.

Der gewaltige Palastturm von Lucera erhob sich über besiedeltem und bebautem Land. Das Schloß aber, das den Baugedanken Luceras kühn und genial ins vollkommene Achteck abwandelte, steht einsam auf einem kargen Bergrücken der Murge. Es ist das *Castel del Monte*,[293] die reifste Schöpfung der staufischen Pfalzenbaukunst und eines der bedeutsamsten Architekturdenkmäler der Menschheit. 1240 war es noch im Bau und nahe der Fertigstellung. Wer zu diesem 540 m hoch über dem Meere gelegenen Bauwerk von Andria, Bari-Bitonto oder Gravina aus gelangen will, sieht es schon von weitem über die Hügel auftauchen, dann wieder versinken, um auf der nächsten Bodenwelle desto ansehnlicher ins Blickfeld zu treten. Es leuchtet hell in seinem braungelb-grauweißen Kalksteinmantel, der in den letzten Jahren durch Auswechslung zerfressener Quader

---

[292] Grundriß der Ausgrabung nach Willemsen, Apulien (Anm. 270), 41.

[293] Ursprünglich nach der nahen, aber damals schon verlassenen Kirche einer Nonnenabtei „Santa Maria del Monte" geheißen und als solches in einem Mandat des Kaisers an den Justitiar der Capitanata erwähnt, dem einzigen Dokument, das sich mit dem Bau von Castel del Monte befaßt.

IV. Staufische Burgen in Reichsitalien 321

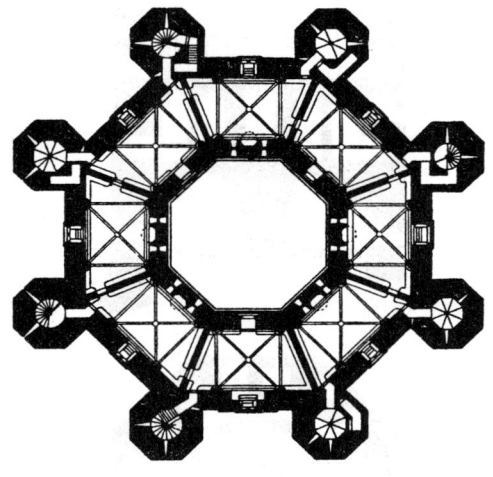

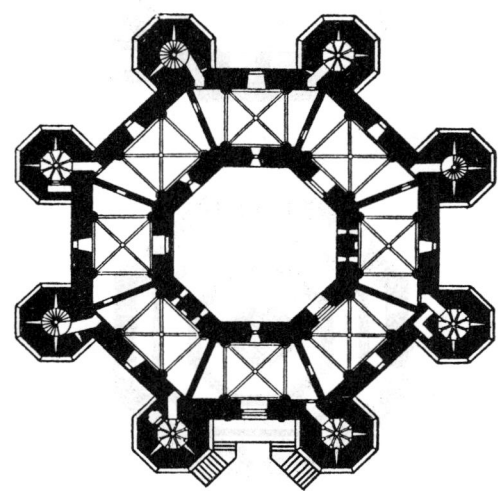

Z 187 Castel del Monte, Geschoßgrundrisse, nach Ebhardt, I, 25 (ergänzt).

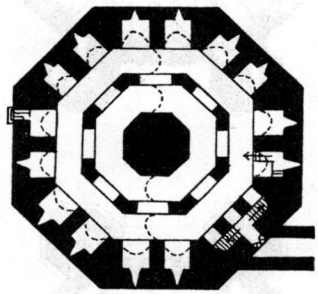
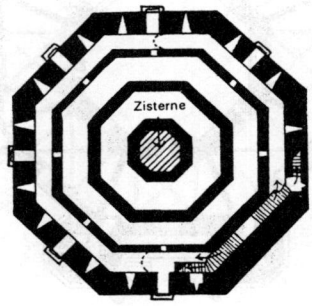

Z 188   Alanya, Roter Turm (Kızıl Kule), Geschoßgrundrisse und Schnitt, nach Ballance, aus Wagner, Türkische Südküste, 211.

IV. Staufische Burgen in Reichsitalien

erneuert wurde, und grüßt uns, klar in seiner stereometrischen Gestalt umrissen, als „die Krone Apuliens".

Seine Grundform ist das Achteck. Die Räume sind in zwei Geschossen um einen achtseitigen Innenhof angeordnet. Die äußeren Ecken des Oktogons sind wiederum mit acht Türmen besetzt, die jeweils mit zwei Seiten in die Mauer eingebunden sind, so daß sechs Seiten frei liegen. In den Proportionen scheint das Castel del Monte, weil nur zweigeschossig, breiter gelagert als der Palastturm von Lucera, doch ergibt ein Vergleich der Querschnitte, daß die Verhältnisse der Räume sehr ähnlich sind. Die gewölbten Gemächer sind dem Grundriß entsprechend trapezförmig. Im Erdgeschoß ruhen die Bandrippen-Gewölbe auf halbrunden Wandvorlagen mit kräftigen Knospenkapitellen. Im Obergeschoß treten an ihre Stelle schlanke Bündelsäulen mit hohen Blätter-Knospen-Kapitellen von feinster Struktur. Die Achteckstürme enthalten nicht alle Wendeltreppen, sondern in ihnen sind Räume verschiedener Zweckbestimmung (Bäder, Toiletten) und Ausführung untergebracht. Ihre Gewölbe ruhen z. T. auf figürlichen Tragsteinen oder Kopfmasken. Auch die Schlußsteine sind an mehreren Stellen mit Masken oder Tierreliefs geschmückt.

Z 187
Z 189
Z 186
T 205

Z 189 Castel del Monte, Schnitt, nach Chierici, aus Hahn, Hohenstaufenburgen, 41.

Dem Hofe zu öffnen sich im Erdgeschoß drei Portale. Sie sind spitzbogig und haben unterschiedliche Gewände, stimmen aber in der burgundisch-zisterziensischen Abkunft ihrer Formen überein. Im Obergeschoß begegnen in versetzter Anordnung T 202 wiederum drei rundbogige Säulenportale mit geradem Sturz in rechteckigen Rahmen. Sie führten auf eine umlaufende Galerie. Die gesamte Hofwand des Obergeschosses ist durch Spitzbogenblenden gegliedert. Die Fenster nach dem Hof zu sind schartenartig eng, nach draußen aber — bis auf eines — Doppelfenster in profilierten Rahmen, mit Säulen im Gewände und in der Mitte. Die sprießenden Knospen ihrer Kapitelle treiben Blätter und Blüten. Die Stürze sind kleeblattbogenförmig, die Tympana von Vierpässen durchbrochen (das gegen Andria und das Meer gerichtete Fenster besitzt eine dreiteilige Gliederung).

Von besonderer Würde ist das ganz im gesprenkelten Purpur T 203 der Breccia rossa gehaltene Portal. Zwischen schmalhohen Nischen, die der Bedienung der Zugbrücke dienten, tritt sein Rahmen nur wenig hervor. Er wird von zwei kannelierten Pilastern begrenzt. Sie stützen ein Gesims auf Konsolen. Ein zweites gleichartiges Gesims steigt zu einem Giebel an. Seine Spitze durchstößt ein breites Rechteckfeld mit betont profiliertem Rahmen. Das innere Portal, spitzbogig, wird von Säulen flan- T 204 kiert, deren Kämpferplatten Löwen tragen. Die beiden seitlichen Pfosten führen in ihren Kapitellen die äußeren Blatt- und Knospenformen weiter. Auch die Konsolen der Gesimse sind mit stilisierten Blättern unterlegt, in den Zwischenräumen sitzen Rosetten.

Alle Werkstücke des „Bergschlosses" bestehen aus erlesenem Material. Verschiedene Gesteinssorten wurden dabei verwendet und in ihren Farben aufeinander abgestimmt. Die Fußböden — die wie die Kamine am meisten gelitten haben — waren im opus tesselatum mosaiziert. An den Wänden in der Gewölbezone kommt eine römische Technik des opus reticulatum zur Anwendung. Fugenschnitt und Profile wurden meisterlich ausgeführt.

IV. Staufische Burgen in Reichsitalien 325

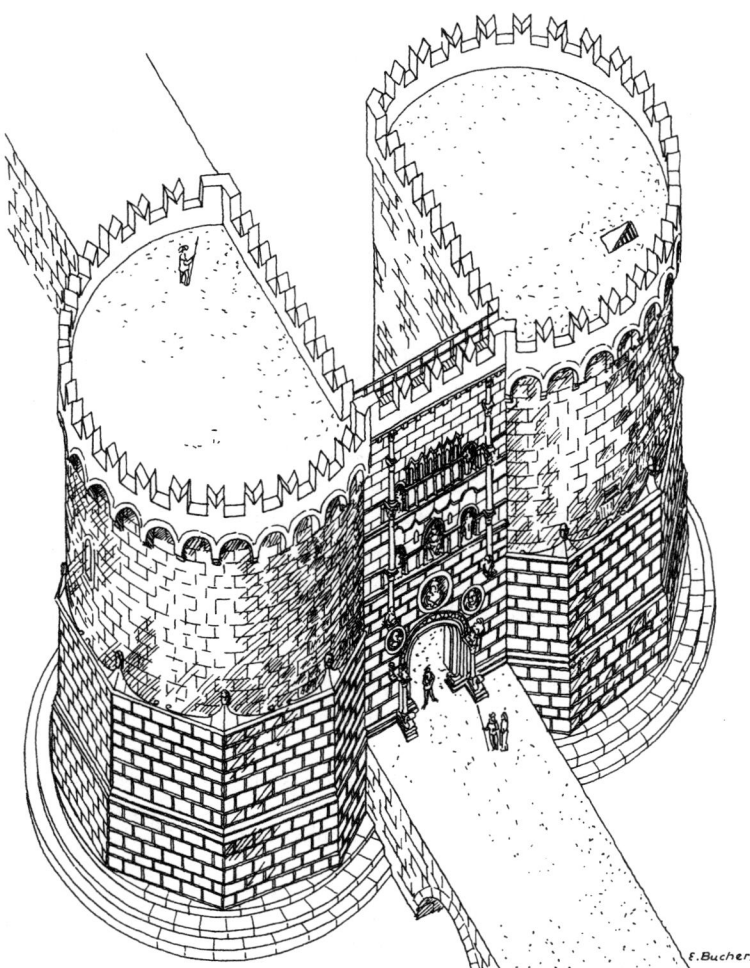

Z 190 Capua, Triumphtor Friedrichs II. an der Volturnobrücke,
Rekonstruktionszeichnung von E. Bucher, aus Willemsen, Capua, 105.

Bis in die Einzelheiten hinein ist dieser Bau berechnet und durchdacht. Die davon herrührende rationale Kühle wird ausgeglichen durch die Eleganz der Form — man muß sich noch eine Ausstattung mit Teppichen und Truhen, mit Tischen und Sitzmöbeln vorstellen, dazu kam ein Statuenschmuck, von dem sich spärliche Reste erhalten haben, und im Hof eine Brunnenanlage, die aus dem in den Dachzisternen gesammelten Wasser gespeist wurde. Das Castel del Monte bezeichnet einen Gipfel, seine Gestalt ist zu kristallinischer Klarheit geläuterte Architektur.

An der Nordgrenze des sizilischen Königreichs, wo die alte Via Casilina auf einer (wiederhergestellten) Römerbrücke den Volturno überschreitet, um in die Stadt *Capua* einzutreten, ließ Kaiser Friedrich II. zwischen 1233 und 1240 ein zweitürmiges Tor errichten. Es war mehr als ein Stadttor. Seine Größe wies es schon als Brückenkastell aus.[294] Die Art seiner Gestaltung aber ist die eines Triumphbogens. Es besaß eine mit Bildwerken geschmückte Schauseite, in deren Mitte der thronende Kaiser mit erhobener Hand zu sehen war. Zu seinen Füßen waren drei Rundmedaillons mit großen Kopfbüsten angebracht. Die mittlere stellte die „Justitia" dar. Ihr werden die Worte in den Mund gelegt:[295]

> Auf Cäsars Befehl bewache ich das Reich.
> Ins Elend bringe ich die Wankelmütigen.

---

[294] „Imperator... Capue fieri super pontem castellum iubet" (Der Kaiser befahl über der Brücke eine Burg zu errichten). Ryccardi Cronica, zitiert nach C. A. Willemsen, Kaiser Friedrichs II. Triumphtor zu Capua, Wiesbaden 1953, 77, Anm. 7.

[295] Der lateinische Wortlaut ist sowohl in der Descriptio des Andreas Ungarus (Willemsen, Triumphtor, 77, Anm. 3) als auch in den Umschriften der Medaillons auf dem Beiblatt zur Wiener Zeichnung der Tor-Schauseite (Österr. Nationalbibl. Cod. 1528, f. 51 v) erhalten. Er lautet:
> Cesaris imperio regni custodia fio
> Quam miseros facio quos variare scio.
> Intrent securi qui querunt vivere puri,
> Infidus excludi timeat vel carcere trudi.

IV. Staufische Burgen in Reichsitalien 327

Sicher sollen eintreten, die rein zu leben gewillt sind,
Der Ungetreue aber fürchte, daß man ihn ausschließe und in den Kerker stoße.

Dieses Tor ist nur mit beiden Turmstümpfen erhalten geblieben. Es hat über 340 Jahre gestanden. Zerstört wurde es, als die Spanier 1577 hier ein Festungswerk anlegten. Inzwischen wurden seine Kasematten beseitigt, und das Tor selbst, seit 1877 von der Wissenschaft wieder beachtet, hat durch Creswell Shearer (1935) und Carl A. Willemsen (1953) seine literarische Auferstehung erfahren. Auch der Bestand seiner Ruinen wurde inzwischen gesichert und die Überbleibsel seines Skulpturenschmucks im Museum geborgen. Wie in Lucera gestatten auch hier Zeichnungen von 1500 und 1550 zusammen mit den noch in situ vorhandenen Architekturteilen eine einwandfreie Rekonstruktion des Bauwerks.

Das eigentliche Tor war zwischen zwei unten achteckigen, oben runden Türmen „mire magnitudinis, fortitudinis et pulcritudinis", „bewundernswert an Größe, Stärke und Schönheit",[296] angelegt. Die noch vorhandenen polygonalen Sockel der Türme bestehen aus hellen Buckelquadern mit geglätteten Bossen, der zylindrische[297] Aufbau aus dunklen Tuffsteinen. Den Übergang vom Polygon zum Rund vermitteln geschweifte dreiseitige Zwischenstücke, deren Spitzen mit Hermen versehen wurden. Den oberen Abschluß bildete wohl eine Plattform mit Zinnenkranz.

Die Torwand war in drei Geschosse aufgeteilt. Das untere, das auch das von Säulen gerahmte und seitlichen Löwen bewachte Tor enthielt, war ganz mit Travertinbossen verkleidet. Von diesem Grunde hoben sich drei Rundmedaillons ab: über dem Tor die besagte Justitia, rechts und links je ein bärtiger Kopf, die man T 207

[296] Andrei Ungari Descriptio victoriae Carolo Provinciae comite reportatae. Mon. Germ. Script. XXVI, 559—580, zit. nach Willemsen, Triumphtor, 77.
[297] Willemsen, Triumphtor (Anm. 294), 16 macht auf die Abweichungen der Grundrißformen vom Achteck und vom Kreis aufmerksam.

gewöhnlich als „Petrus von Vinea" und „Thaddäus von Suessa" zu bezeichnen pflegt. Diese Identifizierung ist bestimmt falsch.[298] Als Kunstwerke sind diese beiden Köpfe, denen man gerne Porträtcharakter nachsagen möchte, bedeutsam. Sie schließen an römische Bildnisbüsten an. Die Absicht, hier historische Persönlichkeiten, die zugleich Sinnbilder der von Friedrich II. vertretenen Staats- und Rechtsauffassung waren, darzustellen, hat wohl bestanden. Bei der Restaurierung der mit Gips ergänzten Köpfe hat sich erwiesen, daß beide eine gleichartige Beschädigung an der Stirn zeigten. Dort muß sich ein dem Kopfschmuck eingefügtes Zeichen (Adler?) befunden haben, das weggemeißelt wurde. Der überlieferte Porträtkopf des Kaisers Marc Aurel entspricht am meisten den Köpfen am Triumphtor. Man bedenke dabei, daß das im Mittelalter wohlbekannte Reiterstandbild Marc Aurels, das jetzt auf dem Kapitol in Rom steht, damals für Konstantin gehalten wurde. Es wäre also denkbar, daß der Schöpfer des Triumphtors hier an Konstantin und vielleicht auch an Augustus oder Karl den Großen dachte.[299]

Zwei Konsolen in Sphingengestalt trugen einen rahmenden Säulenaufbau, der, mehrfach durch Kapitelle unterbrochen, bis zum Dachgesims emporreichte. Das erste Obergeschoß enthielt in drei Blendnischen drei Gestalten: in der Mitte den thronenden Kaiser. Von der zuletzt von den französischen Sansculotten mißhandelten Sitzstatue ist noch ein Torso übrig. Der Kopf kann nach der Raumerschen Gemme ergänzt werden. Die beiden seitlichen Figuren, die der anonyme Zeichner um 1500[300] als Kniende wiedergibt, erinnern an das Bogenfeld in der Pfalz zu

---

[298] Willemsen, Triumphtor (Anm. 294) 49 ff.

[299] Zum Ort der Darstellung sei verwiesen auf das unter Basileios II. angebrachte Mosaik über dem Südportal der Hagia Sophia zu Konstantinopel, wo Konstantin die Stadt und Justinian die Kirche darbringen.

[300] Auch das Hagenauer Kaiserrelief sollte zur Deutung herangezogen werden.

Gelnhausen, das wohl den Recht sprechenden Herrscher zeigen wollte.

Im 2. Obergeschoß war die Wand durch eine doppelte Säulenstellung gegliedert und besaß abermals Figurennischen. Die mittleren, waagrecht unterteilten Blenden weisen als Bedachung das Spitzgiebelmotiv der Lorscher Torhalle, des Triumphtors Karls des Großen, auf. Alle erhaltenen Skulpturen, auch die Köpfe vom Sockel, vertreten einen an antiken Vorbildern geschulten Typus.

Die inhaltliche Deutung der Torfassade [301] läßt bisher manche Fragen offen. Das Tor ist ein Staatsdenkmal, das die Überzeugung Friedrichs II. vom Herrscheramt und von dem ihm zuteil gewordenen geschichtlichen Auftrag, von der „Renovatio Imperii" und damit seiner „Renascentia" vor aller Welt kundmachte. Dort an der Brücke von Capua begegnete man seiner Größe und seiner Herrlichkeit ebenso wie seinen politischen Forderungen und seinem Ethos.

Das Triumphtor von Capua hat noch eine späte Nachfolge gefunden. König Alfons V. von Aragon (1416—1458) ließ zwischen den von Karl I. von Anjou errichteten Eingangstürmen des Castel nuovo zu Neapel eine reich mit Figuren geschmückte Torfassade errichten. Sie übersetzt in die Formensprache der Renaissance, was der Ehrenbogen des staufischen Kaisers ausdrücken wollte, und ist darum auch als Interpretation zu werten.

Kaiser Friedrich II. als Baumeister

Der Geschichtsschreiber Richard von San Germano, Mönch auf Montecassino und längere Zeit als Notar am Hof Friedrichs II. tätig, schrieb bei Erwähnung des Brückenkastells von Capua den erläuternden Nebensatz: „quod ipse (sc. Imperator)

---

[301] Willemsen, Triumphtor (Anm. 294), 61—74.

manu propria consignavit", „welches der Kaiser selbst eigenhändig aufgezeichnet hat". Daß der Kaiser einen ihm vorgelegten Plan mit seinem Handzeichen zur Ausführung bestimmte, bedarf keiner besonderen Erwähnung. Dieses Wort „consignare" bedeutet sicher mehr als „abzeichnen" im Sinne von „paraphieren" oder gar, wie man es sinnverändernd erklären wollte: „an der Einweihung durch Zeichnen von Weihekreuzen beteiligt sein".[302] Es heißt einfach „entwerfen". Das „manu propria", für jeden Notar ein fester Begriff, sagt es unmißverständlich, daß hier ein eigenhändiger Entwurf Friedrichs II. vorgelegen hat. Der Monarch, der von anderen Biographen „artifex peritus", „erfahrener Künstler" genannt wird, dessen Naturbeobachtungen im Buch über die Falkenjagd niedergelegt waren, dem sieben Sprachen in Wort und Schrift zu Gebot standen, konnte gewiß auch zeichnen.[303] Er wäre nicht der einzige königliche Bauherr, der seine Vorstellungen von der Gestalt seiner Schlösser zu Papier brachte. Sein später preußischer Namensvetter z. B. hat auch für seinen Architekten Knobelsdorff skizziert, wie er sich das Schloß Sanssouci vorstellte.[304]

Die persönliche Prägung der Staatsarchitektur des spätstaufischen Reiches ist im Triumphtor von Capua offenbar geworden. Sie hat sich bestimmt auch auf andere Werke erstreckt. Es ist wiederum zu fragen, ob nicht die Herrscher selbst überhaupt die Baukunst der Pfalzen und Burgen maßgeblich gelenkt haben, die dann von Friedrich II. auf die Höhe geführt wurde, die sie etwa im Castel del Monte erreichte. Der Kaiser war nicht nur Bauherr, sondern auch Baumeister, nicht nur Staatsmann, sondern auch Künstler. Doch hatte, wie in all seinem Tun, der Intellekt den Vorrang vor der Intuition. Vielleicht darf man auch sa-

---

[302] Toesca, L'architettura della porta di Capua, zit. nach Willemsen, Triumphtor (Anm. 294), 78.

[303] E. Kantorowicz, Friedrich II. (Anm. 268), 334f., 483f.

[304] W. Hotz, Kleine Kunstgeschichte der deutschen Schlösser, Darmstadt ²1974, 37.

gen: Was die Intuition ihm aufzeigte, setzte er mit Hilfe des Intellekts in die konkrete Wirklichkeit um. Dabei war das Sehen, das Beobachten und Betrachten Quelle der Erkenntnis.

Die Baukunst der Pfalzen und Burgen hatte sich gerade auf deutschem Boden unter dem Einfluß der staufischen Fürsten in großer Mannigfaltigkeit entwickelt. Hinzu kamen die normannisch-englischen und die französischen Bauten in Europa, die von den Kreuzfahrern in ihren Staaten und Stützpunkten angelegten Burgen, kamen die traditionsreichen byzantinischen und die von den islamischen Völkern zwischen Spanien und Mesopotamien errichteten Herrenhäuser und -höfe. Welche Kenntnis besaß Friedrich II. von ihnen? Aus eigener Anschauung kannte er wohl alle großen Pfalzen in Deutschland und viele Burgen in seinem Reiche nördlich und südlich der Alpen. Den normannischen und französischen Burgenbau lernte er nur in „Kolonialgebieten" kennen: in seinem sizilischen Königreich und in dem der Kreuzfahrer „Outre-Mer". Der Kreuzzug von 1228/29 brachte ihn ins Heilige Land. Seine Reise führte über Kreta und Rhodos nach Zypern. In seinen Verhandlungen mit dem Sultan al-Kamil, in seinen gelehrten Gesprächen mit dem Emir Fahr-ed-Din, dem Vertreter des Sultans, und sicher auch auf manchen Reisen zwischen Akkon und Jerusalem, Nazareth und Bethlehem hatte er Gelegenheit nicht nur zum Gedankenaustausch, sondern auch zum Kennenlernen arabischer Einrichtungen. Bewundernd stand Friedrich II. im „Felsendom", der Moschee des Kalifen Omar auf dem Tempelplatz zu Jerusalem. Ob ihm die achteckige Grundform Assoziationen an das Aachener Münster, in dem er gekrönt worden war, weckte? Welche Burgen der Kreuzfahrer er sah, wissen wir sowenig wie, in welchen Schlössern oder Hanen der islamischen Fürsten er einkehrte. Gekannt hat er einige von ihnen. Die Wüstenschlösser Syriens aus dem 8. Jh. waren jedoch nicht unter ihnen. Es führt auch keine Ableitungslinie von diesen Bauten oder den frühen Omayaden-Moscheen in Spanien zu den Kastellen und Palästen des Staufers.

Dennoch gibt es eine unverkennbare Typenverwandtschaft zwischen islamischen Bauwerken und Jagdschlössern Friedrichs II. in Italien.[305] Man hat darauf schon hingewiesen und besonders den seldschukischen Kirk-göz-Han (1213/19) bei Antalya genannt.[306] Sein Grundriß weist zweifellos eine Gesamtdisposition ähnlich der von Gravina di Puglia auf. Die Reihe wäre noch zu ergänzen, etwa durch die Seldschuken-Hane entlang der alten Karawanenstraßen von Antalya oder Alanya nach Konya. Aber auch weit im Inneren Anatoliens wäre der Sultan-Han bei Aksaray (begonnen 1229) zu nennen. Im Incir-Han finden wir die Säulen-Pfeiler-Halle von Maniace, nur auf rechteckigem Plan; oder im Kızıl-Kule von Alanya, den Alaeddin Kaykubat durch einen syrischen Baumeister 1226 errichten ließ, die Achteck-Grundform. Alle die genannten Bauten sind im 1. Drittel des 13. Jh. entstanden. Ältere Anlagen in und bei Karaman oder Konya reichen noch ins 12. Jh. zurück. An ihren Mauern führte der Kreuzzug Friedrich Barbarossas 1190 vorüber. Friedrich II. hat sie jedoch mit Sicherheit nie gesehen. An eine unmittelbare Beeinflussung ist also nicht zu denken. Es ist auch angesichts der Herrscherstellung und der geistigen Fähigkeiten des Kaisers ausgeschlossen, daß er die Vorbilder für seine Schlösser von anatolischen Karawanserayen entlehnt hat.

Wir haben es hier vielmehr mit einer Koinzidenz der Formen zu tun. Der Boden, auf dem sie Ereignis wird, ist in gleicher Weise durch die Geschichte von der Antike her und nach dem Morgenland hin zubereitet. Die „erfüllte Zeit" drängt mit schöpferischen Taten ans Licht. Da die Ursache alles künstlerischen Schaffens im Geistigen liegt, der Geist also auch die Gestalten hervorbringt, ist es das politisch-kulturelle Selbstverständnis des Kaisers und seiner gebildeten höfischen Umwelt, daß solche Lei-

---

[305] A. L. C. Testi, Cultura architettonica federiciana, in: Critica d'arte, 14, Florenz 1967, 85 u. 87.

[306] K. Erdmann, Das anatolische Karawanseray des 13. Jahrh., 2 Bde., Berlin 1961.

stungen erbracht und solche Bauten aufgerichtet wurden. Dabei kann er auch fremde Architekten in Anspruch genommen haben. Aber sie arbeiteten nach seinen Vorstellungen wie die beiden Protomagistri Bartholomäus in Foggia und Liphantes in Capua oder uns unbekannte Meister aus dem Zisterzienserorden, aus französischen Bauhütten von Outre-Mer, aus dem Kreis der Emire und Sultane, mit denen er in Verbindung stand. Sein Geist war es, der diese höchste Blüte staufischer Palastbaukunst schuf. Nirgendwo ist er symbolträchtiger verkörpert als im Castel del Monte. Es ist das große Denkmal einer großen Zeit.

Der Baumeister, der Künstler Friedrich II., hat den von ihm entworfenen und unter seiner Aufsicht ausgeführten Werken seine Eigenart aufgeprägt. Worin besteht sie? Ist die „Spur des Löwen" („Vestigia Leonis" ließ Heinrich der Löwe an die Mauer einer zerstörten Stadt schreiben) feststellbar? Welche Bauten können und müssen Friedrich II. zuerkannt werden? Wir haben von dem auszugehen, was erhalten oder rekonstruierbar ist. Da wird für Friedrich II. seine intellektuell begründete Vorliebe für regelmäßige stereometrische Formen, für die analysierbare Gestalt von Baukörpern bezeichnend. Hierfür sind hinsichtlich der Spielarten des Quadrats das Kastell von Catania und der Turmpalast von Syrakus lehrreich. Die Burg von Lagopesole greift sowohl im Grundriß wie im Aufbau sichtbar auf deutsche Traditionen im Burgenbau zurück. Der am Boden quadratische Palastturm von Lucera jedoch schlägt in der Höhe schon das Thema des Achtecks an, das dann als Prinzip und mehrfach abgewandelt das Castel del Monte bestimmt. Z 179 Z 180 Z 177 Z 186

Catania ist vielleicht der früheste Bau dieser Reihe. Wie die erhaltene Korrespondenz[307] verrät, hat sich der Kaiser sehr um

---

[307] E. Sthamer, Die Verwaltung der Kastelle im Königreich Sizilien unter Kaiser Friedrich II. und Karl I. von Anjou. — Dokumente zur Geschichte der Kastellbauten Kaiser Friedrichs II. und Karls I. von Anjou, I. Die Capitanata, II. Apulien und Basilicata (Ergänzungsbände zu Haseloff, Die Bauten der Hohenstaufen in Unteritalien), Leipzig 1914, 1912 u. 1926.

den Ausbau dieser Burg gekümmert. Ihr Wert wird nur gemindert duch die Ausführung der Mauern in Bruchsteinen. Die gewölbten Innenräume indessen mit ihrem Kapitellschmuck, auch der Stauferadler in der eigens für ihn geschaffenen Nische ordnen den Bau den Entwürfen des Kaisers zu. In vollem Umfang gilt das von der zu „Maniace" in Syrakus erreichten fugenlosen Blockform. Die Verbindung des Turmpalastes mit der um einen Innenhof gruppierten regelmäßigen Geviertanlage aber hat Lucera erzielt, wobei noch die Überführung des Quadrats ins Achteck reizvolle Möglichkeiten äußerer Gliederung und innerer Raumgestaltung erschloß. Das Spiel mit der Grundform des Achtecks im Castel del Monte hat nicht seinesgleichen in der Architektur.

Einem Gebäudeteil widmete Friedrich II. stets sein besonderes Augenmerk: dem Portal. Das beginnt — soweit wir das feststellen können — in Bari. Das Portal von Syrakus macht hier schon eine programmatische Aussage, die unterstrichen wird durch die Einbeziehung antiker Bildwerke. Das Brückenkastell von Capua zieht diese Linien aus und vollendet den Portalgedanken in einem selbständigen Denkmal. Daß das Portal vom Castel del Monte als Vorbild wirksam war, ja, daß es als ausgesprochen staufisch empfunden wurde, beweist das Portal des Kastells zu Prato. Ein Portal dieses Aufbaus war auch am Brückentor zu Capua vorhanden, was durch eine um 1500 entstandene Zeichnung bewiesen wird.[308] Sein Platz und sein Format sind uns unbekannt. Es ist auch kein Vorschlag dafür gemacht worden. Diese Portale sind Friedrichs II. ureigenste Schöpfungen.

Sie sind auch im Detail durch formale Besonderheiten ausgezeichnet, wie aus den Beschreibungen ersichtlich wurde. Doch verdienen gerade die Profile aufmerksame Beachtung. Sie sind nicht nur sauber ausgeführt, sie haben in ihrer Linienführung, ihren Kehlen, Wulsten und Unterschneidungen eine eigene

---

[308] Willemsen, Triumphtor (Anm. 294), Tf. 100.

Note, die als pars pro toto den kultivierten Stil und die empirische Betrachtungsweise ihres Urhebers offenbart. Sie sind seine Handschrift.

Das Bauen der Staufer geschah in der Vollmacht und Verantwortung des Herrschers. Es bezeichnet einen wesentlichen Teil seines geschichtlichen Auftrags.

Damit schließt sich aber auch der Kreis von den ersten, an den karolingischen Reichspfalzen ausgerichteten Neubauten Friedrich Barbarossas, die der wohlgesonnene und weitblickende Geschichtsschreiber charakterisiert als „Beweis der außerordentlichen angeborenen Größe seines Geistes" bis hin zum Triumphtor von Capua, von dem der feindliche Chronist dennoch sagen muß, daß „Friedrich... hier zwei Türme, bewundernswert an Größe, Stärke und Schönheit erbaute und dort sein Bild zum ewigen und unvergänglichen Gedächtnis anbringen ließ"[309].

Nicht nur am Triumphtor von Capua, nicht nur — nach einem Vers von Schenkendorf — „zu Gelnhausen an der Mauer" prangte Kaiser Friedrichs Bild.[310] Alle diese Pfalzen und Burgen tragen auf ihren vom Schicksal gezeichneten Mauern das Antlitz derer, die sie ersannen und zu bauen befahlen, der Kaiser aus dem Geschlechte Hohenstaufen.

T 208

[309] Andrei Ungari Descriptio (Anm. 296): „Hic est pons, in cuius capite... Fridericus... duas turres mire magnitudinis, fortitudinis et pulcritudinis,... construxit ibique suam ymaginem in eternam et immortalem memoriam sculpi fecit" (zit. n. Willemsen, Triumphtor, 77).

[310] Der Chorbau der Marienkirche zu Gelnhausen, das Hauptwerk des dort inschriftlich genannten Meisters Heinrich Vingerhut, wurde nach seiner um 1232 erfolgten Vollendung ausgemalt. Diese 1934 entdeckten, nicht vollständig erhaltenen Bilder zeigen auf der Nordseite Begebenheiten aus dem Leben Jesu, auf der Südseite ist u. a. eine aufrecht stehende gekrönte männliche Gestalt mit einem Kirchenmodell angebracht. Wir dürfen in diesem Kaiserbild Friedrich Barbarossa, den Gründer der Stadt und Stifter der Kirche, erkennen. Ein Deutungsversuch auf Konstantin, der durch die daneben stehende gekrönte weibliche Heilige als Kaiserin Helena unterstützt wird (Dehio-Handbuch Hessen, bearb. v. M. Backes, 1966, 298), wäre ähnlich dem Hagenauer Relief (oben S. 69—71, T 16) zu beurteilen. Die Wandbilder von Gelnhausen sind etwa 1240 zu datieren.

SCHRIFTTUM

Zur allgemeinen Geschichte

Baethgen, Fr.: Kaiser Friedrich II. 1194—1250, in: Stupor mundi, Darmstadt 1966.
Below, Gg. v.: Die italienische Kaiserpolitik des deutschen Mittelalters, in: Hist. Zschr., Beih. 10, 1927.
Böhmer, J. Fr.: Regesta Imperii V 1—3, neu hrsg. u. erg. v. Jul. Ficker u. Ed. Winkelmann, Bd. 1—3, Innsbruck 1881—1901.
Bosl, Karl: Die Reichsministerialität der Salier und Staufer, 1. u. 2. Teil, Stuttgart 1950/51.
Bossari, Silvano: Friedrich II. und der byzantinische Osten (Federico II e l'oriente bisantino, übers. v. G. Opitz), in: Stupor mundi, Darmstadt 1966.
Decker-Hauff, Hansmartin: Das staufische Haus, in: Katalog der Stuttgarter Ausstellung „Die Zeit der Staufer" 1977, III.
Dempf, Alois: Sacrum imperium, Darmstadt [2]1954.
Fein, Hella: Die staufischen Städtegründungen im Elsaß, Frankfurt a. M. 1939.
Gregorovius, Ferdinand: Geschichte der Stadt Rom im Mittelalter vom V. bis XVI. Jh., neu hrsg. v. W. Kampf, VIII. u. IX. Buch, Darmstadt 1954 (München 1978).
Grundmann, Herbert: Kaiser Friedrich II., in: Stupor mundi, Darmstadt 1966.
Hampe, Karl: Das Hochmittelalter, Köln [6]1977.
Hampe, Karl: Deutsche Kaisergeschichte im Zeitalter der Salier und Staufer, hrsg. v. Fr. Baethgen, Darmstadt [12]1969.
Hauck, Albert: Kirchengeschichte Deutschlands, Bd. IV, Leipzig [3]1913.
Heinisch, Klaus J.: Kaiser Friedrich II. in Briefen und Berichten seiner Zeit, Darmstadt 1968.
Hotz, Walter: König und Verschwörer, Männer und Mächte um Heinrich (VII.) von Hohenstaufen, Bremen [2]1941.
Ipser, Karl: Kaiser Friedrich II., Leben und Werk in Italien, Leipzig 1942.
Kantorowicz, Ernst: Kaiser Friedrich der Zweite, 2 Bde., Berlin 1927 (Neudruck Düsseldorf u. München 1963).
Pfister, Kurt: Kaiser Friedrich II., München 1943.
Winkelmann, Eduard: Kaiser Friedrich II., 2 Bde. (Jahrb. d. dt. Gesch.), Leipzig 1889/97 (Neudruck Darmstadt 1967).

Wolf, Gunther: Stupor mundi, Zur Geschichte Friedrichs II. von Hohenstaufen, Darmstadt 1966.

Wolf, Gunther: Friedrich Barbarossa, Darmstadt 1975.

Zur Kunst- und Geistesgeschichte

Adam, Ernst: Baukunst der Stauferzeit in Baden-Württemberg und im Elsaß, Stuttgart u. Aalen 1977.

Chierici, G.: Il palazzo italiano dal secolo XI al secolo XIX, 3 Bde., Mailand 1952/57.

Ehrismann, Gustav: Geschichte der deutschen Literatur bis zum Ausgang des Mittelalters, II, München 1935.

Grabmann, Martin: Kaiser Friedrich II. und sein Verhältnis zur aristotelischen und arabischen Philosophie, in: Stupor mundi, Darmstadt 1966.

Gruber, Karl: Die Gestalt der deutschen Stadt, München 1952 (^{3}1977).

Haupt, Albrecht: Palastarchitektur von Oberitalien und Toskana vom 13.—17. Jahrhundert, 3 Bde., Berlin 1930.

Hotz, Walter: Handbuch der Kunstdenkmäler im Elsaß und in Lothringen, Darmstadt und München ^{3}1976.

Kantorowicz, Ernst: Kaiser Friedrich II. und das Königsbild des Hellenismus, in: Stupor mundi, Darmstadt 1966.

Kaschnitz-Weinberg, Guido v.: Bildnisse Friedrichs II. von Hohenstaufen, in: Dt. Arch. Institut, Röm. Abt., Bde. 60/61 u. 62 (1953—55).

Kubach, Hans Erich: Architektur der Romanik, Stuttgart 1974.

Leistikow, Dankwart: Die Aufbewahrungsorte der Reichskleinodien in staufischer Zeit, in: Burgen und Schlösser 1974/II.

Naumann, Hans: Die Hohenstaufen als Lyriker und ihre Dichterkreise, in: Dichtung u. Volkstum 36 (1935).

Naumann, Hans: Der staufische Ritter, Leipzig 1936.

Nothnagel, Karl: Staufische Architektur in Gelnhausen und Worms, bearb. v. F. Arens, Göppingen 1971.

Paul, Jürgen: Die mittelalterlichen Kommunalpaläste in Italien, Freiburger Diss., Köln 1963.

Pinder, Wilhelm: Die Kunst der deutschen Kaiserzeit bis zum Ende der staufischen Klassik, 2 Bde., Leipzig 1935 u. 1943 (Frankfurt a. M. 1952).

Schaller, H. M.: Das Relief an der Kanzel der Kathedrale von Bitonto, in: Stupor mundi, Darmstadt 1966.

Schramm, Percy Ernst: Kaiser Friedrichs II. Herrschaftszeichen, Göttingen 1955.

Schramm, Percy Ernst, u. Mütherich, Florentine: Denkmale der deutschen Kaiser und Könige, München 1962.
Simon, Karl: Studien zum romanischen Wohnbau in Deutschland, Straßburg 1902.
Straub, A., u. Keller, G.: Herrade de Landsberg, Hortus deliciarum, Straßburg 1901.
Swoboda, Karl: Römische und romanische Paläste, Wien ³1969.
Zeit der Staufer, Geschichte — Kunst — Kultur. Katalog der Ausstellung im Württ. Landesmuseum Stuttgart 1977, 4 Bde. u. 1 Nachtrag, hrsg. v. R. Hausherr, Stuttgart 1977.

Zu Kaiserpfalzen

Arens, Fritz: Die Königspfalz Wimpfen, Berlin 1967.
Arens, Fritz: Der Saalhof zu Frankfurt und die Burg zu Babenhausen, in: Mainzer Zschr. 71/72 (1976/77).
Arens, Fritz: Die staufischen Königspfalzen, in: Kat. d. Stuttg. Ausstellung 1977, III, u., etwas verändert, in: Burgen u. Schlösser 19/1978.
Bachmann, Erich: Kaiserburg Nürnberg, Amtl. Führer, München 1978.
Clemen, Paul: Die deutschen Kaiserpfalzen, in: 1.—3. Bericht über Arbeiten an Denkmälern deutscher Kunst, Berlin 1911, 1912, 1914.
Binding, Günther: Das Palatium in Seligenstadt, in: Archiv für hess. Gesch. u. Altertumskunde, NF 26/1961.
Binding, Günther: Kaiserpfalz in Gelnhausen, München–Berlin 1962.
Binding, Günther: Pfalz Gelnhausen, eine Bauuntersuchung, Bonn 1965.
Binding, Günther, Die Saalhofkapelle zu Frankfurt a. M., Frankfurt a. M. 1972.
Bruhns, Leo: Hohenstaufenschlösser, Königstein u. Leipzig 1937; ab 1965 neu bearb. von O. Müller (Dt. Denkm.) u. H. Schwarz u. C. A. Willemsen (it. Denkm.).
Einsingbach, Wolfgang: Gelnhausen, Kaiserpfalz, Bad Homburg 1975.
Hoelscher, Uvo: Die Kaiserpfalz Goslar, Berlin 1927.
Hotz, W.: Staufische Reichsburgen am Mittelrhein, Berlin 1937.
Hotz, W.: Kaiserpfalzen und Ritterburgen in Franken und Thüringen, Berlin 1940.
Hotz, W.: Gelnhausen, Amorbach 1951.
Deutsche Königspfalzen, Beiträge zu ihrer historischen u. archäologischen Erforschung, 2 Bde., Göttingen 1963 u. 1965.
Mayer, Heinrich: Bamberger Residenzen, München 1951.
Plath, K.: Nimwegens Kaiserpfalz, in: Der Burgwart 10/1908—09.
Rauch, Christian, u. Jacobi, Hans J.: Ausgrabungen in der Königspfalz Ingelheim 1909/14, Mainz 1976.

Schlag, Gottfried: Die deutschen Kaiserpfalzen, Frankfurt a. M. 1940.
Schlag, Gottfried: Die Kaiserpfalz Kaiserslautern, in: Westmärk. Abhandlungen z. Landes- u. Volksforschung, 1940/4.
Schlag, Gottfried: Die Kaiserpfalz Hagenau, in: Oberrheinische Kunst 10/1942.
Schürer, Oskar: Romanische Doppelkapellen, in: Marburger Jahrb. f. Kunstwissenschaft 5/1929.
Schürer, Oskar: Die Kaiserpfalz Eger, Berlin 1934.
Stamm, Otto: Der königliche Saalhof zu Frankfurt a. M., Frankfurt a. M. 1972.
Weirich, Dieter: Die Palastkapelle Barbarossas auf dem Valkhof in Nijmegen, in: Das Münster 7/1954.
Will, Robert: Le château, dit „Burg" de Haguenau, in: Etudes Haguenauiennes 1950/55.
Will, Robert: Le palais de Haguenau et l'art de la cour de Barberousse, in: Archeologia, Paris, Nr. 75, 1974.

Zu Burgen

Antonow, Alexander: Die mittelalterliche Burg in Südwestdeutschland im 13. Jh., Aufbau u. Funktion, o. O. 1974.
Asche, Siegfried: Die Wartburg, Dresden 1955.
Biller, Thomas: Die Ottrotter Schlösser (Rathsamhausen u. Lützelburg), in: Burgen u. Schlösser 1973/II u. 1975/II.
Biller, Thomas: Stetten am Kocher, in: Burgen u. Schlösser 1973/I.
Binding, Günther: Burg Münzenberg, Aachener Diss., Bonn 1963.
Bornheim gen. Schilling, Werner: Rheinische Höhenburgen, 3 Bde., Neuß 1964.
Clasen, Karl-Heinz: Artikel „Bergfried", „Burg" und „Burgkapelle", in: Reallexikon zur Deutschen Kunstgeschichte II u. III, Stuttgart 1954.
Cohausen, August v.: Die Befestigungsweisen der Vorzeit und des Mittelalters, Wiesbaden 1898.
Ebhardt, Bodo: Deutsche Burgen, Berlin 1898—1908.
Ebhardt, Bodo: Die Burgen Italiens, 6 Bde., Berlin 1909—1927.
Ebhardt, Bodo: Die Hohkönigsburg im Elsaß, Berlin 1908.
Ebhardt, Bodo: Der Wehrbau Europas im Mittelalter, Bde. I, II a u. II b, Berlin 1939 u. Stollham 1958.
Ebhardt, Bodo: Burg Trifels, Marksburg 1938.
Essenwein, August v.: Die Kriegsbaukunst. Der Wohnbau, in: Handbuch d. Architektur, 2 Tl., IV 1 u. 2, Darmstadt 1889 u. 1892.
Glossarium artis: Burgen und feste Plätze, Châteaux forts et places fortes. Deutsch-französisches Wörterbuch zur Kunst, Red.: Rud. Huber u. Renate Rieth, Tübingen 1977.

Hotz, W.: Staufische Reichsburgen am Mittelrhein, Berlin 1937.
Hotz, W.: Kaiserpfalzen und Ritterburgen in Franken und Thüringen, Berlin 1940.
Hotz, W.: Burg Wildenberg im Odenwald, ein Herrensitz der Hohenstaufenzeit, Amorbach 1963.
Hotz, W.: Kleine Kunstgeschichte der deutschen Burg, Darmstadt ⁴1979.
Koltz, J. P.: Die Hofburg Vianden, in: Burgen u. Schlösser 1977/I.
Landgraf, Aug.: Die romanischen Profanbauten auf den Burgen u. Ruinen Österreichs und Altbayerns, in: Burgen u. Schlösser 1968 u. 1969/I.
Landgraf, Aug.: Die Wasserburgen des 13. u. 14. Jh. im Osten Niederösterreichs, in: Burgen u. Schlösser, 1973/I.
Leistikow, Dankwart: Burg Krautheim, in: Württemb. Franken 43/1959.
Liessem, Udo: Die alte Burg in Koblenz, in: Burgen u. Schlösser, 1975/I.
Liessem, Udo: Baugeschichtliche Beobachtungen an einigen stauferzeitlichen Burgen in der Region Koblenz, in: Burgen u. Schlösser 1977/I.
List, Karl: Wasserburg Lahr, Beiträge zum Burgenbau der Stauferzeit, in: Burgen u. Schlösser 1970/II.
Maurer, Hans Martin: Bauformen der hochmittelalterlichen Adelsburg in Südwestdeutschland, in: Zschr. f. Gesch. d. Oberrheins 115/1967.
Maurer, Hans-Martin: Burgen, in: Kat. d. Stuttg. Ausst. 1977, III.
Maurer, Hans-Martin: Der Hohenstaufen, Geschichte der Stammburg eines Kaiserhauses, Stuttgart–Aalen 1977.
Merkelbach, Lothar: Burg und Schloß Kilchberg, Stuttgart 1965.
Menclová, Dobroslava: České hrady, 2 Bde., Prag 1972.
Meyer, Werner: Die deutsche Burg, Frankfurt a. M. ²1969.
Mrusek, Hans-Joachim: Burgen in Sachsen und Thüringen, München–Berlin 1965.
Noth, Werner: Die Wartburg, Leipzig 1967.
Pfefferkorn, W.: Eine Buckelquaderstudie: vier Burgruinen auf der schwäbischen Alb, in: Burgen u. Schlösser 1977/I.
Piper, Otto: Burgenkunde, München 1912 (Nachdruck Frankfurt a. M. 1967).
Piper, Otto: Österreichische Burgen, 8 Bde., Wien 1902/10.
Poeschel, Erwin: Das Burgenbuch von Graubünden, Zürich–Leipzig 1930.
Schlippe, Jos.: Die Burg Breisach, in: Nachrichtenbl. d. Denkmalpflege in Baden-Württemberg, 2/1959.
Schlippe, Jos.: Burg Zähringen, in: Bad. Heimat 44/1964.
Schuchardt, C.: Die Burg im Wandel der Weltgeschichte, Potsdam 1931.
Schmidt, Richard: Burgen des deutschen Mittelalters, München 1959.
Schmitt, P., Will, R., Wirth, J., Salch, Ch.-L.: Châteaux et Guerriers de l'Alsace médiévale, Straßburg 1975.
Spiegel, Hans: Schutzbauten und Wehrbauten, Einführung in die Baugeschichte

der Herrensitze, der Burgen, der Schutzbauten und der Wehrbauten, Nürnberg ²1970.
Sprater, Fr., u. Stein, Günter: Der Trifels, Speyer ¹¹1976.
Stein, Günter: Untersuchungen zum deutschen Burgenbau der romanischen Epoche, Diss., Berlin 1950.
Strobel, Richard: Regensburger Patrizier-„burgen" und ihr Wehrcharakter, in: Burgen u. Schlösser 1974/I.
Tillmann, Curt: Lexikon der deutschen Burgen und Schlösser, 4 Bde., Stuttgart 1958.
Trapp, Oswald Graf v.: Tiroler Burgen, Innsbruck–Wien–München 1962.
Trendel, G., u. Ulrich, H.: Châteaux des Vosges et du Jura alsacien, Straßburg 1969.
Tuulse, Armin: Burgen des Abendlandes, Wien 1958.
Verbeek, Albert: Zur staufischen Burgenbaukunst im Rheinland, in: Wallraf-Richartz-Jahrbuch X (1938).
Wäscher, Hermann, u. Giesau, Hermann: Burg Querfurt, Querfurt 1941.
Wäscher, Hermann: Feudalburgen in den Bezirken Halle und Magdeburg, 2 Bde., Berlin 1962.
Wagner, Emil: Die Burgruinen der Vogesen, 2 Bde., Straßburg 1913.
Waldburg-Wolfegg, Hubert, Graf: Vom Nordreich der Hohenstaufen, München–Zürich 1961.
Weingartner, Josef: Tiroler Burgenkunde, Innsbruck–Wien 1950.
Will, Robert: Lex châteaux des Vosges, in: Les Vosges alsaciennes, Straßburg 1966.
Winter, L.: Die Burg Dankwarderode, Braunschweig 1893.
Wolff, Felix: Elsässisches Burgenlexikon, Straßburg 1908.
Zumstein, Hans: Châteaux forts du XII siècle en Alsace u. Châteaux forts de l'époque romane tardive en Alsace, in: Cah. alsaciens d'Archéologie, d'Art et d'Histoire (CAAAH) 1967 u. 1971.
Zumstein, Hans: Die Lützelburg bei Pfalzburg in romanischer Zeit, in: Les Vosges, Zschr. d. Vogesenklubs, 1969.

Zu Bauten Friedrichs II.

Agnello, Giuseppe: L'architettura sveva in Sicilia, Rom 1935.
Bottari, Stefano: Monumenti svevi di Sicilia, Palermo 1930.
Goldschmidt, Adolf: Die normannischen Königspaläste in Palermo, in: Zschr. f. Bauwesen 48/1898.
Hahn, Hanno: Hohenstaufenburgen in Süditalien, München 1961.
Haseloff, Arthur: Die Bauten der Hohenstaufen in Unteritalien, I, Leipzig 1920.

Krönig, Wolfgang: Il duomo di Monreale e l'architettura normanna in Sicilia, Palermo 1966.

Krönig, Wolfgang: Die Rettung der Zisa, des normannischen Königsschlosses in Palermo, in: Kunstchronik 26/1973.

Langlotz, Ernst: Das Porträt Friedrichs II. vom Brückentor in Capua, in: Beiträge f. Gg. Swarzenski, Berlin 1951.

Leistikow, Dankwart: Die Residenz Kaiser Friedrichs II. in Foggia, in: Burgen u. Schlösser, 1977/I.

Leistikow, Dankwart: Burgen und Schlösser der Capitanata im 13. Jahrhundert, in: Bonner Jahrbücher, 171/1971.

Sthamer, Eduard: Dokumente zur Geschichte der Kastellbauten Kaiser Friedrichs II. u. Karls I. v. Anjou, Bd. 1/2, Leipzig 1912, 1926.

Sthamer, Eduard: Die Verwaltung der Kastelle im Königreich Sizilien unter Kaiser Friedrich II. und Karl I. von Anjou. Leipzig 1914.

Waldburg-Wolfegg, Hubert Graf: Vom Südreich der Hohenstaufen, München 1954.

Willemsen, Carl Arnold: Kaiser Friedrichs II. Triumphtor zu Capua, Wiesbaden 1953.

Willemsen, Carl Arnold: Castel del Monte, Wiesbaden 1955.

Willemsen, Carl Arnold, u. Odenthal, Dagmar: Apulien, Land der Normannen, Land der Staufer, Köln 1958 (^{2}1966).

Willemsen, Carl Arnold: Apulien, Kathedralen und Kastelle, Köln 1971.

Willemsen, Carl Arnold: Die Bauten Kaiser Friedrichs II. in Italien, in: Kat. d. Stuttg. Ausstellg. 1977, III.

REGISTER

(Z = Zeichnung im Text; T = Tafel im Bildteil)

A. Orte

Aachen 23. 42. 43. 71. 264. 331
Abbach bei Kelheim 219. Z 113
Aigues Mortes 48
Akkon 256. 331
Alanya (Türkei) 322. 332. Z 188
Alessandria Caesarea (Piemont) 35
Alsbach a. d. Bergstraße 188
Alspach (Elsaß) 72
Altdorf (Elsaß) 16. 140
Altenahr 265
Altenburg (Sachsen) 104. 105. 195. T 41
Alzey 26. 27. 28. 29. 31. 32. Z 4
Amorbach, Abtei 190. 194. 195
Andria 320. 324
Angera am Lago Maggiore 286
Annweiler (Pfalz) 94. 101. 160
Antalya (Türkei) 332
Aquila (Abruzzen) 291
Arco 285
Arles 194
Arnsberg, Groß (Lothringen) 144
Arnsberg (Westfalen) 256
Arnsburg, Kloster 196
Aschaffenburg 200. 203
Augsburg 7
Augusta (Sizilien) 309. 310. Z 178

Babenhausen (Hessen) 49. 200—205. Z 101. 102. 103. T 121
Bacharach, Burg Stahleck 27. 29. 31. 32
Backnang 175
Bamberg 36. 37. 90. 101
Baradello bei Como 285. Z 165
Bari 99. 297—299. 320. Z 171. T 185. 186. 187
Barletta 297
Basel 7. 25. 26. 37. 71. 93. 99. 140. 150. 268
Bellinzona/Bellenz 278
Benevent 300
Berlin 6. 42
Berneck (Württemberg) 174
Bernstein (Elsaß) 127. 129. T 55
Berwartstein 27. 33. 159
Besigheim 172. 175 Z 84
Bethlehem 331
Bilstein 127
Birkenfels 141. 142 Z 62
Bischofteinitz 228. 229. Z 123. 124
Bitonto 315. T 199
Blankenhorn 175
Blankenstein 169
Bologna 290
Boymont 282. 283. 285. Z 162. T 178. 179
Brandenburg an der Werra 252. T 153
Brandis bei Lana 282. 283
Brauneck 177. 178

Braunschweig, Burg Dankwarderode 253. Z 142. T 158
Breisach 274. 275. Z 156
Breitenstein (Pfalz) 167
Breuberg 159. 188. T 103
Brindisi 297. Z 173
Bronnbach 16
Bruck an der Leitha 224
Bruck bei Lienz 284. Z 164. T 181
Büdingen 82. 205—207. Z 104. 105. T 122. 123
Burgdorf (Schweiz) 275
Burglengenfeld 220
Burgprozelten 209. 210. T 125
Burgsinn 209
Byzanz 285 (siehe auch Konstantinopel)

Caltagirone 309
Capua 326—329. 334. Z 190. T 206. 207
Castel del Monte 7. 23. 123. 183. 202. 290. 296. 320—326. 333. 334. Z 187. 189. T 201. 202. 203. 204. 205
Catania 310. 312. 333. 334. Z 179. T 193. 194
Cefalù 317
Celano 293. 294. Z 169. 170
Charité sur Loire 64
Cividale 17. 61
Coburg 127
Colditz 234
Colmar 71. 72. 149
Cosenza 61. 306
Coucy-le-château 48

Dagsburg 261
Dagsburg siehe Hohegisheim
Dahn 163. Z 79
Delle (Dattenried) 167
Denkendorf 93

Dettwang bei Rothenburg o. T. 214
Diedolshausen 151
Diemerstein 154
Dijon 140
Dilsberg 182
Dorlisheim 136
Drachenfels (Pfalz) 163. Z 78
Dreistein (Elsaß) 141
Donaustauf 220
Dornburg an der Saale 247
Dürkheim, Bad 158
Dürnkrut a. d. Marchfeld 225

Ebenfurth 224 Z 116
Eberbach am Neckar 180. T 99
Ebreichsdorf 224
Eckartsburg 238. 245. 246. Z 135. T 149
Eger 6. 8. 81. 84—90. Z 24. 25. 26. 27. T 27. 28. 29. 30. 31
Egisheim 119. 120. 121. 149. 183. Z 46
Ehrenberg am Neckar 180
Elbogen 233. Z 126
Ellwangen, Stift 183. 188
Enna (Sizilien) 308
Erbach (Odenwald) 189
Erfenstein 167. T 82
Erfurt 238
Erstein 173
Eschau (Elsaß) 60
Eußertal, Kloster 166
„Exen, Drei" siehe Hohegisheim

Faurndau 93
Fiorentino, Castel 302. 315. 316
Fleckenstein 127. 144. T 131a
Florenz 290. 291
Flossenbürg 220. T 134
Foggia 7. 12. 294—296. 308
Fort Louis 64. 65

Frankenburg (Elsaß) 82. 117
Frankenstein (Pfalz) 154. 156
Frankfurt am Main 6. 47. 48—53.
  101. 198. 200. 203. Z 10. 11. T 7. 8
Freiburg im Breisgau 274
Freudenberg am Main 189
Freyburg an der Unstrut 244
Friesach, Petersberg 220. Z 114. T 135
Fritzlar 16
Frönsburg 127
Fulda 17. 189. 196. 200

Gavone 23
Gebweiler 120. 149. 183
Gelnhausen,
  Kaiserpfalz 6. 9. 15. 47. 51. 72.
    73—85. 114. 194. 199. 205. 209.
    329. 335. Z 21. 22. 23. T 17. 18.
    19. 20. 21. 22. 23. 24a
  Marienkirche 191. 264. 335. T 208
  Peterskirche 203
  sog. Rathaus 248
Geroldseck, Groß- 116. 117. Z 43.
  T 47
Giebichenstein bei Halle an der Saale
  235. Z 129
Gioia del Colle 302. 316. Z 175. T 189
Girbaden 127. 136—141. Z 59. 60.
  61. T 60. 61. 62
Girsberg 126. 169. Z 52. T 51
Glauburg 209. Z 207
Gleichen, Drei (Thüringen) 251. 252
Gnandstein 233. Z 127. T 136
Goslar 7. 8. 101. 105. 272
Gräfenstein (Pfalz) 154. 156. 183. Z 75.
  T 77
Granada, Alhambra 296
Gravina di Puglia 303. 332. Z 176.
  T 190
Greifenstein, Groß- u. Klein- (Elsaß)
  26. 115. T 46

Gundelfingen 21
Gutenfels bei Kaub 267. Z 151. T 168
Guttenberg am Neckar 181
Guttenberg (Pfalz) 27. 32. 159

Haag (Oberbayern) 219. Z 112
Habsburg 22
Hagelschloß 142
Hagenau 5. 9. 10. 34. 44. 61. 63—73.
  79. 81. 83. 100. 108. 114. 147. 165.
  179. 181. 194. 223. 285. 328. 335.
  Z 17. 18. 19. 20. T 13. 14. 15. 16.
  24 b
Hageneck 152
Hardenburg 158
Harzburg 101
Hausbergburgen bei Jena 248
Hegi bei Zürich 276
Heidelberg 29. 32. 188
Helfenburg 231
Helfenstein 201
Hersfeld 236
Higarés (Spanien) 287
Hinterburg bei Neckarsteinach 181.
  Z 89. T 100
Hirschberg bei Beilngries 220
Hocheppan 281. T 176. 177
Hohandlau 143. 247. Z 64
Hohbarr 26. 112. 113. 121. 127. 183.
  Z 40. 41. 42. T 44
Hohegisheim, gen. „Drei Exen"/Wah-
  lenburg, Dagsburg, Weckmund
  26. 119. 120. Z 45
Hohenbeilstein (Württemberg) 175
Hohenburg, Burg (Elsaß) 146
Hohenburg, Kloster (Elsaß) siehe
  Odilienberg
Hohenecken 154. Z 73. 74. T 76
Hohengeroldseck (Schwarzwald)
  183. 184. 203
Hohengundelfingen (Alb) 169

Hohenhundersingen (Alb) 169
Hohenstaufen 169. 170
Hohkönigsburg 26. 33. 34. 110. 112. 127. 151. Z 38. T 43
Hohlandsburg 149. 150. Z 69
Hohnack 151. Z 70
Hoh-Rappoltstein 127
Hornberg 177

Incir-Han bei Antalya 332. Z 181
Ingelheim 5. 6. 9. 42. 43. Z 8
Isenburg bei Rufach 118

Janula bei Cassino 23
Jerusalem 331
Juliusinsel im Ortasee 281

Kagenfels 142
Kaiserslautern 5. 8. 9. 44—47. 49. 79. 81. 100. 105. 156. 194. Z 9. T 4. 5. 6 a, b
Kaiserswerth 6. 8. 12. 82. 102—104. 257. Z 35. 36. T 40
Karaman (Türkei) 332
Karlsruhe 214
Karneid 183
Kaysersberg 8. 71. 151. Z 71. T 73
Kilchberg (Württemberg) 122. 183. Z 47
Kinzheim 22. 128. 129. 174. Z 53. T 53. 54
Kirk-göz-Han bei Antalya 332
Kleve 257. T 161
Klingenberg (Böhmen) 226. Z 120
Klingenmünster (Pfalz) 161. 163
Kobern, Oberburg 263. 264. Z 149. T 165. 166
Koblenz 264
Köln 7. 254. Z 134
Königsbrück (Elsaß) 62

Königslutter 53
Komburg bei Schwäbisch Hall 175. 176
Konradsdorf bei Büdingen 207—209. Z 106
Konstantinopel (siehe auch Byzanz) 258. 264. 328
Konstanz 7. 268. 269
Konya (Türkei) 332
Korb (Südtirol) 283
Krautheim 16. 17. 171. 176. 178—180. Z 88. T 95. 96. 97. 98
Kreidenturm 282
Kyburg (Schweiz) 276. T 172
Kyffhausen 249. Z 138

Lagopesole 7. 146. 245. 303—305. 333. Z 177. T 191. 192
Lahr 184. 186. Z 91. 92. T 102
Landeck bei Klingenmünster 161. 162. Z 77. T 79. 80
Landsberg (Elsaß) 18. 130. 131—133. 194. Z 54. 55. 56. T 56
Landsberg bei Halle 234. 235. Z 128. T 137. 138. 139
Landskron an der Ahr 105
Landstein (Böhmen) 226
Langenburg an der Jagst 178
Lauffen am Neckar 173
Leipzig 234. 238
Leisnig 234
Lentini 309
Lenzburg (Aargau) 275. Z 157. T 170
Leofels 177. 189. Z 87. T 93. 94
Leonburg bei Lana 283
Leuchtenburg bei Kahla 248
Leverano 315
Lichtenberg bei Oberstenfeld 175. T 91
Lichtenberg (Elsaß) 127
Lichteneck 177

Orte

Liebenzell 173. 174. Z 85. T 88
Lindelbrunn 161. Z 76
Lindenfels (Odenwald) 30. 32. 188. Z 94
Lobdeburg bei Jena 248. T 151, 152
Lodi (Lombardei) 280. 285
Lohra 249. Z 139
Lorsch, Kloster 188. 329
Lucera 7. 296. 313. 317. 319. 320. 323. 327. 333. Z 184. 185. 186. T 200
Lützelburg bei Pfalzburg 111. 112. Z 39. T 45
Lützelburg bei Ottrott 133. 135. Z 58. T 59
Lützelstein (Elsaß) 127. 146. 147. 171. Z 66. T 68

Madenburg 162
Mahlberg 183
Mailand 62. 194. 285
Mainz 17. 25. 26. 37. 108. 189. 194. 203. 268. Z 152
Manderscheid 265. T 167
Manfredonia 319
Marburg 108
Marchegg 224
Marschlins (Graubünden) 276. 278. Z 158. T 174
Martirano 61. 306
Maulbronn 107
Maursmünster 37. 169
Meistersel, auch Modeneck (Pfalz) 159. 166
Melfi 7. 301. Z 174
Melk an der Donau 4
Mesocco, Castello di 278. Z 159
Messina 316
Metz 7. 23. 101. 153. 161
Milasso 309
Mildenstein 234
Miltenberg 189

Minneburg 183
Mörsberg im Sundgau 169
Monopoli (Apulien) 178
Monreal (Eifel) 265
Monselice 286
Montecchio 286
Montfort-Starkenberg (Israel) 287
Morsbronn 94
La Mota (Spanien) 287
Moudon (Schweiz) 275
Mousson (Lothringen) 153
Mühlberg, siehe Drei Gleichen
München 254
Münchenlohra 249
Münzenberg 17. 51. 82. 196—200. Z 99. 100. T 114. 115. 116. 117. 118. 119. 120
Murbach 37

Nanstein 156
Naumburg 245. 247
Nazareth 331
Neapel 300. 329
Neipperg 175. T 89. 90
Neuburg, Kloster (Elsaß) 62. 146
Neuenburg (Thüringen) 238. Z 133. 134. T 145. 146. 147. 148
Neuenburg/Neuchâtel (Schweiz) 276. T 173
Neuerburg (Westerwald) 265. 266. Z 150
Neukastel (Pfalz) 26. 32
Neu-Leiningen 149. 167. 168. Z 81. T 83
Neu-Scharfeneck 166. 167. 231
Neustadt am Main, Kloster 18
Neustadt an der Saale (Franken) 212
Neuweiler (Elsaß) 146. 171
Nicastro 61. 306
Nideck 144
Nideggen 259. 260. Z 146

Nimwegen 6. 12. 39. 40—42. 43. 47.
  49. 82. 103. 257. Z 7. T 1
Nocera 300
Normannstein an der Werra 253. Z 141
Novara (Piemont) 202
Nürburg 265
Nürnberg 6. 30. 34. 35. 60. 81.
  90—93. 194. 287. Z 28. 29. T 32.
  33. 34. 35

Oberehnheim 130. 142
Obermurach (Oberpfalz) 220
Obersteigen (Elsaß) 146
Obervellach (Kärnten) 220
Ochsenstein (Elsaß) 117. T 48
Odilienberg
  Kloster Hohenburg 18. 59. 60. 88.
    89. 132. 194. Z 56
  Kloster Niedermünster 18. 130. 132
Ödenburg 128
Oflings 169
Okór bei Prag 231
Oppenheim 27
Oria 166. 305
Ortenberg bei Büdingen 82
Ortenberg (Elsaß) 143. 148. Z 67.
  T 70. 71
Otterberg, Kloster 16

Palazzo San Gervasio 303
Palermo 7. 100. 161. 182. 194. 307.
  308. 313. 316
Paris 8. 9. 43. 45. 64
Pavia 280
Pfäffingen 22
Pfraumberg (Böhmen) 226. Z 119
Philippopel, heute Plovdiv (Bulgarien) 81. 103
Plixburg 149. 150. Z 68. T 72
Poppi (Toskana) 291
Potsdam 64. 330

Pottendorf (Nieder-Österreich) 224
Prag, Burg 8. 226. 228. Z 117. 118
Prato 290. 334. Z 168. T 183. 184
Prény (Lothringen) 153. T 75
Pribenitz (Böhmen) 228. Z 121
Pürglitz (Böhmen) 228. Z 122

Querfurt 238. Z 130

Ramberg (Pfalz) 27. 166. Z 80
Ramsberg (Württemberg) 171
Rappoltstein, Ulrichsburg 26. 123.
  124. 125. 130. Z 49. 50. 51. T 50. 51.
  52
Rathsamhausen bei Ottrott 133. 134.
  Z 57. T 57. 58
Ravenna 40
Rechberg (Schwaben) 170. T 86
Regensburg 7. 23. 26. 35. 94. 215.
  217. 220
Reichenberg (Odenwald) 189
Reichenberg (Württemberg) 175. T 92
Reichshofen (Elsaß) 149. 158. 167
Reinegg in Sarnthein 284
Rheda (Westfalen) 256. Z 144. T 159.
  160
Richenburg (Böhmen) 231. Z 125
Ried bei Bozen 283
Rieneck (Franken) 209. Z 108. T 124
Rimini 287
Rom 1. 194. 328
Rosheim 23. 59. 60. 89. 130. 140.
  169. 298
Rothenburg am Kyffhäuser 250. Z 140.
  T 157
Rothenburg ob der Tauber 176. 214.
  215. T 133
Rothenfels am Main 18. 211. T 126
Rudelsburg 246. Z 136. T 150
Rufach 119
Runkelstein bei Bozen 284

Saaleck (Franken) 214
Saaleck (Thüringen) 143. 246. 247.
   Z 137
Saalfeld 23. 248. T 154
Sachsenburgen, Hakenburg 251
Saint Denis, Abtei 33
Saltz, Palatium 212
Salzburg (Österreich) 4
Salzburg an der Saale (Franken) 212.
   213. Z 110. T 127. 128. 129
San Miniato (Toskana) 290. Z 166.
   167. T 182
Sanssouci 330
Schaffhausen am Rhein 169
Scharfenberg (Pfalz) 27. 159. 160. 161
Scharfenstein (Sachsen) 234
Schlettstadt 16. 37. 62. 140
Schlössel bei Klingenmünster 161
Schloßeck bei Bad Dürkheim 81. 159.
   T 78
Schönau, Kloster 29
Schönburg bei Naumburg 247. T 156
Schüpf 214
Schwabsburg bei Nierstein 27. T 3
Schwarzenberg (Sachsen) 234
Schwarzrheindorf 239. 258. Z 145
Schweinberg bei Tauberbischofsheim
   214. T 131b. 132
Seebach (Pfalz) 59. 60
Seeburg am Süßen See 236
Seligenstadt 6. 9. 105—108. 209
Sigolsheim 72
Spesburg 142. Z 63. T 63
Speyer 7. 29. 33. 37. 46. 83. 98. 268.
   269
Sponheim, Burg u. Kloster 169. T 84
Starkenburg a. d. Bergstraße 188
Staufeneck 172. 231. Z 83. T 87
Steinsberg im Kraichgau 183. 308.
   Z 90. T 101
Stetten am Kocher 177. Z 86

Stolzeneck am Neckar 182
Strahlenburg 188
Straßburg 7. 15. 37. 60. 134. 140. 165.
   171. 183. 186. 200. 268. 269. 271.
   Z 154
Stromberg, Fustenburg 27. 31. 32. Z 6
Stuben a. d. Mosel 264
Stuttgart 10. 11. 108
Sultan-Han bei Aksaray 332
Syrakus, Castel Maniace 296. 309.
   312. 313. 332. 333. 334. Z 180. 182.
   T 195. 196. 197

Tannenburg bei Seeheim-Jugenheim
   189
Taufers im Ahrntal 283
Tarent 297. 316
Termoli (Molise) 314. 315. Z 183.
   T 198
Thun 275
Thurandt an der Mosel 264
Tiedra (Spanien) 287
Tilleda 249
Tirol, Burg 280. Z 161. T 171. 175
Torre di S. Maria di Calanca 278
Torre Pallas in S. Vittore 278
Trani 12. 297. 299. 300. Z 172. T 188
Trezzo an der Adda 285
Trient
   Torre Vanga 283
   Palazzo Pretorio 283
Trier 23. T 155
Trifels 6. 15. 16. 81. 94—102. 105.
   159. 160. 161. 166. 181. 192. 199.
   Z 30. 31. 32. 33. 34. T 36. 37. 38.
   39. 6c
Trimberg 213. 214
Tullau 176
Tyron bei Sidon 265

Ulm 35. 36

Vianden 261. 262. Z 147. 148. T 162. 163. 164
Venedig 194
Venosa, Castel S. Felice 306
Verona 286

Wachsenburg, siehe Drei Gleichen
Wachtenburg (Pfalz) 167. T 81
Wahlenburg siehe Hohegisheim
Wäschenbeuren 171. Z 82
Walburg (Elsaß) 28. 29. 61. 62. T 2
Waldburg (Oberschwaben) 101
Waldeck 174
Wandersleber Gleiche, siehe Drei Gleichen
Wangen (Elsaß) 120. 122. 149. 183. Z 48
Wangenburg 143. 155. T 65
Wartburg 238—242. Z 131. T 140. 141. 142. 143
Wasenburg bei Niederbronn 147
Wasigenstein 144. T 66
Weckmund siehe Hohegisheim
Wegelnburg 165
Weinsberg 93
Weißensee, Runneburg (Thüringen) 238. Z 132. T 144
Werschweiler, Kloster 47
Wertheim 214. T 130
Wien 4. 222. 223. 224. Z 115
Wiener Neustadt 224
Wiesbaden 6. 42
Wildberg 174
Wildeck in Zschopau 234
Wildenberg 17. 51. 82. 100. 134. 173. 190—195. 198. 203. 204. 211. 245. Z 95. 96. 97. 98. T 104. 105. 106. 107. 108. 109. 110. 111. 112. 113
Wildthurn 219. Z 111
Wilenstein (Pfalz) 154. 155
Wimpfen 6. 8. 15. 30. 54. 55—61. 74. 81. 99. 101. 108. 171. 175. 180. 181. 198. 226. Z 12. 13. 14. 15. 16. T 9. 10. 11. 12
Windeck bei Weinheim 188. Z 93
Windstein, Neu- (Elsaß) 145. Z 65. T 67
Wineck bei Katzenthal 152. Z 72. T 74
Winzingen bei Neustadt an der Haardt 29. 112. Z 5
Wolfstein (Oberpfalz) 220
Wolfstein (Rheinpfalz) 154. 156
Wolfsturn in Andrian 283. Z 163
Wolpertswende 21. T 85
Worms 7. 14. 15. 16 . 17. 37. 59. 60. 61. 71. 79. 98. 99. 108. 140. 163. 268. 269. Z 153
Worringen 260
Würzburg 23. 35. 189. 211. 214. Z 109

Zabern 112. 113
Zähringen 274. Z 155
Zavelstein 174
Zellenberg (Oberelsaß) 149. 167
Zenoberg bei Meran 281
Zwingenberg am Neckar 181

B. Geschichtliche Namen (Fürsten, Künstler, Dichter, Gelehrte)

Adalbert, Herzog 272
Agilolfinger, Herzöge 215
Agnes, Tochter Heinrichs IV. 5. 25
Agnes, Tochter Konrads von Hohenstaufen 29. 32
Alaeddin Kaykobat, Sultan 332

Geschichtliche Namen

Alfons V. v. Aragon 329
Al-Kamil, Sultan 331
Andreas Ungarus 327. 335
Are, Grafen v. 265
  Ulrich 265
Arnolfo di Cambio 291
Arhardt, J. J. 275. Z 156
Augustus, Kaiser 328

Babenberger, Herzöge 222. 224
  Leopold III. 25
  Heinrich II. Jasomirgott 223
  Leopold V. 100. 224
  Friedrich 224 (Schlacht an der Leitha)
Baden, Markgrafen v. 28. 175
Bar, Grafen v. 153
  Thiébaut I. 153
Bartolomäus (Foggia) 296. 333
Beatrix, Gemahlin Friedrichs I. Barbarossa 43. 78. 305
Beatrix, Tochter Philipps v. Schwaben 287
Beatus Rhenanus (Schlettstadt) 62
Beichlingen, Grafen v. 249. 250
Berard, Erzbischof v. Palermo 316
Berneck, Herren v. 174
Berstett, Herren v. 66
Bertolt (Wildenberg) 191. Z 96
Bickenbach, Gottfried v. 188
Bisanz/Besançon, Erzbischof v. 63
Bogen/Arco, Herren v. 285
Bongart, Hans (Kaysersberg) 71
Büdingen, Herren v. 200. 207
  Hartmann 205. 207. 208
  Hermann 207

Calw, Grafen v. 173
Celano, Grafen v. Molise 294
  Thomas 294
Chur, Bischöfe v. 276

Como, Bischöfe v. 276. 278
Courtenay, Margarete v. 261
Créqui, François Marquis de, Marschall 63. 184
Crusius, Martin 65

Desprez, Jean Louis 319
Deutscher Orden 209. 287
Dürkheim, Herren v. 66
Durne, Herren v.
  Ruprecht I. 17. 190. 191. 194. 195
  Burchert 194
  Ulrich I. 194. 195
  Konrad 17. 173. 191. 192. 195
  Ulrich II. 195
  Ulrich III. 17

Eberhard v. Tanne. Truchseß 101
Eberstein, Grafen v. 174
Eckart (Billung), Graf in Würzburg 211
Egisheim, Grafen v. 119. 151
  Ulrich 119
  Hugo IV. 119
  Bruno, Papst Leo IX. 120
Egisheim-Dagsburg, Grafen v. 129. 130. 140
  Gertrud 130. 136
Einhard 106
Engelbertus (Frankfurt) 204
Enzio, König 4. 290
Eppan, Grafen v. 281
Eppstein, Herren v. 200
Erbach, Schenken v. 189
Ezzelino da Romano 286

Fahr-ed-Din, Emir 331
Falkenstein, Herren v. 199. 200
  Philipp I. 199
  Isengard 102. 199

Ferdinand III. v. Kastilien, König 287
Fides (Gertrud) v. Hohenstaufen 32
Fleckenstein, Herren v. 66
Friedrich, Staufer 4
Friedrich, Riesgaugraf 170
Friedrich v. Büren 25. 36
Friedrich I. v. Staufen, Herzog 4. 25. 36. 274
Friedrich II., Herzog v. Schwaben 25. 26. 27. 28. 32. 34. 43. 63. 94. 109. 144. 233. T 2
Friedrich III., Herzog v. Schwaben = Friedrich Barbarossa 26. 112
Friedrich v. Rothenburg, Sohn Konrads III. 215
Friedrich, Sohn Barbarossas 63
Friedrich I. Barbarossa, Kaiser 1. 5. 6. 13. 14. 17. 33. 34. 36. 37. 38. 39. 41. 42. 43. 44. 46. 47. 48. 53. 54. 60. 61. 62. 63. 66. 73. 78. 81. 83. 89. 100. 102. 103. 105. 109. 112. 133. 155. 194. 196. 199. 215. 217. 220. 226. 231. 233. 249. 256. 260. 271. 276. 285. 286. 305. 332. 335. T 208
Friedrich II., Kaiser 1. 7. 11. 17. 22. 27. 43. 46. 47. 51. 53. 90. 101. 102. 105. 107. 108. 130. 133. 146. 151. 161. 168. 178. 183. 186. 199. 238. 260. 271. 286. 287. 290. 291. 293. 296. 298. 300. 301. 302. 305. 307. 308. 309. 312. 314. 315. 316. 317. 328—335
Friedrich v. Antiochien, Sohn Friedrichs II. 290
Friedrich II., der Große, König 287. 360
Fust v. Stromberg 31

Gebwiler, Hieronymus (Hagenau) 65. 66

Georgios Maniakos 312
Goethe 248
Görz, Grafen v.
  Meinhard II. 284
  Albert 284
Goswin v. Höchstädt 32
Gottesheim, Herren v. 66
Grifenstein, Meribodo v. 115
Grumbach, Herren v. 211
  Markwart 211
Guttenberg, Landolf v. 32
Friedrich u. Friedrich Ludwig v. Zweibrücken, Herzöge 100
Geroldseck, Herren v. 165. 183
Guidi, Grafen zu Poppi 291

Habsburg, Grafen v.
  Albrecht III. 276
  Rudolf, König 146. 220. 225. 276
Hartmannus (Goslar) 53
Hauteville, Könige v. Sizilien
  Roger II. 307. 308
  Wilhelm I. 308
  Wilhelm II. 308
Heinrich II., Kaiser 36. 53. 90
Heinrich III., Kaiser 34. 53
Heinrich IV., Kaiser 4. 25. 36. 162. 273
Heinrich V., Kaiser 26. 36. 37. 63. 94. 162
Heinrich VI., Kaiser 1. 17. 40. 47. 53. 60. 63. 66. 81. 85. 89. 100. 103. 105. 156. 182. 194. 199. 285. 307
Heinrich-Berengar, Sohn Konrads III., König 35. 48. 90
Heinrich (VII.), König 35. 51. 60. 65. 90. 101. 176. 180. 214. 266. 271. 306. 307
Heinrich der Stolze, Herzog 35. 36. 217

Geschichtliche Namen

Heinrich der Löwe, Herzog 253. 254. 255. 333
Heinrich v. Braunschweig, Sohn Heinrichs des Löwen 28. 32. 265
Heinrich v. Veldeke 245. 257
Helena, Mutter Konstantins I. 315
Helena, Gemahlin Manfreds 300
Hermann, Graf 32
Hermann v. Salza, Hochmeister 195. 287
Herrad v. Landsberg, Äbtissin 3. 18. 19. 130. Z 2. 3
Hertzog, Bernhard 65
Hessen, Wilhelm, Landgraf v. 267
Hildegard v. Bar-Mousson, Gemahlin Friedrichs v. Büren 25. 62. 119
Hohenberg, Grafen v. 174
Hohenburg, Konrad Puller v., Minnesänger 146
Hohenlohe, Herren v. 178. 214
    Gottfried 17. 178. 179. 180
    Konrad 178

Imlin, H. (zugeschrieben) T 60
Isabella v. England, Gemahlin Friedrichs II. 271
Isenburg, Heinrich v. 264
Isenburg-Büdingen, Herren v. 205

Jülich, Grafen v.
    Wilhelm II. 259
    Wilhelm III. 260
    Wilhelm IV. 260
    Wilhelm V. 260
Justinian, Kaiser 328
Jutta (Guta), Witwe Ludwigs II. v. Thüringen 242

Karl der Große, Kaiser 1. 4. 38. 39. 42. 43. 70. 106. 161. 215. 328. 329
Karl IV., Kaiser 66
Karl V., Kaiser 260. 313
Karl I. v. Anjou, König 7. 319. 327. 329. 333
Karl II. v. Anjou, König 315. 317. 320
Joh. Kasimir, Pfalzgraf 44
Kisling, F. J. (Kaiserslautern) 46. T 5 b
Kleve, Grafen v. 257
Knobelsdorff, Wenzeslaus Frhr. v. 320
Köln, Erzbischöfe 264. 265
    Arnold v. Wied 258
    Rainald v. Dassel 43. 255. 282
    Philipp v. Heinsberg 255
    Engelbert I. 35
    Konrad v. Hochstaden 260
    Engelbert II. 260
Konrad II., Kaiser 53
Konrad III., König 26. 27. 32. 33. 35. 43. 48. 49. 90. 94. 112. 188. 211. 214. 215. 223. 258
Konrad IV., König 4. 90. 102. 199. 317
Konrad, Stiefbruder Barbarossas, Pfalzgraf 29. 30. 32
Konrad, Sohn Barbarossas 63. 215
Konrad v. Marburg 266
Konradin, König 4. 90. 317
Konstantin I., Kaiser 70. 71. 328. 335
Konstantinopel, Lateinische Kaiser v. 261
Konstanz, Bischöfe v. 269. 276
Konstanze, Gemahlin Heinrichs VI. 307
Konstanze v. Aragon, Gemahlin Friedrichs II. 307
Krautheim, Herren v.
    Wolfrad 17
    Konrad 178
Kunigsheim, Herren v. 129
Kunigunde, Äbtissin zu Eschau 60
Kyburg, Herren v. 276
    Hartmann 276

Landsberg, Herren v.
  Egelolf 130
  Konrad 130
  Herrad siehe dort
Lauffen, Herren v. 173
  Boppo 173. 191
  Mechthild 173
Leiningen, Grafen v. 32. 156. 158. 162. 167
  Friedrich, Minnesänger 159
  Friedrich III. 167
  Sigmund v. Leiningen-Dagsburg 130. 136
Leiningen-Landeck 167
Lenzburg, Grafen v. 275
  Ulrich IV. 275. 276
  Arnold IV. 276
Lichtenberg (Elsaß), Herren v. 66. 158
Limburg (Pfalz), Äbte v. 156
Liphantes (Capua) 333
Lippe, Edelherr zur 256
  Hermann II. 256. 257
Lizelenburg, Conradus, gen. Schezelin 136
Lobdeburg, Herren v. 248
Lothar, Kaiser 35. 53. 94
Lothringen, Herzöge v. 153
Lucelenstein, Hugo Graf v. 146
Ludwig der Fromme, Kaiser 42. 48. 106
Ludwig der Bayer, Kaiser 47
Ludwig v. Bayern, Herzog 60
Ludwig VII., König v. Frankreich 33
Ludwig IX., König v. Frankreich 168
Ludwig XIV., König v. Frankreich 144. 260
Lübeck, Bischof Konrad v. 89
Lützelbach, Reiz v. 189
Lützelburg-Manderscheid, Herren v. 265

Luther, Martin 271
Lutra, Herren v. 155
Lutzelnburg, Thimo, Albertus, Humfridus de 136

Mainz, Erzbischöfe v. 73. 188. 189. 238. 266
  Adalbert 27. 37. 94. 162
  Werner v. Eppstein 17
Manderscheid, Herren v. 265
Manfred, König 4. 300. 305. 308. 316. 317
  Kinder: Beatrix 300
  Söhne 300, 301
Marc Aurel, Kaiser 215. 328
Margarete v. Österreich, Gemahlin Heinrichs (VII.) 60. 176
Markwart v. Annweiler 100
Maximilian I., Kaiser 271
Meißen, Markgrafen v.
  Eckehard 245
  Uta 245
Meißen-Landsberg, Markgrafen v. 234. 235
  Otto der Reiche 234
  Mechthild 266
  Ludwig III., der Fromme 266
Meistersel, Ministerialen v. 166
Meran, Herzöge v. 63
Merian, Matthäus 27. 30. 44. 65. 72. 275. Z 36
Metz, Bischöfe v. 117
  Stephan v. Bar 112
  Konrad v. Scharfenberg 160. 161
Michael Angelos, Despot v. Epiros 300
Monclar, General 166
Morant, Konrad (Straßburg) 272
Müller, Henri Charles T 60
Münster in Westfalen, Bistum 256
Münster, Sebastian 65

Geschichtliche Namen

Münzenberg-Hagen, Herren v.
  Kuno I. 17. 196. 200
  Ulrich I. 188
  Kuno III. 199
  Ulrich II. 199

Naumburg, Bischöfe v. 247
Neuenburg, Grafen v. 276
  Ullrich 276
Neuffen, Heinrich II. v. 175
Nichastel, Heinrich v. 32
Niedheim, Herren v. 66

Ochsenstein, Herren v.
  Otto, Landvogt 115. 165
  Burkard 117
Omar, Kalif 331
Öttingen, Graf v. 183
  Ludwig II. 183
Oppenweiler, Herren v., gen. Sturmfeder 175
Otto I., der Große, Kaiser 38. 43. 278
Otto II., Kaiser 104
Otto III., Kaiser 212
Otto IV., Kaiser 49. 51. 53. 101. 105. 161
Otto, Sohn Barbarossas 63. 276
Otto v. Deuil 33. 112
Otto v. Freising, Bischof 25. 26. 38. 44. 258. 280

Pfalz, Kur- 166
Pfalz-Zweibrücken, Herzöge v. 32. 156. 166
Pfirt, Grafen v. 120. 151. 153
Philipp v. Schwaben, König 49. 53. 66. 89. 101. 105. 161. 199. 217. 265. 271. 287
Philipp, Geistlicher (Goslar) 53
Philipp II. August, König v. Frankreich 168
Prozelten, Grafen v. 209

Przemysliden, Könige 224
  Wladislaw II. 226
  Ottokar 220. 224. 226

Rahewin 38. 41. 42. 44. 280. 285
Rappoltstein, Herren v. 123
Rathsamhausen, Herren v. 128. 133
Rechberg, Herren v. 170
Regensburg, Bischöfe v. 220
Reimar v. Hagenau 223
Relindis, Äbtissin 60
Rheda, Widukind v. 256
Richard v. Cornwall, König 27
Richard Löwenherz, König 100
Richard v. S. Germano 329. 330
Richard v. Lentini 309
Richer de Senones 129
Rieneck, Grafen v. 209
Ritgen, Hugo v. 239
Rothenburg (Kyffhäuser), Herren v. 250
Rothmüller, Jacques, 125. 149. Z 51
Rudolf v. Rheinfelden, Gegenkönig 36
Ruland, J. 46
Ruprecht v. d. Pfalz, König 27

Sachsen-Altenburg, Herzöge v. 105
Salm, Adolf Graf v. 136
Salzburg, Erzbischöfe
  Gebhardt 220
Sax, Herren v., Vögte v. Disentis 278
Sayn, Heinrich III. v. 266
Schenkendorf, Max v. 335
Schoepflin, Daniel 65
Schüpf, Schenken v. 214
Schüpf-Klingenberg, Reichsschultheißen 209
Schwind, Moritz v. 239
Selvaggia, Tochter Friedrichs II. 286
Sickingen, Herren v. 156
  Franz 156

Sieghard, Staufer 4
Skaliger, Stadtherren v. Verona 286
Spervogel, Minnesänger 183
Speyer, Bischöfe v. 29. 163. 269
　Konrad v. Scharfenberg 101. 161. 166
Sponheim, Grafen v. 156. 169
Staufeneck, Herren v. 172
Steinach, Bligger II. v., Minnesänger
　182
Strahlenburg, Herren v. 188
Straßburg, Bischöfe v. 129. 144. 146.
　153. 156. 183
　Werinher 272
　Burchard 60
　Rudolf v. Rottweil 112
　Conrad v. Hüneburg 272
　Berthold v. Teck 136
　Kirche 118
　Domkapitel 118
　Stadt 165

Thaddäus v. Suessa 328
Theoderich, König der Ostgoten 40
Thüringen, Landgrafen v. 238. 250
　Ludwig d. Springer 245
　Ludwig II. 242
　Ludwig III. 238
　Hermann 239. 245
　Ludwig IV. 238. 239. 245
　Elisabeth 239. 242. 245
　Heinrich Raspe, Gegenkönig 238.
　244
Tirol, Grafen v. 280. 281
　Albert I. 280
　Berthold 280
Trient, Bischöfe v. 280
Trier, Erzbischöfe 265
Trimberg, Herren v. 264

Ulmen, Heinrich v. 264
Ulrich (Wildenberg) 191. Z 96

Vargula, Schenken v. 247
Vianden, Heinrich v. 261
Vinckeboom/Finkenbaum, J. 255
Vinea, Petrus de 290. 328. T 207
Vingerhut, Heinrich (Gelnhausen)
　191. 335
Virneburg, Grafen v. 265

Waldeck, Truchsessen v. 174
Walter-Grandidier 123. 149
Walther, Filsgaugraf 170
Walther v. d. Vogelweide 223
Wangen (Elsaß), Herren v. 66
Wangen (Tirol), Herren v. 283.
　284
Weis, E. Z 155
Wenzel II., König 226
Werd, Grafen v. 144
　Heinrich 117
Wernhart auf Steinsberg 183
Wertheim, Grafen v. 214
Wickersheim, Herren v. 66
Wilhelm I., Kaiser 54
Wiprecht v. Groitzsch 94. 233. 234.
　247
Wittelsbach, Haus 28. 220. 265
　Otto 32
　Birkenfelder Linie 123
Wölflin, Reichsschultheiß 65. 129.
　149. 151. 186
Woensam, Anton 254
Wolfram v. Eschenbach 195
Worms, Bischöfe v. 180. 268. 269
Würzburg, Bischöfe v. 189. 211. 212.
　214
　Heinrich III. 189

Zähringen, Herzöge v. 273
　Berthold II. 273
　Berthold V. 183. 275
Zwingenberg, Wilhelm v. 181

ABBILDUNGSNACHWEIS

Lala Aufsberg — Bildarchiv Foto Marburg: 42. 84. 86. 88. 89. 94. 103. 142. 162. 163. 164. 167. 186. 190. 193. 194. 195. 196. 197. 205
Bayer. Staatsgemäldesammlungen, München: 1
Klaus G. Beyer, Weimar: 154
Bildarchiv Foto Marburg: 207
Willi Birker, Braunschweig: 158
Cramers Kunstanstalt, Dortmund: 36
Dr. A. Defner, Igls: 181
Prof. Dr. Eva Frodl-Kraft, Wien: 175. 176
Hermann Hessler, Frankfurt: 80. 102. 169. 173. 174. 180
Historisches Museum, Frankfurt: 7. 8
Hofmann, Gemünden/Main: 124
Dr. Walter Hotz, Worms: 2. 3. 13a. 13b. 14a. 14b. 15a. 15b. 16. 24b. 37. 44. 45. 47. 48. 51. 58. 59. 61. 62. 66. 67. 68. 72. 73. 82. 83. 101. 104. 105. 109. 113c. 121. 131a. 168. 178. 179. 182. 183. 184. 185. 187. 188. 191. 192. 198. 200. 201. 202. 203. 204. 206
Michael Jeiter: Aachen: 155. 165. 166
Oswald Kofler, Meran: 177
W. Kratt, Karlsruhe: 132
Landesdenkmalamt Westfalen-Lippe, Münster: 159. 160
Landeskonservator Rheinland, Bonn: 161
Dr. Dankwart Leistikow, Dormagen: 133. 189. 199
Karl-Christian Raulfs — Fotoarchiv Dr. Hotz, Worms: 4. 5a. 5b. 6a. 6b. 6c. 9. 10. 11. 12. 17. 18. 20. 21. 22. 23a. 23b. 24a. 25a. 25b. 26. 27. 28. 29. 30. 31. 32. 33. 34. 35. 38. 39. 41. 76. 77. 78. 79. 81. 95. 96. 97. 98. 99. 100. 106. 107. 108. 110a. 110b. 111. 112a. 112b. 113a. 113b. 114. 115. 116. 118. 119. 120a. 120b. 122. 125a. 125b. 126. 127. 128. 129. 130. 131b. 136. 137. 138. 139. 140. 141. 143. 144. 145. 146. 147. 148. 149. 150. 151. 152. 153. 156. 157. 208
Hans Retzlaff: 19
Saebens: 123
Helga Schmidt-Glassner, Stuttgart: 85. 90. 91. 92. 117. 134. 135. 170. 172
Hedi u. Theodor Seeger, Egg: 43. 46. 49. 50. 52. 53. 54. 55. 56. 57. 63. 64. 65. 69. 70. 71. 74. 75

Ehem. Staatliche Bildstelle: 40
Otto Ernst Wülfing, Düsseldorf: 93

Das Aquarell von Girbaden (T 60) wurde bisher H. Imlin zugeschrieben. Es dürfte aber von Henri Charles Müller stammen und befindet sich in dessen Album «Souvenirs pittoresques des Vosges», um 1820, Inv. Mus. Beaux-Arts XXXIV, 43 im Kupferstich-Kabinett Straßburg, Aufnahme: Stadtarchiv Straßburg.

TAFELTEIL

T 1 Nimwegen, Valkhof, Gemälde-Ausschnitt von Jan van Goyen 1646 (Schloß Aschaffenburg).

T 2 Walburg (Elsaß), Herzog Friedrich II. (?) vom Portal der Kirche.

T 3   Schwabsburg, Bergfried.

T 4 Kaiserslautern, Ehem. Kaiserpfalz, Bruchstück einer Schmuckplatte.

T 5 a   Kaiserslautern, Ehem. Kaiserpfalz, Bruchstück eines Löwen.
T 5 b   Kaiserslautern, Palas und Kapelle der Kaiserpfalz,
Handzeichnung von F. J. Kisling, um 1760 (Burgmuseum).

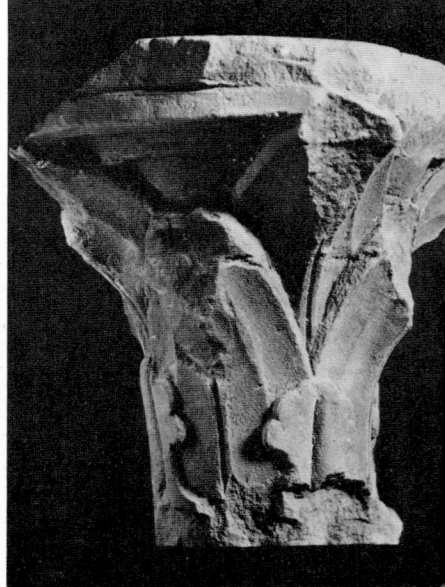

T 6 a   Kaiserslautern, Ehem. Kaiserpfalz, Kapitell aus der Barbarossazeit.
T 6 b   Kaiserslautern, Ehem. Kaiserpfalz, Kapitell aus der Zeit Friedrichs II.
T 6 c   Trifels, Palas, Kapitell aus der Zeit Friedrichs II.

T 7 Frankfurt am Main, Saalhofkapelle, Kapitelle.

T 8 Frankfurt am Main, Saalhofkapelle, Inneres gegen die Apsis.

T 9 Wimpfen, Kaiserpfalz, Gesamtansicht über dem Neckar.

T 10 Wimpfen, Kaiserpfalz, Palas, Neckarseite.

T 11 Wimpfen, Kaiserpfalz, Palas, Säulengang.

T 12 Wimpfen, Kaiserpfalz, Palasarkaden bei der Kapelle.

T 13 a Hagenau, Ehem. Kaiserpfalz, Deckstein mit drei Masken.
T 13 b Hagenau, Ehem. Kaiserpfalz, Kämpferornament.

T 14 a   Hagenau, Ehem. Kaiserpfalz, Bogenfries mit Sirene.
T 14 b   Hagenau, Ehem. Kaiserpfalz, Bruchstück der Bauinschrift von der Kapelle.

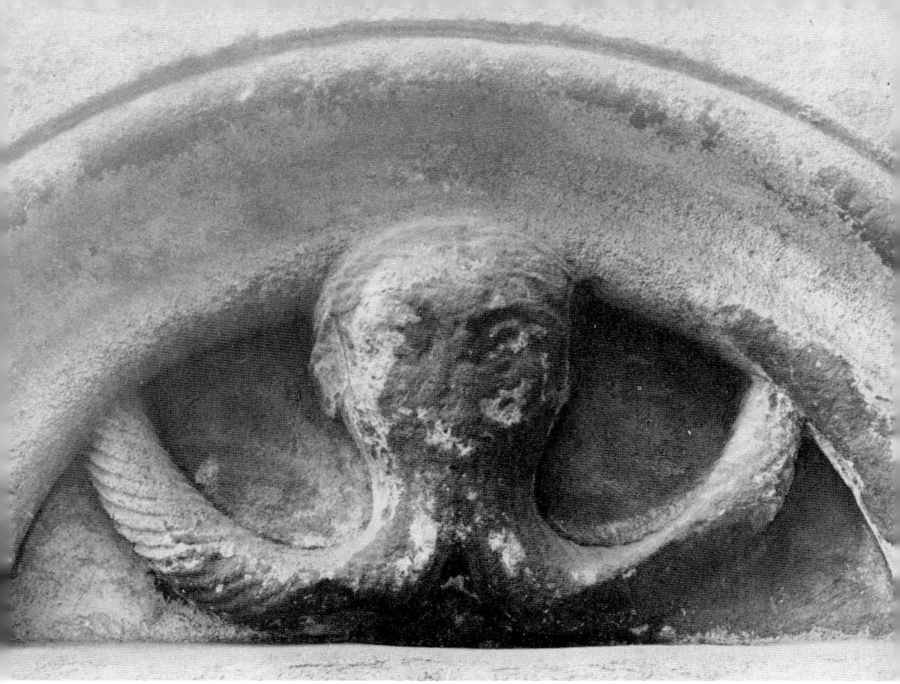

T 15 a Hagenau, Ehem. Kaiserpfalz, Kopf mit zweigeteiltem Bart.
T 15 b Hagenau, Ehem. Kaiserpfalz, Kapitell, wohl aus dem Palas.

T 16 Hagenau, Ehem. Kaiserpfalz,
Relief eines sitzenden Herrschers mit Begleitfigur, wohl aus der Kapelle.

T 17 Gelnhausen, Kaiserpfalz, Hofansicht.

T 18   Gelnhausen, Kaiserpfalz, Torhalle mit Kapelle vom Hof aus.

T 19 Gelnhausen, Kaiserpfalz, Adlerkapitell an der Torhalle.

T 20 Gelnhausen, Kaiserpfalz, Palas, Kapitell.

T 21 Gelnhausen, Kaiserpfalz, Palasarkaden und Portal.

T 22 Gelnhausen, Kaiserpfalz, Palas, Kapitelle.

T 23 a, b   Gelnhausen, Kaiserpfalz, Palas, Figuren in den Ranken des Portalgewändes.

T 24 a   Gelnhausen, Kaiserpfalz, Bogenfeld mit richtendem Herrscher.
T 24 b   Hagenau, Ehem. Kaiserpfalz, Maske.

T 25 a   Gelnhausen, Kaiserpfalz, Bärtiger Kopf als Konsole.
T 25 b   Gelnhausen, Kaiserpfalz, Palas, Maske.

T 26 Gelnhausen, Kaiserpfalz, Kamin im Palas.

T 27 Eger, Kaiserpfalz, Gesamtansicht mit Palas, Kapelle und Bergfried.

T 28 Eger, Kaiserpfalz, Säulen in der Oberkapelle.

T 29 Eger, Kaiserpfalz, Säulen in der Unterkapelle.

T 30 Eger, Kaiserpfalz, Alabastersäule in der Oberkapelle.

T 31 Eger, Kaiserpfalz, Kapitellmasken in der Oberkapelle.

T 32 Nürnberg, Kaiserburg, Heidenturm und Kapelle.

T 33 Nürnberg, Kaiserburg, Unterkapelle, Säulen.

T 34   Nürnberg, Kaiserburg, Oberkapelle gegen die Empore.

T 35 Nürnberg, Kaiserburg, Oberkapelle, Kapitell.

T 36 Trifels, Inneres der Turmkapelle.

T 37 Trifels, Brunnenturm.

T 38 Trifels, Kapitell aus dem Palas.

T 39 Trifels, Kapellenerker am Turm.

T 40 Kaiserswerth, Kaiserpfalz, Ruine des Palas.

T 41 Altenburg (Sachsen), Kaiserpfalz, Kapitell.

T 42 Seligenstadt, Kaiserhaus, zwei Dreierarkaden.

T 43 Hohkönigsburg (Elsaß), vermauerte Dreierarkade des Palas.

T 44   Hohbarr bei Zabern (Elsaß), Kapelle und Felsen der Nordburg.

T 45 Lützelburg bei Pfalzburg, mittlerer Bergfried.

T 46 Greifenstein bei Zabern, Bergfried der Ostburg.

T 47 Groß-Geroldseck bei Zabern, Bergfried.

T 48   Ochsenstein, Burgfelsen von Groß-Ochsenstein, Südansicht.

T 49 Frankenburg (Elsaß), Burghof mit Bergfried.

T 50 Ulrichsburg (Groß-Rappoltstein) bei Rappoltsweiler.

T 51 Ulrichsburg, Blick über den Palas auf Girsberg.

T 52   Ulrichsburg, Palasarkaden.

T 53 Kinzheim bei Schlettstadt, Palas und Bergfried.

T 54   Kinzheim, Maske an einem Eckquader.

T 55 Bernstein (Elsaß), Palas.

T 56 Landsberg (Elsaß), Palas und Kapellenerker.

T 57   Rathsamhausen bei Ottrott, Teil des Palaskamins.

T 58　Rathsamhausen, Turmpalas von Süden.

T 59 Lützelburg bei Ottrott, Bergfried und Schildmauer.

T 60 Girbaden (Elsaß), Palas, Inneres, Aquarell von H. Imlin 1815
(Cabinett des Estampes, Straßburg).

T 61   Girbaden, Palas, Fenster der Vierergruppe von außen.

T 62 Girbaden, Bergfried in der Vorburg.

T 63 Spesburg (Elsaß), Palaswand.

T 64 Hohandlau, Westbergfried.

T 65 Wangenburg, Bergfried.

T 66 Wasigenstein, Wohnturm.

T 67 Neu-Windstein, Palas.

T 68 Lützelstein, Erdgeschoßarkade im Palas.

T 69 Wasenburg bei Niederbronn, Palas mit Schildmauer.

T 70 Ortenberg, Fenster des Palas.

T 71 Ortenberg (Elsaß), Bergfried und Mantelmauer.

T 72 Plixburg, Bergfried.

T 73 Kaysersberg, Burg, Bergfried.

T 74 Wineck über den Weinbergen von Katzenthal.

T 75 Prény sur Pagny (Lothringen), Bergfried.

T 76 Hohenecken (Pfalz), Fenster im Palas.

T 77 Gräfenstein (Pfalz), Bergfried und Mantelmauer.

T 78   Schloßeck bei Bad Dürkheim, Maske über dem Portal.

T 79 Landeck bei Klingenmünster, Burgtor.

T 80   Landeck, Bergfried und Schildmauer.

T 81 Wachtenburg an der Weinstraße, Bergfried.

T 82 Erfenstein (Pfalz), Bergfried.

T 83 Neuleiningen, Gesamtansicht der Burg.

T 84 Burgsponheim, Bergfried.

T 85 Wolpertswende bei Ravensburg, Hatzenturm.

T 86 Burg Hohenrechberg, Palasfenster.

T 87   Staufeneck, Bergfried, Stahlstich des 19. Jh.

T 88 Burg Liebenzell, Schildmauer und Bergfried.

T 89 Burg Neipperg, kleiner Turm.

T 90 Burg Neipperg, Kamin.

T 91   Lichtenberg, Gesamtansicht der Burg.

T 92   Reichenberg, Gesamtansicht der Burg.

T 93 Leofels, Palaswand.

T 94 Leofels, Kapitell im Palas.

T 95 Burg Krautheim, Adlerkapitell in der Kapelle.

T 96 Burg Krautheim, Rankenkapitell in der Kapelle.

T 97 Burg Krautheim, Portalgewände, Einzelheit.

T 98 Burg Krautheim, Bergfried und Kapelle.

T 99 Eberbach am Neckar, Mittelburg, Palas und Bergfried.

T 100 Neckarsteinach, Hinterburg, Portal und Bergfried.

T 101 Steinsberg, Ringmauer und Bergfried.

T 102   Lahr, Ehem. Wasserburg, Storchenturm.

T 103 Breuberg im Odenwald, inneres Burgtor.

T 104　Wildenberg im Odenwald, Bergfried.

T 105 Wildenberg, Torturm und Kapellenerker.

T 106 Wildenberg, Nordwand des Palas.

T 107 Wildenberg, Doppelfenster im Erdgeschoß des Palas.

T 108 Wildenberg, Kapitelle im oberen (Fest-)Saal.

T 109 Wildenberg, Dreifenstergruppe des Festsaals.

T 110 a, b Wildenberg, Kapitelle aus dem unteren Saal.

T 111 Wildenberg, Schmuckplatte aus dem Wohnbau.

T 112 a, b Wildenberg, Kämpfer aus dem oberen (Fest-)Saal.

T 113 a, b, c   Wildenberg, Kapitelle aus dem Festsaal.

T 114　Burg Münzenberg, inneres Burgtor und Ringmauer.

T 115 Burg Münzenberg, Gesamtansicht von Süden.

T 116   Burg Münzenberg, Palas, Galerie des Saals.

T 117 Burg Münzenberg, Palas, Hofseite.

T 118 Burg Münzenberg, Blattkapitell eines Doppelfensters im Erdgeschoß des Palas.

T 119 Burg Münzenberg, Dreisäulenfenster im Obergeschoß des Palas.

T 120 a, b Burg Münzenberg, Palas, Kämpfer.

T 121 Schloß Babenhausen, Palas, Doppelarkade der Erdgeschoßhalle.

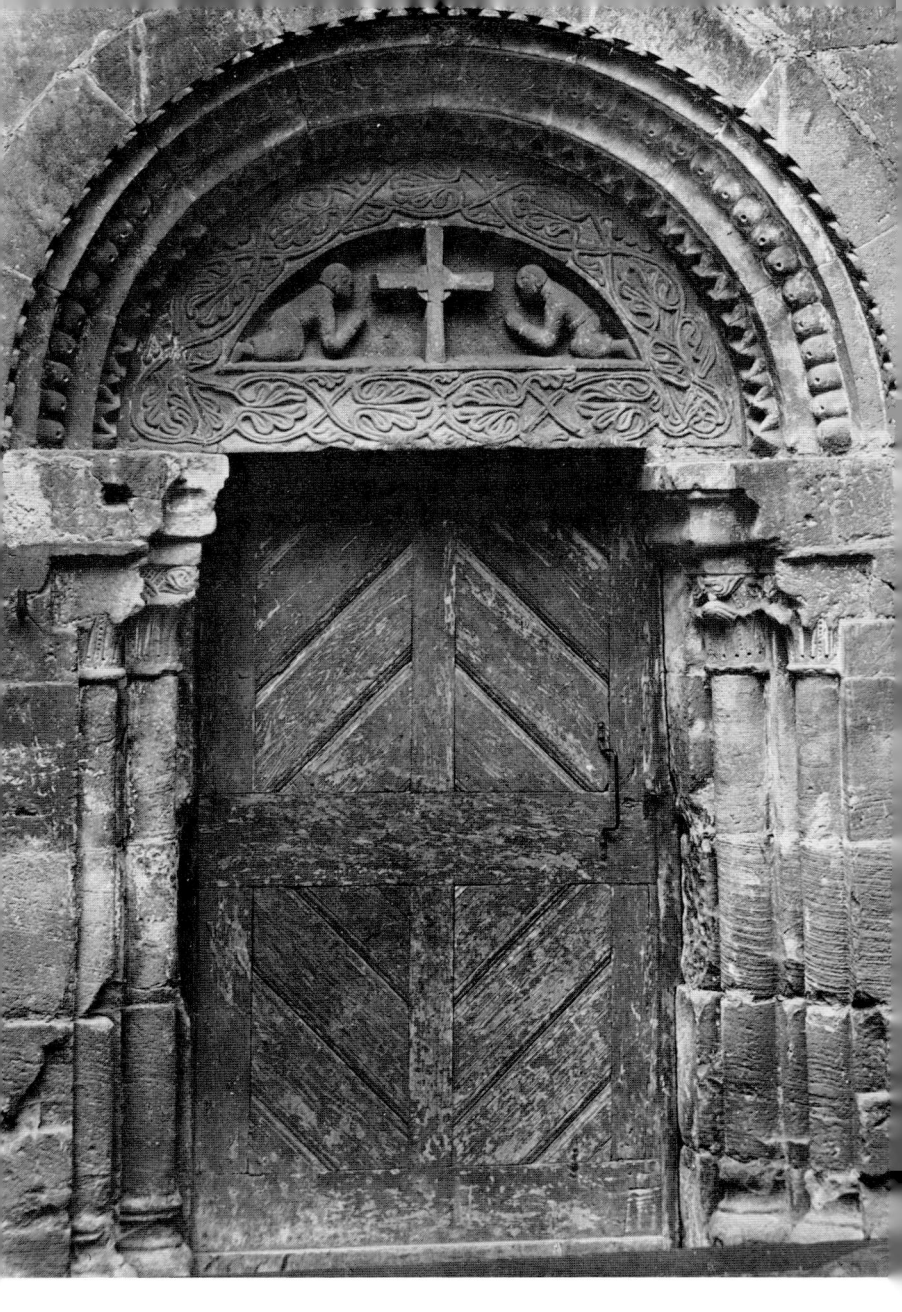

T 122 Schloß Büdingen, Kapellenportal.

T 123 Schloß Büdingen, Dreierarkade im Palas.

T 124 Burg Rieneck, Kapelle im siebeneckigen Bergfried.

T 125 a   Burg Prozelten, Kämpfer.
T 125 b   Burg Prozelten, inneres Portal.

T 126 Burg Rotenfels am Main, Gesamtansicht.

T 127 Salzburg an der fränkischen Saale, Gesamtansicht.

T 128 Salzburg, Burgtor.

T 129 Salzburg, Palasfenster (an der sog. „Münze").

T 130 Burg Wertheim, Bergfried.

T 131 a Fleckenstein (Elsaß), Kapitell.
T 131 b Schweinberg, Bruchstück eines Doppelkapitells (Mus. Wertheim).

T 132 Schweinberg bei Buchen, Doppelfenster (Landesmuseum Karlsruhe).

T 133 Rothenburg ob der Tauber, Blasiuskapelle (ehem. Palas).

T 134 Flossenbürg (Oberpfalz), Gesamtansicht.

T 135 Friesach (Kärnten), Petersberg, großer Bergfried.

T 136 Burg Gnandstein (Sachsen), staufischer Palas und Bergfried.

T 137 Landsberg bei Halle, Burgkapelle von Osten.

T 138 Landsberg bei Halle, Kapitelle der Oberkapelle.

T 139 Landsberg bei Halle, Oberkapelle.

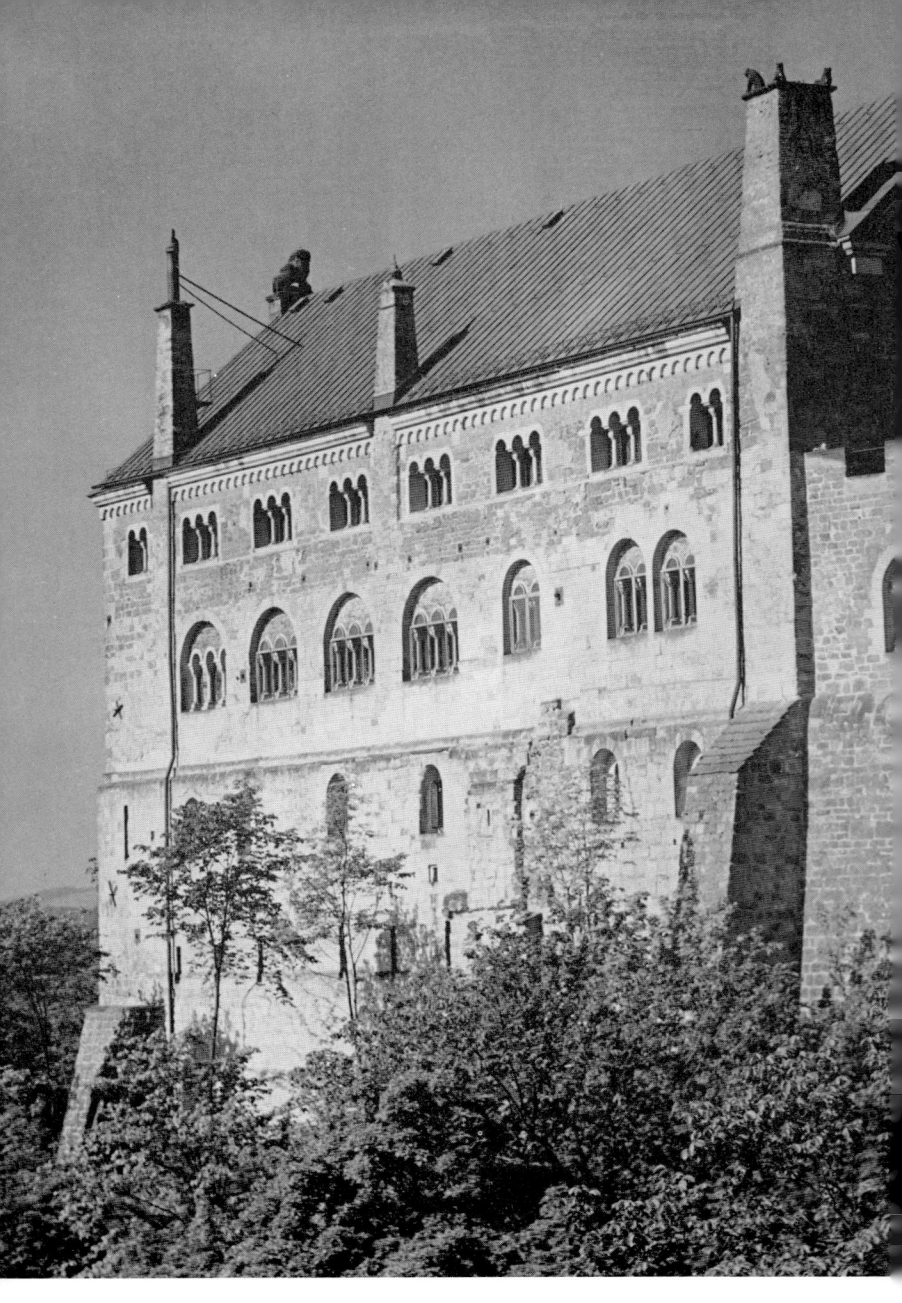

T 140   Wartburg, Palas, Bergseite.

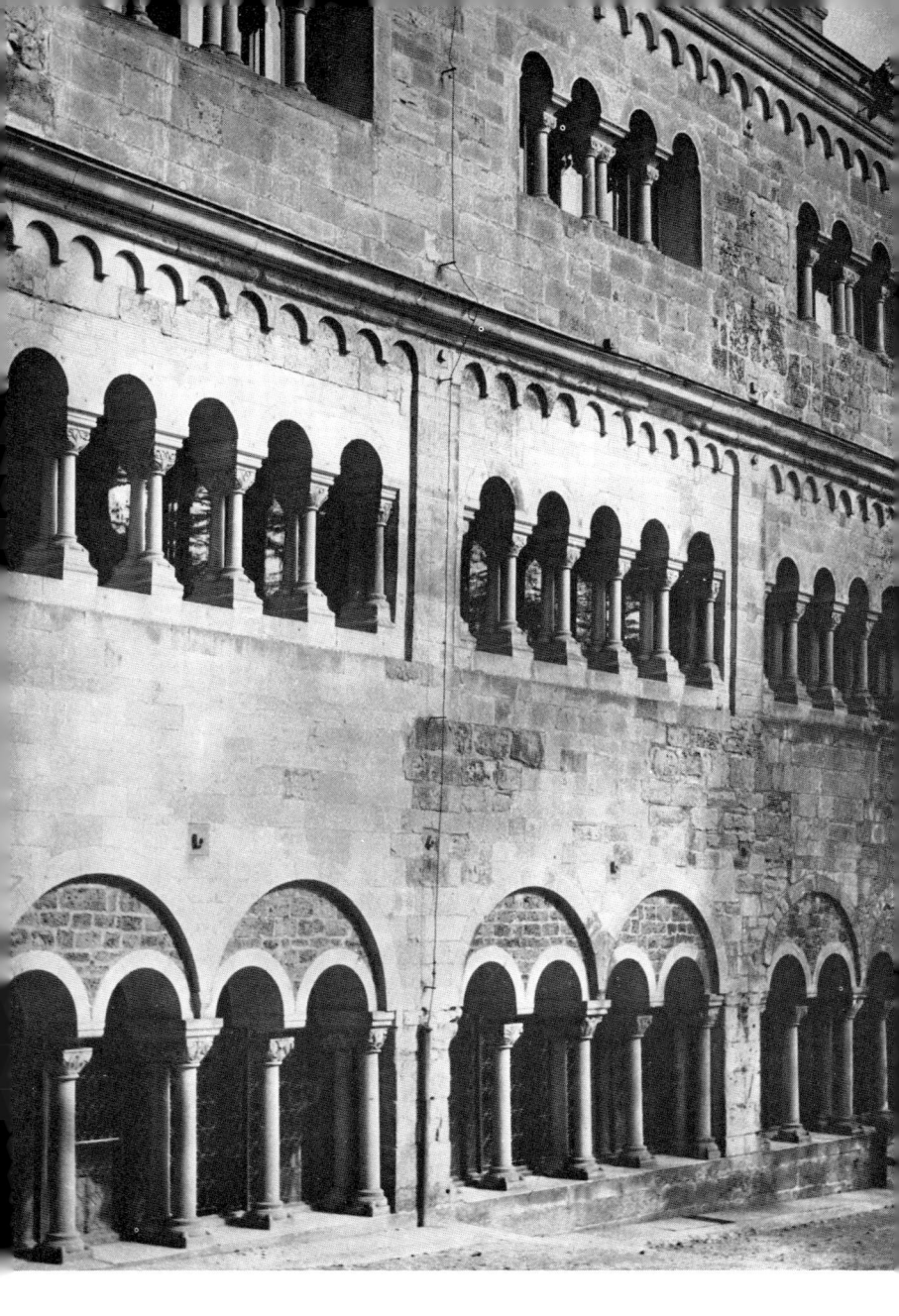

T 141 Wartburg, Palas, Hofseite.

T 142 Wartburg, Palas, Doppelkapitell.

T 143 Wartburg, Palas, Adlerkapitell im Landgrafenzimmer.

T 144 Weißensee (Thüringen), Runneburg, Doppelfenster im Palas.

T 145 Neuenburg an der Unstrut, Unterkapelle.

T 146 Neuenburg an der Unstrut, Bündelkapitell der Oberkapelle.

T 147 Neuenburg, Kapitelle der Unterkapelle.

T 148 Neuenburg, Oberkapelle.

T 149 Eckartsburg bei Eckartsberga, Gesamtansicht.

T 150 Rudelsburg bei Bad Kösen an der Saale.

T 151   Lobdeburg bei Jena, Turmpalas.

T 152 Lobdeburg, Kapellenerker.

T 153   Brandenburg an der Werra, Bergfried.

T 154 Saalfeld, Turmhaus (Markt-Apotheke).

T 155 Trier, Dreikönigshaus.

T 156 Schönburg bei Naumburg an der Saale, Gesamtansicht.

T 157 Rothenburg im Kyffhäuser, Fenstergruppen des Palas.

T 158 Braunschweig, Burg Dankwarderode und Löwendenkmal.

T 159 Rheda (Westfalen), Kapellenturm.

T 160 Rheda, Burgkapelle, innen.

T 161　Kleve, Schwanenburg, figürlicher Schmuck in der Laibung des Palasportals.

T 162 Vianden (Luxemburg), Portal zum Palas.

T 163 Vianden, Gewände eines Palasfensters.

T 164 Vianden, Oberkapelle.

T 165   Kobern an der Mosel, Inneres der Matthiaskapelle.

T 166 Kobern, Matthiaskapelle in der Oberburg.

T 167 Manderscheid in der Eifel, Ober- und Niederburg.

T 168 Gutenfels bei Kaub, Gesamtansicht von Süden.

T 169 Thun (Kanton Bern), Burg von Süden.

T 170   Lenzburg (Aargau), Schloß von Süden.

T 171 Burg Tirol, Palasarkaden.

T 172   Kyburg (Kanton Zürich), Bergfried.

T 173 Neuenburg/Neuchâtel, Schloß, Palasmauer.

T 174 Marschlins (Graubünden), Burg von Süden.

T 175 Burg Tirol, Kapellenportal.

T 176 Hocheppan (Südtirol), Apsiden der Burgkapelle.

T 177 Hocheppan, Gesamtansicht von Süden.

T 178 Boymont (Südtirol), Bergfried mit Palas.

T 179 Boymont, Palasarkaden.

T 180 Trient, Torre Vanga.

T 181 Burg Bruck bei Lienz (Osttirol), Gesamtansicht von Norden.

T 182 San Miniato al Tedesco (Toskana), Turm.

T 183 Prato (Toskana), Kastell, Teilansicht der Südostseite.

T 184 Prato, Kastell, Portal in der Nordwestseite.

T 185 Bari (Apulien), Kastell, Portal in der Westseite.

T 186 Bari, Kastell, Hofarkaden.

T 187 Bari, Kastell, Südostturm.

T 188 Trani (Apulien), Blick auf die Kathedrale S. Nicola und das Kastell.

T 189   Gioia del Colle (Apulien), Kastell, Türme der Südseite.

T 190 Gravina di Puglia, Jagdschloß von Norden.

T 191 Lagopesole, Burg, Torbau.

T 192 Lagopesole, Gesamtansicht der Burg von Südwesten.

T 193   Catania (Sizilien), Kastell Ursino, Saal auf der Nordseite.

T 194 Catania, Kastell Ursino von Südwesten.

T 195 Syrakus, Kastell Maniace, Portal an der Nordwestseite.

T 196 Syrakus, Kastell Maniace, Teil des Inneren, Westecke.

T 197 Syrakus, Kastell Maniace, Fenstergewände der Südwestseite.

T 198 Termoli (Molise), Friedrichsturm (Torre di Federico).

T 199 Bitonto (Apulien), Rundturm.

T 200 Lucera (Apulien), Festung, Nordwestflügel des staufischen Wehrgangs.

T 201 Castel del Monte (Apulien), Gesamtansicht von Südosten.

T 202 Castel del Monte, Hoffenster des Obergeschosses.

T 203   Castel del Monte, Portal.

T 204 Castel del Monte, Einzelheit vom Portal.

T 205 Castel del Monte, Sog. Thronsaal im Obergeschoß.

T 206 Capua, Brückenkastell (Triumphtor) von Süden.

T 207   Capua, Sog. Vinea-Büste vom Triumphtor (Museo Provinciale Campano).

T 208 Gelnhausen, Marienkirche,
Wandbild des Kaisers Friedrich Barbarossa (?) im Chor.